तजु संसय भजु राम

लेखक की पुस्तकें

रघुकुल रीति सदा
राजेन्द्र अरुण

तजु संसय
भजु राम
राजेन्द्र अरुण

जग जननि
जानकी

भरत
गुन
गाथा
राजेन्द्र अरुण

रोम रोम में राम
राजेन्द्र अरुण

अथ कैकेयी कथा

हरि कथा अनन्ता
राजेन्द्र अरुण

तजु संसय भजु राम

राजेन्द्र अरुण

प्रभात प्रकाशन, दिल्ली™
ISO 9001 : 2000 प्रकाशक

प्रकाशक • **प्रभात प्रकाशन**
४/१९ आसफ अली रोड,
नई दिल्ली-११०००२

संस्करण • २०१२
मूल्य • तीन सौ रुपए
मुद्रक • भानु प्रिंटर्स, दिल्ली

TAJU SANSAY BHAJU RAMA *by* Rajendra Arun Rs. 300.00
Published by Prabhat Prakashan, 4/19 Asaf Ali Road, New Delhi-2
ISBN 81-7315-379-5

मॉरीशस के प्रधानमन्त्री
सर अनिरुद जगनाथ,
उप प्रधानमन्त्री श्री पोल बेंराजे
संसद् के स्पीकर श्री देव रामना
विपक्ष के नेता डॉ. नवीन रामगुलाम
और दोनों पक्षों के समस्त
सांसदों को सादर
जिन्होंने रामायण सेण्टर एक्ट पारित
करके आप्रवासी भारतीयों के समस्त देशों में
मॉरीशस का नाम स्वर्णाक्षरों में अंकित
कर दिया।

—**राजेन्द्र अरुण**

भूमिका

तजु संसय भजु राम

'रामचरितमानस' में शिव, सती और पार्वती की कथा विश्वास, संशय और श्रद्धा के अन्त:सम्बन्धों को रूपायित करती है। इसमें शिव विश्वास हैं, सती संशय और पार्वती श्रद्धा। जब जीवन में संशय का आगमन होता है तो विश्वास खण्डित होता है और अमर प्रेम मृत्यु को समर्पित हो जाता है। संशय सबसे पहले विश्वास पर ही प्रहार करता है। संशय जितना प्रभावी होगा, विश्वास उतना ही कमजोर। संशय से नाता जुड़ते ही विश्वास से नाता टूट जाता है। सती जैसे ही संशयी हुईं, शिव रूपी विश्वास से उनका नाता टूट गया। संशय और विश्वास एक साथ चल ही नहीं सकते। एक की रक्षा के लिए दूसरे को आत्मबलिदान करना ही होगा। 'मानस' में कथा राम के आदर्शों की स्थापना की है, इसलिए संशय मरा, सती को आत्मदाह करना पड़ा। कथा जीवन की क्षुद्रताओं की होती तो विश्वास मरता, शिव को नष्ट होना पड़ता। शिव बचे तो विश्वास बचा, विश्वास बचा तो राम बचे और राम बचे तो राम को हृदय में धारण करनेवाला समाज बचा।

जब जीवन में श्रद्धा का आगमन होता है तो दुर्बल विश्वास भी चट्टान की तरह सुदृढ़ हो जाता है। श्रद्धा-विश्वास के मिलन से प्रेम अमरत्व को प्राप्त कर लेता है। विश्वास रूपी शिव श्रद्धा रूपी पार्वती को प्राप्त कर प्रेम के अलौकिक प्रतीक अर्धनारीश्वर बन जाते हैं। श्रद्धा और विश्वास से बना जीवन कभी टूटता नहीं। जब जीवन रूपी गंगा का एक तट विश्वास का शिव हो और दूसरा तट श्रद्धा की पार्वती तो 'रामकथा मुद मंगल मूला' की पवित्र धारा बहेगी ही। ऐसी गंगाधारावाला परिवार और समाज न कभी नष्ट होगा, न कभी दु:ख-दैन्य से पराजित होगा।

तुलसीदास 'रामचरितमानस' में राम की कथा दो ज्ञानियों—याज्ञवल्क्य और

भरद्वाज—से शुरू करते हैं। दो ऋषि ज्ञान के सागर हैं; किन्तु भरद्वाज अपने अतिथि याज्ञवल्क्य के श्रीमुख से राम की पवित्र कथा सुनना चाहते हैं। अत: प्रश्न करते हैं कि हे गुरुदेव! हे मुनिश्रेष्ठ! हमें बतायें कि दशरथ-पुत्र राम ही अविनाशी ब्रह्म हैं या कोई और राम हैं?

जैसें मिटै मोर भ्रम भारी।
कहहु सो कथा नाथ बिस्तारी॥

—हे नाथ! जिस प्रकार से मेरा यह भारी भ्रम मिट जाय, आप वही कथा विस्तारपूर्वक कहिए।

भरद्वाजजी ने कहा कि राम के स्वरूप को लेकर उन्हें भारी भ्रम है। मामला बड़ा गम्भीर था। एक महान् ऋषि को यदि परमात्मा के स्वरूप को लेकर भ्रम हो जाये तो जीवन में बड़ा व्यतिरेक आ जायेगा। सारी साधना और तपस्या व्यर्थ हो जायेगी। याज्ञवल्क्य को भरद्वाज के इस प्रश्न को सुनकर चिन्तित हो जाना चाहिए था, लेकिन वे हँस पड़े।

जागबलिक बोले मुसुकाई।
तुम्हहि बिदित रघुपति प्रभुताई॥

—इस पर याज्ञवल्क्यजी मुसकराकर बोले—श्रीराम की प्रभुता को तुम अच्छी तरह जानते हो।

याज्ञवल्क्यजी ने कहा कि हे भरद्वाज! तुम्हें कोई भ्रम नहीं है। तुम श्रीराम की प्रभुता के बारे में अच्छी तरह जानते हो। राम तुम्हारे लिए नये नहीं हैं।

रामभगत तुम्ह मन क्रम बानी।
चतुराई तुम्हारि मैं जानी॥

—तुम मन, वचन और कर्म से श्रीराम के भक्त हो। तुम्हारी चतुराई को मैं जान गया।

जब कोई मन, वचन और कर्म से भक्त हो तो फिर उसे राम के स्वरूप को जानने की क्या चिन्ता? वह तो स्वरूप को जानने के बाद ही भक्त बना है। बिना स्वरूप जाने भक्ति हो ही नहीं सकती। तो फिर और क्या कारण है?

चाहहु सुनै राम गुन गूढ़ा।
कीन्हिहु प्रस्न मनहुँ अति मूढ़ा॥

—तुम राम के रहस्यमय गुणों को सुनना चाहते हो। इसीसे तुमने ऐसा प्रश्न किया है, मानो बड़े ही मूढ़ हो।

तात्पर्य यह है कि दो सन्त पुरुष प्रभु के स्वरूप का चिन्तन प्रेम के कारण करते हैं। उन्हें कोई भ्रम नहीं होता है। वे किसी संशय से ग्रस्त नहीं होते हैं। उन्हें प्रभु का गुणगान करने में आनन्द आता है। अत: जब भी दो सन्तों के समागम का अवसर आता है, वे हरि-चर्चा में मग्न हो जाते हैं। उनके लिए संसार फीका पड़ जाता है।

दो विश्वासी यदि हरि-चर्चा कर रहे हों तो कथा में उत्सुकता और नूतन उद्भावना की कमी होती है। चर्चा औपचारिक और सपाट हो जाती है। याज्ञवल्क्यजी इस मनोवैज्ञानिक सत्य को अच्छी तरह से जानते हैं, इसीलिए वे कथा में शिव और सती को तुरन्त लाकर खड़ा कर देते हैं। सती राम पर संशय कर उठती हैं। यह संशय भरद्वाज ऋषि के संशय की तरह औपचारिक और नम्र निवेदन की शैली मात्र नहीं था। सती का संशय आन्तरिक था। इसीलिए शिव याज्ञवल्क्य की तरह मुसकरा नहीं पाये। वह सती के संशय को देखकर भीतर तक हिल गये। चाह करके भी उसे दूर नहीं कर पाये।

संशय कभी विश्वास की बात नहीं सुनता है। वह स्वयं अपने पर भरोसा करता है। इसीलिए सती ने स्वयं जाकर राम की परीक्षा ली। परीक्षा में संशय पराजित हुआ, विश्वास और भक्ति की जीत हुई। लेकिन संशय की इसी पराजय से श्रद्धा का जन्म हुआ। 'रामचरितमानस' की यही सबसे बड़ी उपलब्धि है। विशुद्ध संशय भावना कभी वन्ध्या नहीं होती। उसकी कोख से अटूट श्रद्धा उत्पन्न होती है। सती के संशय से पार्वती की श्रद्धा का जन्म हुआ, जो विश्वास का सहारा पाकर रामभक्ति की गंगा को जन-जन तक पहुँचाने में सफल हुई।

तुलसी की रामकथा में शिव, सती और पार्वती मुझे बहुत लुभाते हैं। जिस युग में 'रामचरितमानस' लिखा गया था उस युग में हिन्दू समाज की स्थिति सती जैसी ही थी। वह शिव रूपी आत्मा और राम रूपी परमात्मा—दोनों पर विश्वास खो बैठा था। ऐसे समाज का सर्वनाश अवश्यम्भावी था। यह स्वाभाविक है कि कोई समाज जब अपनी आत्मा के तेज को खो देता है तो जीने के अधिकार से भी वंचित हो जाता है। तुलसी के 'रामचरितमानस' ने समाज के आत्मा के तेज को फिर से आलोकित किया। राम और शिव जन-जन के हृदय में स्थापित हुए। हताश, पराजित और संशयग्रस्त समाज श्रद्धा और विश्वास की संजीवनी पा उठ खड़ा हुआ।

'रामचरितमानस' के आरम्भ में पार्वती और शिव की वन्दना करते हुए तुलसी ने लिखा है कि पार्वती श्रद्धा और शिव विश्वास के प्रतीक हैं। पति-पत्नी नैतिक मूल्यों और उच्च आदर्शों से परिचालित परिवार की रचना तभी कर सकते हैं जब उनके भीतर श्रद्धा और विश्वास हो। पत्नी श्रद्धावती हो और पति विश्वासपूरित। इस सन्तुलित स्थिति से ही परिवार में स्वर्ग-सा आनन्द आता है।

वास्तव में 'रामचरितमानस' की कथा का आधार ही है श्रद्धा और विश्वास का जागरण। इसी के माध्यम से लौकिक और पारलौकिक—दोनों सुख प्राप्त होते हैं। मनुष्य अभ्युदय और निःश्रेयस् की ओर तीव्र गति से बढ़ सकता है। रामकथा के श्रेष्ठ पात्र कठिन-से-कठिन स्थिति में भी श्रद्धा और विश्वास को नहीं खोते हैं। महानायक राम का सम्पूर्ण जीवन श्रद्धा और विश्वास पर ही आधारित है। वनवास के लिए जाते हुए वह कैकेयी और दशरथ पर संशय नहीं करते। विशाल सेना के साथ चित्रकूट आ रहे भरत पर वह एक क्षण के लिए भी सन्देह नहीं करते हैं। राम श्रद्धा और विश्वासपूर्ण जीवन जीने की ललक हमारे भीतर उत्पन्न करते हैं। यही रामकथा का सबसे बड़ा गौरव है।

'रामचरितमानस' के पात्रों पर लिखने की प्रक्रिया में अब तक मैं 'हरि कथा अनन्ता' (भगवान् श्रीराम), 'भरत गुन गाथा' (श्री भरत), 'जग जननि जानकी' (सीताजी), 'रोम-रोम में राम' (श्री हनुमान्) और 'रघुकुल रीति सदा…' (श्री दशरथ) पुस्तकें लिख चुका हूँ।* मेरे मन में सदा यह विचार चलता रहा कि शिव-पार्वती की कथा को सती के संशय के साथ तुलसीदासजी ने अवश्य किसी कारणवश प्रस्तुत किया होगा। कुछ लोग कहते हैं कि शैव-वैष्णव संघर्ष को कम करने के लिए ऐसा किया गया। सम्भव है कि यह भी एक कारण रहा हो। किन्तु तुलसी केवल धार्मिक समन्वय के ही कवि नहीं थे। वह समाज की चेतना के भी संवाहक थे। उन्हें सोये और खोये समाज को भी जाग्रत्-सजग करना था। अतः शिव, सती और पार्वती के सहारे उन्होंने समाज में श्रद्धा एवं विश्वास का जागरण किया। प्रायः यह देखा जाता है कि संशयी व्यक्ति का लोग तिरस्कार करते हैं। उसके व्यवहार को लोग नास्तिक और पापपूर्ण आचरण मानते हैं। लेकिन तुलसी ने सती के संशय को तिरस्कारपूर्ण नहीं बनने दिया। उन्होंने इससे श्रद्धा का द्वार खोला। तुलसीदास ने यह विश्वास दिलाया कि यदि संशय का रूपान्तरण किया जाय तो वह श्रद्धा का अजस्र स्रोत बन सकता है। आवश्यकता तिरस्कार की नहीं, स्वीकार की है। भक्ति

* सभी पुस्तकें प्रभात प्रकाशन, दिल्ली द्वारा प्रकाशित हैं।

पावन और अपावन दोनों को स्वीकार करती है। 'रामचरितमानस' जन-जन का उद्धार करनेवाली भक्ति का गंगासागर है।

इस ग्रन्थ की रचना के लिए हमेशा की तरह मॉरीशस की आपा-धापी को छोड़कर मैं भारत गया। दिल्ली में मेरे मित्र श्री यादवेन्द्र दत्त बनकटा का निवास मुझे आश्रम-सा एकान्त प्रदान करता है। राजकुमारी भाभी इस बात का पूरा खयाल रखती हैं कि मेरे आस-पास पत्ता भी न खड़कने पाये। परमात्मा उनका कल्याण करे, यही मेरी प्रार्थना है। लिखते-लिखते थक जाने पर मैं बनकटाजी की नन्ही पोती स्पृहा के साथ खेलता था। स्पृहा ने पूरे घर-परिवार का जीवन स्पृहणीय बना दिया है। बड़ों के बाँस जैसे नीरव जीवन में बच्चे बाँसुरी होते हैं। स्पृहा बनकटा दम्पती के जीवन की बाँसुरी है। उसके यशस्वी जीवन की प्रभु से कामना।

पाठको! आज अपने जीवन की एक अनमोल प्रसन्नता आपके साथ बाँटना चाहता हूँ। मेरे प्रयत्नों के कारण भगवान् शिव के आशीर्वाद और भगवान् श्रीराम की कृपा से मॉरीशस की संसद् ने रामायण सेण्टर विधेयक को २२ मई को सर्वसम्मति से पारित किया। राष्ट्रपति महोदय ने १४ जून को हस्ताक्षर करके विधेयक को अधिनियम (एक्ट) घोषित किया। ३० जून को एक्ट का प्रकाशन गवर्नमेण्ट गजट में हुआ। इस तरह अब रामायण सेण्टर वैधानिक रूप से श्रीराम का कार्य करने के लिए पूर्णतया तैयार है।

भारतीय आप्रवास (Indian Diaspora) के देशों में 'रामायण' (विशेषकर रामचरितमानस) का योगदान अप्रतिम है। इसीके बल पर आप्रवासियों ने कठिन संघर्ष के समय में भी अपनी सांस्कृतिक पहचान को बनाये रखा और आज भी वे सुख-दुःख में इसीसे प्रेरणा लेते हैं। रामायण के इस ऋण को चुकता करने का सौभाग्य नियति और इतिहास ने मॉरीशस को ही दिया। मॉरीशस की संसद् ने ही रामायण सेण्टर एक्ट रामायण के जीवन-मूल्यों के प्रचार-प्रसार के लिए सर्वसम्मति से बनाया। इसके लिए मॉरीशस की संसद् के सभी सांसद बधाई के पात्र हैं।

मेरा सौभाग्य यह है कि मैं इस रामायण सेण्टर का अध्यक्ष हूँ। मैं आप सबसे राम के इस कार्य में सहयोग देने की प्रार्थना करता हूँ। आप जब भी इस पुस्तक को पढ़ें, मुझसे निस्संकोच सम्पर्क करें।

अन्त में अपने सुधी पाठकों से एक निवेदन। इस जीवन में यह सम्भव ही नहीं है कि हम सदा विश्वास और श्रद्धा से भरपूर रहें। जीवन में संशय का आगमन स्वाभाविक है। मनुष्य सुख-दुःख की धारा में सदा एकरस नहीं रह पाता है। सुख पाकर वह परम कृतार्थ होता है और दुःख पाकर परमात्मा पर बरस पड़ता है। दुःख

के समय उसे परमात्मा के अस्तित्व पर भी अविश्वास होने लगता है। वह अपने कर्म के प्रति भी अनास्थावान् हो जाता है। वह सोचता है कि मैं अच्छा कर्म करके परेशान हूँ और दूसरे लोग बुरा कर्म करके सुख भोग रहे हैं; फिर कहाँ है परमात्मा और उसका न्याय? दुखियारा व्यक्ति धीरज खो बैठता है। वह प्रतीक्षा नहीं कर पाता है। लेकिन हमारा धर्म कहता है कि सत्कर्म करते हुए प्रतीक्षा करो। परमात्मा और उसके न्याय पर विश्वास करो। दुष्कर्म और सत्कर्म दोनों का फल निश्चित रूप से मिलेगा। इसीलिए भगवान् शिव ने माता पार्वती से कहा, 'तजु संसय भजु राम पद।' सभी संशय छोड़कर राम के चरणों में श्रद्धापूर्वक समर्पित होकर उनका भजन करो। शिव का यह आदेश हमारे संशयी मन के लिए भी है।

१५, लेबर दोने स्ट्रीट,
क्यूर्पिप, मॉरीशस
e-mail : rava@intnet.mu

—राजेन्द्र अरुण
अध्यक्ष
रामायण सेण्टर

अनुक्रम

संशय

अस संसय मन भयउ अपारा

'रामचरितमानस' की कथा नारी के संशय से आरम्भ होती है और नारी की श्रद्धा पर समाप्त होती है। विचित्र बात यह है कि दोनों को रामकथा सुनानेवाला एक ही है। लेकिन दोनों पर इसका प्रभाव अलग-अलग पड़ता है। भगवान् शिव सती को प्रभु राम की महिमा बताते हैं; किन्तु वे संशय से भर उठती हैं और पार्वती से जब उसी कथा को कहते हैं तो वे श्रद्धा से आकण्ठ आपूरित हो उठती हैं। 'रामचरितमानस' की पूरी रामकथा संशय से श्रद्धा तक की अविराम यात्रा है, जो सती की गंगोत्तरी से आरम्भ होती है और पार्वती के गंगासागर में विलीन हो जाती है, जहाँ संशय लेशमात्र भी नहीं है, बस श्रद्धा-ही-श्रद्धा है।

वस्तुत: यदि विश्वासी को श्रद्धालु बनाया गया तो उसमें बहुत कारीगरी नहीं है। उसमें किसी बड़े महिमामण्डित प्रयत्न की भी आवश्यकता नहीं है। विश्वास तो स्वत: ही श्रद्धा-सरित् के प्रवाह का मार्ग है। विश्वास से अनिवार्यत: श्रद्धा जन्म लेती है। कारीगरी तो तब है जब संशय को, सन्देह को और अविश्वास को श्रद्धा में रूपान्तरित किया जाय। इसके लिए श्रेष्ठ गुरु और महामन्त्र दोनों की आवश्यकता होती है। 'रामचरितमानस' में सौभाग्य से दोनों उपलब्ध हैं। शिव महागुरु हैं और राम का चरित्र महामन्त्र। इन दोनों के संयोग से संशयात्मा सती श्रद्धामय बनकर पार्वती होती हैं। आधुनिक युग के संशयी मन में श्रद्धा के आविष्कार के लिए यह कथा परम अभीष्ट है।

साधक एक बार मन्त्र पर अविश्वास कर ले तो चल सकता है; लेकिन यदि उसे गुरु पर अविश्वास हो जाये तो समझना चाहिए कि विनाश की वेला आ गयी है। सती ने दोनों पर संशय किया। उन्होंने शिव के उस उपदेश का विरोध किया कि राम ब्रह्म हैं और तर्क दिया कि स्त्री के खोने से सर्वज्ञ उन्मादित होकर विलाप क्यों

करेगा? उन्होंने शिव से स्पष्ट कहा कि यह राम साधारण मनुष्य है। इस तरह सती गुरु और मन्त्र दोनों से टकरा गयीं। अत: उनके उद्धार का सारा मार्ग ही बन्द हो गया। आइए, इस कथा के सूत्र को आरम्भ से पकड़कर हम पूरी कथा का रस लेते हुए आगे बढ़ते हैं।

सती कोई नास्तिक नहीं थीं। परमब्रह्म की सत्ता पर उनका गहन विश्वास था। ब्रह्म राम के ऊपर भी अपार श्रद्धा थी। वास्तव में संशय की दुर्घटना उनके जीवन में उसी समय घटती है जब वह रामकथा सुनकर आ रही होती हैं। राम को रोता देख उनकी श्रद्धा के सूत्र टूट जाते हैं। राम का सीता-विरह में प्रलाप उन्हें भीतर तक हिला देता है। यह इस बात का प्रमाण है कि कथा सुनना कुछ और बात है और कथा को प्रत्यक्ष घटित होते देखना कुछ और ही प्रभाव डालता है। आइए, हम साथ-साथ इस प्रसंग का विश्लेषण करें।

एक बार त्रेता जुग माहीं।
संभु गए कुंभज रिषि पाहीं॥

—एक बार त्रेतायुग में शिवजी अगस्त्य ऋषि के पास गए।

त्रेतायुग रामावतार का युग है। इसी समय भगवान् राम ने अवतार लेकर अपनी लीला की थी। चूँकि यह अवतार कल्पान्तर से बराबर होता रहता है, अत: रामकथा सनातन और नित्य नूतन है। उसे सुनने के लिए शिवजी सदा लालायित रहते हैं।

संग सती जग जननि भवानी।
पूजे रिषि अखिलेस्वर जानी॥

—उनके साथ जग जननी भवानी सती भी थीं। ऋषि ने सम्पूर्ण जगत् का ईश्वर जानकर उनका पूजन किया।

ऋषि अगस्त्य के पास भगवान् शिव के साथ सती माता भी गयी थीं। सत्संग में सदा पति-पत्नी दोनों को साथ होना चाहिए। सात्त्विक विचारों का प्रवाह जब दोनों में होगा तभी परिवार सुचारु रूप से चलेगा और संस्कारक्षम बनेगा। यदि पति-पत्नी में एक संसारी होगा और एक असंसारी, तो जीवन की गाड़ी समरस गति से नहीं चलेगी। वह बेदम होकर लुढ़कती रहेगी। अत: शिवजी की तरह जब भी अवसर मिले, सत्संग में साथ-साथ जाना चाहिए।

भगवान् शिव को सती माता के साथ आया देख ऋषि अगस्त्य ने उनका स्वागत

किया। इस स्वागत में एक मधुर बात है। हम किसीका स्वागत उसके पद के अनुरूप ही करते हैं। कोई साधारण मनुष्य मिल जाता है तो हम नमस्कार-प्रणाम करके छुट्टी पा लेते हैं। कोई परम महिमामण्डित आ जाता है तो हम उसकी परम अभ्यर्थना करते हैं। स्वागत मनुष्य की देह का नहीं, उसके यश का, उसके बड़प्पन का होता है। एक बार एक साधु एक राजा के दरबार में गया। उसने राजा को झुककर प्रणाम नहीं किया। सिपाहियों ने उसे दण्डित करना चाहा तो साधु ने विनम्रता से राजा से पूछा, "आपके सिपाही मुझे क्यों दण्डित करना चाहते हैं ?"

राजा ने कहा, "तुमने ज्ञानी होकर भी राज्य के नियम की अवहेलना की है। तुम्हें राजा को प्रणाम करना चाहिए था।"

साधु हँसा—"महाराज! मैं आपके कपड़े को, आपके मुकुट को तो प्रणाम कर सकता हूँ, लेकिन आपको नहीं; क्योंकि इन्हींके कारण आप राजा दिखते हैं। अगर आपको विश्वास न हो तो आप मेरी बात मानकर दो घण्टे के लिए मेरे साथ चलें।"

राजा समझदार था। उसने साधु की बात मान ली। साधु ने राजा को वस्त्र उतारने और अत्यन्त साधारण भिखारियों जैसे वस्त्र पहनने को कहा। इसके पश्चात् साधु राजा को नगर के व्यस्त मार्ग में ले गया और कहने लगा, "ये हमारे राजा हैं, इन्हें प्रणाम करो।" सभी लोग हँसने लगे। साधु को 'पागल' कहने लगे। पूरे व्यस्त मार्ग पर कोई भी राजा को राजा मानने के लिए तैयार नहीं हुआ। कुछ लोगों ने इतना जरूर कहा कि शक्ल तो राजा से मिलती है; लेकिन यह है बददिमाग भिखारी।

तमाशा खत्म होने पर साधु ने राजा को समझाया कि देह वन्दनीय नहीं है। पद एवं योग्यता का गौरव ही प्रभुत्व प्रदान करता है, उसीसे वन्दना होती है। शिव को ऋषि अगस्त्य ने अखिलेश्वर के रूप में देखा और उनकी विधिवत् पूजा की।

रामकथा मुनिबर्ज बखानी।
सुनी महेस परम सुखु मानी॥

—मुनिवर अगस्त्यजी ने रामकथा विस्तार से कही, जिसको महेश्वर ने परम सुख मानकर सुना।

यह चौपाई बड़ी रसीली है। कथा-सूत्र में कहीं भी उल्लेख नहीं हुआ है कि शिवजी रामकथा सुनने के लिए अगस्त्यजी के पास गये थे। अचानक अगस्त्यजी ने रामकथा कैसे सुनानी आरम्भ कर दी। स्पष्ट है कि शिव की पूजा करने के बाद

मुनिवर ने सोचा होगा कि इन्हें प्रसन्न-सन्तुष्ट कैसे किया जाय, तो स्वाभाविक रूप से उन्हें रामकथा का खयाल आया होगा। शिव को राम प्राणाधिक प्रिय हैं। अतः मुनि ने रामकथा आरम्भ कर दी। यह कथा उन्होंने 'बखानी' अर्थात् विस्तार से कही। यह 'बखानी' शब्द हर भक्त के लिए बहुत महत्त्वपूर्ण है। आज के व्यस्त संसारी भक्त कथा को संक्षेप में चाहते हैं। कैप्सूल-कथा उन्हें ज्यादा रास आती है। पर कैप्सूल-कथा में एक कठिनाई है—उससे व्याधि भले ही दूर हो जाये, पर भोजन का रस नहीं मिलता, पेट तृप्त नहीं होता। यह तृप्ति तो छप्पन भोगों की थाली देखकर ही मिलती है। इसीलिए लोग विवाहोत्सवों और पार्टियों में जाने के लिए उतावले रहते हैं। यदि उन्हें पता चल जाये कि वहाँ खिचड़ी मिलेगी तो शायद ही कोई जाये। सच्चा भक्त प्रभु नाम की खिचड़ी नहीं चाहता, उसे तो प्रभु नाम के विविध शाही व्यंजनों की आवश्यकता होती है। इसीलिए वह जल्दी में नहीं रहता। आनन्द से भोजन पके और छककर वह खाये, यही उसकी इच्छा होती है।

अतः भक्ति के सत्संग में वक्ता और श्रोता को एक धरातल पर होना चाहिए। बोलनेवाले को कोई जल्दी न हो और सुननेवाले को कोई जल्दी न हो। हड़बड़ी में और कुछ भी हो जाये, धर्म का अवतरण नहीं हो सकता, प्रभु का संसर्ग नहीं मिल सकता। प्रभु शान्ताकार हैं, फिर उन तक पहुँचने के लिए आपाधापी क्यों? उन्हें शान्त मन से पुकारना होगा। अतः भजन, कीर्तन और सत्संग में जल्दीबाजी नितान्त अनपेक्षित है। वक्ता और श्रोता दोनों को शान्त-संयत होना चाहिए।

यहाँ वक्ता और श्रोता दोनों का समभाव है। अगस्त्यजी विस्तार से कह रहे हैं और शिवजी परम सुख मानकर सुन रहे हैं। इस कथा की कई विशेषताएँ हैं। सुनानेवाला परम श्रेष्ठ मुनि है। कथा परमात्मा के परम श्रेष्ठ रूप श्रीराम की है। सुननेवाला परम संग्राहक है। भक्ति-विद्युत् के तार खुले हुए हैं। माया-मोह रूपी विषय-विकारों का कोई इन्सुलेटर उसपर लगा नहीं है। अतः भक्ति की तरंग वक्ता-श्रोता दोनों को भीतर तक आलोकित कर रही है। कथा की यही आदर्श स्थिति है। कुछ कथाएँ ऐसी होती हैं कि वक्ता बोलता है तो ऊब होती है। उठकर भाग जाने को मन होता है। मन की श्रद्धा सूख जाती है। यह वक्ता का दोष है। इसी कारण कथा की लहर श्रोता को छू नहीं पाती है। अनमोल समय व्यर्थ चला जाता है। कभी-कभी वक्ता तो परम ज्ञानी होता है, लेकिन श्रोता परम मूढ़ मिल जाते हैं। ऐसे श्रोता को पाकर वक्ता ठगा रह जाता है। उसका सारा प्रयत्न उलटी गागर पर जल की धार बन जाता है। पानी तो खूब गिरता है, लेकिन गागर नहीं भरती है।

सत्संग का परिपाक तभी होता है जब वक्ता और श्रोता दोनों प्रभुभाव में हों।

एक कहने को आकुल हो तो दूसरा सुनने को व्याकुल हो। एक परम रस लेकर सुना रहा हो तो दूसरा परम सुख लेकर सुन रहा हो। इसी सत्संग से आत्मा की तृप्ति होती है। शेष सत्संग तो सामाजिक प्रदर्शन हैं, बाह्याचारों के भद्दे व्यापार हैं। आज हजारों सत्संग हो रहे हैं, लेकिन वक्ता और श्रोता दोनों में परमात्मभाव दिखाई नहीं देता है। एक को दक्षिणा की चाह है तो दूसरे को अपनी इच्छाओं की पूर्ति की। ऐसी सांसारिकता भरी कथा में भगवान् क्यों पधारेगा।

रिषि पूछी हरिभगति सुहाई।
कही संभु अधिकारी पाई॥

—महर्षि ने शिवजी से सुन्दर हरिभक्ति पूछी और शिवजी ने उनको अधिकारी पाकर भक्ति का निरूपण किया।

यह प्रसंग बड़ा मनोहारी है। कथा अगस्त्यजी ने सुनायी और भक्ति शिवजी दे रहे हैं। देखने में यह बहुत विचित्र लगता है। जो कथा जानता है उसे भक्ति भी जाननी चाहिए और जो भक्ति जानता है उसे कथा भी आनी चाहिए। लेकिन यहाँ तो उलटा घटित हो रहा है। कथा कहनेवाला भक्ति की याचना कर रहा है और भक्ति का दाता कथा सुनने के लिए कैलास पर्वत छोड़कर आया है। सच्चा सत्संग तभी होता है, जब जिज्ञासु श्रोता चलकर वक्ता के पास जाता है।

आखिर इस विचित्रता का समाधान क्या है ? विचारने पर बात यही समझ में आती है कि जानना भक्ति के अवतरण का अनिवार्य कारक नहीं है। संसार में जाननेवाले बहुत हैं। वेद, पुराण, शास्त्र के ज्ञाताओं की कमी नहीं है; लेकिन यह आवश्यक नहीं कि उनमें भक्ति का अवतरण हो गया हो। रामकृष्ण परमहंस कहा करते थे कि पण्डित गिद्ध की तरह होता है। वह उड़ता तो बहुत ऊँचे है, लेकिन मांस का टुकड़ा देखकर झट से जमीन पर आ जाता है। इसी तरह विद्वान् बातें तो बड़ी-बड़ी करते हैं, लेकिन उनकी दृष्टि धन पर लगी रहती है। मैंने सुना है कि प्राय: सभी बड़े कथावाचक अपनी एक फीस रखते हैं। उतनी दक्षिणा मिलने पर ही कथा करते हैं। यह बड़ी लज्जा की बात है। इसमें कथा का दान नहीं, व्यवसाय होता है, इसीलिए ऐसी कथाओं से परमात्मा दूर चला गया है।

ऋषि अगस्त्य परम ज्ञानी हैं। कथा को विस्तार से नाना रूपों में वह कह सकते हैं, लेकिन भक्ति के लिए वह शिव के सामने याचक बनकर खड़े हो गये। बड़ा अद्‌भुत दृश्य है, जिसके पास जो है वह उसे दे रहा है। अगस्त्य के पास कथा थी, छककर शिव ने उसका पान किया। शिवजी के पास भक्ति है, अगस्त्य उसमें

अवगाहन करना चाहते हैं। शिवजी उन्हें भक्तिधारा में नहला देते हैं। यहाँ हम सीखते हैं कि भक्ति के लिए विद्वान् होना आवश्यक नहीं। रामकृष्ण परमहंस विद्वान् नहीं थे। कठिनाई से बँगला भाषा में अपना हस्ताक्षर कर पाते थे। लेकिन भक्ति की साक्षात् प्रतिमूर्ति थे। उनके चरणों की धूलि माथे पर लगाकर स्वामी विवेकानन्द ने दिग्विजय कर डाली थी। समस्त धर्मों के बीच शिकागो में हिन्दू धर्म की जय पताका फहरायी थी।

विद्वत्ता अखण्ड अध्ययन से प्राप्त होती है और भक्ति अशंक समर्पण से जनमती है। अध्ययन व्यक्ति को बहुश्रुत बना सकता है, लेकिन भक्त नहीं। इसीलिए चैतन्य महाप्रभु ने घोर विद्वत्ता अर्जित करने के बाद उसे उतारकर नदी में फेंक दिया। पुस्तकों के बोझ को अपने सिर से उतारकर वे 'हरे कृष्ण, हरे राम' के महामन्त्र के कीर्तन में तल्लीन हो गये। भक्ति ने उन्हें प्रभुमय कर दिया। मुनिवर अगस्त्य शिव की रामभक्ति को भली प्रकार जानते थे। उन्हें पता था कि वे कैलास पर्वत से चलकर मात्र भक्तिभाव से प्रभु का चरित्र सुनने आये हैं। उन्हें और कोई चाह नहीं है। जब भक्ति ही साधन और साध्य दोनों हो जाय तो साधक भवसागर को एक ही छलाँग में पार कर जाता है। शिवजी की भक्ति ऐसी ही थी। इसीलिए अगस्त्यजी उसका प्रसाद चाहते थे।

शिवजी ने अधिकारी समझकर उन्हें भक्ति दी। यहाँ 'अधिकारी' शब्द बहुत महत्त्वपूर्ण है। अधिकारी हुए बिना कोई श्रेष्ठ वस्तु पायी ही नहीं जा सकती। रामायण, गीता और अन्य धर्मग्रन्थ हजारों लोग पढ़ते हैं, पर उसके तत्त्वज्ञान को कितने समझते हैं और कितने उसपर आचरण करते हैं। हम रोज देखते हैं कि रामायण पढ़नेवाले अपने भाई से लड़ते हैं, माता-पिता का अपमान करते हैं। गीता की आरती उतारनेवाले लोभ-मोह से ग्रस्त होते हैं, मृत्यु से थरथर काँपते हैं। तात्पर्य यह है कि रामायण-गीता पढ़ने के बाद भी उनके भीतर रामायण-गीता का भाव नहीं आया है। वे अधिकारी नहीं बन पाये हैं। श्रेष्ठ ज्ञान सदा अधिकारी को दिया जाता है, नहीं तो उसका दुरुपयोग होता है।

ईसा मसीह के जीवन की कथा है। एक बार वे कहीं जा रहे थे तो उन्होंने देखा कि एक मनुष्य एक असहाय स्त्री का पीछा कर रहा है। स्त्री भयभीत होकर भाग रही है। ईसा मसीह ने उसे रोका और कहा, ''स्त्री पर बलात्कार करने का प्रयत्न तुम क्यों कर रहे हो? यह तो पाप है।''

वह मनुष्य ठहर गया। ईसा उसके करीब आ गये और चौंक उठे, ''अरे! तुम्हारा चेहरा तो जाना-पहचाना है। मैंने तुम्हें कहीं देखा है।''

वह मनुष्य विनयपूर्वक बोला, ''हाँ प्रभु, आपने मुझे अवश्य देखा है। मैं अंधा था। आपने ही मुझे आँखें दी थीं।''

ईसा मसीह घबड़ाये। अनधिकारी व्यक्ति को आँखें देने का अर्थ उनकी समझ में आ गया। जो अधिकारी नहीं होता है, शक्ति पाकर उलटा दुरुपयोग करता है। लेकिन जो अधिकारी होता है वह शक्ति पाकर उसका सन्तुलित उपयोग करता है।

कहते हैं कि जब अर्जुन दिव्य अस्त्र पाने के लिए भगवान् शिव की तपस्या कर रहे थे तो शिवजी ने उनकी परीक्षा लेनी चाही कि यह दिव्य अस्त्र पाने का अधिकारी है या नहीं। अत: उन्होंने किरात (शिकारी) का रूप धरकर एक सुअर का शिकार किया। सुअर अर्जुन के पास आकर गिरा। अर्जुन ने आँख खोलकर देखा, एक जीव छटपटा रहा है और किरात अपने शिकार को ललचाई निगाहों से देख रहा है। अर्जुन ने किरात को रोकते हुए कहा, ''यह पशु मेरे पाँवों में गिरा है, तुम इसे छू नहीं सकते।''

किरात ने अपना दावा ठोका, ''यह मेरा शिकार है। इसपर मेरा पूर्ण अधिकार है। यदि तुम इसे बचाना चाहते हो तो मुझसे युद्ध के लिए तैयार हो जाओ।''

अर्जुन दुष्ट किरात की धृष्टता को सहन नहीं कर सके। युद्ध के लिए तत्पर हो गये। भयानक युद्ध हुआ। किरात हारता ही नहीं था। अपनी विजय को सुनिश्चित करने के लिए अर्जुन ने एक दिव्यास्त्र तरकस से निकाला और मन्त्र फूँककर उसे धनुष पर चढ़ाया। किन्तु तत्काल ही उन्हें ध्यान आया कि इस दिव्यास्त्र से किरात तो पराजित होगा, लेकिन इसके साथ ही आसपास के जीव-जन्तु भी नष्ट हो जायेंगे। सारी भूमि बंजर हो जायेगी। अपनी तुच्छ विजय के लिए अर्जुन इतने जन-जीवन और पर्यावरण की हानि नहीं चाहते थे। अत: उन्होंने किरात से कहा, ''किरात! तुम जीत गये, मैं हारा। तुम अपना शिकार ले जाओ।''

किरात ने व्यंग्य भरी हँसी हँसकर कहा, ''अपना अस्त्र चलाते क्यों नहीं? उसे धनुष पर चढ़ाकर तुमने रोक क्यों दिया?''

अर्जुन ने शान्त स्वर में कहा, ''किरात, तुम नहीं समझोगे। अपनी तुच्छ विजय के लिए मैं दिव्यास्त्र का प्रयोग नहीं कर सकता। इससे तुम तो मरोगे ही, यहाँ के आसपास की आबादी और धरती भी मर जायेगी। यह पाप मैं अपनी स्वार्थपूर्ण विजय के लिए नहीं कर सकता। अत: मैं हारा।''

अर्जुन की वाणी सुनकर भगवान् शिव दिव्य रूप में प्रकट हो गये। अर्जुन उन्हें देखकर चकित रह गये। शिव ने कहा, ''वत्स, तुम दिव्यास्त्र पाने के अधिकारी हो। अब मुझे विश्वास है, तुम उसका उपयोग आवेश में आकर नहीं करोगे।''

अधिकारी पाकर ही शिव ने 'पाशुपत' अस्त्र अर्जुन को दिया। अर्जुन ने अपनी योग्यता प्रकाशित की। उसने पूरे महाभारत युद्ध में पाशुपत अस्त्र का प्रयोग नहीं किया।

उच्चतम ज्ञान और श्रेष्ठ धरोहर का दान सदा अधिकारी को ही दिया जाना चाहिए। इससे उसमें विकृति न आकर उसका संवर्द्धन होता रहता है। वे व्यक्ति, समाज और राष्ट्र सौभाग्यशाली होते हैं जो श्रेष्ठ ज्ञान-राशि को अविकृत रूप में सम्पोषित और संवर्द्धित करते हैं। हिन्दू धर्म का यही गौरव है कि उसने न कभी पुरातन को फेंका और न नये के प्रति अनावश्यक मोहग्रस्त हुआ। उसने माना कि ज्ञान परम्परा का अंग है। हर पीढ़ी कुछ उच्च विचार करती है। मानवता के उत्थान में हर पीढ़ी के अवदान को समाहित किया जाना चाहिए। इसीलिए हिन्दू धर्म चिरपुरातन, नित्य नूतन है।

कहत सुनत रघुपति गुन गाथा।
कछु दिन तहाँ रहे गिरि नाथा॥

—श्री रघुनाथजी के गुणों की कथाएँ कहते-सुनते कुछ दिनों तक शिवजी वहाँ रहे।

आधुनिक भक्तों की तरह शिवजी आरती के बाद प्रसाद लेकर झटपट भागे नहीं। कथा मनभावनी थी, इसलिए उसपर कई दिनों तक चर्चा करते रहे। दो श्रेष्ठ जन मिलते हैं तो श्रेष्ठ विचारों का आदान-प्रदान स्वाभाविक होता है। इसीलिए जो अच्छे मित्रों का चुनाव करते हैं, वे पतनशील प्रकृतियों में नहीं फँसते हैं। विचारों की उत्तमता ही उनकी रक्षा कवच बनती है। इसीलिए सत्संगति की महिमा गायी गयी है। अच्छी संगति जीवन को केवल नियमित ही नहीं करती, उसे रूपान्तरित भी करती है। मनुष्य विचारों का पुंज है। वह जो भीतर है वही बाहर खोजता है। यदि उसके भीतर लोभ है तो बाहर उदार नहीं बन सकता। यदि भीतर मोह है तो बाहर त्याग की अभिव्यक्ति नहीं हो सकती। अत: सबसे पहले भीतर की सफाई आवश्यक है। सत्संगति उसका सर्वोत्तम उपाय है। जैसे बरतन को चमकाने के लिए बार-बार माँजना पड़ता है उसी तरह मन के परिष्कार के लिए सत्संगति आवश्यक होती है।

यहाँ एक बात सीखने की है। जब हम पूजा-पाठ के लिए मन्दिर या आश्रम जायें तो भागने की जल्दी नहीं करनी चाहिए। हम जानते हैं कि सांसारिक जीवन विषयपूर्ण वासनाओं से भरा हुआ है। पूजास्थल पर जाकर हम उनसे कुछ समय के लिए छुटकारा पाते हैं। हम उच्च विचारों और भावनाओं से जुड़ते हैं। सबकी

सामूहिक प्रार्थना से वातावरण उच्च भावों से आवेशित होता है। इसका भरपूर लाभ उठाना चाहिए। वहाँ थोड़ा रुककर चुपचाप बैठना चाहिए। इससे मन को निश्चित रूप से शान्ति मिलेगी।

कुछ दिन सत्संगति करने के बाद शिवजी मुनि अगस्त्य के यहाँ से विदा हुए। जिस राम का गुणगान करके वे अपने कैलास धाम लौट रहे थे वे ही राम दण्डक वन में पिता की आज्ञा मानकर विचर रहे थे। ब्रह्म राम इस समय उपेक्षित वनवासी थे। रावण साधु के वेश में आकर सीता का हरण कर चुका था। प्रिया-वियोग में प्रभु राम विलाप कर रहे थे।

अब शिव और सती के लिए सत्संग की परीक्षा का समय था। शान्त समय में किसी बात को विश्वासपूर्वक सुनना एक अलग बात है, पर संकट के समय उसपर टिका रहना एक कठिन कार्य है। जब हम प्रसन्न होते हैं तो कहते हैं कि परमात्मा बड़ा कृपालु है; किन्तु जब हमारे घर में कोई दुर्घटना हो जाती है, हमपर दुःख का बोझ आ पड़ता है तो हम उतनी ही आसानी से नहीं कह पाते कि प्रभु बहुत कृपापूर्ण है। वास्तव में संकट के समय ही विश्वास की परीक्षा होती है।

मैंने एक कथा सुनी थी। एक साधु के पास उनका एक शिष्य मिलने आया। शिष्य बहुत उदास था। गुरु ने पूछा, "आज इतने उदास क्यों हो?"

शिष्य ने हताश भाव में कहा, "गुरुदेव! मेरे पास एक हजार रुपये थे। रास्ते में किसीने जेब काट ली। सब पैसे लुट गये।"

गुरु ने समझाया, "बेटे, पैसा तो हाथ की मैल है। तुम व्यापारी हो, फिर कमा लोगे। पैसे के लिए क्यों उदास-परेशान होते हो? यह आज है, कल नहीं रहेगा। भगवान् का नाम लो और मस्त रहो।"

शिष्य को बड़ा सन्तोष हुआ। कुछ ही क्षणों में उसकी परेशानी दूर हो गयी। कुछ दिन बाद वह गुरु से फिर मिलने आया। आज उसने देखा कि गुरुजी बहुत परेशान हैं। उनके चेहरे पर उदासी छायी हुई है।

शिष्य ने आदरपूर्वक पूछा, "गुरुजी, आप परेशान दिख रहे हैं?"

गुरु निराश स्वर में बोले, "कोई भक्त सौ रुपये दे गया था। मैंने पता नहीं कहाँ रख दिये। इसीसे परेशान हूँ। जरा तुम भी उसे ढूँढ़ने में मेरी मदद करो।"

शिष्य चकित हो उठा। उसने कहा, "महाराज, आपको याद होगा, पिछली बार जब मैं आपसे मिलने आया था तो मेरे एक हजार रुपये खो गये थे। आपने कहा था कि पैसे खोने से क्या निराश होना। वह तो हाथ की मैल है। पर आज आप सौ रुपये के लिए इतने क्यों परेशान हैं?"

गुरु ने समझाया, ''वे हजार रुपये तुम्हारे खोये थे, यह सौ रुपये मेरे खोये हैं।''

दूसरे को उपदेश देना आसान है, किन्तु जब तक अपने पर संकट नहीं आता तब तक विश्वास की परीक्षा नहीं होती है। अब संकट का समय शिव और सती दोनों के समक्ष उपस्थित है। ब्रह्म राम नर रूप में वनवासी होकर पत्नी-वियोग में विलाप कर रहे हैं। सती का ऐसे साधारण मनुष्य पर तनिक भी ध्यान नहीं जाता है। पर शिव अपने इष्टदेव को पहचान गये।

संभु समय तेहि रामहि देखा।
उपजा हियँ अति हरषु बिसेषा॥

—शिवजी ने उस अवसर पर श्रीराम को देखा। उनके हृदय में बहुत भारी आनन्द हुआ।

भक्ति की यही सबसे बड़ी विशेषता है। भक्त अपने इष्टदेव को देखते ही आनन्द से भर उठता है। सुअवसर-कुअवसर कुछ भी हो, उसे उसकी परवाह नहीं होती है।

सूफी सन्त मंसूर 'अनलहक' (मैं ब्रह्म हूँ) का उद्घोष करने लगे थे। इसलाम में इस तरह की घोषणा वर्जित है, ईश निन्दा जैसा पाप है। पर वह उसकी परवाह किये बगैर अपनी मस्ती में 'अनलहक' कहते ही जा रहे थे। उनके गुरु जुन्नैद ने उन्हें समझाया, ''बेटा, ऐसी बातें बोलने का यह अवसर नहीं है। यहाँ के लोग इस तरह की बात सुनने के लिए अभी तैयार नहीं हैं। तुमपर आफत आ जायेगी। यह बोलना बंद कर दो।''

मंसूर बोले, ''गुरुदेव, मैं अपने को रोक नहीं सकता। मेरा रोम-रोम प्रभुमय हो उठा है। मुझे अवसर की परवाह नहीं है।''

मंसूर अपने को रोक नहीं पाये। इसीलिए उन्हें मार डाला गया। प्राण देकर भी अपने इष्टदेव की आराधना में तनिक भी त्रुटि नहीं आने दी।

भगवान् शिव राम को दयनीय स्थिति में भी देखकर आनन्दित हो उठे। उन्हें तनिक भी संशय नहीं हुआ कि यह निरुपाय मनुष्य मेरा आराध्य कैसे हो सकता है। जो स्वयं दुःखी है वह मेरा दुःख कैसे दूर कर सकेगा। प्रायः लोग प्रभु को दुःखहर्ता मानते हैं; लेकिन यदि वह ही दुःख उठाये तो उसे कौन पूजने जायेगा। अपने जीवन के उत्तर काल में जब स्वामी विवेकानन्द बीमार रहने लगे तो अमेरिका के उनके कई शिष्य उन्हें छोड़ चले। उनका तर्क था—यह कैसा परमात्मा का दूत है जो बीमार रहता है। पर यह साधारण मनुष्य की प्रतिक्रिया होती है। भक्त जानता

है कि दुःख-सुख, पाप-पुण्य दोनों परमात्मा के ही रूप हैं। राम और रावण दोनों में एक ही ऊर्जा काम कर रही है। एक ही चेतना साधु और चोर में प्रवाहित हो रही है। एक स्थान पर उसका प्रकाश प्रखर है तो दूसरे स्थान पर मन्द। परमात्मा दोनों को अपने भीतर धारण करता है। पश्चिम के धर्मों ने इस सत्य को नहीं माना। अतः उन्होंने बुरे कर्म के नियन्ता के रूप में शैतान की रचना कर डाली। पर भला यह कैसे हो सकता है कि घर जलानेवाली आग को शैतान ने बनाया है और भोजन पकानेवाली आग को भगवान् ने? तब तो भगवान् सर्वशक्तिमान् नहीं रहा। उसकी आधी शक्ति तो शैतान के पास चली गयी। यह सम्भव नहीं। अतः हिन्दुओं ने माना कि परमात्मा में सबकुछ समाया हुआ है। वह हँस सकता है तो रो भी सकता है। वह क्षीरसागर में शयन कर सकता है तो वन में दुःख भी उठा सकता है। अतः समझदार भक्त के ऊपर इस बात का तनिक भी दुःख नहीं होता कि भगवान् सुखी है या दुःखी। वह तो बस उन्हें अपने इष्टदेव के रूप में देखता है। उन्हें हर स्थिति में देखकर आनन्दित होता है।

भरि लोचन छबि सिंधु निहारी।
कुसमय जानि न कीन्हि चिन्हारी॥

—शोभा के समुद्र श्रीराम को शिवजी ने नेत्र भरकर देखा, परन्तु अवसर ठीक न जानकर परिचय नहीं किया।

शिवजी ने श्रीराम को नेत्र भरकर देखा। भक्त कभी भगवान् को उड़ती नजर से नहीं देखता है। प्रेम और भक्ति में प्रिय एवं आराध्य के रूप को पी जाने की ललक होती है। इससे परम शान्ति मिलती है। सौन्दर्य को देखना बहुत शान्तकर होता है। आप खिलते हुए सूर्य को देखें, उगते हुए सूर्य को देखें, अर्द्ध चन्द्राकार इन्द्रधनुष को निहारें, कल-कल निनादिनी नदी पर दृष्टिपात करें, उत्तुंग हिमशिखर को अपने नेत्रों में भरें, आपका हृदय परम शान्ति से आप्लावित हो जायेगा। पर यह सब तो प्रभु की रचनाएँ हैं। इनके रचयिता को देखना कितना आनन्ददायी होगा, यह हम सहज ही सोच सकते हैं। सौन्दर्य का सृजनकर्ता प्रभु निश्चित रूप से सौन्दर्य का समुद्र होगा। इसीलिए भक्त उसके रूप को अपने भीतर तक उतारकर सौन्दर्यमय बन जाना चाहता है। फिर उसे सांसारिक सौन्दर्य की चाह नहीं रहती। नश्वर क्षणभंगुर सौन्दर्य उसे लुभाते नहीं हैं। इसीलिए कबीर ने कहा था—मैंने राम की वारुणि पी है, मुझे अब किसी और नशे की आवश्यकता ही नहीं है। प्रभु की छवि देख लेने पर संसार की छवि धूमिल पड़ जाती है, जैसे सूर्य के सामने दीपक

का प्रकाश पीला पड़ जाता है। यह समझकर भक्त प्रभु की ही छवि निहारता है। भगवान् शिव ने भी भरपूर नेत्रों से प्रभु राम को देखा।

भगवान् शिव के सामने एक व्यावहारिक समस्या थी। इष्टदेव के दर्शन के बाद उनका आशीर्वाद लिया जाता है। पर आशीर्वाद लिया कैसे जाय? उसके लिए तो प्रभु के पास जाना पड़ेगा। प्रभु तो इस समय विलाप की लीला कर रहे हैं। मिलन होने पर लीला छोड़कर उन्हें सहज व्यवहार करना पड़ेगा। यह तो रसभंग होगा। इससे लीला में बाधा पड़ जायेगी। शिवजी ने इस कुसमय को अच्छी तरह से पहचाना। वे राम से मिलने नहीं गये। अपने जीवन में हम देखते हैं कि बहुत लोग अत्यधिक उतावले होते हैं। कोई मन्त्री या उच्च पदाधिकारी आ जाये तो उससे हर स्थिति में मिलने के लिए उपक्रम करते हैं। यह उतावली चरित्र का छोटापन है। इससे बचना चाहिए। उचित समय आने पर ही मिलना उपयुक्त होता है।

जय सच्चिदानंद जग पावन।
अस कहि चलेउ मनोज नसावन॥

—जगत् को पवित्र करनेवाले सच्चिदानन्द की जय हो! इस प्रकार कहकर काम का नाश करनेवाले शिवजी चल पड़े।

शिवजी ने एक बड़ी अच्छी बात कही। उन्होंने भगवान् को प्रणाम करते हुए उन्हें जगत् को पावन करनेवाला कहा। वास्तव में यही प्रभु की सबसे बड़ी शक्ति है। वह जिसे छूता है उसे पावन कर देता है। परमात्मा परम पावन है। उसका स्मरण करनेवाला कभी अपवित्र या पापमय नहीं हो सकता। रामकृष्ण परमहंस कहते थे, 'लो प्रभु का नाम और फेंक दो पाप की गठरी। प्रभु का नाम लेते ही तुम्हारे सारे पाप जल जायेंगे। क्या प्रकाश आने पर अँधेरा टिकता है?' भक्ति की यही तो महिमा है कि उसने पापात्मा के उद्धार का भी द्वार खोला। गणिका, व्याध आदि सभी प्रभु को छूकर पावन हो गये।

शिवजी ने ऐसे परम पावन प्रभु की जय लगायी। मिलना सम्भव नहीं था। लेकिन स्मरण पर कोई बाधा नहीं थी। प्रभु का चिन्तन हर स्थिति में भक्त के लिए वरेण्य होता है। रामकृष्ण जब कहीं जाते थे तो उनके भक्त सावधानी बरतते थे कि कहीं कोई राम-राम न कह दे। ऐसा होने से वे समाधि में चले जायेंगे। फिर उन्हें सहज स्थिति में लाने में बड़ी कठिनाई होगी।

एक बार रामकृष्ण को विवाह का निमन्त्रण मिला। भक्तों ने पूरी तैयारी कर ली थी कि उनके सामने कोई भगवान् का नाम नहीं लेगा। वे विवाह-स्थल पर

गये। एक अनजान व्यक्ति ने साधु को आया जानकर झुककर 'जय श्रीराम' कहकर प्रणाम किया। सब व्यवस्था ढह गयी। रामकृष्ण अपने को रोक नहीं पाये। वह राम के ध्यान में डूब गये। विवाह का सब रास-रंग जाता रहा।

सच्चा भक्त प्रभु से दूर रहे या नजदीक, उसे सदा स्मरण करता रहता है। प्रभु की दृष्टि उसपर है कि नहीं, इसकी वह चिन्ता नहीं करता। उसकी दृष्टि प्रभु पर है, इसीमें उसे परम सन्तोष मिलता है।

इस चौपाई में शिवजी को 'मनोज नसावन' कहा गया है। इच्छाओं के देवता के नाशकर्ता हैं। स्वाभाविक है कि वे इच्छाओं से परे होंगे। फिर सवाल उठता है कि जो इच्छाओं से परे है उसे किसीको प्रणाम करने की, किसीसे मिलने की क्या आवश्यकता? यहीं ज्ञानी और भक्त की दृष्टि का अन्तर दिखाई देता है। ज्ञानी समस्त इच्छाओं के पार जाकर स्वयं प्रभु बन जाता है। भक्त संसार की इच्छा त्यागता है, प्रभु की इच्छा को नहीं। प्रभु ही उसके प्राण होते हैं। बिना उन्हें देखे, बिना उनका नाम स्मरण किये वह जी नहीं सकते। मीरा राम रतन धन पाकर मस्त हो जाती हैं। कबीर राम की दुल्हनियाँ बनकर नाचते हैं, तुलसी 'एक भरोसो एक बल एक आस बिस्वास' कहकर राम पर निर्भर हो जाते हैं। इसी कारण इच्छा विनाशी शिव हरि-स्मरण की इच्छा से विरत नहीं हो पाये।

चले जात सिव सती समेता।
पुनि पुनि पुलकत कृपा निकेता॥

—कृपानिधान शिवजी बार-बार आनन्द से पुलकित होते हुए सती के साथ चले जा रहे थे।

यह स्थिति भक्त के पहचान की सबसे बड़ी निशानी है। भगवान् की भक्ति में रहनेवाला भक्त उनके नाम का स्मरण कर परम पुलकित हो उठता है। इसे आप किसी भी सत्संग में देख सकते हैं। बहुत सारे लोग कोरे आते हैं, कोरे चले जाते हैं। उनकी दृष्टि भगवान् से अधिक प्रसाद पर होती है। भगवान् के नाम की ऊष्मा उनके भीतर जड़ जगाये सांसारिक वासनाओं के शीतालय को गरमा नहीं पाती है। वे प्रसाद खाकर ज्यों-के-त्यों चले जाते हैं। इसीलिए पुराणों में भक्तों की तीन स्थितियाँ बतायी गयी हैं। पहले प्रकार के भक्त नदी के पत्थर होते हैं। नदी में हजारों वर्षों से भीगते रहते हैं, पर उनके भीतर पानी तनिक भी नहीं जाता। तोड़ने पर भीतर सबकुछ सूखा रहता है। पत्थर की श्रेणीवाले भक्त सालोसाल सत्संग में जाते हैं, नित्य भजन-पूजन करते हैं; लेकिन उनका अन्तर्मन नहीं बदलता। वे

ज्यों-के-त्यों ही रहते हैं, सदा एकरस। दूसरे प्रकार के भक्त रुई की तरह होते हैं। क्षण भर के लिए पानी में डालो, अन्तरतम तक भीग जाते हैं, लेकिन कुछ ही देर में सूख भी जाते हैं। ऐसे भक्त कथा में खूब रस लेते हैं, लेकिन सत्संग से बाहर होते ही वे फिर संसार में लौट आते हैं। जो वहाँ पाया था उसे वहीं छोड़ आते हैं। तीसरे प्रकार के भक्त मिस्री जैसे होते हैं। पानी में एक बार घुल गये तो घुल गये, फिर वापस नहीं लौटते हैं। ऐसे भक्त ही श्रेष्ठ माने जाते हैं। एक बार राम की लगन लग गयी तो लग गयी।

सत्संग में प्रभु का नाम स्मरण करके जो आनन्दित नहीं होता है, उसका जीवन व्यर्थ समझना चाहिए। जो लोग सत्संग में आकर सांसारिक बातें करते रहते हैं, वे अपने पाप के बोझ को और बढ़ाते हैं। इससे बचना चाहिए। सत्संग में जायें तो श्रद्धा से जायें, नहीं तो उससे दूर ही रहें।

शिवजी सच्चे सत्संगी हैं। प्रभु का नाम स्मरण कर उनका रोम-रोम पुलकित हो रहा है। उनका मन-प्राण आनन्द से आप्लावित है। सती उनके साथ हैं; पर इस दैवी अनुभूति से वे वंचित हैं। यद्यपि राम को उन्होंने भी वन में देखा है, लेकिन वे उन्हें शिव की तरह नहीं देख पायी हैं। दृश्य की व्यंजना दृष्टि के अनुरूप होती है। एक भक्त मूर्ति में भगवान् को देखता है और एक निराकारी उसे व्यर्थ समझता है। एक कवि पुष्प में सौन्दर्य देखता है और एक वैज्ञानिक उसके विभिन्न तत्त्वों की खोज करता है। शिव और सती की दृष्टि में कुछ ऐसा ही अन्तर था। इसीलिए वे चकित हो उठीं।

सतीं सो दसा संभु कै देखी।
उर उपजा संदेहु बिसेषी॥

—भगवान् शिवजी की दशा देखकर सती के मन में बड़ा सन्देह उत्पन्न हो गया।

सती का सन्देह स्वाभाविक है। उन्हें आश्चर्य लग रहा था कि शिवजी ने एक साधारण मनुष्य को क्यों प्रणाम किया? और यदि प्रणाम किया भी तो इतना आनन्दित होने की क्या आवश्यकता है? यह तो कोई गहन बात लगती है।

सन्देह की धार दोहरी होती है। वह ज्ञान को आगे भी बढ़ाता है और उसका नाश भी करता है। सन्देह करनेवाला व्यक्ति यदि विधेयक बुद्धि का होगा तो वह ज्ञान की पर्त को उतारकर उसकी गहराई तक जायेगा और यदि निषेधात्मक बुद्धि का होगा तो ज्ञान की गठरी को मस्तिष्क की खिड़की से बाहर फेंककर अज्ञान के अँधेरे में चादर तानकर सो जायेगा। आइए, देखते हैं कि सती की स्थिति क्या है?

संकरु जगत बंद्य जगदीसा।
सुर नर मुनि सब नावत सीसा॥

—शंकर की सारा जगत् वन्दना करता है। वे जगत् के ईश्वर हैं; देवता, मनुष्य, मुनि सब उनके प्रति सिर नवाते हैं।

सती का तर्क बड़ा वजनदार है। अगर जगदीश्वर शिव किसीकी वन्दना करके परम आनन्दित हो रहे हैं तो अवश्य कोई विशेष बात होगी। देवता, साधारण मनुष्य और ज्ञानी मुनि शिव को प्रणाम करते हैं। जो व्यक्ति मार्ग में मिला था वह तो अत्यन्त साधारण था, फिर शिव ने उसे अभिवादन क्यों किया? उन्होंने उसे 'सच्चिदानन्द परम धाम' कहकर क्यों प्रणाम किया? उसकी छवि देखकर अभी तक वे क्यों रोमांचित हैं? क्या वन में विचरण करनेवाला राजपुत्र सचमुच ब्रह्म है? अब सती के मन का सन्देह एक तर्कजाल बुनता है।

ब्रह्म जो ब्यापक बिरज अज अकल अनीह अभेद।
सो कि देह धरि होइ नर जाहि न जानत बेद॥

—जो ब्रह्म सर्वव्यापक, मायारहित, अजन्मा, अगोचर, इच्छारहित और भेदरहित है और जिसे वेद भी नहीं जानते, क्या वह देह धारण करके मनुष्य हो सकता है?

सती का सन्देह एक सनातन सवाल है, जो हिन्दू धर्म को मथता रहा है। अनेक आचार्यों ने कहा कि निराकार परमात्मा के आकार में बँधने का कोई सवाल ही नहीं उठता। लेकिन कुछ आचार्यों ने कहा कि परमात्मा को केवल निराकार रूप में ही सीमित करना उसे अक्षम बनाना है। सर्वशक्तिमान् परमात्मा स्वेच्छा के अनुरूप कोई भी रूप ले सकता है। इसके लिए उसे पंचायत कराकर किसीसे राय लेने की आवश्यकता नहीं। आखिर हमारी क्या औकात है कि हम प्रभु से कहें कि तुम कैसे रहो। यह काम प्रभु पर ही छोड़ दिया जाना चाहिए।

भक्तों ने दर्शन के सैद्धान्तिक ऊहापोह की तनिक भी चिन्ता नहीं की। उन्होंने सीधा सा विचार प्रस्तुत किया। हम प्रभु के हैं, प्रभु हमारे। फिर हम पुकारेंगे तो वे क्यों नहीं आयेंगे। अगर नहीं आयेंगे तो हम ऐसे परमात्मा को लेकर क्या करेंगे? उसी सहज विश्वास पर गोपियों ने उद्धव को ललकारा था।

सती यह मानने के लिए तैयार ही नहीं हैं कि जो व्यापक है वह एक देह में सीमित कैसे हो सकता है? जो मायारहित है वह जन्म-मरण की माया से बँध कैसे सकता है? जो न जनमता है, न मरता है वह देहधारी कैसे हो सकता है? जो

साधारण दृष्टि से दिखाई नहीं देता वह साक्षात् चलता-फिरता दिखाई कैसे दे रहा है ? जो इच्छारहित है, वह इच्छाओं के वशीभूत होकर पत्नी के लिए विलाप कैसे कर रहा है ? जो भेदरहित है, द्वैत से परे है वह द्वैत के द्वन्द्व में फँसा कैसे है ? जिसे वेद भी नहीं जानते वह हर मनुष्य के सामने 'नर' बनकर कैसे विचरण कर रहा है ? अपने सैद्धान्तिक तर्कों से सती ब्रह्म के अवतरण की सम्भावना को खारिज करती हैं। किन्तु फिर भी उन्हें समाधान नहीं होता है। शिव की वन्दना का कुछ-न-कुछ अर्थ तो होगा ही। अत: वे एक अन्य तर्क की तलाश करती हैं।

बिष्नु जो सुरहित नरतनु धारी।
सोउ सर्बग्य जथा त्रिपुरारी॥

—देवताओं के हित के लिए मनुष्य का शरीर धारण करनेवाले जो विष्णु भगवान् हैं, वे भी शिवजी की भाँति सर्वज्ञ हैं।

सती अब एक अन्य स्तर पर विचार करती हैं। त्रिदेवों में एक भगवान् विष्णु देवताओं की रक्षा के लिए अवतार लेते रहते हैं; लेकिन वे भी तो शिव की तरह सर्वज्ञ हैं। त्रिकाल में जो कुछ भी घटित होता है, उनकी दृष्टि के समक्ष होता है। फिर इतने समर्थ भगवान् यहाँ इतने निरीह बनकर क्यों खड़े हुए हैं ?

खोजइ सो कि अग्य इव नारी।
ग्यानधाम श्रीपति असुरारी॥

—वे ज्ञान के भण्डार, लक्ष्मीपति और असुरों के शत्रु भगवान् विष्णु क्या अज्ञानी की तरह स्त्री को खोजेंगे ?

सती की सोच बड़ी सीधी है। यदि कोई सर्वज्ञ है तो वह रोयेगा क्यों ? उसे तो पता हो जाना चाहिए कि उसकी पत्नी कहाँ है। जो सर्वव्यापक है उसे हर स्थल की खबर होनी चाहिए। फिर सीता के लिए राम का रुदन क्यों ? अगर राम का रुदन स्वाभाविक है तो शिव का राम को सच्चिदानन्द कहकर प्रणाम क्यों ?

अपने तर्कों में सती लीला के महत्त्व को भूल रही हैं। हम सिनेमा या नाटक में देखते हैं कि सभी पात्र अपनी भूमिका निभा रहे हैं, लेकिन हर पात्र ने अपनी भूमिका करने से पहले फिल्म या नाटक की पूरी कहानी पढ़ रखी है। नायक जानता है, खलनायक उसे कब मारेगा। खलनायक जानता है कि नायक कब उसे दबोचेगा। नायिका जानती है कि कब उसे खलनायक लेकर भागेगा और कब उसे बचाने के लिए नायक दौड़कर आयेगा। पर हर पात्र अपनी भूमिका इस तरह कर

रहा होता है कि जैसे उसे कुछ पता नहीं है, वह नियति के चक्र से घट रही है। ऐसा मानना ही नाटक को प्रभावी बनाता है। प्रभु जब अवतार लेते हैं तो 'जनहित' के लिए आते हैं। शिक्षा देने के लिए वे आचरण करते हैं। यह समझ लेने पर यह तर्क बेकार हो जाता है कि राम सीता के लिए क्यों रो रहे हैं।

संभुगिरा पुनि मृषा न होई।
सिव सर्बग्य जान सबु कोई॥

—फिर शिवजी के वचन भी झूठे नहीं हो सकते। सब कोई जानते हैं कि शिवजी सर्वज्ञ हैं।

बड़े आश्चर्य की बात है। सती बड़ा खतरनाक तर्कजाल बुन रही हैं। कहती हैं कि सब कोई जानते हैं कि शिव सर्वज्ञ हैं, लेकिन उससे अपने को नहीं जोड़ रही हैं। एक विश्वासपूर्ण पत्नी के लिए यह कहना सर्वथा उचित होता कि मैं जानती हूँ कि शिव सर्वज्ञ हैं। फिर तो यहीं कहानी खत्म हो जाती। विश्वास की किरण फूटते ही संशय की निशा तिरोहित हो जाती। लेकिन सती से यह नहीं हो सका। वे अपने विश्वास को शिव पर नहीं टिका पायीं। प्रायः घरों में ऐसा होता है कि पति-पत्नी एक-दूसरे पर विश्वास नहीं टिका पाते हैं और तब संशय उनके जीवन को विषमय बनाने लगता है।

यहाँ सती दोहरे संशय की शिकार हैं। शिव और विष्णु दोनों की सर्वज्ञता पर उन्हें शक हो उठा है। इस तरह वे बहुत विचलित और उद्विग्न हैं। वे साधारण स्त्री होतीं तो चुपचाप बैठ रहतीं। शिवजी किसीको कुछ भी कहकर प्रणाम करें, उन्हें क्या लेना-देना? लेकिन वे प्रज्ञावान् महिला थीं। अभी-अभी सत्संग सुनकर आ रही थीं। साक्षात् अगस्त्य ऋषि के मुख से उन्होंने राम के ब्रह्म स्वरूप का निरूपण सुना था। उनकी समझ में नहीं आ रहा था कि सच्चिदानन्द की कथा तो अगस्त्य ऋषि के आश्रम में थी। यहाँ दण्डक वन में सच्चिदानन्द का आगमन कैसे हो गया?

प्रज्ञावान् व्यक्ति संशय के अँधेरे में चुपचाप बैठता नहीं है, वह उसे चीरकर ज्ञान के प्रकाश को अपने भीतर लाना चाहता है। इसीलिए जब भी वह सशंक होता है तो उद्विग्न होता है, छटपटाता है। संशय की समाप्ति के लिए स्वप्रयत्न से अधिक गुरु का मार्गदर्शन आवश्यक होता है। सती के पास शिव जैसा गुरु था; पर वह उसका उपयोग नहीं कर पायीं। शायद उन्हें अपने पर अधिक भरोसा हो उठा था।

भगवान् शिव और विष्णु की सर्वज्ञता पर से सती का विश्वास जैसे ही हिला, एक चमत्कार घटित हो गया। सती के बिना कुछ बोले ही भगवान् शिव उनके मन की सारी बात को जान गये।

जद्यपि प्रगट न कहेउ भवानी।
हर अंतरजामी सब जानी॥

—यद्यपि भवानीजी ने प्रकट कुछ नहीं कहा, पर अन्तर्यामी शिव सबकुछ जान गये।

कभी-कभी यह भाव मन में हो सकता है कि सर्वज्ञ केवल बाहरी व्यापार को ही जानता है। इसीलिए यहाँ स्पष्ट कहा गया कि शिवजी अन्तर्यामी हैं। शक के सारे द्वार बन्द कर दिये गये। जो लोग भगवान् को ठगने के लिए प्रार्थना करते हैं उन्हें सावधान रहना चाहिए। प्रभु सर्वज्ञ ही नहीं, अन्तर्यामी भी हैं। वे भीतर-बाहर सबकी खबर रखते हैं। अत: दुष्ट बुद्धि से, बुरे विचार से उनसे कुछ माँगना खतरनाक भी हो सकता है। प्रभु से प्रार्थना पवित्र मन से करनी चाहिए, पवित्र वस्तु ही माँगनी चाहिए। परमात्मा उदार दानी है, पर वह अपात्र को देकर दान को व्यर्थ नहीं करता।

अत: अन्तर्यामी प्रभु से कुछ भी मत छिपाओ। मन में संशय भी हो तो खोलकर रख दो। यदि सती ने शिव के समक्ष अपना संशयी मन खोलकर रख दिया होता तो सती बच जातीं। अन्तर्यामी और सर्वज्ञ पर संशय करना और उसे छिपाना, यही अनर्थकारी रहा। दुराव-छिपाव न हो तो संशय तो ज्ञान के राजद्वार पर दस्तक देने का सर्वोत्तम उपाय है। जो सन्देह नहीं कर सकता वह ज्ञान की घाटी में उतरने का साहस नहीं कर सकता। पिलपिले विश्वास से अच्छा है सुदृढ़ सन्देह। पिलपिला विश्वास मनुष्य को कभी लक्ष्य तक नहीं ले जाता है। वह उसे इधर--उधर भटकाता रहता है। कभी वह राम के पास जायेगा तो कभी कृष्ण, कभी दुर्गा के पास जायेगा तो कभी शिव। वह कहीं टिकता नहीं। उसके टिकाव का केन्द्र उसका स्वार्थ होता है, उसकी श्रद्धा नहीं। इसीलिए ऐसा व्यक्ति अन्तत: नष्ट होता है। लेकिन जो संशय या सन्देह से भरे होते हैं वे विश्वास की उपलब्धि के लिए यात्रा आरम्भ करने के लिए उतावले होते हैं। अध्यात्म और विज्ञान की सारी खोजें ऐसे संशयी उतावलों ने की हैं। लेकिन आवश्यक है कि संशय को विधायक रूप दिया जाय। सती यही नहीं कर पायीं।

सती संशय को प्रकट करके उसके समाधान के लिए प्रार्थना करतीं तो वे एक क्षण में पार्वती बन जातीं। उनकी स्वर्ण काया को यज्ञाग्नि में दग्ध होने का दु:ख न

झेलना पड़ता। पर जब शिव ने स्वयं जान लिया तो स्थितियाँ अत्यन्त साधारण हो गयीं। जब पुत्र पिता से कोई राय माँगे तो परिवार का गौरव बढ़ता है; किन्तु पुत्र छुपाये और पिता को स्वयं आगे बढ़कर राय देने की पहल करनी पड़े तो उससे सम्बन्धों की मर्यादा नष्ट होती है।

सुनहि सती तव नारि सुभाऊ।
संसय अस न धरिअ उर काऊ॥

—शिव बोले—हे सती, सुनो। तुम्हारा स्त्री स्वभाव है। ऐसा सन्देह मन में कभी न रखना चाहिए।

शिवजी एक बड़ी अनूठी बात कहते हैं—हिन्दू धर्म में स्त्री परिवार का आधार मानी गयी है। यदि उसे आधार से हटा दिया जाये तो परिवार एकदम बिखर जाता है। परिणामत: समाज भी नष्ट हो जाता है।

स्त्री परिवार को तभी सँभाल सकती है जब वह संशय की दुर्भावना से दूर हो। यदि स्त्री संशयग्रस्त होगी तो जीवन नहीं चल सकता। संशय जितना बढ़ता है, विश्वास का जीवन उतना ही नष्ट होता है। और परिवार विश्वास के बल पर चलता है। अत: हर स्थिति में प्रयत्न करके स्त्री को संशय से बचकर और विश्वास को बढ़ाते हुए चलना चाहिए। कुछ लोग इस चौपाई का अर्थ यह भी करते हैं कि संशय स्त्री का स्वभाव है। हो सकता है, यह उक्ति साधारण अशिक्षित स्त्री के लिए उपयुक्त हो, पर सती के लिए ऐसी उक्ति पर कतई विश्वास नहीं किया जा सकता। शिवजी सती के साथ रहते हैं। वे उनकी प्रतिभा, बुद्धिमत्ता से भलीभाँति परिचित हैं।

सती को संशय से श्रद्धा की ओर लौटाने के लिए शिवजी एक मोहक प्रयत्न करते हैं। वे अपने साथ मुनि अगस्त्य को भी जोड़ते हैं।

जासु कथा कुंभज रिषि गाई।
भगति जासु मैं मुनिहि सुनाई॥
सोइ मम इष्टदेव रघुबीरा।
सेवत जाहि सदा मुनि धीरा॥

—जिनकी कथा का अगस्त्य ऋषि ने गान किया और जिनकी भक्ति मैंने मुनि को सुनायी, ये वे ही मेरे इष्टदेव श्री रघुवीर हैं, जिनकी सेवा ज्ञानी मुनि सदा किया करते हैं।

कभी-कभी जो अपने बहुत निकट होता है उसकी बात पर हमें विश्वास नहीं

होता। नित्य की निकटता से श्रद्धा का क्षरण हो जाता है। इसीलिए शिव कहते हैं कि हे सती, जिनका यश ऋषि अगस्त्य भी गाते हैं, वे ही मेरे परम आराध्य हैं। भगवान् शिव अपने कथन को और ग्राह्य बनाने के लिए ऋषि-मुनियों और योगियों का सहारा लेते हैं।

मुनि धीर जोगी सिद्ध सतत बिमल मन जेहि ध्यावहीं।
कहि नेति निगम पुरान आगम जासु कीरति गावहीं॥
सोइ राम ब्यापक ब्रह्म भुवन निकाय पति माया धनी।
अवतरेउ अपने भगत हित निजतंत्र नित रघुकुलमनी॥

—ज्ञानी मुनि, योगी और सिद्ध निरन्तर निर्मल चित्त से जिनका ध्यान करते हैं तथा वेद, पुराण और शास्त्र 'नेति-नेति' कहकर जिनकी कीर्ति गाते हैं उन्हीं सर्वव्यापक, समस्त ब्रह्माण्डों के स्वामी, मायापति, नित्य परम स्वतन्त्र, ब्रह्म रूप भगवान् श्रीराम ने अपने भक्तों के हित के लिए रघुकुल के मणि रूप में अवतार लिया है।

इस घोषणा से भगवान् शिव ने सती के समस्त संशयों का निवारण कर दिया। उन्हें ब्रह्म भी बताया और उनके अवतार का कारण भी बताया। केवल वे ही नहीं, ज्ञानी-ध्यानी ऋषि-मुनि भी उन्हें भजते हैं। उसका प्रमाण भी प्रस्तुत किया। सती के संशय निवारण के लिए शिव ने अपनी पूरी प्रतिष्ठा दाँव पर लगायी। शिव चाहते तो आसान तरीका अपना सकते थे। सती को डाँटकर चुप करा देते, जैसे एक साधारण पति करता है। लेकिन फिर सम्बन्धों की गरिमा कहाँ रहती। व्यक्तित्व की निजता की प्रतिष्ठा कैसे होती। आसान मार्ग अपनाना जीवन के लिए आसान होता है, लेकिन फिर उसमें से आचरण का ताजमहल नहीं बन सकता। वायुयान से एवरेस्ट तक पहुँचनेवाले को हिलेरी और तेनसिंह की तरह याद नहीं किया जाता। इसी कारण हिन्दू धर्म को तप का धर्म कहा गया है। समय पर सलाह या उपदेश देना भी तप है। व्यक्ति को अपनी बुद्धि के अनुसार निर्णय लेने का अवसर निश्चित रूप से मिलना चाहिए। सती को वह अवसर प्राप्त था। भगवान् शिव उस अवसर को सकारात्मक बनाने के लिए अब प्रयत्न कर रहे हैं, जिससे सती के निर्णय से उत्पन्न क्षति की पूर्ति की जा सके।

लाग न उर उपदेसु जदपि कहेउ सिवँ बार बहु।
बोले बिहसि महेसु हरिमाया बलु जानि जियँ॥

—यद्यपि शिवजी ने बहुत बार समझाया, फिर भी सती के हृदय में उनका उपदेश नहीं

बैठा। तब महादेवजी मन में भगवान् की माया का बल जानकर मुसकराते हुए बोले।

कितने दयालु हैं शिवजी। भटके हुए को सुमार्ग पर लाने के लिए बार-बार प्रयत्न करते हैं। हमारा परमात्मा किसीको एकदम से झिड़ककर बाहर नहीं फेंकता है। उपेक्षा और तिरस्कार हमारे प्रभु का स्वभाव ही नहीं है। दण्ड और पुरस्कार देनेवाला वह न्यायकारी भी नहीं है। वह तो परम हितैषी पिता है, माता है, बन्धु है, सखा है। वह हमारे साथ चलता है। हम गिरते हैं तो हमें उठाता है। हम डूबते हैं तो हमें बचाता है।

मैंने कहीं पढ़ा था। एक भक्त ने सपने में देखा कि वह गरम तपते रेगिस्तान में पड़ा हुआ है। उसे पार जाना था। उसने प्रभु को पुकारा। वे आये। भक्त ने कहा, ''प्रभु, आप मेरे साथ चलें। आपका साथ होगा तो यह गरम रेगिस्तान मेरे लिए नर्म घास बन जायेगा।'' भगवान् ने भक्त की बात स्वीकार कर ली। दोनों चलते रहे। रास्ता आसानी से कट गया। पार होकर भक्त ने पीछे दृष्टि डाली तो रेगिस्तान के बालुओं पर केवल दो पैरों के निशान थे। भक्त दुःखी हुआ। उसने भगवान् से शिकायत की, ''प्रभु, आप मुझे छोड़ गये, साथ चले नहीं।''

भगवान् बोले, ''वत्स, मैं तेरे साथ चला। एक क्षण भी अलग नहीं रहा।''

भक्त ने अपना प्रमाण प्रस्तुत किया, ''प्रभु, मैंने पीछे मुड़कर देखा। रेगिस्तान के बालुओं पर केवल दो ही पैरों के निशान हैं।''

परमात्मा ने समझाया, ''पुत्र, रेगिस्तान की गरमी से तुम्हारे पैर जल रहे थे। तुम पीड़ा से छटपटाये तो मैंने तुम्हें अपनी गोद में उठा लिया। दो पैरों के वे निशान मेरे हैं। उनकी चिन्ता न करना। तुम्हारी सहायता मैं कर सका, यही मेरा सुख है।''

आह! हमारा प्रभु भक्त की रक्षा के लिए कितना दुःख उठाता है। वह माता-पिता की तरह, बन्धु-मित्र की तरह वह इसमें आनन्दित होता है। कभी भक्त से प्रतिदान नहीं माँगता है। बार-बार नाना रूपों में अवतार लेकर अपने जन की रक्षा करता है।

परम दयालु शिव सती की रक्षा करना चाहते हैं। उसके लिए हर प्रयत्न करते हैं, लेकिन देखते हैं कि सती के चेहरे से संशय की रेखाएँ मिटी नहीं हैं। फिर वे चुप हो जाते हैं। उसे हरिमाया का खेल समझकर अपने को पूरे प्रकरण से बाहर खींच लेते हैं। यह हम सबके जीवन में आता है। हम अपने सगे-सम्बन्धियों को गलत निर्णय पर कभी समझाते हैं, पर जब वे नहीं मानते हैं तो हम उन्हें राम भरोसे छोड़ देते हैं। लेकिन शिवजी और हमारे छोड़ने में एक अन्तर है। शिवजी हँसकर छोड़ते हैं और हम दुःखित होकर।

इस प्रसंग से एक महत्त्वपूर्ण निष्कर्ष निकलता है। कोई अपना व्यक्ति यदि गलत राह पर जा रहा है तो उसे समझाना अवश्य चाहिए। बार-बार समझाने की आवश्यकता पड़े तो भी झिझकना नहीं चाहिए। क्या पता कब कौन सी बात उसे छू जाये। किन्तु यदि वह नहीं मानता है तो उसे मनचाहे ढंग से कार्य करने की छूट मिलनी चाहिए। क्योंकि स्वयं के अनुभव से श्रेष्ठ जगत् में कुछ भी नहीं है।

जौं तुम्हरें मन अति संदेहू।
तौ किन जाइ परीछा लेहू॥

—जो तुम्हारे मन में बहुत सन्देह है तो तुम जाकर परीक्षा क्यों नहीं लेतीं?

सम्बन्धों में एक-दूसरे की भावनाओं के सम्मान का यह सबसे बड़ा उदाहरण है। शिव सती को मनचाहे ढंग से संशय के निवारण की छूट देते हैं। कहते हैं कि यदि समस्या यही है कि राम ब्रह्म हैं या नहीं, राम अन्तर्यामी या सर्वज्ञ हैं या नहीं, तो इसे हल करने का मात्र यही उपाय है कि तुम स्वयं जाकर उनसे वार्त्ता कर लो। यही समय उपयुक्त है, क्योंकि राम पास में ही हैं। बाद में बहुत देरी हो जायेगी। हम यहाँ से दूर चले जायेंगे। फिर कब आना हो, पता नहीं। संशय का निवारण तत्काल होना चाहिए। क्योंकि संशय के साथ जीना शुभ नहीं। संशयी व्यक्ति का शीघ्र विनाश हो जाता है।

शिव यह भी संकेत करते हैं कि अपने संशय को दूर करने के लिए तुम राम की परीक्षा भी ले सकती हो। यदि राम परीक्षा में उत्तीर्ण हो गये तो वे जीते और अगर असफल हो गये तो तुम जीतीं। दूध का दूध, पानी का पानी हो जायेगा।

तब लगि बैठ अहउँ बटछाहीं।
जब लगि तुम्ह ऐहहु मोहि पाहीं॥

—जब तक तुम मेरे पास लौट आओगी तब तक मैं इसी वट की छाँह में बैठा हूँ।

भगवान् शिव अच्छी तरह से यह जानते हैं कि वे इस समय वन में हैं। सती को अकेला नहीं छोड़ा जा सकता है। पत्नी को सुनसान स्थान में अकेले भटकने के लिए छोड़ना पति के दायित्व का अपमान है। दाम्पत्य जीवन के सर्वश्रेष्ठ प्रतिमान भगवान् शिव भला ऐसा कैसे कर सकते थे। अतः उन्होंने वहाँ रुकने का निश्चय किया। कोई अन्य व्यक्ति होता तो सम्भवतः कह सकता था कि तुम जाकर परीक्षा लो, मैं घर जाता हूँ। परीक्षा पूरी हो जाये तो आ जाना। लेकिन उसमें प्रेम नहीं, क्रोध की भावना झलकती। शिव सती पर क्रोध नहीं कर रहे थे। उनका प्रेम

अपनी प्राणेश्वरी पर ज्यों-का-त्यों बना था। वास्तव में प्रेम के कारण ही वे उनके संशय का निवारण करना चाहते थे। प्रेम के कारण ही वे वटवृक्ष के नीचे बैठकर प्रतीक्षा करना चाहते थे। सती परीक्षा करें और शिवजी प्रतीक्षा, यह बड़ा प्यारा संयोग है।

जैसें जाइ मोह भ्रम भारी।
करेहु सो जतनु बिबेक बिचारी॥

—जिस प्रकार तुम्हारा यह अज्ञानजनित भारी भ्रम दूर हो, विवेक के द्वारा सोच-समझकर तुम वही करना।

प्रेम से परिपूर्ण परम करुणामय शिव सती को समुचित सलाह देना नहीं भूलते। कहते हैं कि जब राम की सच्चाई जानने का तुमने संकल्प कर ही लिया है तो विधिवत् प्रयत्न करना, अच्छी तरह से ठोंक-बजाकर देखना; क्योंकि मोह का भ्रम जरा भी शेष रह जाये तो वह फिर से जंगली घास की तरह उग आता है। ज्ञान की अमरबेलि को ढक लेता है। अत: मनुष्य को प्रयत्नपूर्वक मोह का निवारण करना चाहिए।

जीवन की सबसे बड़ी धन्यता यही है कि मोह-भ्रम दूर हो जाये। मुक्ति मनुष्य का चरम लक्ष्य है। इस सृष्टि का प्रत्येक कण मुक्ति के लिए संघर्ष कर रहा है। वैज्ञानिक कहते हैं कि हर अणु अलग होने के लिए आकुल है। प्रकृति उसे बाँधे हुए है। मनुष्य के अतिरिक्त इस सृष्टि की प्रत्येक रचना सहज-स्वाभाविक गति से अपनी अन्तर्निहित प्रवृत्ति से मुक्ति के लिए प्रयत्न कर रही है, लेकिन मनुष्य बुद्धि-सम्पन्न होने के कारण विशेष प्रयत्न करके छलाँग लगाने में समर्थ है। काम, क्रोध, मद, मोह और अहंकार आदि उसके प्रयत्न में बाधा डालते हैं। ये आत्मा के प्रखर सूर्य पर बादल बनकर छाये रहते हैं। ज्ञान की तीव्र वायु ही इन्हें दूर कर सकती है। अत: जीवन में ज्ञान का आगमन परम आवश्यक है। भगवान् शिव चाहते हैं कि सती की आत्मा पर छाया मोह का बादल छँटे। इसीलिए वे सती से प्रयत्न करने को कहते हैं। कारण यह है कि दूसरे का प्रयत्न सहायक नहीं हो सकता। अगर ऐसा होता तो शिव जैसे ज्ञानी गुरु के समझाने से सती मान गयी होतीं। स्वयं अनुभूत ज्ञान व्यक्ति को अधिक सन्तुष्ट करता है। इसीलिए सभी श्रेष्ठ महापुरुष कहते हैं—केवल मेरी बात पर मत जाओ। मानवता के श्रेष्ठ उद्धारक भगवान् बुद्ध कहा करते थे, 'जो तुमने सुना है उसमें विश्वास न कर लो, न इसलिए विश्वास कर लो कि ये सिद्धान्त

तुम्हें पिछली पीढ़ियों से प्राप्त हुए हैं; किसी बात में इसलिए विश्वास मत कर लो कि लोग उसे अन्धों की तरह मानते हैं; न इसलिए विश्वास करो कि कोई वृद्ध महर्षि कुछ कह रहे हैं; न उन सत्यों में विश्वास कर लो, जिनसे अभ्यासवश तुम्हारा सम्बन्ध हो गया है; और न अपने गुरुओं अथवा वृद्ध जनों के प्रमाण मात्र पर विश्वास कर लो। अपने आप सोचो, विश्लेषण करो और तब यदि निष्कर्ष तुम्हें बुद्धिसंगत तथा सबके लिए हितकर लगे तो उसमें विश्वास करो और उसे अपने जीवन में ढाल लो।'

स्वयं जानने का प्रयत्न करना सर्वाधिक श्रेष्ठ है; लेकिन यह जानना कैसे सम्भव है, यह एक विचारणीय प्रश्न है। इसके लिए शिवजी एक मार्ग बताते हैं। वह सती से कहते हैं कि तुम्हारा प्रयत्न 'विवेक बिचारी' होना चाहिए। विवेकपूर्वक सोच-विचार करके जो प्रयत्न होता है उससे लक्ष्य-सिद्धि में सहायता मिलती है। अविवेकी पुरुष मनमानी करता है, लक्ष्य सिद्ध करने के लिए नियमों-कानूनों को तोड़ता-फाँदता चलता है, नैतिक-अनैतिक सभी साधनों का प्रयोग करता है। अतः यदि वह लक्ष्य की प्राप्ति भी कर ले तो भी सराहनीय नहीं बनता है।

सती कोई साधारण लक्ष्य की सिद्धि के लिए नहीं जा रही थीं। साक्षात् भगवान् राम की उन्हें परीक्षा लेनी थी। अतः ऐसे दुस्साहसी कार्य के लिए विवेक का होना परम आवश्यक है। केवल विवेक ही नहीं, विवेकपूर्वक विचार की भी आवश्यकता है। कुछ विवेकवान् लोग स्वार्थ या भय के वशीभूत हो अपने विवेक को ताक पर रखकर अविवेकी कार्य कर बैठते हैं। वे विवेक से विचार नहीं करते। इसीलिए दोषी और कलंकित होते हैं।

शिवजी जानते हैं कि सती के पास भरपूर विवेक है और वे एक कठिन कार्य भी करने जा रही हैं। अतः उनसे आग्रह करते हैं कि बिना विवेक से विचार किये कुछ मत करना। आखिर यह चेतावनीपूर्ण सलाह देने की आवश्यकता क्यों शिव को पड़ रही है? कारण साफ है। सती इस बात पर तुली हुई हैं कि राम ब्रह्म नहीं हैं और शिव उन्हें ब्रह्म कह रहे हैं। सती अकेली परीक्षा करने के लिए जा रही हैं, शिवजी उनके साथ नहीं हैं। बहुत सम्भव है कि अपने को सही सिद्ध करने के लिए, अपने अहंकार को गौरव देने के लिए और शिव को हराने के लिए सती अविवेकी बन जायें, विचारहीन हो जायें। स्वार्थ में आकर व्यक्ति प्रायः ऐसा ही करता है। अपनी पराजय को बचाने के लिए हर तरह के दाँव खेलता है। स्वार्थी-अहंकारी व्यक्ति हर स्थिति में अपनी ही विजय चाहता है। शिवजी सती को इस जाल में फँसने से रोकना चाहते हैं।

चलीं सती सिव आयसु पाई।
करहिं बिचारु करौं का भाई॥

—शिवजी की आज्ञा पाकर सती चलीं और मन में सोचने लगीं कि भाई, क्या करूँ?

सती के सामने यह अन्तिम अवसर था कि वे अपने पग पीछे खींच लेतीं। कहतीं—रहने दीजिए, परीक्षा की कोई आवश्यकता नहीं। मैंने फिर से सोचा और अब समझती हूँ कि ऐसी किसी परीक्षा की कोई आवश्यकता नहीं है। मनुष्य किसी क्षण भी सही निर्णय ले सकता है। इसके लिए अलग से पंचांग देखने की कोई आवश्यकता नहीं होती। जब भी व्यक्ति सही निर्णय लेता है, वह विवेकवान् बन जाता है। शिवजी ने 'बिबेक बिचारी' का जो सूत्र सती को दिया था उसके पीछे एक भाव यह भी था कि सती तुरन्त इसका उपयोग कर लें। कभी-कभी विस्मृति के कारण हम अपनी अन्तःशक्ति को नहीं समझ पाते हैं। हमारा ध्यान ही उधर नहीं जाता है। लेकिन यदि कोई याद दिला दे तो हम तत्काल सजग हो जाते हैं। जैसे जामवन्त ने जब हनुमान को उनकी शक्ति का स्मरण कराया तो वे सजग होकर उठ खड़े हुए और समुद्र पार करके लंका तक पहुँच गये। शिव भी विस्मृत विवेक की तरफ सती का ध्यान खींचना चाहते थे। लेकिन सती के साथ कठिनाई यह थी कि वे समझ रही थीं कि जो कुछ भी कर रही हैं, विवेकपूर्वक कर रही हैं, खूब सोच-विचारकर कर रही हैं। इसीलिए वे राम से मिलने के लिए चल पड़ती हैं।

समस्या यह थी कि सती को केवल राम से मिलना ही नहीं था, मिलकर अपने मोह-भ्रम का निराकरण भी करना था। इसके लिए ही वे उपाय ढूँढ़ रही थीं। वे सीधे जाकर राम से पूछ सकती थीं कि भाई, आप साफ-साफ बता दीजिए कि आप ब्रह्म हैं या नहीं? यदि उत्तर सकारात्मक मिलता तो आगे पूछतीं कि तो बताइए, आपकी पत्नी कहाँ है और उसका किसने हरण किया है? यदि राम इसका भी 'हाँ' में उत्तर देते तो सती झट से कह सकती थीं—फिर रोते क्यों हैं? जाइए, पत्नी को छुड़ाकर लाइए। आप कैसे निठल्ले सर्वज्ञ ब्रह्म हैं। लेकिन यह उपाय बड़ा सीधा-सादा था। इसमें कोई 'थ्रिल' नहीं था।

सती कुछ ज्यादा ही नाटकीय उपाय सोच रही थीं। वह राम को रँगे हाथों पकड़ना चाहती थीं। उनके ऊपर पड़े 'ब्रह्म' के आकर्षक आवरण को अचानक खींच लेना चाहती थीं, जिससे राम हठात् हतप्रभ हो जायें, अपने नाटकीय ब्रह्मत्व पर लज्जित महसूस करें। यह मनुष्य की बड़ी दूषित प्रकृति है कि उसे दूसरे को

बेनकाब करने में बड़ा आनन्द आता है, लेकिन वह अपने बारे में कभी नहीं सोचता है। दूसरों की त्रुटियों को बघारने में उसे बहुत उत्साह रहता है, पर अपनी कमजोरी को वह सर्वाधिक प्रकाशमान् गुण समझता है।

ईसा की कहानी तो जग विख्यात है। कुछ लोग एक कुलटा स्त्री को पकड़कर उनके सामने लाये और बोले, ''यह व्यभिचारिणी स्त्री है। इसे पत्थर मारकर मार डालना चाहिए। आप धार्मिक व्यक्ति हैं, आप इसे पत्थर मारकर हमारा नेतृत्व करें।''

करुणामय ईसा मसीह ने एक बार भरी नजरों से उस भयभीत एवं निरीह स्त्री को देखा और भीड़ को सम्बोधित करते हुए कहा, ''मैं आपका साथ देने को तैयार हूँ। किसी भी व्यभिचारी, अनाचारी और भ्रष्ट मनुष्य को दण्ड दिया ही जाना चाहिए। यही परमात्मा का सर्वोत्तम न्याय है।''

भीड़ रोमांचित हो उठी। बड़े सुन्दर वचन बोल रहे थे ईसा। परमात्मा के न्याय की प्रतीक्षा के लिए उत्सुक थे ईसा। पर अपने वचनों को पूर्ण करते हुए वे एक अनमोल वचन बोल गये, ''मेरे मित्रो! मैं चाहता हूँ कि इस स्त्री पर पहला पत्थर वह चलाये जिसने कभी व्यभिचार न किया हो। याद रहे, किसने क्या किया है, मुझे पता है। छिपाव-दुराव करनेवाला पकड़ा जायेगा।''

भीड़ पर सन्नाटा छा गया। धीरे-धीरे सभी लोग खिसकने लगे। देखते-देखते मैदान खाली हो गया। जैसे ही लोगों ने अपने भीतर झाँककर अपना दोष देखा, उन्हें पता चल गया कि वे व्यभिचारी स्त्री से भी गये-बीते हैं। अन्तर इतना ही है कि यह पकड़ी गयी है और वे अभी पकड़ से बाहर हैं।

मैंने कहीं पढ़ा था कि एक आदमी अपने को बहुत बहादुर समझता था। अपनी वीरता का गुणगान किये फिरता था। एक दिन उसके पड़ोस में कुछ चोर घुस आये। पड़ोसी 'चोर-चोर' चिल्लाया। आसपास के सभी लोग झटपट उठकर दौड़े। वह वीर मनुष्य भी घबराया हुआ आया; किन्तु चोर को भागा जानकर शेखी बघारने लगा, ''तुम लोग कितने डरपोक हो, चोर के डर से घर से भागे। शरीर पर उचित कपड़े भी नहीं पहने।''

वास्तव में किसीको कपड़े का खयाल ही नहीं था। यह तो इस 'वीर पुरुष' के कहने पर लोगों को खयाल आया कि उनके शरीर पर उचित कपड़े नहीं हैं। लेकिन एक व्यक्ति ने उस 'वीर पुरुष' को भी संकेत किया—जरा आप अपने को भी देख लें।

अब तो नजारा ही बदल गया। वह वीर पुरुष बहुत लज्जित हुआ। वह तो बिना अंतर्वस्त्र पहने ही आ गया था।

मनुष्य अपनी बुराइयों की ओर प्राय: कम ही ध्यान देता है। यदि ऐसा वह कर पाता तो संसार कब का स्वर्ग बन गया होता। पर अपनी बुराई पर परदा डालने के लिए वह दूसरों की बुराई खोजता है। दुष्कर्म का प्रचार करने में मनुष्य को बड़ा रस मिलता है। इसीलिए वह दुष्कर्म करते हुए मनुष्य को पकड़ना चाहता है, जिससे वह कह सके कि आप बड़े सदाचारी बनते थे। कहिए, अब आपका क्या खयाल है?

सती राम को इसी तरह से छकाना चाहती थीं। वह कोई ऐसा उपाय करके राम को पकड़ना चाहती थीं जिससे राम की कलई खुल जाय और सती उनसे व्यंग्य भरी वाणी में पूछ सकें—श्रीमन् ब्रह्म का ढोंग रचाये फिरते थे, कहाँ है आपका ब्रह्मत्व? आपने मेरे भोलेभाले पति को अवश्य ठगा, लेकिन मुझे ठग पाना आसान नहीं है। चलिए मेरे साथ। मैं आपको दिखाकर उन्हें बताऊँगी कि यह रहा ढोंगी सच्चिदानन्द परम धाम, जो वन में मारा-मारा फिर रहा है।

पटकथा का यह दृश्य बड़ा रोचक, रोमांचक, उत्तेजक और नाटकीय लग रहा था। किसीकी वास्तविकता जानने के लिए इससे अधिक चातुर्यपूर्ण उपाय और कुछ हो ही नहीं सकता था। लेकिन इसे पूरा कैसे किया जाय, यही विचारते हुए सती राम की ओर बढ़ रही थीं। सती का साहस अद्‌भुत था। शिव जिसकी 'पहचान' की गारण्टी दें उसकी स्वयं पहचान करने का संकल्प लेना परम साहसिक अभियान था। स्वयं शिव भी इस अभियान से थर्रा उठे थे।

इहाँ संभु अस मन अनुमाना।
दच्छसुता कहुँ नहिं कल्याना॥

—इधर शिवजी ने मन में ऐसा अनुमान किया कि दक्ष कन्या सती का कल्याण नहीं है।

शिवजी को राम के ब्रह्मत्व के बारे में तनिक भी चिन्ता नहीं है। उन्हें क्षण भर के लिए भी यह कल्पना करने की आवश्यकता नहीं पड़ रही है कि कहीं राम फेल न हो जायें। राम की सफलता पर उन्हें अटूट विश्वास है। वे घबड़ाये हुए हैं सती को लेकर। मोहवश जो कर्म करने वह जा रही हैं वह बड़ा अपकारी है। यहाँ हमें एक बात समझ लेनी चाहिए कि वास्तविकता की पहचान के लिए परीक्षा लेने में कोई बुराई नहीं है। ज्ञानी साधक जब परमात्मा की खोज के लिए निकलता है तो वह मार्ग में मिलनेवाले विभिन्न रूपों की परीक्षा करता चलता है और अन्त में निराकार ब्रह्म तक पहुँचता है।

स्वामी विवेकानन्द ने भी अपने गुरु की परीक्षा ली थी। रामकृष्ण परमहंस पैसे नहीं छूते थे। हाथ को पैसे पर रखते ही उनका हाथ ऐंठने लगता था। इसे विवेकानन्द कोरा ढोंग समझते थे।

एक दिन विवेकानन्द ने रामकृष्ण परमहंस के आसन के नीचे रुपये का एक सिक्का रख दिया। वे सोचते थे कि जब रामकृष्ण उसपर बैठेंगे तो सिक्का जरूर उन्हें छू जायेगा। फिर यदि उनका अंग ऐंठने लगेगा तो ठीक, अन्यथा सब दिखावा। थोड़ी देर में रामकृष्ण आये और चटाई के आसन पर बैठ गये। आश्चर्य! बैठते ही वे चिल्लाये, ''मार दिया!'' वे तुरन्त चटाई छोड़कर उठ गये। चटाई हटायी गयी तो नीचे सिक्का मिला।

रामकृष्ण जान गये। वे सहजभाव से विवेकानन्द से बोले, ''तुमने ठीक ही किया। गुरु को ठोंक-बजाकर चुनना चाहिए। आदमी मिट्टी का बरतन भी खरीदता है तो दस बार जाँचता-परखता है।''

अत: परीक्षा बुरी नहीं है। शिव की चिन्ता इसलिए है, क्योंकि परीक्षा के पीछे दृष्टि गलत है। यदि राम ने सती से कहा होता कि मैं ब्रह्म हूँ और सती उनकी परीक्षा लेतीं तो यह एक वन्दनीय आध्यात्मिक प्रयत्न होता। सती का नाम उन ज्ञानी साधकों में स्वर्णाक्षरों में लिखा जाता जिन्होंने प्रभु के नाना रूप-नामों की खोज की है। लेकिन सती की खोज यहाँ ब्रह्म के परिष्कार से नहीं, तिरस्कार से प्रेरित है। वे अगस्त्य ऋषि के आश्रम से राम की कथा सुनकर आयी थीं। उन्हें बार-बार शिवजी ने भी राम के ब्रह्मत्व के बारे में समझाया था। पर वे राम को प्रतिष्ठित करने से अधिक तिरस्कृत करने में रुचि ले रही थीं। भगवान् शिव इसीलिए व्याकुल हैं।

भगवान् शिव बड़े मार्मिक शब्दों में कहते हैं कि अब दक्षसुता सती का कल्याण नहीं है। यह उक्ति मुझे हर हिन्दू परिवार की कहानी लगती है। जब पति किसी बात पर पत्नी पर खीझ उठता है तो पीड़ा भरे स्वर में अपने ससुर का स्मरण करके, अपनी पत्नी को उसकी बेटी बताकर कहता है कि अब इसका कल्याण नहीं है। कारण साफ है। वह सोचता है कि यदि यह मेरी पत्नी का दायित्व निभा रही होती तो अवश्य मेरी बात मानती। यह तो अपने बाप की बेटी बन गयी है। अत: बाप जैसा ही बिगड़ गयी है।

इस प्रसंग में एक और पारिवारिक प्रेम का रहस्य छिपा हुआ है। शिवजी सती के चले जाने के बाद कह रहे हैं कि अब सती का कल्याण नहीं होगा। होना तो यह चाहिए था कि सती के सामने अपनी यह भविष्यवाणी वे रखते और उन्हें

जाने से मना करते। लेकिन जिन परिस्थितियों में घटनाएँ घट रही थीं उनमें सती के सामने शिवजी को कोई भी भविष्यवाणी अनुचित होती। पति के प्रभाव का अनावश्यक प्रदर्शन होता। सती कह सकती थीं, 'आपको मेरा जाना अच्छा नहीं लग रहा है, इसीलिए आप इस तरह की उलटी-सीधी बातें कर रहे हैं। आप हमेशा अपनी बात ही मनवाने के चक्कर में रहते हैं। यह दबाव मुझे पसन्द नहीं।'

यदि ऐसा सती कह देतीं तो पति-पत्नी के प्रेम का प्रासाद ढह जाता। जिस आधार पर परिवार का जीवन सुख-दुःख में आनन्द से चलता रहता है, वह विश्वास का सूत्र ही टूट जाता। फिर तो जीवन का अर्थ ही नष्ट हो जाता। परिवार का अर्थ ही है प्रेम और यह प्रेम बेलि विश्वास के वृक्ष पर ही फलती-फूलती है।

मोरेहु कहें न संसय जाहीं।
बिधि बिपरीत भलाई नाहीं॥

—जब मेरे समझाने से भी सन्देह दूर नहीं होता तब विधाता ही विपरीत हुए हैं, अब सती की कुशल नहीं है।

शिव की इस वाणी में पीड़ा और महानता दोनों का योग है। पीड़ा इस बात की है कि सती ने उनकी बात न मानकर उनका और राम दोनों का तिरस्कार किया। अपने से श्रेष्ठ जनों का अपमान करना सदा ही दुःखदायी होता है। शिव इस बात से भी व्याकुल हैं कि जिस मार्ग पर सती बढ़ रही हैं, उसमें उन्हें दुःख-ही-दुःख मिलेगा। इस तरह उनकी प्राणेश्वरी दुर्भाग्य का शिकार हो जायेगी। समर्थ होकर भी वे उसे बचा नहीं पा रहे हैं। यदि शिव असमर्थ होते और सती दुःख-कूप में डूब जातीं तो उतनी पीड़ा नहीं होती। शिव सोचते, क्या करूँ, बचा पाने की सामर्थ्य ही नहीं है। लेकिन हाय रे भाग्य! शिव परम समर्थ हैं, फिर भी सती को बचा नहीं पा रहे हैं।

शिव की महानता इस बात में है कि सती राम की परीक्षा के लिए तत्पर हुई थीं तो भगवान् शिव ने कोई अभिशप्त वचन नहीं कहा। उनके आराध्य का अपमान होने जा रहा था; पर वे आहत होकर भी शान्त रहे। सती को प्रसन्नतापूर्वक विदा किया। मोह-भ्रम को विवेकपूर्वक दूर करने का उपदेश भी दिया। यह उनके मन में बसे सती के प्रति प्रेम का प्रबल उदाहरण है। बिना प्रेम के व्याकुलता नहीं आती है। जिसे हम प्रेम नहीं करते हैं, वह जले या मरे, हमको चिन्ता नहीं होती; लेकिन जो हमारा प्रिय होता है उसे तनिक खरोंच भी लग जाये तो हम रोने-धोने लगते हैं। प्रेम की गति न्यारी है। वह चिन्तित भी करता है और निश्चिन्त भी। यहाँ विपरीत

परिस्थिति होने से शिव चिन्तित हैं।

होइहि सोइ जो राम रचि राखा।
को करि तर्क बढ़ावै साखा॥

—जो कुछ राम ने रच रखा है वही होगा। तर्क करके कौन विस्तार बढ़ावे।

यह बड़ी विचित्र स्थिति है। यदि शिव की इस वाणी को स्वीकार कर लिया जाये तो पुरुषार्थ, पराक्रम और कर्मभाव का जीवन से एकदम लोप हो जायेगा। यदि वही होने वाला है, जो राम चाहते हैं तो राम को ही सब करने दें। हम चुपचाप बैठ जायें। कर्म के जाल को फैलाकर, घर-परिवार बनाकर अपना माथा खराब करने की क्या आवश्यकता।

एक बात हमें मानकर ही चलना पड़ेगा कि वही होगा जो राम चाहते हैं। इस मान्यता में कोई त्रुटि नहीं है। लेकिन इसे समझने के लिए दो मार्ग अपनाने पड़ेंगे। एक मार्ग यह है कि हम यह मानकर चलें कि जो हम प्रयत्न और पुरुषार्थ करते हैं वह भी राम की इच्छा से ही होता है। ऐसा सोचना व्यर्थ है कि डूबने जा रहे व्यक्ति को बचाने का प्रयत्न हमने किया, लेकिन वह राम की मरजी से डूब गया। अत: हमें ध्यान रखना चाहिए जो प्रयत्न हम करते हैं वह भी प्रभु की ही इच्छा का प्रतिफल है। प्रभु की इच्छा नहीं होती तो हम तनिक भी प्रयत्न नहीं करते। इस प्रसंग में हम देखते हैं कि शिवजी ने सती को बचाने का पूरा प्रयत्न किया। यह भी राम की इच्छा का ही परिणाम था। लेकिन राम की इच्छा शिव के माध्यम से फलीभूत नहीं हुई। अब सती आगे बढ़ रही हैं, वह भी राम की इच्छा से हो रहा है। इसमें कोई भी क्षण ऐसा नहीं है जब राम उपस्थित न हों। अत: राम की इच्छा का यह अर्थ नहीं लगाया जा सकता कि हम चुपचाप बैठ जायें। यह तो प्रमाद और आलस्य होगा। इसमें धर्मतत्त्व की तनिक भी समझ नहीं होगी।

हिन्दू धर्म की एक पुरातन कथा है। एक गुरु ने शिष्य को उपदेश दिया—'परमात्मा सर्वव्यापी है। वह कण-कण में समाया हुआ है।'

शिष्य उपदेश सुनकर वापस जा रहा था। उपदेश का प्रभाव अभी ताजा ही था। प्राय: शिष्य गुरु के उपदेश को शीघ्रता से भूल जाते हैं, पर इस शिष्य को अभी भूलने का समय नहीं मिल पाया था। रास्ते में उसने देखा, चारों ओर भगदड़ मची है। लोग चिल्ला रहे हैं, 'पागल हाथी आ रहा है। भाग के छुप जाओ।'

सब लोग भाग-भागकर छुपने लगे। लेकिन शिष्य मार्ग पर ही डटा रहा। सोचता रहा—हाथी भी भगवान् और मैं भी भगवान्। फिर भगवान् को ही भगवान्

क्यों मारेगा?

हाथी निकट आ गया। उसके ऊपर बैठे महावत ने चिल्लाकर कहा, ''साधु महाराज, कहीं छिप जाइए। हाथी पागल है। आपको चोट लग जायेगी।''

साधु महाराज अपनी ही धुन में थे। उन्हें गुरु का उपदेश अभी भूला नहीं था। वे सोच रहे थे कि भला भगवान् को भगवान् क्यों मारेगा? उन्होंने महावत की बात नहीं सुनी। हाथी निकट आया और साधु को अपनी सूँड़ में लपेटकर दूर फेंक दिया। साधु की हड्डी-पसली ढीली हो गयीं। वह चिल्लाने लगा।

गाँववालों ने आकर उसे उठाया और उसके गुरु तक पहुँचाया। गुरु ने शिष्य की चिकित्सा की। जब वह तनिक स्वस्थ हुआ तो गुरु ने पूछा, ''तुम पागल हाथी की चपेट में कैसे आये? क्या किसीने तुम्हें आगाह नहीं किया?''

''किया था।'' शिष्य ने कहा, ''गाँववालों ने आगाह किया, महावत ने आवाज लगायी। पर मैं स्वयं ही नहीं हटा, क्योंकि आपने उपदेश दिया था—सबमें ब्रह्म है। अत: मैंने सोचा—मैं भी ब्रह्म, हाथी भी ब्रह्म, फिर भय कैसा!''

गुरु ने करुणापूर्वक समझाया, ''पुत्र! यह सच है कि हाथी भी ब्रह्म है और तुम भी ब्रह्म हो; लेकिन हाथी उस समय पागल ब्रह्म था। गाँववाले और महावत समझदार ब्रह्म थे। तुमने समझदार ब्रह्म की बात नहीं मानी। पागल ब्रह्म पर विश्वास कर बैठे।''

इस तरह हम देखते हैं कि हर कर्म के पीछे ब्रह्म की इच्छा मान लेने पर भी विचार हमें करना पड़ेगा कि हमारे कर्म की सीमा कहाँ तक है। हम हाथी के रूप में पागल ब्रह्म को स्वीकार करते हैं या महावत के रूप में स्वस्थ ब्रह्म को? निर्णय हमारे हाथ में है।

दूसरी स्थिति है सर्व समर्पण की। हम विश्वासपूर्वक मान लें कि सबकुछ प्रभु ही कर रहे हैं। पुरस्कार या तिरस्कार जो भी मिले, उसे हम प्रभु का प्रसाद समझकर स्वीकार कर लें। पवहारी बाबा को एक बार सर्प ने काट लिया। उनके हाथों से खून गिर रहा था। किसीने देखा तो पूछा, ''क्या हुआ, बाबा?''

बाबा ने कहा, ''प्रभु आये थे, चूमकर चले गये।''

महर्षि रमण कहा करते थे कि जैसे ट्रेन में बैठ जाने पर हम अपने सामान को सिर पर उठाकर नहीं रखते, उसे ट्रेन में रखकर आराम से बैठ जाते हैं उसी तरह मनुष्य को अपना सब भार परमात्मा पर छोड़कर मस्त-मगन हो जाना चाहिए।

प्रभु-निर्भरता की इस स्थिति में शिकायत नहीं की जा सकती। जैसा भी होता है, जो भी होता है वह सब प्रभु की कृपा है, यह मानना पड़ेगा। 'जाही विधि राखे

राम ताही विधि रहिए'—यही एकमात्र घोष वाक्य है प्रभु के प्रति पूर्ण समर्पण का।

अतः राम की इच्छा से ही सबकुछ होता है, इसका अर्थ यह नहीं लगाना चाहिए कि हमें कुछ नहीं करना है। ऐसा कहकर हम अपने प्रमाद और आलस्य को तो बढ़ायेंगे ही, साथ-ही-साथ अपने प्रभु की इच्छा का भी अपमान करेंगे। प्रभु हममें भी हैं, अतः हम अपनी सीमा तक अवश्य प्रयत्न करें। जब घटनाक्रम हमारी सीमा से बाहर हो जाये तो हम उसे प्रभु पर छोड़ दें।

किसी चीज को प्रभु पर छोड़ने का एक फायदा यह होता है कि हम अपनी छटपटाहट और व्यग्रता से बच जाते हैं। मान लीजिए, यदि शिवजी राम की इच्छा पर सबकुछ नहीं छोड़ते तो सती के चले जाने पर वटवृक्ष के नीचे बैठकर छटपटाते रहते। उनका एक-एक क्षण उद्विग्नता में बीतता। उनकी आँखों से नींद चली जाती। सती को भला-बुरा कहते रहते। शिव मानसिक-शारीरिक रूप से अस्वस्थ हो जाते। वे इतने विवश भी होते कि कुछ कर भी नहीं पाते।

इसलिए सबसे अच्छा यही है कि प्रयत्न करने के बाद भगवान् पर सबकुछ छोड़ दो। क्योंकि सबसे बड़ा रक्षक भगवान् ही है। यह सच है कि हमें भी बचाने का प्रयत्न करना चाहिए। किन्तु हमारी सीमाएँ हैं। राम के रक्षक हाथ सभी सीमाओं को पार कर जाते हैं। अतः उनपर भरोसा करके निश्चिन्त हो जाना चाहिए। सोचना चाहिए—हे प्रभु! जहाँ तक बन पड़ा, हमने बचाया, उसके आगे तुम बचाना।

परमात्मा पर इतना भरोसा बन जाता है तो भावी घटनाओं के अनिष्ट का भय मिट जाता है। हममें ज्यादा आत्मबल आ जाता है; क्योंकि हम परमात्मा की शक्ति से जुड़ जाते हैं। अतः शिवजी का यह कथन कि बेकार में तर्क करने से कोई फायदा नहीं, सबकुछ राम की ही योजनानुसार होगा, परम सन्तोषकारी है। यह गहरे-से-गहरे दुःख में भी मनुष्य को शान्त बनाने की क्षमता रखता है।

अस कहि लगे जपन हरिनामा।
गईं सती जहँ प्रभु सुखधामा॥

—ऐसा कहकर भगवान् शिव श्रीहरि का नाम जपने लगे और सती वहाँ गयीं जहाँ सुख के धाम प्रभु राम थे।

संसार का दुःख गहन हो तो दो ही स्थितियाँ होती हैं—या तो मनुष्य आत्महत्या कर लेता है या प्रभु की शरण में जाकर शान्ति खोजता है। जब परम आत्मीय लोग चोट पहुँचाते हैं तो और कोई तीसरा रास्ता नहीं दिखाई देता है।

शिवजी ने प्रभु की शरण का मार्ग अपनाया। वटवृक्ष के नीचे बैठकर व्यर्थ

की आशंकाओं का जाल बुनने से मन और अशान्त होता। अतः वह प्रभु के ध्यान में डूब गये।

प्रभु के ध्यान में डूबने से दो फायदे होते हैं। एक तो हमें प्रभु नाम के स्मरण का अवसर मिलता है और दूसरे, ध्यान में काल का बोध समाप्त हो जाने के कारण दुःख का बोझ भी हलका हो जाता है। हम सभी जानते हैं कि दुःख में समय काटे नहीं कटता है। समय भारी होता जाता है। इसलिए प्रभु का नाम इस अवसर पर अवश्य लेना चाहिए।

भगवान् शिव संसार के समस्त प्रपंचों से मुक्त होकर राममय हो गये। यह वह स्थिति है जहाँ संसार की कोई गति नहीं है। यहाँ संसार का कोई भी भय पहुँच नहीं पाता है। काल का कोई भी दंश प्रभावी नहीं होता है। प्रभु की शरण परम सुरक्षित क्षेत्र है।

शिवजी ध्यान करके हरि के पास पहुँच गये और सती प्रस्थान करके उन तक पहुँचीं। 'गईं सती जहँ प्रभु सुखधामा'—जहाँ सुख के धाम प्रभु राम रहते हैं वहाँ सती आ गयीं। यहाँ 'सुखधाम' बड़ा प्यारा प्रयोग है। सती तो दुखियारे राम को खोजने के लिए गयी हैं। उनके मन में ऐसे राम को देखने की इच्छा है जो फटेहाल हो, निराश-हताश होकर अपनी पत्नी के लिए रो रहा हो।

सुखधाम राम के पास जाकर क्या कोई दुःख देख सकता है, क्या कोई दुःख पा सकता है? यही सती को समझना है। राम का दुःख उनकी लीला का अंग है, यह बात जिस क्षण सती को समझ में आयेगी, उनके दुःखों का अन्त हो जायेगा। पर मानव इतनी आसानी से इतने सहज-सरल सत्य को समझता है?

सती कोई परीक्षा करें, इसके पहले ही तुलसी संकेत कर देते हैं कि राम सुखधाम हैं। अयोध्या से निष्कासन, वन में निवास और सीता-हरण उन्हें दुःख का धाम नहीं बनाते हैं। दुःख का प्रदर्शन मात्र लीलाभाव है। जो भी हो, परीक्षा की घड़ी आ गयी है। वह कैसे होती है, यही हमें देखना है।

परीक्षा

हरि इच्छा भावी बलवाना

अब सती लगभग राम के निकट आ गयी थीं। दुखियारे 'राम सुखधाम' दिखाई दे रहे थे। किन्तु सती को तो उनकी असलियत जानने की जल्दी थी। वह सुखधाम राम की मोहक छवि को नहीं निहार पायीं। उनका मन भक्ति से भरा होता तो वे प्रभु को पास पाकर प्रसन्न हो जातीं, उनके ध्यान में मग्न हो जातीं। किन्तु वह तो संशय से भरी हुई थीं, इसलिए उन्होंने राम के रूप पर ध्यान नहीं दिया। अपने उद्‌देश्य की पूर्ति के लिए उन्होंने तुरन्त रणनीति बनायी।

पुनि पुनि हृदयँ बिचारु करि धरि सीता कर रूप।
आगें होइ चलि पंथ तेहिं जेहिं आवत नरभूप॥

—सती बार-बार मन में विचार कर, सीता का रूप धारण करके उस मार्ग की ओर आगे होकर चलीं जिससे मनुष्यों के राजा राम आ रहे थे।

बार-बार विचार करके सती ने राम की परीक्षा के लिए प्रश्न-पत्र तैयार किया। परन्तु इसमें खोट यह थी कि परीक्षक के मन में भाव यह था कि परीक्षार्थी हारे। यों तो परीक्षा बुरी नहीं होती। इससे व्यक्ति की श्रेष्ठता उभरकर सामने आती है। वह अपने ज्ञान-गौरव से और अधिक प्रतिष्ठित हो जाता है। लेकिन यहाँ सती ने इतनी कड़ी परीक्षा का प्रबन्ध किया था कि राम प्रश्न-पत्र पाते ही लड़खड़ा जायें।

राम सीता के विरह में रो रहे थे। स्वाभाविक था कि यदि सीता सामने आ जायें तो राम के आनन्द की सीमा नहीं रहेगी। राम उन्हें दौड़कर गले लगा लेंगे। उनसे प्रेम से पूछेंगे—कहाँ चली गयी थीं? सीता रोकर अपने विछोह की बात बतायेंगी। दोनों के नेत्रों से बहते आँसू प्रेम की बरसात करेंगे। इस तरह राम का सुखमय दाम्पत्य जीवन फिर से वापस लौट आयेगा।

इस समय राम केवल सीता को पाने के बारे में ही सोच रहे थे। इसी कमजोरी का लाभ उठाने के लिए सती ने सीता का रूप धारण किया। इसी रूप में राम को छकाना-फँसाना सबसे आसान था। अतः काफी सोच-विचारकर उन्होंने सीता के रूप में अपने को रूपान्तरित किया।

सीता बनकर वह उसी रास्ते पर चलने लगीं जिसपर राम के आने की सम्भावना थी। वे चाहती थीं कि लुका-छिपी के स्थान पर राम से उनका सीधा सामना हो।

एक बात और, वह राम को अपने हृदय की गहराइयों से मनुष्य मान रही थीं, उन्हें तनिक भी उनके ब्रह्म होने का भान नहीं था। इसलिए उन्होंने राम को 'नर भूप'—मनुष्यों का राजा कहा। पूरे रामचरितमानस में राम को सुरभूप—देवताओं का राजा कहा गया है। केवल सती ही उन्हें 'नरभूप' कहती हैं।

सती के बाद पूरे 'रामचरितमानस' में मात्र रावण ही एक ऐसा पात्र है जो राम को सदैव नर रूप में देखता है।

लछिमन दीख उमाकृत बेषा।
चकित भए भ्रम हृदयँ बिसेषा॥

—सती के बनावटी वेश को देखकर लक्ष्मणजी चकित हो गये और उनके हृदय में बड़ा भ्रम हो गया।

सती की चाल शुरू में ही असफल हो गयी। वे चाहती थीं कि उन्हें पहले राम देखें, लेकिन उनका सामना लक्ष्मण से हो गया। शास्त्र कहते हैं कि कोई भी भ्रम, छल और कपट प्रभु के सामने टिक ही नहीं सकते। प्रभु समक्ष हों तो यथार्थ स्वरूप के अतिरिक्त और कुछ दिखाई ही नहीं दे सकता। राम ने स्वयं शबरी से कहा था—

मम दरसन फल परम अनूपा।
जीव पाव निज सहज सरूपा॥

—हे शबरी! मेरे दर्शन का परम अनुपम फल यह है कि जीव अपने सहज स्वरूप को प्राप्त हो जाता है।

सती अगर प्रथम ही राम से मिल जातीं तो उनका कपट उसी प्रकार तुरन्त तिरोहित हो जाता जैसे अन्धकार को देखकर प्रकाश मिट जाता है। फिर सती एकदम आरम्भ में निराश हो जातीं। इसलिए प्रभु ने यह उचित समझा कि उन्हें

कुछ समय तक माया का खेल खेलने दिया जाय।

एक आश्चर्य यह भी है कि उन्हें कैसे सबसे पहले लक्ष्मण ने देख लिया। 'रामचरितमानस' में सदा राम आगे चलते हैं।

आगे राम लखनु पुनि पाछें।
तापस बेष बिराजत काछें॥
उभय बीच सिय सोहति कैसें।
ब्रह्म जीव बिच माया जैसें॥

—आगे श्रीराम हैं, पीछे लक्ष्मण सुशोभित हैं। तपस्वियों के वेश बनाये दोनों बड़ी ही शोभा पा रहे हैं। दोनों के बीच में सीता ऐसी सुशोभित हो रही हैं जैसे ब्रह्म और जीव के बीच में माया।

राम-सीता और लक्ष्मण के चलने के इस क्रम को देखकर स्पष्ट पता चलता है कि राम को आगे होना चाहिए था। लेकिन चमत्कार यह घटित होता है कि लक्ष्मण आगे आ जाते हैं। समाधान इसी बात से होता है कि राम ब्रह्म हैं, सीता माया और लक्ष्मण जीव। माया हमेशा जीव के आगे रहती है और ब्रह्म के पीछे। साधना से यदि माया को पीछे झटक दिया जाय तो जीव ब्रह्म हो जाता है।

अभी सती माया बनकर आ रही हैं। वे अपने वेश में नहीं हैं। अत: उनका सामना जीव से होता है। इसीलिए लक्ष्मण चकित और भ्रमित भी हो जाते हैं। यह जीव का लक्षण है। ब्रह्म कभी माया के चक्कर में नहीं फँसता है। अत: चकित भाव से भ्रमपूर्ण स्थिति में लक्ष्मण ही माया रूपी सती को देख रहे हैं।

कहि न सकत कछु अति गंभीरा।
प्रभु प्रभाव जानत मतिधीरा॥

—वे बहुत गम्भीर हो गये, कुछ कह नहीं सके। धीर बुद्धि लक्ष्मण प्रभु राम के प्रभाव को जानते थे।

सामान्य स्थिति होती, वास्तविक सीता का आगमन हुआ होता तो लक्ष्मण निश्चित रूप से दौड़कर राम के पास आये होते। लक्ष्मण जानते हैं कि सीता के मिलने से बढ़कर और कोई समाचार राम के लिए प्रिय नहीं हो सकता। पर लक्ष्मण भी फूँक-फूँककर पग उठा रहे हैं। वे 'मतिधीर'—स्थिर बुद्धिवाले हैं। वे प्रभु के संरक्षण में रहते हैं। उन्हें माया के खेल में फँसाना आसान नहीं है।

जीव अकेला हो तो निश्चित रूप से माया उसे भरमाती है, अपने खेल में

उलझाकर रुलाती है। लेकिन यदि जीव को प्रभु का संरक्षण प्राप्त हो तो माया की एक भी नहीं चलती है। लक्ष्मण अकेले नहीं, राम के साथ हैं। प्रभु की छाया जिसपर हो उसपर माया की काया अपनी छाया नहीं डाल सकती। शास्त्र कहते हैं, जब भी माया डराये, प्रभु के निकट चले जाओ। यहाँ तो लक्ष्मण रात-दिन, हर क्षण उनके निकट रहते हैं।

यहाँ एक और शब्द का प्रयोग किया गया है। कहा गया है कि लक्ष्मण राम के प्रभाव को जानते हैं। इसका गहरा आध्यात्मिक अर्थ है। हम जानते हैं कि गंगा में अनेक जीव-जन्तु रहते हैं, लेकिन उनका उद्धार नहीं हो जाता है। जबकि गंगा जगतारिणी है। तीर्थस्थानों में हजारों लोग रहते हैं, लेकिन उन सबको वहाँ के इष्टदेव का बोध नहीं होता। इसका यही कारण है कि ये लोग स्थान के प्रभाव को नहीं जानते हैं। जीव-जन्तु नहीं जानते हैं कि यह गंगा का पवित्र जल है। हर काशी वासी इतना विश्वासी नहीं है कि वह मान ले कि यह भूमि अविनाशी शिव की है।

अतः केवल साथ रहने से काम नहीं चलता है। जिसके साथ आप चल रहे हैं उसके ऊपर आपका अखण्ड विश्वास होना चाहिए, तभी प्रभाव पड़ता है। परमात्मा सर्वव्यापी है, लेकिन लाखों लोग इसे नहीं मानते हैं। अतः परमात्मा की सत्ता का उनपर प्रभाव नहीं पड़ता है। ऐसे लोग मन्दिरों में जानेवालों को, पूजन-भजन करनेवालों को आलसी और प्रमादी कहते हैं। लेकिन जिन्हें परमात्मा की सत्ता पर विश्वास है, वे प्रभु के चरणों में अपना जीवन समर्पित कर देते हैं। प्रभु का प्रभाव उनके जीवन में साक्षात् दिखाई पड़ने लगता है।

जीव अगर प्रभु का प्रभाव जानता हो तो वह माया के जाल में कभी फँस नहीं सकेगा। प्रभु की आभा से वह इस तरह एक रूप हो जायेगा कि माया उसे आँख उठाकर भी नहीं देख सकेगी। राम के साथ रहने के कारण, राम के प्रभाव को जानने के कारण सीता रूपी सती को देखकर लक्ष्मण गम्भीर तो हुए, लेकिन विचलित नहीं हुए। प्रभु की शक्ति ने उन्हें बचा लिया।

सती कपटु जानेउ सुर स्वामी।
सबदरसी सब अन्तरजामी॥

—सबकुछ देखनेवाले और सबके हृदय को जाननेवाले देवताओं के स्वामी श्रीराम सती के कपट को जान गये।

भगवान् श्रीराम सती के कपट को पहचान गये। परमात्मा के समक्ष भला

ठग-विद्या कैसे चल सकती है ? लेकिन संसार के अधिकांश लोग सती की तरह ही भगवान् को ठगने के लिए प्रयत्नशील हैं। थोड़ा सा प्रसाद चढ़ाकर हर कोई भगवान् से खजाना लूट लेना चाहता है। कुछ मिनटों की प्रार्थना कर स्वर्ग में सीट सुरक्षित करा लेना चाहता है। लेकिन परमात्मा भोलाभाला नहीं है। वह परम प्रवीण है। वह किसीके झाँसे में नहीं आता है।

एक चतुर भक्त ने एक बार भगवान् की तपस्या की। जब भगवान् आये तो भक्त ने बड़ी चतुराई से कहा कि "हे प्रभु! आप मुझे अपने लोक का एक रुपया दे दीजिए।" भक्त ने कहीं सुन रखा था कि परमात्मा के लोक का एक रुपया मृत्युलोक के एक करोड़ रुपये के बराबर होता है।

प्रभु भक्त की कपटपूर्ण विनम्रता को समझ गये। उन्होंने मुसकराते हुए कहा, "वत्स! मैं अपने लोक के एक मिनट में आता हूँ। फिर तुम्हारी इच्छा पूरी कर दूँगा।"

भक्त प्रतीक्षा करता रहा, लेकिन उस समय वह माथा पीटकर रो पड़ा जब उसे पता चला कि प्रभु के लोक का एक मिनट मृत्युलोक के एक करोड़ मिनट के बराबर है।

इस चौपाई में एक और महत्त्वपूर्ण बात है। श्रीराम को तीन विशेषणों से सम्बोधित किया गया है। कहा गया है कि वे देवताओं के स्वामी हैं, सर्वदर्शी हैं और सर्वान्तर्यामी हैं। सती तो इन्हीं तीनों बातों के लिए परीक्षा लेने आयी थीं। राम सती के हृदय की सभी बातों को अच्छी तरह से समझ रहे थे। अत: राम को सती के व्यवहार से कोई दु:ख नहीं हो रहा था। वह तो लीलाभाव से उनके आगमन का आनन्द उठा रहे थे।

सुमिरत जाहि मिटइ अग्याना।
सोइ सर्बग्य राम भगवाना॥

—जिसका सुमिरन करने से अज्ञान मिटता है, वही सर्वज्ञ भगवान् श्रीराम हैं।

सती और राम का मिलन हो, इससे पहले ही हमें राम का वास्तविक परिचय मिल जाता है। उनकी दो विशेषताएँ बतायी गयी हैं। वे सर्वज्ञ हैं और उनका नाम स्मरण करने से अज्ञान मिट जाता है। ये विशेषताएँ भक्तों के हृदय को बहुत भाती हैं। भक्त भगवान् की शरण में इसीलिए चुपचाप आनन्दित रहता है, क्योंकि वह जानता है कि परमात्मा सर्वज्ञ है, वह उसकी पीड़ा को अपने आप बिना कहे समझ जायेगा। सच्चे भक्त को भगवान् को अपना दु:ख बताने में भी संकोच होता है।

हिन्दू धर्म में पूजा-प्रार्थना में भगवान् से माँगना बहुत अच्छा नहीं माना गया है। सच्ची पूजा उसे कहा गया है जहाँ भक्त प्रेमपूर्ण ढंग से प्रभु को निःशब्द समर्पित होता है। उसे विश्वास होता है कि परमात्मा सर्वज्ञ है और उसके अंतरतम को जानता है।

भक्त को सबसे अधिक दुःख अपने अज्ञान से होता है। वह अज्ञान को जीवन का सबसे गहन अन्धकार मानता है, क्योंकि उसीके कारण परमात्मा की छवि धुँधली दिखती है। यदि प्रभु की कृपा से ज्ञान का सूर्य उदय हो जाये तो उसे 'प्रभु मूरति' निरखने में बड़ी सुविधा होती है।

अतः सर्वज्ञ और सर्व अज्ञानहारी प्रभु राम भक्तों के बड़े प्यारे बन गये हैं। ऐसे भगवान् को ठगने के लिए सती आ रही हैं।

निज माया बल हृदयँ बखानी।
बोले बिहसि राम मृदु बानी॥

—अपनी माया के बल को हृदय में बखानकर श्रीराम हँसकर कोमल वाणी से बोले।

परमात्मा कृपा का सागर है। वह अपने भक्तों को सदा क्षमा की दृष्टि से देखता है। राम जानते हैं कि सती उनकी भक्त हैं। शिवजी के साथ ही अगस्त्य ऋषि के आश्रम से मेरी कथा सुनकर आ रही हैं। भ्रमवश मेरी परीक्षा लेना चाहती हैं। इसीलिए राम अपनी माया की माया पर आनन्दित होते हैं, सती का स्वागत करते हैं। हँस करके उन्हें अपना परिचय देते हैं।

ज्ञान और अज्ञान में यही अन्तर है। ज्ञानी व्यक्ति हमेशा हँसता-मुसकराता रहता है; क्योंकि वह जानता है कि जो कुछ घटित हो रहा है वह वैसा ही होना चाहिए था। फिर चिन्ता किस बात की। अज्ञानी मनुष्य हर घटना के पीछे परेशान रहता है; क्योंकि वह सोचता है कि जैसा वह चाहता है, सबकुछ वैसा नहीं घटित हो रहा है। जब व्यक्ति अपने को केन्द्र में रखता है तो अज्ञान जनमता है और जब ईश्वर केन्द्र में होता है तो ज्ञान अवतरित होता है।

कर्तापन के अज्ञान से मनुष्य को बचाने के लिए हिन्दू शास्त्रों ने एक बहुत प्यारा शब्द खोजा। यह शब्द है—'निमित्त'। हिन्दुओं ने कहा कि मनुष्य को कर्ता नहीं बनना चाहिए, उसे तो निमित्त—परमात्मा के हाथ का यन्त्र—बनना चाहिए। परमात्मा उसे अपने कार्य में साधन बना रहा है, यही मानकर चलना चाहिए। यही ज्ञान की भावभूमि है। इस स्थिति के आने पर कोई घटना दुःखदायी नहीं बन पाती है।

राम इस ज्ञान को उपलब्ध थे। इसलिए सती के जिस व्यवहार ने शिव को

थर्रा दिया था, वह राम को जरा भी हिला नहीं पाया। राम उन्हें देखकर क्रुद्ध होने की बजाय मुसकराये। सती का तिरस्कार करने के स्थान पर स्वागत के लिए आगे बढ़ आये।

जोरि पानि प्रभु कीन्ह प्रनामू।
पिता समेत लीन्ह निज नामू॥

—पहले प्रभु ने हाथ जोड़कर सती को प्रणाम किया और पिता सहित अपना नाम बताया।

बहुत सम्भव है कि सती ने समझा हो कि पत्नी-वियोग में राम अपना सन्तुलन खो बैठे हैं। अपनी पत्नी को ही प्रणाम कर रहे हैं, क्योंकि उन्हें तो पक्का विश्वास था कि वे सीता की प्रतिमूर्ति बनी हुई हैं।

भगवान् श्रीराम को प्रणाम की मुद्रा में देखकर सती ने अवश्य अनुमान लगाया होगा कि यह व्यक्ति ब्रह्म होने लायक नहीं है। यह तो मात्र सिरफिरा दिखाई दे रहा है। उन्हें इस बात की भी प्रसन्नता हुई होगी कि लक्ष्मण भी उन्हें देखकर हतप्रभ रह गये हैं और राम तो एकदम अतार्किक व्यवहार कर रहे हैं। लेकिन जब राम ने आगे बोलना शुरू किया तो सती के होश ही उड़ गये।

कहेउ बहोरि कहाँ बृषकेतू।
बिपिन अकेलि फिरहु केहि हेतू॥

—फिर राम ने कहा—वृषकेतु शिवजी कहाँ हैं? आप यहाँ वन में अकेली किसलिए फिर रही हैं?

राम के ये वचन सती के कपट व्यवहार को तार-तार कर गये। सती सोच रही थीं कि राम पागल हैं; लेकिन अब उनके पागल होने की बारी थी। राम के पूछने में एक गहरी मर्यादा है। वे कहते हैं कि शिवजी कहाँ हैं? यह हमारी परम्परा है कि हम पति से पत्नी का और पत्नी से पति का कुशलक्षेम पूछते हैं; क्योंकि दोनों की कुशलता एक-दूसरे पर निर्भर करती है। यहाँ सती अकेली आयी हुई हैं, अत: स्वाभाविक रूप से यह सवाल उठता है कि शिवजी कहाँ हैं। यदि सती किसी शॉपिंग सेण्टर में राम को मिली होतीं तो शायद यह सवाल नहीं उठता; लेकिन यह भेंट तो वन में हो रही थी, अत: आशंका स्वाभाविक थी।

राम दूसरा सवाल पूछते हैं कि आप अकेले वन में कैसे घूम रही हैं? वन एक असुरक्षित स्थान होता है। शिवजी जैसा परम प्रेम-पूरित पति अपनी पत्नी को

अकारण वन में अकेले भेज देगा, यह समझ पाना राम के लिए कठिन हो रहा था। इसीलिए राम ने दोहरा प्रश्न किया—शिवजी कहाँ हैं और आप अकेले वन में कैसे हैं? दोनों सवालों के पीछे भाव यही था कि सबकुछ ठीक-ठाक तो है न!

इस प्रश्न से यह भी पता चलता है कि उस युग में पत्नियाँ अकेले यात्रा नहीं किया करती थीं। उनके साथ पति का होना उपयुक्त माना जाता था। वन की यात्रा में तो यह और भी आवश्यक था।

सती राम का आवरण खोलने के लिए आयी थीं, लेकिन राम बड़ी मृदुता से सती के आवरण को खोल रहे हैं। राम उन्हें तनिक भी अपमानित या लज्जित होने का अवसर नहीं देते हैं। पूर्ण सम्मान के साथ वे सती के मोहभ्रम को दूर करते हैं।

रामबचन मृदु गूढ़ सुनि उपजा अति संकोचु।
सती सभीत महेस पहिं चलीं हृदयँ बड़ सोचु॥

—श्रीराम के कोमल और रहस्य भरे वचन सुनकर सती को बड़ा संकोच हुआ। वे डरती हुई शिवजी के पास चलीं। उनके हृदय में बड़ी चिन्ता हो गयी।

राम की कोमलता ने सती को ज्यादा पीड़ित किया। यदि राम डाँट-फटकारकर कहते कि कहिए, आपकी परीक्षा पूरी हो गयी, तो शायद सती को इतना दु:ख नहीं होता। वे सोचतीं कि उन्हें अपने कपट-कर्म का दण्ड मिल गया। लेकिन राम का मर्यादापूर्ण मधुर व्यवहार उन्हें बहुत संकुचित कर गया। सती उनसे कुछ कह भी नहीं पायीं। क्षमा माँगने का भी उद्योग वे नहीं कर पायीं। वे संकोच, सोच और भय में डूब गयीं। संकोच उन्हें इस बात का हुआ कि राम कितने दयालु और उदार हैं। मुझ अपराधिनी को भी उन्होंने कठोर शब्दों में कुछ नहीं कहा। उनका व्यवहार ऐसा था जैसे मैंने कुछ अपराध किया ही नहीं। परम दयालुता और क्षमाशीलता यही तो ईश्वर का लक्षण है।

सोच उन्हें इस बात का था कि अब आगे क्या होगा? प्रभु की अवहेलना करने का दण्ड उन्हें किस रूप में मिलेगा? वे अपने आचरण पर भी क्षुब्ध हो रही थीं। आखिरकार यह उनका ही अपना निर्णय था कि राम की परीक्षा ली जाये।

भय उन्हें शिव से हो रहा था। वह लौटकर शिव के पास जा रही थीं। आखिर वह कौन सा मुख लेकर उनके पास जायें? कैसे वह शिव का सामना करेंगी? शिव ने उन्हें बार-बार मना किया था। पर उन्हें तनिक भी विश्वास उनकी बातों पर नहीं हुआ था। अपनी धृष्टता के कारण जो विषम परिस्थिति उन्होंने अपने लिए पैदा की थी, वही उन्हें खाये जा रही थी।

मैं संकर का कहा न माना।
निज अग्यान राम पर आना॥

—मैंने शंकर का कहना न माना। अपने अज्ञान का राम पर आरोप किया।

सती को पछतावा हो रहा है। वे अब अनुभव कर रही हैं कि उन्होंने दो भयानक भूलें कीं। पहली भूल तो यह कि उन्होंने शिव का कहना नहीं माना। शिव मात्र उनके पति ही नहीं, सर्वज्ञ भी हैं, जगत् के नियन्ता भी हैं। उनकी वाणी पर सहज ही तर्कहीन होकर विश्वास किया जाना चाहिए। लेकिन सती ऐसा अपने मन के मोहवश नहीं कर पायीं। दूसरी भूल उन्होंने यह की कि अपने अज्ञान को राम पर डाल दिया। अपनी दृष्टि और सोच के अनुसार राम को देखा। सती की दृष्टि मोहजनित अज्ञान की दृष्टि थी, इसीलिए उन्हें राम की स्पष्ट छवि नहीं दिखाई दी।

धर्म के सारे घपले इसीलिए हैं, क्योंकि हम परमात्मा को अपने-अपने चश्मे से देखते हैं। हमारे चश्मे ज्यादातर अज्ञान के ही होते हैं। अत: हम अपने अज्ञान को उनके ऊपर आरोपित कर देते हैं। हमारी इच्छा होती है कि जैसा हम चाहते हैं भगवान् वैसा हो, हम जैसा भगवान् है वैसा उसे नहीं देखना चाहते। इसीलिए अनेक मत-मतान्तर और कर्मकाण्डों में हम उलझे हुए हैं। सती का उलझाव भी इतना ही था कि वे राम को अपने अज्ञान से परखना चाहती थीं।

हमारे शास्त्र कहते हैं कि भगवान् की पहचान और परख ज्ञान से होती है। ज्ञान के आलोक में परमात्मा अपनी पूर्णता में प्रकट होता है। सती के पास शिव के रूप में ज्ञान का आलोक था, लेकिन उन्होंने उसका उपयोग नहीं किया।

चीन की एक जेल से साठ वर्ष के बाद एक कैदी छोड़ा गया। बाहर आकर वह चिल्ला उठा—मुझे मेरी अँधेरी कोठरी में बन्द कर दो। मैं इस प्रकाश को सहन नहीं कर सकता। मैंने सूर्य को पिछले साठ वर्षों से नहीं देखा है। मेरी आँखें चौंधिया रही हैं। मुझे अँधेरे में सुख मिलता है। वहीं मुझे लौटा दो।

प्रकाश पास है, फिर भी कुछ लोग अँधेरे की कामना करते हैं। सती के साथ ऐसा ही हुआ था। शिव के प्रकाश में वे राम के वास्तविक स्वरूप को देख सकती थीं। लेकिन वे ऐसा नहीं कर पायीं। इसीलिए अब पछता रही हैं।

सती के लिए सबसे बड़ी कठिनाई यह थी कि उन्होंने शिव के आराध्य की अवमानना की थी। जिसे भगवान् शिव सदा अपने ध्यान में धारण किये रहते हैं उसे सती ने छोटा करके देखा था।

जाइ उतरु अब देहउँ काहा।
उर उपजा अति दारुन दाहा॥

—अब जाकर मैं शिवजी को क्या उत्तर दूँगी। सती के हृदय में अत्यन्त भयानक जलन पैदा हो गयी है।

जीवन कितना विचित्र है। सती जब शिव के पास से राम की परीक्षा लेने चली थीं तो उनके मन में विचार आ रहा था कि किस तरह से राम की परीक्षा लूँ। अब जब पराजित होकर शिव के पास जा रही हैं तो उनकी समझ में नहीं आ रहा है कि शिव से क्या कहूँगी। मनुष्य अपने ही कर्मों से कितना बँध जाता है। जो सती उल्लसित होकर चली थीं, वह उदास होकर लौट रही हैं। उन्हें समझ में नहीं आ रहा है कि वे भगवान् शिव के सामने क्या कहेंगी।

सती के भावों को देखकर लगता है कि उन्हें पश्चात्ताप हो रहा है। एक बार मन में अपने किये के प्रति पछतावा आ जाये तो पाप कट जाते हैं। पापावरुद्ध मन प्रभु की कृपा पाने के लिए खुल जाता है। पश्चात्ताप भरे हृदय की पुकार परमात्मा सुनता है।

जाना राम सती दुखु पावा।
निज प्रभाउ कछु प्रगटि जनावा॥

—राम ने जान लिया कि सती को दुःख हुआ, तब उन्होंने अपना कुछ प्रभाव प्रकट करके उन्हें दिखलाया।

अभी तो सती ने मात्र यह देखा था कि राम ने उनके वास्तविक स्वरूप को पहचान लिया है। लेकिन इतने से ही यह घोषणा नहीं हो जाती कि राम ब्रह्म हैं। श्रीराम ने सोचा कि सती को वास्तविक प्रभाव दिखाना चाहिए, जिससे वे उनके ब्रह्म स्वरूप की झलक प्राप्त कर सकें।

बिना स्वरूप का दर्शन किये विश्वास बनने में कठिनाई होती है। अर्जुन ने भी कृष्ण की बातों पर तभी ध्यान दिया था जब उन्होंने अपना विश्व रूप दिखाया था। इसके पहले कृष्ण कहते जा रहे थे कि मैं सबको मार चुका हूँ। अर्जुन! तू चिन्ता न कर, केवल निमित्त बनने के लिए खड़ा हो जा। लेकिन अर्जुन नहीं खड़ा हो पाया था। विश्व रूप देखकर वह उठ खड़ा हुआ। सुग्रीव की भी यही स्थिति थी। राम कह रहे थे कि मैं बालि को एक ही बाण से मार दूँगा। सुग्रीव! तू चिन्ता मत कर। किन्तु सुग्रीव को विश्वास ही नहीं होता था। जब सुग्रीव के कहने पर राम ने दुन्दुभि राक्षस की अस्थियों और सात साल के वृक्षों को एक ही बाण से

गिरा दिया तब जाकर सुग्रीव को विश्वास हुआ।

सती राम के प्रभाव से आतंकित होकर भागी थीं। राम इस आतंक को समाप्त करके उनके भीतर श्रद्धा का संचार करना चाहते थे। भय कभी स्थायी प्रेम पैदा नहीं कर सकता। सच्चा प्रेम सदा श्रद्धा के गर्भ से उत्पन्न होता है। इसीलिए भक्ति कहती है कि परमात्मा को प्रेम से पुकारो। जो प्रभु को भय से पुकारते हैं उनकी प्रार्थना बहुत आन्तरिक नहीं होती है।

सती की मन:स्थिति को बदलने के लिए, उन्हें यह विश्वास दिलाने के लिए कि ब्रह्म राम ही लीला कर रहे हैं, राम अपने प्रभाव का विस्तार करके दिखाते हैं।

सती दीख कौतुक मग जाता।
आगें राम सहित श्री भ्राता॥

—सती ने मार्ग में जाते हुए यह कौतुक देखा कि राम सीता और लक्ष्मण सहित आगे जा रहे हैं।

यह चमत्कार ही सती के मन के परिष्कार के लिए पर्याप्त था। जिस राम को वह अब तक साधारण मनुष्य समझ रही थीं, वही राम सीता-हरण हो जाने के बाद भी उनके आगे सीता सहित जाते हुए दिखाई दे रहे हैं। वह तो वास्तव में राम को पीछे छोड़ आयी थीं। लेकिन उनके आगे दिखाई देना आश्चर्य की बात थी। यह आश्चर्य ही सती के मन में बैठे राम के नरत्व के भाव को नष्ट करने में समर्थ हो रहा था। अपनी आँखों पर पूरा भरोसा लाने के लिए सती एक बार फिर प्रयत्न करती हैं। वह पीछे मुड़कर देखती हैं।

फिर चितवहिं पाछे प्रभु देखा।
सहित बंधु सिय सुन्दर बेषा॥

—उन्होंने जब पीछे मुड़कर देखा तो वहाँ भी राम लक्ष्मण और सीता के साथ सुन्दर वेश में दिखाई दिये।

आगे राम और पीछे राम। साथ में लक्ष्मण और सीता भी। राम के भीतर रुदन-विलाप का कोई चिह्न नहीं। वे परम प्रसन्न और शान्त दिख रहे हैं। उनका वेश भी परम सुन्दर है। वे तनिक भी वनवासी नहीं दिख रहे हैं। इससे सती की घबड़ाहट और बढ़ी। वह आगे-पीछे देखने के बाद अपने आपको आश्वस्त करने के लिए चारों तरफ देखने लगीं। उन्होंने सोचा, शायद नयनों को भ्रम हो रहा है। लेकिन चारों तरफ दृश्य राममय ही था।

जहँ चितवहिं तहँ प्रभु आसीना।
सेवहिं सिद्ध मुनीस प्रबीना॥

—वे जिधर ही देखतीं उधर ही प्रभु राम विराजमान हैं और सुचतुर सिद्ध मुनीश्वर उनकी सेवा कर रहे हैं।

सती के नेत्रों में समस्त जगत् प्रभुमय हो गया है। अनेक ब्रह्मा, विष्णु और शिव एक से बढ़कर एक रूपों में दिखाई दे रहे हैं। अनेक देवता प्रभु राम की सेवा में लगे हुए हैं। उन्होंने स्वयं को भी देखा, लक्ष्मी और ब्रह्माजी को भी देखा। देवों की सभी शक्तियाँ वहाँ विद्यमान थीं। इतना ही नहीं, वहाँ तो अनेक राम दिखाई दे रहे थे, अनेक देवता और उनकी शक्तियाँ भी दिखाई दे रही थीं। संसार में जो चराचर जीव हैं वे भी अनेक प्रकार से दिखाई दे रहे थे। उन्हें अनेक राम, सीता और लक्ष्मण दिखाई दिये; लेकिन उनके वेश एक समान ही थे।

सोइ रघुबर सोइ लछिमनु सीता।
देखि सती अति भईं सभीता॥

—वही राम, वही लक्ष्मण और वही सीता देखकर सती बहुत भयभीत हो उठीं।

प्रभु का विराट् रूप देखकर सती काँप उठीं। उन्होंने सभी दृश्यों में राम के वेश को एकरस देखा। देवता वेश बदल रहे थे, लेकिन राम, सीता और लक्ष्मण का वेश नहीं बदलता था। यह ब्रह्म की एकरसता का प्रतीक है। परमात्मा में विकार नहीं आता है। विकार प्रकृति में होता है। आज कोई वृक्ष है तो कल नहीं रहेगा; आज कोई समुद्र है तो कल नहीं रहेगा। किन्तु परमात्मा सदा एकरस रहेगा। इसीलिए सती सदा एक वेश गें प्रभु को देखती हैं।

हृदय कंप तन सुधि कछु नाहीं।
नयन मूदि बैठीं मग माहीं॥

—उनका हृदय काँपने लगा और देह की सारी सुध-बुध जाती रही। वे आँख मूँदकर मार्ग में बैठ गयीं।

ठीक ऐसी ही स्थिति विवेकानन्द की हुई थी, जब उन्हें रामकृष्ण परमहंस ने देखा था। विवेकानन्द ने उनसे कहा, ''यदि आपने भगवान् को देखा है तो मुझे भी दिखा दीजिए।''

रामकृष्ण बोले, ''अभी तुम तैयार नहीं हो।''

विवेकानन्द ने हठ किया, ''नहीं, आप दिखायें, मैं तैयार हूँ।''

रामकृष्ण ने हँसकर विवेकानन्द को छू दिया। वे काँप उठे। सारा संसार उनके नेत्रों के सामने घूमने लगा। सबकुछ ब्रह्ममय दिखाई देने लगा। विवेकानन्द चिल्लाये, "अरे, आपने क्या कर दिया!"

रामकृष्ण ने उन्हें पुन: छूकर शान्त किया। विवेकानन्द जब अपने घर लौट रहे थे तो भी वही दृश्य बार-बार उनकी आँखों में आ रहा था। वे घबड़ाकर रास्ते में आँख बन्द करके बैठ गये।

तैयारी नहीं हो तो व्यक्ति सांसारिक झटके को भी सहन नहीं कर पाता है। यह तो आध्यात्मिक स्तर पर जीवन को झकझोरनेवाला झटका था।

मैंने कहीं पढ़ा था। एक मजदूर आदमी लॉटरी का टिकट खरीदा करता था। बहुत दिनों के बाद उसे दस लाख की लॉटरी मिली। वह घर पर नहीं था। लॉटरीवालों ने सूचना उसकी पत्नी को दी। पत्नी बेचैन हो उठी। उसके पति हृदय रोग से पीड़ित थे। वह जानती थी कि दस लाख की लॉटरी का समाचार पाकर वे बेहद खुश होंगे और सम्भव है, इस खुशी में उनका हृदय ही रुक जाय।

इस आशंका के कारण पत्नी अपने गाँव के पुरोहित के पास गयी और सारी बात बताकर बोली, "कोई रास्ता निकालिए।"

पण्डितजी ने कहा, "चिन्ता मत करो। जब तुम्हारा पति आये तो उसे लेकर मेरे पास आ जाना।"

शाम को दोनों पति-पत्नी पण्डितजी के पास आये। पण्डितजी ने नमस्कार-प्रणाम के बाद स्नेह से पूछा, "सुना है, तुम लॉटरी खरीदते हो? कभी जीता है?"

मजदूर लज्जित हुआ, "हाँ, महाराज, कभी-कभी खरीदता हूँ; लेकिन जीतने का सौभाग्य नहीं मिला। मेरा भाग्य ही खोटा है। आप ही कोई उपाय बताइए।"

पण्डितजी ने उसे सहारा दिया, "चिन्ता मत करो। तुमको अवश्य लॉटरी मिलेगी। पर मान लो, तुम्हारी एक लाख की लॉटरी निकल जाये, तो क्या करोगे?"

मजदूर ने कहा, "आप मजाक कर रहे हैं, गुरुजी। लेकिन यदि एक लाख रुपये मिल जायें तो मैं बच्चों और पत्नी के लिए अच्छे कपड़े-गहने खरीदूँगा। अपने लिए साइकिल लूँगा। कुछ पैसे बच्चों की पढ़ाई के लिए रखूँगा।"

"शाबाश!" पण्डितजी ने कहा, "यदि पाँच लाख मिल जायें तो क्या करोगे?"

मजदूर ने हँसकर कहा, "क्यों हवा में उड़ा रहे हैं, गुरुजी? पाँच लाख मिलेंगे तो मैं एक सुन्दर घर खरीद लूँगा। बच्चों को अच्छे स्कूल में पढ़ने को भेज दूँगा।"

पण्डितजी ने उसे और उत्साहित किया, "बहुत सुन्दर! तुम्हारे विचार बड़े श्रेष्ठ हैं। तुम पैसे को बरबाद करने के लिए नहीं सोच रहे हो। जुआ-शराब का

विचार तुम्हारे मन में नहीं आ रहा है। अच्छा, अब बताओ, यदि दस लाख मिल जायें तो क्या करोगे?''

मजदूर ने सोचा, पण्डितजी बेपर की हाँक रहे हैं। उसने हँसकर कहा, ''गुरुजी, यदि दस लाख मिलें तो मैं आधा आपको दे दूँगा।''

यह सुनते ही पण्डितजी का हार्ट फेल हो गया। कारण यह था कि वह मजदूर को दस लाख के लिए अवश्य तैयार कर रहे थे, लेकिन पाँच लाख के लिए स्वयं तैयार नहीं थे। तैयारी नहीं हो तो दुःख या सुख दोनों का आघात सह पाना कठिन हो जाता है।

राम के अलौकिक रूप को इसी तैयारी के अभाव में ही सती सह नहीं पायीं। आँखें बन्द करके चुपचाप बैठ गयीं। कुछ घण्टों के बाद जब उन्होंने अपने नेत्र खोले तो सारा दृश्य बदल चुका था।

पुनि पुनि नाइ राम पद सीसा।
चलीं तहाँ जहँ रहे गिरीसा॥

—वह बार-बार राम के चरणों में सिर झुकाकर वहाँ चलीं जहाँ शिव थे।

जीवन का यह अद्‌भुत खेल है। जब मनुष्य अपने ही अनुभवों से सीखने की जिद करता है तो बहुत कुछ गँवाता है। यह सौदा महँगा है; लेकिन कुछ वीरव्रती लोग इसे मोल लेने के लिए तैयार रहते हैं। अध्यात्म के क्षेत्र में स्वयं का अनुभव सबसे अनमोल होता है। सती को यह अनुभव प्राप्त हो गया है, इसीलिए वह बार-बार भगवान् श्रीराम के चरणों में माथा टेक रही हैं। मन में जो संशय था वह चमत्कारिक प्रभाव से धुल गया है।

इसीलिए कभी-कभी सन्त-महात्माओं को चमत्कार की आवश्यकता होती है। इसका प्रभाव व्यक्ति पर अधिक पड़ता है। राम ने सती को कोई उपदेश नहीं दिया। अपने बारे में कोई लम्बा-चौड़ा वक्तव्य भी नहीं दिया। केवल अपना साधारण परिचय दिया कि मैं दशरथ पुत्र राम हूँ और उन्हें प्रणाम किया। साथ-ही-साथ पूछा कि हे शिव पत्नी सती! आप यहाँ कैसे?

सती इतने में ही परिवर्तित हो गयीं। राम को अपना अलौकिक रूप दिखाने की आवश्यकता बाद में पड़ी। इसमें चमत्कार इतना ही था कि राम ने बिना जाने सती को पहचान कैसे लिया, जबकि सती ने सीता का रूप धारण कर लिया था।

चमत्कारों का प्रभाव मनुष्य पर सर्वाधिक पड़ता है। विश्व भर में चलनेवाले साँईं आन्दोलन के पीछे चमत्कारों का बड़ा हाथ है। हर मनुष्य सोचता है कि

उसके साथ भी कुछ चमत्कार घटित हो गया तो उसका भी कल्याण हो जायेगा। सन्तों की कृपापूर्ण विभूति का इस कारण बहुत महत्त्व है।

शिवजी अपने भाषण-प्रवचन से जिस सत्य को सती को नहीं समझा पाये उसे राम के चमत्कार ने क्षण मात्र में समझा दिया। परन्तु दुःखद बात यह रही कि राम का प्रभाव जान लेने के बाद भी सती का मन निर्मल नहीं हुआ। उनके शिव के पास पहुँचने पर हमें इस बात का पता चलता है।

गईं समीप महेस तब हँसि पूछी कुसलात।
लीन्हि परीछा कवन बिधि कहहु सत्य सब बात॥

—जब पास पहुँचीं तो शिवजी ने हँसकर कुशल प्रश्न करके कहा कि तुमने राम की किस प्रकार परीक्षा ली, सारी बात सच-सच कहो।

यहाँ एक प्रश्न का समाधान हम सबसे पहले कर लेते हैं। यदि शिवजी सर्वज्ञ थे तो उन्होंने सती से क्यों पूछा कि राम के साथ तुम्हारी वार्त्ता कैसी रही? उन्हें तो स्वयं जान लेना चाहिए। सबसे सरल उत्तर यह है कि सर्वज्ञता एक भाव-स्थिति होती है। वह सदा बनी नहीं रहती है। उसके लिए ध्यान में जाना पड़ता है, जहाँ शान्त मन के परदे पर काल स्थिर होकर उभर आता है। रामकृष्ण परमहंस भविष्य को पहचान लेते थे। जब केशवचन्द्र सेन पहली बार भयानक रूप से बीमार हुए तो रामकृष्ण ने काली माँ से उनके स्वास्थ्य-लाभ के लिए प्रार्थनाएँ कीं। सचमुच केशवचन्द्र स्वस्थ हो गये। लेकिन जब कालान्तर में उनका स्वास्थ्य दुबारा खराब हुआ तो सबके बार-बार आग्रह करने पर भी वे प्रार्थना न कर सके। उन्हे केशव के शरीर-त्याग की स्थिति का पता चल गया था।

हिन्दू धर्म में सामान्य स्थिति में आध्यात्मिक शक्तियों का दुरुपयोग करना उचित नहीं माना गया है। इसीलिए शिवजी सामान्य भाव से पूछ रहे हैं। वे चाहते तो सती के जाते ही ध्यान में जाकर उनकी गतिविधि का पीछा कर सकते थे; लेकिन तब यह पति-पत्नी के विश्वास का भी हनन होता और आध्यात्मिक विभूति का भी दुरुपयोग होता।

शिवजी अपने प्रश्न में एक सावधानी बरतते हैं। वह सती से कहते हैं कि राम की परीक्षा तुमने कैसे ली, इसे सच-सच बताओ। अब प्रश्न उठता है कि उन्हें सच-सच कहने की क्या और क्यों आवश्यकता पड़ी? कारण यही है कि सती मोह-भ्रमवश परीक्षा लेने गयी थीं। उनकी यात्रा ब्रह्म जिज्ञासा से प्रेरित नहीं थी। वह जिज्ञासु साधक बनकर राम के पास नहीं गयी थीं। वह सन्देहग्रस्त थीं, मोह-

ग्रस्त थीं। ऐसा व्यक्ति अपने सन्देह और मोह को 'सत्य' में बदलने के लिए कुछ भी कर सकता है। परीक्षा के गलत तरीके अपना सकता है, तिरस्कारपूर्ण व्यवहार कर सकता है। अपने महत्त्व को बढ़ाने के लिए अपने बारे में अनर्गल प्रलाप कर सकता है। सन्देहग्रस्त व्यक्ति में दुष्कर्म करने की सम्भावनाएँ अनन्त होती हैं।

इन सब बातों को ध्यान में रखकर शिव ने सती की घेरेबन्दी की। यह घेरेबन्दी डाँट-डपट की नहीं, प्रेम की थी। प्रारम्भ में हँसकर उनका कुशलक्षेम शिवजी ने पूछा था। अब राम की परीक्षा के बारे में पूछ रहे हैं। शिवजी नहीं चाहते हैं कि सती को तनिक भी लगे कि उनके ऊपर दबाव डाला जा रहा है। वह बहुत शान्त-सहज ढंग से सती से घटनाक्रम को सत्य रूप में सुनना चाहते हैं।

सतीं समुझि रघुबीर प्रभाऊ।
भय बस सिव सन कीन्ह दुराऊ॥

—सती ने राम के प्रभाव को समझकर डर के मारे शिवजी से छिपाव किया।

होना तो यह चाहिए था कि शिवजी के सत्य कथन के आग्रह पर सती विश्वस्त होकर उन्हें सारी कहानी सच-सच बता देतीं। लेकिन वे डर गयीं। डरा व्यक्ति अपने को बचाता है और वीर पुरुष सत्य की रक्षा करता है। वीर सत्य के लिए बलिदान होता है और कायर अपने लिए सत्य का बलिदान करता है। भयभीत मन कभी सत्यवादी नहीं हो सकता है।

प्राय: हम देखते हैं कि बच्चों से, चोर-उचक्कों से या अपराधियों से हम डण्डे के जोर पर सत्य बात बोलवा लेते हैं। बल-प्रयोग से किसीको भयभीत करके मिलनेवाला सत्य तात्कालिक होता है। जिन्हें डण्डे मारकर सत्य बोलवाया जाता है ऐसे बच्चे भयानक झूठे निकलते हैं। चोर-उचक्के एवं अपराधी तात्कालिक रूप से सच बोलकर अपनी जान तो जरूर छुड़ाते हैं, लेकिन बाद में और झूठ में लिप्त हो जाते हैं।

निर्भय हृदय ही सत्य का आश्रय है। यह निर्भयता खो देने के कारण सती को जीवन में झूठ बोलकर संकट उठाना पड़ा। राम के प्रभाव का भय उन्हें अभी तक बाँधे हुए था। यद्यपि राम ने कुछ कहा नहीं था, फिर भी वे भयाक्रान्त थीं। उनके मन में एक ग्रन्थि आ गयी थी कि हाय! मैंने राम जैसे ब्रह्म रूप भगवान् की परीक्षा ले डाली। मैंने अपने कल्याणकारी पति की भी बात नहीं मानी। यह ऐसे हो गया था जैसे हम कभी दु:ख के आवेश में आकर भगवान् की मूर्ति को तोड़ देते हैं या फेंक देते हैं और बाद में पछता-पछताकर रोते हैं।

सती भय के प्रभाव के कारण सच नहीं बोल पायीं। यही सती की सबसे बड़ी पराजय हुई। गलतियाँ तो सबसे होती हैं, लेकिन गलतियों को छुपाना सर्वाधिक दु:खदायी होता है।

कछु न परीछा लीन्हि गोसाईं।
कीन्ह प्रनामु तुम्हारिहि नाईं॥

—हे स्वामी! मैंने कुछ भी परीक्षा नहीं ली। आपकी ही तरह प्रणाम किया।

काश! सती यदि ऐसा कर पायी होतीं तो शिव प्रसन्नता से नाच उठे होते। अपने आराध्य के प्रति अपनी पत्नी का अखण्ड विश्वास देखकर उनके आन्तरिक आनन्द की कोई सीमा नहीं होती। पर शिव ने सती की इस बात पर विश्वास नहीं किया। संशयी मन अचानक श्रद्धामय हो जाये, यह शिव की कल्पना से बाहर था। संशयी मन को कोई-न-कोई धक्का लगना चाहिए, कोई-न-कोई गुरुमन्त्र मिलना चाहिए, तभी वह श्रद्धा के आँचल को थाम सकता है।

सती इतना ही कहकर सन्तुष्ट नहीं हुईं। उन्होंने शिव को अतिरिक्त रूप से प्रसन्न करने के लिए भयवश एक और गलती की।

जो तुम कहा सो मृषा न होई।
मोरें मन प्रतीति अति सोई॥

—आपने जो कहा वह झूठ नहीं हो सकता, मेरे मन में यह बड़ा विश्वास है।

यह तो अति हो गयी। पहले तो सती को राम पर अपने आप बड़ा विश्वास हो गया था और अब कह रही हैं कि उन्हें शिव पर भी बड़ा विश्वास है। उन्होंने शिव की वाणी को सत्य समझकर राम की परीक्षा ही नहीं ली।

सती यदि कोई अपरिचित होतीं तो शायद शिव ने उनपर विश्वास कर लिया होता; लेकिन सती तो उनकी संगिनी थीं। शिव सदा उनके साथ रहकर उनके मन को जानते-समझते थे। अत: सती का यह कथन उनके गले नहीं उतरा।

सती राम के स्वरूप और शिव के वचन पर सन्देह करके राम की परीक्षा लेने गयी थीं। जाते समय उनके मन में बड़ा उत्साह था। फिर कैसे वे चुपचाप लौट आयीं? कैसे उन्होंने राम के ब्रह्मत्व को स्वीकार कर लिया? कैसे वे क्षण मात्र में शिव के वचनों पर विश्वास कर बैठीं? ये सारे प्रश्न शिवजी के मन को झकझोर रहे थे। शिव चाहते थे कि सती के उत्तर से उन्हें शान्ति मिले; लेकिन उनका उत्तर शिव को और अशान्त कर रहा था।

तब संकर देखेउ धरि ध्याना।
सतीं जो कीन्ह चरित सबु जाना॥

—तब शिवजी ने ध्यान करके देखा और सती ने जो चरित्र किया था, सब जान लिया।

ध्यान के बाद शिवजी के लिए कुछ भी अजाना नहीं रह गया। उनके मानस-पटल पर घटनाओं का सिलसिलेवार ब्योरा प्रस्तुत हो उठा। वे अच्छी तरह से समझ गये कि सती ने क्या चरित्र किया।

शिव ने सती पर विश्वास किया था। अपने हृदय के विश्वास के कारण ही उन्होंने सती को राम के पास परीक्षा लेने के लिए भेजा था। वह नहीं चाहते थे कि उनकी प्राणप्रिया में सन्देह का एक भी कण रहे। पत्नी के भीतर से यदि दो सन्देहों का निवारण हो जाये तो घर स्वर्ग बन जाता है। ये सन्देह हैं—पति के प्रति और परमात्मा के प्रति। पति के रूप में सती का परम सौभाग्य है कि उन्हें शिव मिले हैं। सम्पूर्ण सृष्टि में प्रेम करने में शिव का कोई मुकाबला नहीं है। जीवन की यह धन्यता सती को उपलब्ध है। परमात्मा पर विश्वास भी सती को प्राप्त था; पर अचानक वह धूमिल हो गया था। शिव इसे पुनः प्रकाशित करना चाहते थे। इसीलिए उन्होंने प्रसन्नतापूर्वक पूर्ण विश्वास के साथ सती को विदा किया था।

इस विश्वास में यह विश्वास भी अन्तर्निहित था कि जब सती वापस आयेंगी तो उन्हें सबकुछ सच-सच बतायेंगी। लेकिन सती ने विश्वास का प्रतिदान कपट से किया। यहीं सती ने शिव को खो दिया। विश्वास खोते ही हम सम्बन्धों को खो देते हैं।

बहुरि राम मायहि सिरु नावा।
प्रेरि सतिहि जेहिं झूँठ कहावा॥

—फिर शिव ने राम की माया को सिर नवाया, जिसने प्रेरणा करके सती के मुख से झूठ कहला दिया।

हिन्दू धर्म में यदि कोई निम्न कोटि का व्यक्ति बुरा आचरण करता है तो हम कह देते हैं कि यह उसका स्वाभाविक आचरण है। लेकिन यदि कोई श्रेष्ठ आचरण का व्यक्ति किसी कारणवश नीचे गिर जाता है तो हम कहते हैं, यह सब माया का खेल है। हरि माया किसे नहीं अपने प्रभाव में फँसा लेती है। कबीर कहते हैं कि माया महाठगिनी है, यह मैं अच्छी तरह जानता हूँ। यह बड़े-बड़े देवताओं को भी अपने चंगुल में बाँध लेती है।

ऐसी बातें हम इसलिए करते हैं, क्योंकि हमारे लिए यह मान पाना कठिन हो जाता है कि श्रेष्ठ व्यक्ति भी पतित हो सकता है। अगर हम मान लें कि श्रेष्ठ लोग भी स्वाभाविक रूप से पतित हो सकते हैं, तब तो चरित्र की लम्बी-चौड़ी बात करने का कोई अर्थ ही नहीं रहता। वह चरित्र ही क्या जो कसौटी पर खरा न उतरे। वह चरित्र ही क्या जो जरा सी चोट खाकर माटी की मूरत की तरह चटक जाये। वह चरित्र ही क्या जो संशय की आग में जलकर भस्मीभूत हो जाये। ऐसे चरित्र की सुदृढ़ता पर किसे विश्वास होगा?

इसीलिए माया का सहारा लिया गया। अपने आसन से गिरनेवाले श्रेष्ठ जनों को जनसाधारण की दृष्टि में सम्मानित रखने के लिए यह एक उत्तम उपाय है। शिवजी इसीलिए माया को प्रणाम करते हैं, जिसकी प्रेरणा से सती ने झूठ बोला।

यहाँ एक प्रश्न और सामने आता है। यदि सती को हरि माया ने ही यह सब करने के लिए प्रेरित किया था तो दण्ड सती को क्यों मिल रहा है? दण्ड तो माया को मिलना चाहिए। उत्तर इतना ही है कि इस नश्वर संसार में माया का खेल निरन्तर चल रहा है। माया के कारण ही यह जगत् गतिमान है। माया के पार जाने से जगत् की गति रुक जाती है। माया बाँधती है और मनुष्य का कर्तव्य है कि वह उस बन्धन को फाँदकर निकल जाये। सती की भूल यही है कि वह माया के जाल में फँस गयीं। शास्त्र कहते हैं कि मनुष्य का कर्तव्य है कि वह माया के जाल से बचने का स्वयं प्रयत्न करे। यदि कमजोर पड़ रहा हो तो प्रभु की शरण में जाये। सती ने ऐसा नहीं किया।

इस प्रसंग में शिव का प्रेम भी देखने को मिलता है। वह सती को डाँटते-फटकारते नहीं हैं। क्रोध करके यह भी नहीं कहते हैं कि तुम्हारी जैसी स्त्री को झूठ बोलना शोभा नहीं देता। शिव जानते हैं कि इससे बात और बिगड़ेगी। सती आत्मग्लानि से भर उठेंगी और यह उनके लिए अत्यन्त दुःखद होगा। दुःखी-त्रस्त व्यक्ति पर जानबूझकर और ज्यादा चोट नहीं करनी चाहिए। इससे स्थिति सुधरती नहीं, और बिगड़ती है। इसीलिए शिव चुप ही रहे।

हरि इच्छा भावी बलवाना।
हृदयँ बिचारत संभु सुजाना॥

—सुजान शिव ने मन में विचार किया कि हरि की इच्छा रूपी भावी प्रबल है।

मानव व्यवहार की विसंगति को समझने का एक और सूत्र शिव हमें देते हैं। पहले उन्होंने कहा था कि सबकुछ हरि माया कर रही है। अब वे कह रहे हैं कि

हरि इच्छा बलवान् है। वही भविष्य का नियमन कर रही है। नियति की डोर उसके ही हाथ में है। इस बहाने सती के अपराध को शिव कम करके आँक रहे हैं। उनका अभी तक सती के ऊपर यह विश्वास बना हुआ है कि मूल रूप में सती के भीतर मोहजनित संशय और कपट नहीं हैं।

यहाँ एक बात विचारणीय है। मनुष्य यदि हरि माया और हरि इच्छा के सिद्धान्त को मान ले तो नैतिक आचरण का लोप हो जायेगा। हर व्यभिचारी और अत्याचारी व्यक्ति अपने कुत्सित आचरण को हरि माया द्वारा प्रेरित और हरि इच्छा द्वारा निदेशित मान लेगा। फिर जगत् का निस्तार कैसे होगा? मानवता को श्रेष्ठ आचरण करके परम लक्ष्य तक पहुँचने की प्रेरणा कहाँ से मिलेगी?

यहाँ सबसे लुभावनी बात यह है कि इसी नैतिकता की रक्षा करने के लिए ही सती को दण्ड मिला। शिव ने हरि माया और हरि इच्छा को बीच में लाने का प्रयत्न इसलिए किया, क्योंकि वह सती के चरित्र के परिवर्तन को तार्किक रूप में समझ पाने में असमर्थ थे। उन्होंने यह कभी नहीं कहा कि सती अदण्डनीय हैं। इसका अर्थ बस इतना ही है कि जब जीवन की विसंगति को हम नहीं समझ पाते हैं तो इन्हीं दोनों सिद्धान्तों का सहारा लेते हैं।

इस चौपाई में भगवान् शिव को सुजान—श्रेष्ठ ज्ञान से सम्पन्न—कहा गया है। जो ज्ञानी होता है वह परमात्मा की रचना-व्यवस्था पर पूरा विश्वास करता है। वह प्रयत्न तो करता है, लेकिन प्रयत्न विफल होने पर हताश-निराश नहीं होता है। वह अपने को कर्ता नहीं, निमित्त के रूप में देखता है। इसलिए जीवन के बड़े-से-बड़े धक्के को बिना रोये सह लेता है। अज्ञानी मनुष्य सफल होने पर अट्टहास करता है और विफल होने पर परमात्मा को कोसता है। विफलता उसे उद्विग्न और उदास कर देती है।

ज्ञानी शिव ने अपने प्रयत्न की विफलता को देख उसे हरि माया के प्रभाव और हरि इच्छा के रूप में स्वीकार कर लिया। उन्होंने न सती को बुरा-भला कहा, न भगवान् को।

रामकृष्ण परमहंस को कैंसर हो गया था। बहुत लोग उनसे पूछते थे—भला आप जैसे पवित्रात्मा को यह बीमारी कैसे हो गयी? यह बीमारी तो पापियों को होनी चाहिए।

रामकृष्ण प्रभु से कभी शिकायत नहीं करते कि आखिर उन्होंने उन्हें पापियों का रोग क्यों दे दिया है? वह तो बस इतना ही कहते थे—जैसी प्रभु की इच्छा।

रमण महर्षि को भी कैंसर हुआ था। उनसे भी लोग इसी तरह का सवाल

पूछा करते थे। वे भी शान्त मधुर स्वर में कहते थे—प्रभु की यही इच्छा है।

ज्ञानी पुरुष प्रभु की इच्छा में बाधा नहीं डालना चाहता। यों तो प्रभु की इच्छा में बाधा डालना सम्भव ही नहीं, पर अज्ञानी इसका प्रयत्न अवश्य करता है। ज्ञानी इस दिशा में तनिक भी नहीं सोचता है। प्रभु तेरी इच्छा पूरी हो, कहकर वह एक किनारे लग जाता है। शिव ने ऐसा ही किया।

सतीं कीन्ह सीता कर बेषा।
सिव उर भयउ बिषाद बिसेषा॥

—सती ने सीता का वेश धारण किया, यह जानकर शिवजी के हृदय में बड़ा विषाद हुआ।

मनुष्य अपने आचरण से जाना जाता है। धन-सम्पदा और ज्ञान-विज्ञान की अपार थाती होने पर भी बिना आचरण की श्रेष्ठता के वह जन-जन के हृदय सिंहासन पर नहीं बैठ पाता है। महापुरुष आखिर क्यों वन्दनीय होते हैं? ईसा, मुहम्मद, कबीर, रामकृष्ण आदि बहुत पढ़े-लिखे नहीं थे, धन-दौलत भी उनके पास बहुत नहीं थी; लेकिन आचरण की श्रेष्ठता और शुद्धता उनके धन थे। वह जो कहते थे, करते थे और जो करते थे वही कहते थे। करनी-कथनी की एकरूपता उन्हें दिव्य बनाती है।

शिव के जीवन में यही दिव्यता है। उन्हें सबसे बड़ा दुःख इस बात का हो रहा है कि सती ने सीता का रूप धारण कर लिया था। भले ही वह रूप छद्म रहा हो, लेकिन सीता का भाव सती ने अपने भीतर ग्रहण किया था। राम भगवान् शिव के आराध्य हैं, सीता आराध्य पत्नी होने के नाते उनकी माँ हैं। पत्नी जब माँ का रूप धारण कर ले तो जीवन का सारा गणित बदल जाता है। शिव के सामने यही समस्या है।

जौं अब करउँ सती सन प्रीती।
मिटइ भगति पथु होइ अनीती॥

—उन्होंने सोचा कि यदि अब मैं सती से प्रीति करता हूँ तो भक्ति-मार्ग लुप्त हो जाता है और बड़ा अन्याय होगा।

भक्त का जीवन एक मर्यादा का जीवन होता है। वह अपने आराध्य को पिता और उसकी संगिनी को माँ मानता है। स्वयं पुत्र बनकर उनकी आराधना करता है। सती द्वारा सीता का भाव कुछ समय के लिए ले लेने से शिव विषादग्रस्त

हैं। वे सोच रहे हैं कि यदि सती से प्यार करता हूँ तो भक्ति की मर्यादा मिटती है और अनीति होती है। भला एक श्रेष्ठ पुरुष माँ को पत्नी की नजर से कैसे देख सकेगा! शिव सोच रहे हैं कि जैसे ही वह सती को पत्नी के रूप में छुयेंगे, उन्हें सीता याद आयेंगी। सीता का स्मरण होते ही सती का पूरा अस्तित्व मातृभाव से परिपूर्ण हो जायेगा।

शिव राम के भक्त हैं और भक्ति में बड़ी पवित्रता होती है। भक्त परमात्मा के साथ ऐसे सम्बन्धों की रचना करता है, जो उसे सर्वाधिक प्रभु के चरणों में समर्पित करता है। इसके लिए माता-पिता का भाव सबसे उत्तम होता है। भगवान् शिव पुत्रवत् भक्ति करते हैं। सती को अब पत्नी रूप में स्वीकार करने से इस भक्ति में विकार आयेगा। एक सच्चे भक्त के रूप में शिव अपनी भक्ति में विकार सहन ही नहीं कर सकते।

भक्त को अनीति भी बहुत सताती है। वह सृष्टि के नियमों की सुस्थिरता में विश्वास रखता है। इसीलिए जब भी अन्यायी, नीति को विध्वंस करनेवाला पैदा होता है, भक्त ही सबसे ज्यादा परेशान होता है, विकल होता है। हिरण्यकशिपु और रावणादि ने सबसे ज्यादा भक्तों को ही दुःखी किया था। कारण इतना ही है कि जब नीति के नियम टूटते हैं तो भक्त को लगता है कि कहीं-न-कहीं भीतर से वह भी टूट रहा है। भक्त आचरण की नैतिक शुद्धता के बल पर ही परमात्मा से जुड़ता है, अतः इसमें होनेवाला तनिक भी अवरोध उसे अशान्त कर देता है।

परम पुनीत न जाइ तजि किएँ प्रेम बड़ पापु।
प्रगटि न कहत महेसु कछु हृदयँ अधिक संतापु॥

—सती परम पवित्र हैं, इसीलिए इन्हें छोड़ते भी नहीं बनता और प्रेम करने में बड़ा पाप है। प्रकट करके शिवजी कुछ भी नहीं कहते; परन्तु उनके हृदय में बड़ा सन्ताप है।

शिवजी की पीड़ा मर्मान्तक है। सती यदि साधारण स्त्री होतीं तो वे उनका त्याग भी कर सकते थे; लेकिन वह तो परम पवित्र हैं। पवित्र का परित्याग कर पाना बड़ा कठिन होता है। मिट्टी का बरतन नाले में गिर जाय तो छोड़ा जा सकता है, लेकिन हीरा और सोना गिर जाय तो बिना हिचके तुरन्त उठा लिया जाता है। पवित्र सदैव प्राप्य होता है, उसका तिरस्कार करना अशोभन है।

लेकिन शिव-सती के सम्बन्धों में एक बड़ी कठिनाई आ पड़ी है। सती भगवान् शिव की पत्नी हैं। अज्ञानवश उन्होंने सीता का रूप अपने ऊपर आरोपित

कर लिया था। इससे शिव उनसे प्रेम करने में असमर्थ हो गये हैं। परम नैतिकता से परिपूर्ण शिव समझ रहे हैं कि सती को पत्नी भाव से छूना माँ को छूने जैसा पाप होगा, पुनीत पत्नी को छोड़ने जैसा पाप है, उसी तरह मातृवत् हो गयी पत्नी को प्रेम करना भी घोर पाप है।

शिवजी यदि साधारण चरित्र के होते तो कह देते कि चिन्ता की कोई बात नहीं, भविष्य में कभी ऐसे काम मत करना। अब न कभी राम की परीक्षा लेना, न सीता का रूप धारण करना। सती भी तब सम्भवतः रोकर, पश्चात्ताप कर अपनी गलती को स्वीकार कर लेतीं। पर विराट् चरित्र का एवरेस्ट ऐसे साधारण क्षमाशील चरित्रों से नहीं बनता है। उच्च आदर्श स्थापित करने के लिए ऊँचे त्याग करने पड़ते हैं। शिव द्वारा सती का त्याग, राम द्वारा सीता का त्याग ऐसे ही अनस्पर्शीय त्याग के महिमामण्डित उदाहरण हैं।

भगवान् शिव की महानता तो देखिए। वह सती के समक्ष खोलकर कुछ नहीं कह रहे हैं। उन्हें पता है कि सती पवित्रात्मा हैं। वे नैतिकता और भक्ति सम्बन्धी मेरे विचार जानकर बहुत दुःखी होंगी। शायद आत्महत्या भी कर लें। पवित्र लोग अपनी गलतियों को बड़ी गम्भीरता से लेते हैं। पापी मनुष्य जरा सा पश्चात्ताप करके फिर गलती के लिए तैयार हो जाता है। वह बार-बार गलतियाँ करते हुए पश्चात्ताप करते हुए आनन्दपूर्वक जीता है। लेकिन पुण्यात्मा आत्मग्लानि से भर उठता है। अपने को पतित और धरती का बोझ समझने लगता है। यह सब पुण्यात्मा सती के साथ भी हो सकता है। इसीलिए भगवान् शिव बहुत सावधान हैं।

सावधान होते हुए भी शिव का हृदय सन्ताप से सन्तप्त हो रहा है। सती घर में रहें और शिव प्यार न करें, यह तो भयानक स्थिति है। शिव और सती आज की तरह के पति-पत्नी नहीं थे। आजकल मैं देखता हूँ, पति-पत्नी एक ही साथ एक घर में रहते हैं, लेकिन उनके बीच बोलचाल नहीं है। कोई आत्मिक एवं प्रेमपूर्ण सम्बन्ध नहीं है। वे या तो बच्चों के कारण एक साथ रह रहे हैं या अलग होने में सामाजिक असुविधा है, इसलिए एक साथ रह रहे हैं। उन्हें कोई परेशानी भी नहीं है। वे इस तरह रहने के अभ्यस्त हो चुके हैं।

एक ही छत के नीचे हृदयहीन होकर जीने की कला शिव और सती को नहीं आती थी। वे दाम्पत्य जीवन के परम आदर्श प्रेम से बँधे हुए थे। रोज साथ उठते-बैठते थे, घर-परिवार की चर्चा करते थे, कथा-वार्त्ता एवं उत्सव-समारोह में साथ-साथ जाते थे। सती के अज्ञान के कारण इस परम रसमय जीवन का अन्त होने जा रहा था। शिवजी इस सन्ताप से पीड़ित थे। उन्हें पता था कि यदि आज से

वे घर में शान्त-गम्भीर हो जायेंगे तो भी सती पर उसका विपरीत प्रभाव पड़ेगा। दाम्पत्य जीवन की मृदुता-मधुरता को नष्ट हुआ जानकर सती अत्यन्त व्याकुल हो उठेंगी। उनके लिए अपने आपको सँभाल पाना कठिन होगा। इससे शिव के व्रत की रक्षा भले हो जाय, सती की रक्षा नहीं हो पायेगी।

तब संकर प्रभु पद सिरु नावा।
सुमिरत रामु हृदयँ अस आवा॥

—तब शिव ने प्रभु राम के चरणों में सिर नवाया और श्रीराम का स्मरण करते ही उनके मन में यह आया।

शिवजी के सामने धर्म-संकट था—प्रेम और परित्याग का। वह सती को अपनायें या छोड़ें। उन्हें स्वयं कोई समाधान नहीं मिल रहा था। अतः वह श्रीराम की शरण में गये। श्रेष्ठ भक्त जब अपनी समस्याओं को नहीं सुलझा पाता है तब भगवान् को पुकारता है। कुछ भक्त होते हैं जो समस्या आते ही, दुःख पड़ते ही भगवान् को घण्टी बजाकर पुकारने लगते हैं। यह उचित नहीं है। यह तो परमात्मा को घरेलू नौकर समझने जैसा है। सिरदर्द से लेकर लॉटरी जीतने तक भगवान् को पुकारना हिन्दू धर्म में अनुचित कहा गया है।

स्वार्थ के लिए जब मनुष्य आर्त हो, तभी भगवान् को पुकारना चाहिए। जब उसे लगे कि उसके सारे प्रयत्न व्यर्थ हो गये हैं तब परमात्मा की पुकार वन्दनीय होती है। मनुष्य को चाहिए कि वह सांसारिक समस्याओं के हल के लिए पहले अपनी शक्ति का उपयोग करे। परमात्मा ने बुद्धि-विवेक के रूप में उसे अपार शक्ति दी है। जब वह अपनी समस्त शक्ति का उपयोग करने के बाद विफल हो जाये तब उसे प्रभु को पुकारना चाहिए। ऐसी पुकार में आन्तरिक गहराई होती है, भक्ति की ताजगी होती है।

भगवान् शिव अपने समस्त प्रयत्न विफल हो जाने के बाद प्रभु राम को शीश झुका रहे हैं। अब वे विकल्पहीन हैं। उन्हें कोई मार्ग नहीं सूझ रहा है। जीवन को गतिमान रखने के लिए कोई-न-कोई निर्णय तो लेना ही है। इसीलिए वे अपने निर्णय को परमात्मा की कृपा से दृढ़ करना चाहते हैं। जब मनुष्य के कर्म में परमात्मा की कृपा का स्पर्श आ जाये तो उसकी मलिनता समाप्त हो जाती है, वह अपने कर्ताभाव से मुक्त हो जाता है।

जैसे ही उन्होंने प्रवण भक्ति और समर्पण के साथ श्रीराम का स्मरण किया, उनके मन में एक संकल्प उभर आया। वे समस्त सांसारिक सम्बन्धों से ऊपर उठ

गये। सभी भावात्मक लगावों को उन्होंने अपने हृदयतल से उठाकर बाहर फेंक दिया। वह मात्र संकल्प की प्रतिमूर्ति बनकर रह गये।

एहि तन सतिहि भेंट मोहि नाहीं।
सिव संकल्पु कीन्ह मन माहीं॥

—सती के इस शरीर से पति-पत्नी के रूप में मेरी भेंट नहीं हो सकती, शिव ने अपने मन में यह संकल्प कर लिया।

सांसारिक प्रेम और आध्यात्मिक प्रेम को लेकर शिव के मन में संघर्ष काफी समय से चल रहा था। सती को अपनाना लौकिक प्रेम की विजय होती। सीता को माँ के रूप में सती में प्रतिष्ठित करना अलौकिक प्रेम की कीर्ति कथा बनती। दोनों में से किसी एक का चुनाव शिव के लिए बहुत पीड़ास्पद हो रहा था। पीड़ा की इस व्याकुल मन:स्थिति में प्रभु को पुकारकर, उन्हें अपनी अन्तरात्मा का साक्षी मानकर शिव ने निर्णय लिया।

उन्होंने पत्नी के रूप में सती के परित्याग का संकल्प किया। जो कुछ विकल्प उनके सामने उपलब्ध थे, उनमें से यही सर्वोत्तम हो सकता था। शिव सती को घर से निष्कासित नहीं कर सकते थे। सती के प्रति उनके मन में गहरा प्यार था। शिव का यह परम पावन स्वभाव है कि वे जिसे प्रेम करते हैं, उसका परित्याग नहीं करते। अत: शिव ने केवल पत्नीभाव का परित्याग किया। उन्होंने सती को उनके स्थान से च्युत नहीं किया।

सती ने प्रेम के कारण शिव को पाया था। अत: उनका अमर्यादित ढंग से तिरस्कार करना प्रेम की गरिमा को खण्डित करता। शिव इसीलिए फूँक-फूँककर पग आगे बढ़ा रहे हैं। वह भक्ति की, नीति की रक्षा करने के साथ-ही-साथ सती के प्रेम की भी रक्षा करना चाहते हैं। इसीलिए उन्होंने केवल पत्नी रूप में सती का परित्याग किया।

इस परित्याग को सारा संसार 'शिव संकल्प' के नाम से जानता है। यह एक ऐसा संकल्प है जिससे शिव कभी विचलित नहीं होते। संसार में साधारण मनुष्य नित्य ही संकल्प करता है; पर दो मिनट के अन्दर ही उसे तोड़ देता है, क्योंकि वह प्राय: भावुकता और उत्तेजना में संकल्प लेता है। उसके संकल्प प्रभु इच्छा को समर्पित नहीं होते हैं। वह तो उसके ही मन के तात्कालिक उद्रेक की उपज होते हैं। अतएव पानी पर बने बुलबुलों की तरह क्षणजीवी होते हैं।

हम प्राय: अपने जीवन में देखते हैं कि बीमार पड़ने पर हम सादा जीवन

बिताने का संकल्प लेते हैं, योग-व्यायाम करने का व्रत लेते हैं। लेकिन तनिक सा जब रोग शान्त हो जाता है, शरीर-मन को आराम मिल जाता है तब हम संकल्पों को तोड़कर अपनी पुरानी आदतवाली जिन्दगी पर लौट आते हैं। साधारण मनुष्य अपनी आदतों का दास होता है। संकल्प के कारण उसे स्वामित्व मिलता है, लेकिन गुलामी की आदत होने के कारण वह फिर से वापस दासता के बन्धन में लौटना चाहता है।

जब सारी दुनिया में दासप्रथा का अन्त किया गया तो गोरों ने अफ्रीकन दासों को मुक्त कर दिया। उनसे कहा गया कि वे कहीं भी जाने को स्वतन्त्र हैं। यह सुनकर वे रोने-गिड़गिड़ाने लगे। गोरों के पैरों पर पड़कर कहने लगे—हमें मुक्त नहीं होना है। हमें तो आपकी गुलामी में ही रहना है।

मुक्ति के लिए व्याकुल जगत् में यह एक अनोखा उदाहरण है कि किसीने मुक्ति का विरोध किया हो और दास बने रहने के लिए प्रार्थना की हो। यह इसीलिए हुआ क्योंकि शरीर और मन दोनों दासता के दास हो गये थे। मुक्ति का संकल्प उनके हृदय की बंजर भूमि पर उग ही नहीं पा रहा था; क्योंकि उन्होंने आत्मा के तेज को खो दिया था।

जो व्यक्ति, समाज और राष्ट्र आत्मा के तेज को खो देता है, वह कभी मुक्ति की आराधना नहीं कर सकता। इसीलिए जागरण के लिए महापुरुषों का आगमन होता है। ऐसी मुक्त आत्माएँ धरती पर अवतरित होती हैं, जो मुक्ति-सन्देश देती हैं; जो मनुष्य को देह की दासता की हेय आदत से बाहर निकालती हैं और उसे विराट् संकल्प के सूर्य से आलोकित करती हैं।

शिव का जीवन श्रीराम की कृपा पाकर विराट् संकल्प से आलोकित हो रहा था। इसीलिए वह देह की दासता से ऊपर उठकर इतना महान् संकल्प ले सके। कल्पना कीजिए, शिव साक्षात् योग के नियन्ता हैं। समाधि की शीर्ष योगावस्था में वह मनचाहे ढंग से प्रवेश कर सकते हैं, उससे निकल सकते हैं। इतने समर्थ शिव भी महान् संकल्प अपने बल पर करने में सकुचाते हैं। उन्हें भी लगता है कि कहीं टूट न जाये।

जब रामकृष्ण परमहंस का विवाह हो गया तो माँ सारदा उनके पास दक्षिणेश्वर में रहने के लिए आयीं। रामकृष्ण काली के उपासक थे। हर स्त्री को मातृभाव से देखते थे। उन्होंने संकल्प किया कि अपनी पत्नी माँ सारदा को भी वे मातृभाव से देखेंगे। लेकिन एक दिन उनके मन में विचार आया—सारदा मेरी पत्नी है। उसे विवाह कर मैं लाया हूँ। पति के रूप में भी मेरा कोई दायित्व है। अत: एक दिन

साहस करके पति का कर्तव्य पूरा करने के लिए वे माँ सारदा के कमरे में गये। उन्होंने पत्नीभाव से माँ सारदा का शरीर छूना चाहा, पर उनके हाथ ऐंठ गये। वे चाहकर भी पत्नीभाव से माँ सारदा को नहीं छू पाये। रामकृष्ण कहते थे कि माँ काली की कृपा से वे संकल्प से गिरने से बच गये।

शिवजी की भी स्थिति ऐसी ही है। संकल्प तो हो गया है, लेकिन सती नित्य उनके साथ रहेंगी। कब मन कामना से ललक जाये, कब सती की स्वर्ण काया देखकर फिसल जाये, कुछ नहीं कहा जा सकता। शिव का मन बलवान् है, लेकिन जगत् की एषणाएँ भी कमजोर नहीं होतीं। जीवन में कोई भी क्षण दुर्बलता का क्षण हो सकता है। अतः शिव अपने संकल्प को प्रभु की इच्छा से जोड़ते हैं। रामकृष्ण ने काली माँ से जोड़कर अपने को बचाया था। शिव ने राम से अपने को जोड़ दिया। प्रभु की शक्ति मिल जाये तो पराजय नहीं मिलती। मन प्रभु की इच्छा से परिचालित हो तो वह संकल्प से कभी विचलित नहीं होता। शुभ संकल्प ही प्रभु है।

अस बिचारि संकर मतिधीरा।
चले भवन सुमिरत रघुबीरा॥

—स्थिर बुद्धि शंकरजी ऐसा विचार कर श्रीराम का स्मरण करते हुए अपने घर को चले।

कभी-कभी हम सोच सकते हैं कि शिवजी ने भावना के प्रवाह में बहकर इतना बड़ा संकल्प करके अपने साथ भी और सती के साथ भी ज्यादती की है। सांसारिक बुद्धि जीवन को हानि-लाभ के गणित से देखती है; जिसमें तात्कालिक लाभ हो उसके प्रति आग्रह करती है और जिसमें हानि दिखे उससे दूर भागती है। इस दृष्टि से विचार करने पर शिव का निर्णय तनिक ज्यादा ही कठोर लगता है। भावना का आवेग अधिक सन्तुलित बुद्धि का निर्णय कम लगता है।

इसी तर्क को काटने के लिए शिव को स्थिर बुद्धि कहा गया। शिव का निर्णय भावना का आवेग नहीं, बुद्धि की स्थिरता से उद्भूत हुआ है। शिव भाव-विगलित नहीं, मतिधीर हैं। मतिधीर व्यक्ति प्रेयस् और श्रेयस् दोनों पर बराबर दृष्टि रखता है; लेकिन निर्णय लेते समय वह प्रयत्न करके श्रेयस् को चुनता है। उसे अच्छी तरह से पता होता है कि श्रेयस् ही दूरगामी शुभ का प्रदाता है। बिना श्रेयस् के प्रति समर्पित हुए शुभ को पाया नहीं जा सकता।

मतिधीर व्यक्ति भावनाहीन नहीं होता, वह भावनामय होता है, लेकिन भावना के आवेग में बह नहीं जाता है। अगर स्थिर बुद्धि व्यक्ति भावनाशून्य हो जाये तो

जीवन एकदम नीरस और संवेदनाहीन हो जायेगा। सभी मानवीय सम्बन्ध अपनी गहराई खोकर उथले हो जायेंगे। अत: स्थिर बुद्धिवाला व्यक्ति सन्तुलन में व्यवहार करता है। वह जीवन की क्षुद्रता को छोड़कर विराट्ता का वरण करता है।

शिव के सामने समस्या बड़ी जटिल थी। उसका हल भावना के प्रभाव में बहकर करने से पछताना पड़ सकता था। ठीक उसी तरह जैसे सती पछता रही हैं। शिव उन गलतियों को दोहराना नहीं चाहते थे, जिन्हें सती ने भावावेग में किया। अत: शिव बड़ा निर्णय करके भी अहंकार से आप्लावित नहीं होते। वह अपने आपको प्रभु को समर्पित कर देते हैं। श्रीराम का स्मरण करते हुए कैलास की ओर चल देते हैं। प्रभु के स्मरण से केवल अहंकार ही नहीं मिटता, पवित्र संकल्प को सुदृढ़ रखने की शक्ति भी बढ़ती है। शिव ने महान् संकल्प तो ले लिया है, लेकिन उसे कायम रखने के लिए जिस महान् शक्ति की आवश्यकता है, उसे वह प्रभु के नाम-स्मरण से प्राप्त करना चाहते हैं।

चलत गगन भै गिरा सुहाई।
जय महेस भलि भगति दृढ़ाई॥

—चलते समय सुन्दर आकाशवाणी हुई कि हे महेश! आपकी जय हो। आपने भक्ति की अच्छी दृढ़ता की।

शुभ संकल्प सदैव प्रभावकारी होता है। हिन्दू कर्मकाण्डों में इसीलिए शुभ संकल्प की इतनी मान्यता है। पुरोहित जब संकल्प पढ़ता है तो समूची सृष्टि के शुभ की कामना करता है। मात्र यजमान के बारे में ही नहीं सोचता है। यजमान भी पुरोहित से यह नहीं कहता है कि दक्षिणा तो मैं दे रहा हूँ, पूजा का सामान तो मैंने खरीदा है, आप समूची सृष्टि की क्यों चिन्ता कर रहे हैं, केवल मेरी ही चिन्ता कीजिए। हिन्दू मन कहता है कि व्यक्तिगत सुख कभी शुभ हो ही नहीं सकता। स्वार्थ की पूर्ति सबसे बड़ा पाप और परमार्थ का प्रयत्न सबसे बड़ा पुण्य है।

सीता के प्रति मातृभाव होने के कारण सती के परित्याग का संकल्प करके शिवजी ने जो दृढ़ भक्ति दिखायी थी, उससे देवता परम प्रसन्न हुए। वे शिव की जय-जयकार करने लगे। जब व्यक्ति स्वार्थहीन होकर सच्चे हृदय से शुभ कार्य करता है तो उसकी जय-जयकार होती है। शुभ प्रयत्न का स्वागत होना अनिवार्य है। इस जगत् के इतिहास में हम देख सकते हैं कि जो निस्स्वार्थ भाव से शुभ कर्म करते हैं, उन्हें जगत् की कोई बाधा रोक नहीं पाती है। वे निश्चित रूप से विजयी होते हैं। इसीलिए जगत् में सत्य और शुभ अभी तक शेष हैं।

अस पन तुम्ह बिनु करइ को आना।
राम भगत समरथ भगवाना॥

—हे शिव! आपको छोड़कर दूसरा कौन ऐसी प्रतिज्ञा कर सकता है? आप श्रीराम के भक्त हैं, समर्थ हैं और भगवान् हैं।

देवता जय-जयकार करने में बड़े कुशल हैं। समर्थ व्यक्ति की जय बोलना उन्हें अच्छा लगता है। इसी कारण वे रावण की भी जय बोलते रहे। उनके स्वभाव में यह चाटुकारिता क्यों है, परमात्मा ही जाने। कुछ लोग कहते हैं कि देवयोनि में सुखोपभोग से बँधे रहने के कारण वे दुःख उठाने से डरते हैं। अतः ऐसे व्यक्ति से सदा काँपते हैं, जो दुःख दे सकता है। दुःख वही दे सकता है जो बलवान् हो। अतः वे हर बलवान् से डरते हैं। यह कभी सुनने में नहीं आया कि कोई असुर देवता से डरता हो। असुर दुःख उठाने के लिए तैयार रहता है, अतः सुख को वह अपने पाँवों तले बाँधकर चलता है। जहाँ दुःख की स्वीकृति नहीं है वहाँ निर्भय सुख का स्वाद नहीं है।

संकल्प-समर्थ शिव की देवता आकाशवाणी करके सराहना कर रहे हैं। तुम्हारी जैसी प्रतिज्ञा और कोई नहीं कर सकता है। तुम्हारे लिए यह इसीलिए सम्भव हुआ, क्योंकि तुम राम के भक्त हो, बड़े संकल्प लेने में समर्थ हो और साक्षात् भगवान् हो।

देवता शिव में तीन शक्तियाँ देखते हैं। वे कहते हैं कि तुम रामभक्त, समर्थ और भगवान् हो। लेकिन शिव केवल रामभक्ति को महत्त्व देते हैं। उन्हें अपने समर्थ होने और भगवान् होने पर उतना विश्वास नहीं है जितना रामभक्त होने पर। मनुष्य जब मात्र अपने सहारे पर खड़ा होता है तो कभी-न-कभी गिरने की सम्भावना बन सकती है, लेकिन जब वह परमात्मा का सहारा पा जाता है तो अडिग चट्टान बन जाता है। बच्चा अकेले चले तो गिर सकता है, पर वह माँ की गोद में हो तो परम सुरक्षित बन जाता है। भगवान् शिव भी परम सुरक्षित बन गये हैं, क्योंकि उन्होंने अपनी शक्ति को श्रीराम की शक्ति में लय कर दिया है।

सुनि नभगिरा सती उर सोचा।
पूछा सिवहि समेत सकोचा॥

—इस आकाशवाणी को सुनकर सती के मन में चिन्ता हुई। उन्होंने सकुचाते हुए शिवजी से पूछा।

अपने जिस संकल्प को शिवजी छुपाकर रखना चाहते थे, देवताओं ने उसे

डंका बजाकर जग-विख्यात कर दिया। सती चिन्तित हो उठीं। वह देख रही थीं कि मार्ग में चलते हुए शिव बहुत विचारमग्न हैं। लेकिन उन्हें पता नहीं था कि शिव के हृदय में क्या है। देवताओं की जय-जयकार ने उन्हें व्याकुल कर दिया। वे अब और अधिक मौन नहीं रह सकीं।

कीन्ह कवन पन कहहु कृपाला।
सत्यधाम प्रभु दीनदयाला॥

—हे कृपालु! कहिए, आपने कौन सी प्रतिज्ञा की है? हे प्रभो! आप सत्य के धाम और दीनदयालु हैं।

संस्कृत में एक सूक्ति है—अर्थी दोषो न पश्यति—जिसे किसी चीज की चाह होती है वह हर हालत में बिना दोष का विचार किये उसे पाना चाहता है। सती की स्थिति ऐसी ही है। वह शिवजी से उनकी प्रतिज्ञा का तत्त्व जानना चाहती हैं, अतः वह शिवजी को उनके उन गुणों का स्मरण कराती हैं जो यहाँ उपयोगी हैं।

वह शिवजी को 'सत्य का धाम' कहती हैं। तात्पर्य यह है कि सत्य के घर भगवान् शिव झूठ बोलकर उनसे कुछ छुपायेंगे नहीं। लेकिन सत्यवादी मनुष्य अपने आपको बचाने के लिए मौन भी रह सकता है, प्रश्नकर्ता के प्रति उपेक्षा भी बरत सकता है। इसलिए सती कहती हैं कि तुम दीनदयालु हो। दुःखियों पर दया करके उनके सन्ताप को हर लेते हो। वह शिव को अप्रत्यक्ष रूप से बाध्य करना चाहती हैं कि वास्तविकता उन्हें बतायी जाय। सत्य बोलनेवाले शिव न तो असत्य बोलकर उन्हें भरमायें और दया करनेवाले शिव कठोर बनकर न तो उन्हें सत्य जानने से वंचित रखें।

देवताओं की जय-जयकार से शिव की समस्या और अधिक बढ़ गयी थी। वह सती को कुछ समझा-बुझाकर उसका समाधान कर सकते थे। किन्तु सती ने उन्हें 'सत्यधाम' और 'दीनदयालु' कहकर और संकट में डाल दिया। वे सती से साफ-साफ कह भी नहीं सकते थे कि इन गुणों से उनका कुछ लेना-देना नहीं है। वह यह भी नहीं कह सकते थे कि उनकी प्रतिज्ञा के पीछे वास्तविक भाव क्या है।

जदपि सतीं पूछा बहु भाँती।
तदपि न कहेउ त्रिपुर आराती॥

—यद्यपि सती ने बहुत प्रकार से पूछा, परन्तु त्रिपुरारि शिवजी ने कुछ नहीं कहा।

सती का अनेक प्रकार से पूछना मर्यादा का हनन था। अपने से बड़ों से

स्वार्थवश बार-बार किसी चीज का आग्रह नहीं करना चाहिए। यह मानकर चलना चाहिए कि यदि बताने योग्य होगा तो वे स्वयं बतायेंगे। सती इस मर्यादा को कायम रखने योग्य संयम अपने भीतर नहीं ला सकीं। लेकिन भगवान् शिव के अन्दर अपार संयम था। उन्होंने बार-बार और बहु प्रकार से पूछने पर भी सती को कुछ नहीं बताया। सती ने बड़े सन्तापपूर्ण हृदय से यह अनुभव किया कि शिवजी जीवन में पहली बार कुछ छिपा रहे हैं। इस आन्तरिक विश्वास को तोड़ने में अपराध सती का था, शिव का नहीं, इसलिए सती को आत्मदाह करके अपने विनाश के द्वारा उसकी कीमत चुकानी पड़ी।

सर्वनाश

छूटउ बेगि देह यह मोरी

विश्वास आत्मीय सम्बन्ध का आधार होता है। जब इसमें दरार आ जाती है तो जीवन में सूनापन आ जाता है। साथ रहते हुए भी मनुष्य अकेला हो जाता है। वाणी भले ही बोले, हृदय एकदम मौन हो जाता है। शिव और सती की स्थिति ऐसी ही हो गयी है।

सती बार-बार अनेक प्रकार से पूछकर शिव से उनके मन में चल रही उथल-पुथल को समझना चाहती हैं, लेकिन शिव अपने मुख से सती को कोई चोट नहीं पहुँचाना चाहते। शिव का मौन सती के लिए बहुत भारी बन गया है।

सतीं हृदयँ अनुमान किय सबु जानेउ सर्बग्य।
कीन्ह कपटु मैं संभु सन नारि सहज जड़ अग्य॥

—सती ने हृदय में अनुमान किया कि सर्वज्ञ शिवजी सब जान गये। मैंने शिवजी से कपट किया। स्त्री स्वभाव से ही मूर्ख और बेसमझ होती है।

बहुत सोच-विचार करने के बाद सती इसी निष्कर्ष पर पहुँचीं कि भगवान् शिव सबकुछ जान गये हैं। उनका मौन उनकी सर्वज्ञता का प्रतीक है। यह उनकी करुणा है कि वे सीधे मुझसे मेरे अपराधों को नहीं कह रहे हैं।

सती अब अच्छी तरह से यह समझ गयी हैं कि उन्होंने जो कपट किया था, उसीके फलस्वरूप उन्हें शिव की उपेक्षा सहनी पड़ रही है। अपने कर्मों को शिवजी से छुपाकर उन्होंने जो चालाकी की वही उनकी सबसे बड़ी मूर्खता थी। परमात्मा से कपट करने का प्रयत्न सदैव निष्फल होता है। कपटी मनुष्य प्रभु के निकट रहकर भी प्रभु का नहीं बन पाता है।

समय के चूक जाने पर सती अनुभव कर रही हैं कि वह मूर्ख और बेसमझ

हैं। शुरू में उन्होंने सोचा था कि वह बहुत चतुर और समझदार हैं। अपनी चतुराई और समझ के कारण ही वह राम की परीक्षा लेने गयी थीं। अब वे अपनी गलतियों को समझ रही हैं। लेकिन अब तो बहुत विलम्ब हो चुका है। गलतियों के सुधार का मार्ग बचा ही नहीं है।

जलु पय सरिस बिकाइ देखहु प्रीति कि रीति भलि।
बिलग होइ रसु जाइ कपट खटाई परत पुनि॥

—प्रीति की सुन्दर रीति देखिए कि जल भी दूध के समान भाव बिकता है, परन्तु फिर कपट रूपी खटाई पड़ते ही पानी अलग हो जाता है और स्वाद जाता रहता है।

प्रेम के महत्त्व को समझने के लिए यह बड़ा प्यारा कथन है। अच्छे व्यक्तियों से प्रेम करने पर बुरा भी अच्छा बन जाता है। इसीलिए सत्संगति के लिए बार-बार आग्रह किया जाता है। चैतन्य महाप्रभु को छूकर जगाई-मधाई जैसे राक्षस देवता बन गये। वे दोनों भाई निरन्तर शराब और स्त्री के शारीरिक सुख में डूबे रहते थे। अपने प्रिय शिष्य नित्यानन्द की करुण याचना पर चैतन्य महाप्रभु ने उन दोनों राक्षसों का जीवन एकदम बदल दिया। वे दोनों परम भक्त बन गये। चैतन्य की अन्तरंग भक्त मण्डली में उनका नाम अमर हो गया।

महान् क्रान्तिकारी मदनलाल ढींगरा लन्दन में पढ़ते हुए बड़ी विलासिता का जीवन जी रहे थे; लेकिन क्रान्तिकारियों के सम्पर्क में आकर वे एकदम बदल गये। उन्होंने लन्दन में रह रहे भारतीय छात्रों को परेशान करनेवाले कर्जन वायली का वध किया था।

अच्छे लोगों की संगति सदा शुभ होती है। जैसे पानी दूध से मिल करके दूध बन जाता है, उसी तरह साधारण मनुष्य महान् व्यक्तियों के साथ मिलकर महान् बन जाता है। इसीलिए शास्त्र कहते हैं कि परमात्मा से प्रेम करना चाहिए। परमात्मा समस्त श्रेष्ठताओं का स्रोत है, अत: उसके निकट जाकर श्रेष्ठता के सर्वोच्च शिखर को प्राप्त किया जा सकता है।

सती जब शिव से प्रेम कर रही थीं तो श्रेष्ठता के सर्वोच्च शिखर पर थीं, पर जैसे ही उन्होंने अपने जीवन में कपट को स्थान दिया वैसे ही वे अपने उच्चासन से गिर गयीं। उनकी स्थिति वैसी ही हो गयी जैसी दूध में खटाई पड़ जाने पर पानी की होती है। खटाई पड़ते ही दूध पानी से अलग हो जाता है। पानी का सारा गौरव नष्ट हो जाता है। इतना ही नहीं, दूध और पानी दोनों का स्वाद भी जाता रहता है।

कपट भी खटाई की तरह जीवन को नष्ट करता है। प्रेम का दूध फट जाता है

और उसका स्वाद भी समाप्त हो जाता है। कपट के कारण प्रेम की मधुरता नष्ट हो जाती है, जैसे दूध फट जाता है उसी तरह सम्बन्धों में दरार पड़ जाती है।

मानव मन में यदि एक बार दरार पड़ जाये तो फिर उसका दाग मिटता नहीं है। इसीलिए कहा जाता है कि प्रेम को सदा कपट से दूर रखना चाहिए। कपट विश्वासहीनता को बढ़ाता है; जबकि प्रेम विश्वास को पनपाता है। प्रेम जीवन को मधुर और समरस बनाता है; जबकि कपट उसमें कड़वाहट और विक्षोभ लाता है।

दुष्ट व्यक्ति कपटपूर्ण आचरण करके आनन्दित होता है। वह दूसरे को ठगकर अपने आपको बड़ा चतुर समझता है। लेकिन यदि सज्जन व्यक्ति से कभी कपट का आचरण हो जाये तो वह बहुत व्यथित हो जाता है। उसका हृदय पछतावे की आग में जलने लगता है। सती की स्थिति ऐसी ही है।

हृदयँ सोचु समुझत निज करनी।
चिंता अमित जाइ नहिं बरनी॥

—अपनी करनी को याद करके सती के हृदय में इतना सोच है और इतनी अपार चिन्ता है कि जिसका वर्णन नहीं किया जा सकता।

अच्छे व्यक्ति से जब कोई अपराध बन पड़ता है तो वह बहुत छटपटाता है। उसके हृदय में चिन्ता व्याप्त हो जाती है। यह विचारणीय है कि अच्छे लोग यदि किसी कारणवश दूसरे को दुःख पहुँचा देते हैं तो स्वयं क्यों दुःखी हो जाते हैं? जबकि दुष्ट मनुष्य दुःख पहुँचाकर आनन्दित होता है।

सज्जन व्यक्ति अनुभव करता है कि वह इस सृष्टि से जुड़ा हुआ है। संसार के कण-कण से उसका प्रेम और आत्मीयता का रिश्ता है। वह यह भी जानता है कि मनुष्य जीवन का आनन्द परपीड़न में नहीं, परहित में है। अतः सज्जन पुरुष दूसरे को सुख पहुँचाकर अपने को सुखी अनुभव करता है। दूसरे को दुःख देकर वह स्वयं दुःखी हो उठता है। आत्मा के स्वरूप का विस्तार ही व्यक्ति को सज्जन बनाता है। दुष्ट व्यक्ति की आत्मा संकुचित हो जाती है। इसीलिए दुष्ट व्यक्ति के व्यवहार में छोटापन होता है।

सती का श्रेष्ठ चरित्र उन्हें बार-बार अपने कपट के लिए कोस रहा है। शिव और राम दोनों के प्रति उन्होंने जो अपराध किया, उसके दंश को वह अपने हृदय से नहीं निकाल पा रही हैं।

कृपासिंधु सिव परम अगाधा।
प्रगट न कहेउ मोर अपराधा॥

—शिवजी कृपा के अथाह सागर हैं। इससे प्रकट में उन्होंने मेरा अपराध नहीं कहा।

व्यक्ति का बड़प्पन संकट के समय ही कसौटी पर कसा जाता है। अपराध हो जाने पर ही कृपा का मोल आँका जा सकता है। पतन के समय ही क्षमाशीलता की परख होती है। कोई अपने को बार-बार कह सकता है कि वह बड़ा दानी है; लेकिन यदि संकट का मारा कोई याचक उसके पास पहुँचे और वह द्वार को बन्द कर ले तो उसके दान की कोई कीमत नहीं है। आप किसीको कितना ही प्यार करने का प्रदर्शन करें, लेकिन यदि प्रिय से अपराध हो जाये और आप उसे कृपापूर्वक क्षमा न कर दें तो प्यार का कोई मोल ही नहीं होगा।

अब सती समझ रही हैं कि शिवजी उन्हें कितना प्यार करते हैं और कितनी कृपा से भरपूर हैं। वे जानते हैं कि मैंने अपराध किया है, लेकिन उसे मेरे मुख पर कहकर मुझे दुःखी नहीं करना चाहते। प्रेम और कृपा की प्रतिमूर्ति शिवजी ने सती के अपराधों का बोझ अपने ऊपर ले लिया है। अगर शिवजी सती से साफ-साफ कह देते कि तुमने अपराध किया है और मैं तुमसे रुष्ट हूँ तो शिव और सती दोनों हलके हो जाते। लेकिन शिव अपनी वाणी से अपनी प्रिया को क्षुब्ध नहीं करना चाहते। जिससे जीवन भर मधुर सम्भाषण किया, उसके प्रति कठोर नहीं होना चाहते। यह महान् कृपापूर्ण स्वभाव से ही सम्भव है। साधारण मनुष्य इतना सहज नहीं हो सकता।

संकर रुख अवलोकि भवानी।
प्रभु मोहि तजेउ हृदयँ अकुलानी॥

—शिवजी का रुख देखकर सती ने जान लिया कि स्वामी ने मेरा त्याग कर दिया और वे हृदय में व्याकुल हो उठीं।

जिसने सदा हृदय की गहराइयों से प्यार किया हो, यदि वह त्याग दे तो यह जीवन का सबसे बड़ा अभिशाप है। सती इसीलिए व्याकुल हो रही हैं। उन्होंने जीवन भर शिव का प्यार पाया था, उनके साथ हँसते-बोलते जीवन के अनमोल क्षण जिये थे, सुख-दुःख में उनके साथ रहकर जीवन को धन्य बनाया था; लेकिन आज सबकुछ बिखर गया है। शिव साथ रहेंगे, लेकिन जीवन में सूनापन रहेगा। बाँसुरी तो बजेगी, लेकिन उसकी स्वर लहरी मौन हो जायेगी। शरीर एक ही आँगन में डोलेंगे, लेकिन मन अजनबी हो जायेंगे। आँखें नित्य मिलेंगी, लेकिन उनमें परिचय की कोई झलक नहीं होगी। मलयानिल के झोंके घर में तो आयेंगे, लेकिन

जीवन निर्वात हो जायेगा। सती को यही पीड़ा मथ रही है।

विछोह का अकेलापन व्यक्ति सह सकता है। कलेण्डर की तिथियों को काटते-काटते समय को काटा जा सकता है, दिन को गिन-गिनकर बिताया जा सकता है; लेकिन साथ रहकर अपरिचित भाव से रहा जाये, यह दारुण दुःख है। इसे झेल पाना संवेदनशील मनुष्य के लिए अत्यन्त भयावह है।

विछोह की एक और विशेषता है। इसमें प्रेम उद्दाम बनता है। प्रिय को पाने के लिए हृदय ज्यादा उल्लसित-आनन्दित होता है। किन्तु शरीर साथ रहकर मन का विछोह प्रेमपूर्ण हृदय को पाषाण बना देता है। सती यही सोचकर आकुल हैं कि अब वे शिव के साथ रहेंगी कैसे? उनके दिन कटेंगे कैसे?

निज अघ समुझि न कछु कहि जाई।
तपइ अवाँ इव उर अधिकाई॥

—सती से अपना पाप समझकर कुछ कहते नहीं बनता है; परन्तु हृदय कुम्हार के आवेँ की तरह अत्यन्त जलने लगा है।

सती की पीड़ा कितनी दारुण है। वह अपने अपराधों को शिव के सामने कह भी नहीं पा रही हैं, क्योंकि शिवजी कुछ पूछ ही नहीं रहे हैं। वह तो नितान्त मौन हैं। वह अपनी किसी भाव-भंगिमा से यह बताना नहीं चाहते हैं कि उन्होंने सती का पत्नी के रूप में त्याग कर दिया है। उनका कोई भी व्यवहार उनके मन की बात न कह दे, इसके लिए शिव अत्यन्त सजग हैं। इसीलिए परम मौन हैं। सती इस मौन को तोड़ पाने में सक्षम नहीं हैं। वे अपनी ओर से कुछ कहने के लिए पहल नहीं कर पा रही हैं। शिव का मौन उन्हें बाँधे हुए है। पाप का प्रक्षालन करने का उनका मन तो है, लेकिन वे अपने मन को खोलें कैसे? शिव तो अपने मन को एकदम बन्द किये बैठे हैं। इसी मानसिक विषाद के कारण उनका हृदय जल रहा है।

सज्जन पुरुष अपराध करता है तो चाहता है कि उसे दण्ड दिया जाय या क्षमा कर दिया जाय। दण्ड और क्षमा दोनों से वंचित होने पर वह अपने आपको और अपराधी अनुभव करता है। सती को ऐसा ही मानसिक अनुताप हो रहा है। शिव उन्हें दण्ड दे देते तो वह प्रसन्न हो जातीं, उन्हें क्षमा कर देते तो उनके चरणों में लोट जातीं; किन्तु शिव दण्ड और क्षमा दोनों से ऊपर उठ गये हैं।

सतिहि ससोच जानि बृषकेतू।
कहीं कथा सुंदर सुख हेतू॥

—शिवजी ने सती को चिन्तायुक्त जानकर उन्हें सुख देने के लिए सुन्दर कथाएँ कहीं।

शिव मौन हैं, पर सती के प्रति बेखबर या लापरवाह नहीं हैं। वह सती की पीड़ा को समझ रहे हैं। लेकिन उस पीड़ा को दूर करने का कोई उपाय उनके पास नहीं है। अत: इस प्रसंग को दोहराकर शिव अपने और सती दोनों के दु:ख को बढ़ाना नहीं चाहते हैं।

शिव सती को दु:ख में डूबी भी नहीं देखना चाहते हैं। अत: उनके मन को सुखी करने के लिए सुन्दर कथाएँ सुनाना आरम्भ कर देते हैं। मन को किसी संवेदनशील स्थिति से दूर ले जाने के लिए यह बहुत सुन्दर उपाय है।

स्वामी विवेकानन्द अपने अन्तिम दिनों में काली माँ और रामकृष्ण परमहंस की चर्चा चलने पर भावविभोर हो उठते थे। उनके गुरुभाई लोग ऐसी स्थिति में उनका मन सांसारिकता की ओर खींचते थे। उनसे पूछते थे—अमेरिका कैसा है? यूरोप कैसा है? वहाँ के लोग कैसे हैं? फिर स्वामीजी अपनी भावभूमि को छोड़कर संसार में लौट आते थे। उनके गुरुभाई ऐसा इसलिए करते थे कि विवेकानन्द जब आध्यात्मिक भाव में डूब जायेंगे तो उनके शरीर का पतन हो जायेगा; वह देह त्याग देंगे।

हम अपने व्यावहारिक जीवन में भी इस टेक्नीक का इस्तेमाल करते हैं। मॉरीशस में एक तीर्थस्थल गंगा तालाब है। सारा हिन्दू समाज महाशिवरात्रि के पर्व पर वहाँ जल लेने जाता है। उसी जल से वह अपने गाँव के मन्दिर में शिवजी का अभिषेक करता है। हजारों लोग पैदल चलकर जल लेने जाते हैं। यह तीर्थस्थल हमारे घर से पच्चीस किलोमीटर दूर है। हम पति-पत्नी पैदल जाते हैं। बीच मे जब मेरी पत्नी थकने लगती हैं तो मैं इसी टेक्नीक का प्रयोग करता हूँ। उनसे विदेश यात्रा की बातें करता हूँ। बच्चों के बारे में बातें करता हूँ। उनके माता-पिता के बारे में बातें करता हूँ। जो कुछ भी उन्हें प्रिय है, उसकी चर्चा छेड़ देता हूँ। इस तरह वह पैदल चलने का दु:ख भूल जाती हैं और हम तीर्थस्थान तक आराम से पहुँच जाते हैं।

पीड़ा के कारण-रूप स्थान से मन को हटा देने से मन दु:ख को भूल जाता है। वह नये सूत्र को पकड़कर नये संसार को रच लेता है। आकाशवाणी होने के बाद सती अनेक दुश्चिन्ताओं में फँस गयी थीं। उनका मन शान्ति खो बैठा था। शिव के मौन ने उन्हें और चिन्तित कर रखा था। ऐसे समय में यदि भगवान् शिव उन्हें कथाएँ सुनाकर न सँभालते तो वह और तनावपूर्ण हो जातीं।

इस प्रसंग से यह भी पता चलता है कि मन एक बच्चे की तरह है। उसके

हाथ में नया खिलौना दे दो तो वह पुराने खिलौने को भूल जाता है। मन को साधने के लिए योगी लोग इसीलिए उसे प्रभु पर टिकाते हैं। प्रभु सुखमूल हैं। उन्हें पाकर मन परम सुख को प्राप्त कर लेता है।

यहाँ एक और बात ध्यान देने योग्य है। भगवान् शिव सती को प्रसन्न देखना चाहते हैं। उनसे जो अपराध हुआ है उसीको वह याद करती रहेंगी तो जीवन नकारात्मकता से भर उठेगा। बुरे विचार उनके ऊपर प्रभावी हो जायेंगे। शिव उन्हें तनाव और संत्रास की स्थिति से बाहर खींचकर आनन्द और सुख के भाव में लाना चाहते हैं। इसका सबसे सरल उपाय उन्होंने कथा-वार्त्ता के रूप में खोजा। श्रेष्ठ पुरुषों की जीवनियाँ और उच्च आदर्शों से प्रेरित कथाएँ मनुष्य को ऊपर उठाती हैं, उसके संकल्प को सुदृढ़ करती हैं। संसार के दुःख के मारे व्यक्ति को पुराणों की कहानियाँ इसीलिए अच्छी लगती हैं, क्योंकि उन्हें सुनकर वह अपना दुःख भूल जाता है।

बरनत पंथ बिबिध इतिहासा।
बिस्वनाथ पहुँचे कैलासा॥

—इस प्रकार मार्ग में विविध प्रकार के इतिहासों को कहते हुए विश्वनाथ कैलास जा पहुँचे।

शिव के धैर्य और प्रेम दोनों वन्दनीय हैं। वह पूरे मार्ग भर सती को कथा सुनाते रहे। औपचारिकतावश उन्होंने एक-दो कथा सुनाकर अपने कर्तव्य का अन्त नहीं कर लिया। वह धैर्यपूर्वक कैलास पहुँचने तक उन्हें कथा सुनाते रहे। सती का मन शान्त करने के लिए शिवजी ने पूरा प्रयत्न किया।

इतिहास कथा सुनाने से एक फायदा यह भी हुआ कि सती का मन दूसरे स्थान पर टिक जाने से वह दुबारा शिव से नहीं पूछ सकीं कि आकाशवाणी आखिर हुई क्यों? अगर वह इस तरह का कोई सवाल पूछतीं तो शिव को और कठिनाई होती। अतः इतिहास-कथा ने शिव और सती दोनों को अनावश्यक संकोच से बचा लिया।

शिव का प्रेम बड़ा प्रेरणास्पद है। वह कैलास आने तक कथा सुनाते हुए न ऊबते हैं, न थकते हैं। प्रेमभाव से अपनी प्रिया का मन बहलाते रहते हैं। यह देखने में आसान लगता है, लेकिन आसान कार्य नहीं है। हम घण्टे-दो घण्टे में ही ऊब जाते हैं। शिव ने तो पूरी यात्रा तक अपनी कथा जारी रखी। यह प्रगाढ़ आन्तरिक प्रेम और करुणा के बिना सम्भव नहीं हो सकता।

तहँ पुनि संभु समुझि पन आपन।
बैठे बट तर करि कमलासन॥

—वहाँ फिर शिवजी अपनी प्रतिज्ञा को याद करके वटवृक्ष के नीचे पद्मासन लगाकर बैठ गये।

शिवजी का रास्ता तो कथा-वार्त्ता में कट गया। अब वे घर में आ गये। घर में पत्नी से बात किये बगैर काम चल ही नहीं सकता। दो प्राणी घर में मौन कैसे बैठेंगे? अगर दिन-रात मौन बैठेंगे तो भला पागल नहीं हो जायेंगे! समस्या यह भी थी कि यदि शिवजी उनसे बात करते और कह देते कि मैं तुम्हें पत्नी के रूप में छू नहीं सकता तो सती बहुत अपमानित अनुभव करतीं। वह अपने आपको समाप्त करने का प्रयत्न भी कर सकती थीं।

इस कठिन समस्या से बच निकलने का एक ही रास्ता था—शिवजी योग धारण कर लें। शिवजी योगी हैं। वे अनेक बार ध्यान में जा चुके थे। वर्षों समाधि में रहकर वे साधना करते रहे हैं। उन्हें 'योगिराज' कहा जाता है। अत: शिव ने यही विचार किया कि बाहरी जगत् से अपने को अलग कर लिया जाय। वे अपने प्रण का विचार करके तुरन्त निर्णय ले बैठे। सती से दूर रहने का सबसे सम्मानजनक यही उपाय था। उन्होंने वटवृक्ष के नीचे उन्मुक्त वायु में पद्मासन लगा लिया। ध्यान के लिए यही सबसे उत्तम उपाय है। अगस्त्य ऋषि के आश्रम में उन्होंने अपने आराध्य राम को कथाओं में पाया था, अब ध्यान के माध्यम से कैलास पर्वत पर उन्हें समाधि में पाने जा रहे हैं।

संकर सहज सरूपु सम्हारा।
लागि समाधि अखंड अपारा॥

—शिवजी ने अपना स्वाभाविक स्वरूप सँभाला। उनकी अखण्ड और अपार समाधि लग गयी।

शंकरजी ने अपना सहज स्वरूप सँभाल लिया। संसार में रहते हुए मनुष्य अपने सहज स्वरूप को ही सबसे पहले भूलता है। आखिर सहज स्वरूप क्या है? हमारा सहज स्वरूप है आत्मा में स्थित होना। जब ईश्वर के अतिरिक्त संसार की किसी और वस्तु पर आसक्ति नहीं रह जाती है तब मनुष्य सहज स्वरूप को प्राप्त करता है। आसक्तिहीन होने का यह अर्थ नहीं है कि मनुष्य संसार छोड़कर कहीं गुफा या वन में भाग जाये। इसका अर्थ इतना ही है कि जगत् में रहो। जगत् का आनन्द भी लो, लेकिन जगत् के साथ चिपक मत जाओ। अपने आपको संसार से

इतना मत जोड़ो कि संसार छूटे तो तुम भी खण्ड-खण्ड हो जाओ। जब संसार तुम्हारे लिए विकल नहीं है तो तुम संसार के लिए क्यों विकल होते हो?

रामकृष्ण परमहंस संसार में जीने के भाव के बारे में कहा करते थे कि जैसे हाथ में तेल लगाकर कटहल काटने से उसका रस हमारे हाथ में नहीं चिपकता है उसी तरह मनुष्य को भी चाहिए कि वह सबसे पहले आत्मरूप को जानकर, परमात्मा का तेल लगाकर तब संसार का व्यवहार करे। वह यह भी कहते थे कि जैसे घर की नौकरानी काम के समय में मालिक के बेटे को बेटा-बेटा कहती है, उसके रोने पर व्यग्र हो उठती है, किन्तु काम का समय खत्म होने पर वह मालिक के बेटे को एकदम भूल जाती है उसी तरह हमें संसार में रहना चाहिए। कभी सम्पूर्ण रूप से संसार पर आसक्ति नहीं लानी चाहिए। यह आसक्ति ही सच्चे स्वरूप का विस्मरण कराती है।

योग संसार भाव को नष्ट करने का सबसे उत्तम साधन है। यह मनुष्य को उसके सहज स्वरूप का दर्शन कराता है। योग साधना में हम ओंकार की ध्वनि करते हैं। ओ३म् नाद के रूप में ब्रह्म का स्वरूप है। इसकी ध्वनि योग के समय जब हमारे मन-प्राण में गूँजती है तो हमारे भीतर के संसार को वह बाहर फेंककर अन्तस्तल में परमात्मा की प्रतिष्ठा करती है। ध्यान में जब बार-बार हम दोहराते हैं कि मैं ब्रह्म हूँ, मैं आत्मा हूँ, मैं शरीर नहीं हूँ, तो अपने इसी सहज स्वरूप की स्मृति हम करते हैं।

हमें ध्यान रखना चाहिए कि हमारा सहज स्वरूप कहीं बाहर नहीं है। वह हमारे भीतर ही समाया हुआ है, लेकिन वह सांसारिक कामनाओं-वासनाओं और मन के संकल्पों-विकल्पों से घिरा हुआ है। इसी आवरण को हटाना ही ध्यान है। यह आवरण जब हट जाये तो आत्मा का सहज स्वरूप अपने आप प्रकाशित हो उठता है। जैसे खिड़की खोलते ही हवा अपने आप अन्दर आ जाती है, जैसे फूल खिलते ही सुगन्ध अपने आप बिखरती है, उसी तरह आवरण हटते ही आत्मा का स्वरूप स्वतः प्रकट हो जाता है।

सहज स्वरूप प्राप्त कर लेने पर मन भगवान् की ओर भागता है। मन के टिकने के दो ही आधार हैं—संसार और परमात्मा। दोनों में टिककर उसे सुख मिलता है। संसार में रहकर उसे इन्द्रियों को नश्वर सुख मिलता है; यह ज्यादा स्थूल, सतही और उत्तेजक होता है। अतः मन इससे चिपके रहना चाहता है। पर योगी मन को संसार के नश्वर सुख से खींचकर अनश्वर और अमृतमय सुख की ओर ले जाना चाहते हैं। यह सुख ज्यादा सूक्ष्म, गहरा और शान्त होता है। इस सुख

को एक बार पा लेने के बाद फिर मन नश्वर सांसारिक सुख की ओर नहीं लौटना चाहता है। वह परमात्मा के अमृत रस को छकने में ही आनन्द लेता है।

शिव अपना सहज स्वरूप सँभालते ही समाधि में डूब गये। उन्हें अपार अखण्ड समाधि लग गयी। समाधि में संसार लुप्त हो जाता है। संसार का बोध करानेवाला समय लुप्त हो जाता है। योगी ब्रह्म में स्थिर होकर बैठ जाता है।

अखण्ड समाधि सबसे ऊँची समाधि है। यह समस्त संकल्पों-विकल्पों से परे होती है। यह टूटती नहीं है। मन एकरस होकर आत्मा में स्थिर हो जाता है। आत्मा परमात्मा में स्थिर होकर स्वयं प्रकाश रूप हो जाती है। ऐसे समय में अमृत की वर्षा होती है। संसार के सारे दुःख नष्ट हो जाते हैं। मनुष्य अमरत्व को प्राप्त कर लेता है। आत्मा और परमात्मा में अभेद की स्थिति आ जाती है। यह समाधि जल्दी नहीं टूटती।

सती बसहिं कैलास तब अधिक सोचु मन माहिं।
मरमु न कोऊ जान कछु जुग सम दिवस सिराहिं॥

—तब सती कैलास पर रहने लगीं। उनके मन में बड़ा दुःख था। इस रहस्य को कोई कुछ भी नहीं जानता था। उनका एक-एक दिन युग के समान बीत रहा था।

सती जितना दुःख भला किसको होगा। उन्होंने अपने मोह के कारण कपट व्यवहार करके शिव और राम दोनों को खो दिया था। स्त्री परमात्मा को खोकर तो जी सकती है, लेकिन पति को खोकर जीना बड़ा कठिन होता है। पति पत्नी के जीवन व्यापार का केन्द्र होता है। उसके घर रूपी उपवन में पति ही कामनाओं का फूल खिलाता है, नाना प्रकार के मनोभावों से जीवन को सुगन्धित करता है। यदि पति बिछुड़ जाये तो पत्नी नितान्त अकेली हो जाती है। उसके जीवन-वसन्त में पतझड़ आ जाता है। सती ऐसे ही पतझड़ में जी रही थीं।

उनके दुःख को कोई जानता नहीं है। यह एक ऐसा दुःख है जिसे वह जाकर किसीसे बाँट भी नहीं सकतीं। भला कौन स्त्री पति-परित्याग की बात लोगों को बतायेगी। उसके हृदय के तो टुकड़े हो ही चुके हैं, अब वह और क्यों अपने हृदय को चकनाचूर करेगी। कुछ पीड़ाएँ ऐसी होती हैं, जो छिपाकर रखी जाती हैं। सती की पीड़ा ऐसी ही है। इसे किसीके साथ बाँटा नहीं जा सकता है। इसे उन्हें अकेले ही सहन करना है। इसीलिए एक-एक दिन उनके लिए युग की तरह बीत रहा है।

यह संसार बड़ा सापेक्ष है। यहाँ निरपेक्ष कुछ भी नहीं है। हर सुख दुःख से जुड़ा है और हर दुःख सुख से जुड़ा है। इतना ही नहीं, जन्म भी मृत्यु से जुड़ा है।

इस सापेक्ष जगत् में मनुष्य अपने भाव के अनुसार सबकुछ देखता है। वह दुःखी होता है तो उसके लिए समय लम्बा हो जाता है। वह सुखी होता है तो समय क्षण मात्र में बीत जाता है। जब हम बीमार होते हैं तो रात बहुत लम्बी हो जाती है। जब हम सुखोपभोग में होते हैं तो रात छोटी होती है। रात के घण्टे-मिनट कम नहीं होते। मात्र हमारी धारणा ही बदल जाती है।

कितनी दुःखद स्थिति है। जिस सती के जीवन में शिव का साथ होने पर युग क्षण जैसा बीतता था, उसी सती के लिए शिव के अभाव में क्षण युग जैसा बीत रहा है। मनुष्य की मनःस्थिति समय के संज्ञान में कितना अन्तर ला देती है। इसीलिए कहा जाता है कि मनुष्य अपना संसार अपने संवेगों-आवेगों से, अपने संकल्पों-विकल्पों से निर्मित करता है।

नित नव सोचु सती उर भारा।
कब जैहउँ दुख सागर पारा॥

—सती के हृदय में नित्य नया और भारी सोच हो रहा था कि मैं इस दुःख समुद्र के पार कब जाऊँगी।

उद्विग्नता मन में नित्य नयी चिन्ता पैदा करती है। इससे दुःख का बोझ बढ़ता जाता है। सती शिव की समाधि के बाद और दुखियारी हो गयी हैं। शिव ने तो समाधि में जाकर अपनी रक्षा कर ली। उन्होंने अपने को परमात्मा से जोड़कर संसार के प्रपंच से काट दिया। पर सती तो प्रपंच में बुरी तरह फँसी हुई हैं। वह इस दुःख के सागर से पार जाना चाहती हैं, लेकिन उन्हें कोई मार्ग नहीं मिल रहा है। उनका दुःख तो नित्य बढ़ता जा रहा है। उन्हें यह बात खाये जा रही है कि उनके कारण ही शिव समाधि में डूबे हैं। उनका यह सोचना स्वाभाविक भी है। शिव की समाधि सती के लिए नयी नहीं है; लेकिन पिछली समाधियाँ आज जैसी नहीं रही होंगी। उन समाधियों में जाने के समय शिव ने सती को विश्वास में लिया होगा। उनकी सुख-सुविधा का प्रबन्ध करके समाधि में गये होंगे। लेकिन यह समाधि तो एकदम अनुत्सवी है। इसमें शिव भले ही आनन्द ले रहे हों, लेकिन सती तो सन्तापवती हो गयी हैं। जब-जब वह शिव को वटवृक्ष के नीचे समाधि में देखती हैं, उनकी उद्विग्नता, पीड़ा और बढ़ जाती है। वास्तव में शिव की समाधि सती के हृदय में शाश्वत दंश बनकर चुभ रही है।

मैं जो कीन्ह रघुपति अपमाना।
पुनि पतिबचनु मृषा करि जाना॥

—मैंने जो श्रीराम का अपमान किया और फिर पति के वचनों को झूठ जाना।

बार-बार ये दोनों अपराध सती के मन को मथ रहे हैं। स्वच्छ चरित्र का अपराधी व्यक्ति बार-बार अपने अपराधों को स्मरण कर अनुतप्त होता है। सती ऐसी ही मानसिकता की शिकार हो गयी हैं। उन्हें बार-बार लग रहा है कि उनके द्वारा राम का अपमान हुआ और उन्होंने अपने परम कल्याणकारी पति के वचनों को झूठा माना। वे सोच रही हैं कि परमात्मा और पति दोनों से परित्यक्त हो जाने पर भला उन्हें कौन बचा सकेगा!

सो फलु मोहि बिधाताँ दीन्हा।
जो कछु उचित रहा सोइ कीन्हा॥

—उसका फल विधाता ने मुझे दिया। जो उचित था वही किया गया।

सती पीड़ा से व्याकुल अवश्य हैं, लेकिन मर्यादा से बाहर नहीं जा रही हैं। वह कहती हैं कि मैंने अपराध किया था और विधाता ने मुझे दण्ड दिया। जो मेरे लिए उचित था वही हुआ। यहाँ दो बातें समझने लायक हैं। पहली बात यह कि सती अपने अपराध को स्वीकार कर रही हैं और उसके लिए जो दण्ड मिल रहा है उसके हेतु विधाता को धन्यवाद दे रही हैं। प्राय: ऐसा होता है कि दण्ड पाने पर मनुष्य भगवान् को कोसता है। परन्तु सती श्रेष्ठ जीवन की मर्यादा को कायम रखती हैं। वह विधाता पर तनिक भी दोष नहीं लगाती हैं।

दूसरी बात यह कि वह यह नहीं कहती हैं कि समाधि में जाकर या मेरा तिरस्कार करके शिव मुझे दण्ड दे रहे हैं। शिव को एकदम से वह बचा लेती हैं। एक श्रेष्ठ पत्नी की तरह वह शिव का बचाव करती हैं। इतना ही नहीं, एक श्रेष्ठ भक्त की तरह वह राम का भी बचाव करती हैं। वह चाहतीं तो कह सकती थीं कि राम और शिव दोनों अपने अपमान का दण्ड मुझे दे रहे हैं। उन्होंने जगन्नियन्ता विधाता के खाते में सबकुछ डाल दिया। स्वयं को भी दण्ड सहने के लिए तैयार कर लिया। सती की दण्ड सहने की तैयारी ही उन्हें श्रेष्ठ बनाती है।

अब बिधि अस बूझिअ नहिं तोही।
संकर बिमुख जिआवसि मोही॥

—हे विधाता! अब तुझे यह उचित नहीं है, जो शंकर से विमुख होने पर भी मुझे जिला रहा है।

सती अपनी करनी पर पछता रही हैं। उन्हें राम और शिव दोनों के अपमान

करने पर अत्यधिक सन्ताप हो रहा है। लेकिन वह इस सन्ताप को और अधिक बढ़ाना नहीं चाहतीं। इसीलिए विधाता से पूछ रही हैं कि वह उन्हें जीवित क्यों रख रहा है।

शिवजी ने यदि समय सीमा के अन्तर्गत उन्हें कोई दण्ड दे दिया होता तो उन्हें उतनी चिन्ता नहीं होती। वह दो-चार वर्ष का दण्ड भोगकर फिर से शिव का प्रेम प्राप्त कर लेतीं। लेकिन यह दण्ड तो अनन्त लगता है। शिव का अखण्ड समाधि में बैठ जाना सती के लिए भारी दु:ख बन गया है। वह शिव से विमुख हो गयी हैं। जिस शिव का वह बराबर प्रेम पाती रही हैं उस शिव ने अपनी दृष्टि उनपर से हटा ली है। जो आँखें उन्हें प्रेम से देखती थीं वे आज बन्द हैं, जो हाथ उन्हें छूते थे वे आज संकुचित हैं।

सती विधाता से मृत्यु के लिए प्रार्थना कर रही हैं। जब परम प्रिय से तिरस्कार मिल जाये तो जीने का कोई अर्थ नहीं रह जाता है। श्रेष्ठ व्यक्ति प्रेम के सिंहासन से गिर जाने पर बहुत सन्तप्त होता है। सती अपने आपको पतित और उपेक्षित पा रही हैं।

कहि न जाइ कछु हृदय गलानी।
मन महुँ रामहि सुमिर सयानी॥

—सती के हृदय की ग्लानि कुछ कही नहीं जाती। बुद्धिमती सती ने मन में राम का स्मरण किया।

सती को बहुत ग्लानि हो रही है कि वे अपने अपराधों से छुटकारा नहीं पा रही हैं। शिव ने उन्हें क्षमा किये बिना ही समाधि ले ली। राम ने मिलने पर उन्हें प्रणाम किया, कोई डाँट-फटकार नहीं दी। शान्तभाव से सती को विदा कर दिया। यही सब उन्हें चुभ रहा था।

अब समाधि में बैठे शिव से तो बात करना सम्भव नहीं था। अत: वह राम की शरण में जाती हैं। बुद्धिमती सती राम का स्मरण करती हैं। राम का ही अपमान उन्होंने किया था, अत: क्षमा राम ही प्रदान कर सकते थे। अपराध जिसके प्रति हुआ हो, क्षमा देने का अधिकारी वही होता है। इस सत्य को विचारकर सती ने प्रभु को याद किया।

जौं प्रभु दीनदयालु कहावा।
आरति हरन बेद जसु गावा॥

—हे प्रभो! यदि आप दीनदयालु कहलाते हैं और वेदों ने आपका यश गाया है कि

आप दुःख को हरनेवाले हैं।

सती अपनी प्रार्थना पर पूर्णरूप से विश्वस्त नहीं हैं। अपने अपराधों के कारण वह सोच रही हैं कि पता नहीं प्रभु उनकी सुनेंगे या नहीं। जब अपराध भारी होता है तो विश्वास कमजोर पड़ जाता है। इसीलिए सती 'यदि' लगाकर भगवान् के गुणों का वर्णन करती हैं। वह कहती हैं कि यदि आप दीनदयालु हैं, यदि आपको वेदों ने दुःख हरनेवाला कहा है। यह 'यदि' आत्मविश्वास को कमजोर करता है, प्रार्थना की शक्ति को सतही बनाता है। सती को यदि अपनी भक्ति और प्रार्थना पर पूर्ण विश्वास होता तो वह 'यदि' नहीं लगातीं और सीधे कहतीं, 'हे प्रभु! तुम दीनदयालु हो, वेदों ने आपका यश गाया है कि आप दुःख को हरनेवाले हैं।' यह प्रार्थना ज्यादा प्रभावी होती। किन्तु अपने अपराधों के कारण सती विश्वास-पूर्वक प्रार्थना नहीं कर पा रही हैं। वे सोच रही हैं कि पता नहीं प्रभु उनकी सुनेंगे भी या नहीं।

सती दो बातों पर जोर दे रही हैं। सबसे पहले कहती हैं कि दीनदयालु हैं। परमात्मा अपने इसी गुण के लिए सभी धर्मों में विख्यात है। ईसा मसीह भी कहते हैं कि गरीब को सबसे पहले स्वर्ग मिलेगा। इसका कारण मात्र इतना ही है कि धनी को ईश्वर से अधिक संसार पर भरोसा होता है।

एक धनी माँ अपने बच्चे को समझा रही थी, "देखो बेटे! परमात्मा ने तुम्हें सबकुछ दिया है। किसी चीज की कमी नहीं है। तुम्हारे बहुत सारे मित्रों को तुम्हारे जैसा सुख प्राप्त नहीं है। अतः तुम नित्य परमात्मा की प्रार्थना किया करो कि हे प्रभो! तुमने बड़ी कृपा की है जो मुझे इतना कुछ दिया है।"

बच्चे ने चकित होकर माँ से कहा, "माँ, प्रार्थना क्यों करूँ? प्रार्थना तो उन्हें करनी चाहिए जिन्हें भगवान् ने कुछ दिया नहीं है। प्रार्थना करके शायद वे पा सकें। मेरे पास तो सबकुछ है, तो फिर भगवान् को मैं क्यों परेशान करूँ?"

संसार की सुख-सुविधाओं को पा लेने के कारण ही धनी व्यक्ति भगवान् को 'परेशान' नहीं करता है। गरीब के पास कुछ नहीं होता है। अतः वह भगवान् को तन्मयता से पुकारता है। धनी की पूजा में औपचारिकता होती है, दिखावा अधिक होता है। परमात्मा हृदय की गहरी पुकार को सुनता है।

निर्बल के बल राम होते हैं। सती प्रभु की इसी शक्ति का स्मरण कर रही हैं। वह अपने को अत्यन्त दीन और असहाय पा रही हैं, अतः दीनदयालु भगवान् को पुकार रही हैं।

सती परमात्मा के लिए दूसरा सम्बोधन यह करती हैं कि वे आरति हरण हैं।

वेदों ने उनके इस यश को बार-बार गाया है। इस सम्बोधन के पीछे एक गहरा भाव है। परमात्मा भले ही दीनदयालु हो, पर यदि वह दुःख दूर करने की शक्ति नहीं रखता तो मात्र दया से क्या होने वाला है? मान लीजिए कि कोई डॉक्टर आपसे फीस नहीं लेता है; लेकिन यदि वह रोग को अच्छा नहीं कर सकता है तो उसके पास आप समय नष्ट करने क्यों जायेंगे? अतः आवश्यक है कि दया करनेवाला दुःख को हरनेवाला भी हो।

मान लीजिए कि दीनदयालु परमात्मा एक दिन सारे संसार में यह घोषणा कर दे कि मेरी दया करने की शक्ति बहुत बढ़ गयी है, लेकिन दुःख दूर करने की शक्ति एकदम से चली गयी है, तो स्थिति क्या होगी? क्या संसार के सभी देवालयों के द्वार बन्द नहीं हो जायेंगे?

मॉरीशस में ईसाइयों की एक संस्था है—'एसेम्बली ऑफ गॉड'। इसके अनुयायी झाड़-फूँक पर विश्वास करते हैं। विश्वास चिकित्सा के समर्थक हैं। ये लोग दूसरे धर्मों के बीमार लोगों को पकड़ते हैं। कहते हैं कि तुम्हारा भगवान् व्यर्थ हो गया है, ईसा की शरण में आओ, वे सब ठीक कर देंगे। बीमार आदमी सब ठीक हो जाने की आशा में अपना धर्म छोड़कर भाग जाता है। जिस भगवान् की वह जन्म से प्रार्थना कर रहा था उसे ही लात मार देता है, मूर्तियों को उठाकर फेंक देता है। ॐ के झण्डे को जला देता है। वेद, गीता, रामायण सब उसके लिए व्यर्थ हो जाते हैं।

एक दिन मुझे ऐसा ही एक व्यक्ति मिला जो ईसा की पूजा करके स्वस्थ हो गया था। मैंने उससे पूछा, "तुमने अपना धर्म क्यों छोड़ा?"

उसका उत्तर था, "हमारा धर्म बेकार है। सभी देवी-देवताओं की पूजा मैंने की, पर मैं ठीक नहीं हुआ। अब मैं ठीक हूँ, यह ईसा की कृपा का फल है।"

मैंने पूछा, "दुनिया के अनेक देशों में ईसाई रहते हैं। क्या वे दुःखी-बीमार नहीं हैं? क्या ईसा ने सबके दुःख-दर्द को दूर कर दिया है? क्या दुनिया भर के ईसाई परमात्मा के राज्य को पाने का सुख भोग रहे हैं?"

वह नौजवान चुप रहा। मैंने कहा, "किसी गाँव में दस हजार व्यक्ति हों और एक डॉक्टर हो, वह अच्छा है या दस हजार लोगों के लिए दस हजार डॉक्टर हों, वह अच्छा है?"

नवयुवक ने कहा, "अधिक डॉक्टर का होना अधिक अच्छा है। मरीज को जल्दी देखा जा सकेगा।"

मैंने समझाया, "सारे संसार में फैले ईसाइयों के लिए ईसा मसीह अकेले डॉक्टर हैं। वे भला कितनों की पुकार सुन पायेंगे, कितनों का दुःख दूर कर पायेंगे?

हिन्दू धर्म में तो हजारों डॉक्टर देवी-देवताओं के रूप में हैं। एक से अच्छा न होने पर दूसरे के पास जाने की सुविधा है। राम काम नहीं आये तो कृष्ण के पास जाओ, कृष्ण असफल रहे तो शिव के पास जाओ। शिव कुछ नहीं कर पाये तो दुर्गा के पास जाओ। तुम्हारा दुःख हरने के लिए अनेक डॉक्टर खड़े हैं। एक-से-एक विशेषज्ञ हैं, विघ्नविनाशक गणेश हैं, भूत-प्रेतनाशक शिव हैं, संकटमोचन हनुमान हैं, निर्बल के बल राम हैं, जगत् के गुरु कृष्ण हैं। ऐसे धर्म को छोड़कर तुम कैसे भागे?''

उसकी आँखों में आँसू आ गये। उसने कहा, ''मुझे इस तरह से किसीने नहीं समझाया था।'' उसने फिर से अपने धर्म में लौट आने का संकल्प लिया।

साधारण मनुष्य परमात्मा को भी उपयोगिता की दृष्टि से देखता है। प्रभु दुःखनाशक न रहे तो प्रार्थना बन्द कर देता है। लेकिन श्रेष्ठ जन प्रभु से व्यापार नहीं करते हैं। वे प्रभु को प्यार करते हैं, इसीलिए प्रार्थना करते हैं। जैसे अच्छी सन्तान बीमार माता-पिता की सेवा बिना किसी स्वार्थ के करती है उसी तरह सच्चा भक्त भगवान् की सेवा करता है।

युधिष्ठिर वनवास का जीवन व्यतीत कर रहे थे। फिर भी 'ॐ नमो भगवते वासुदेवाय' का जाप करते ही रहते थे। एक दिन द्रौपदी और भीम दोनों ने उनसे पूछा, ''आप इतना दुःख उठा रहे हैं, फिर भी भगवान् का नाम लिये जा रहे हैं! दुर्योधन मौज-मस्ती कर रहा है, लेकिन कभी भगवान् का नाम नहीं लेता। आप ऐसे भगवान् की प्रार्थना क्यों करते हैं, जो भक्त को दुःखी और दुष्ट को सुखी रखता है?''

युधिष्ठिर ने कहा, ''मेरा भगवान् से व्यापारिक रिश्ता नहीं है। मैं सुख पाने के लिए प्रार्थना नहीं करता। मुझे प्रार्थना में ही सुख मिलता है। परमात्मा सुख दे या दुःख, यह उसकी इच्छा। मैं प्रार्थना करता हूँ, यह मेरी इच्छा। मुझे प्रभु से प्यार है। मेरी प्रार्थना का इतना ही कारण है।''

इस विचित्र संसार में प्यार के कारण प्रार्थनाएँ कम होती हैं। मनुष्य की परमात्मा से अपनी कुछ चाह होती है। सबसे बड़ी चाह है दुःख का निवारण। मनुष्य हर स्थिति में सुख पाना चाहता है। यदि अपने से सुख प्राप्त करने में वह अक्षम है या असफल है तो वह परमात्मा को पुकारता है। वह चाहता है कि परमात्मा उसे सुख से भर दे, उसके सारे दुःखों को दूर कर दे।

सती के मन में भी यही लालसा है। वह अपने दुःख का विनाश चाहती हैं। लेकिन अपराध-बोध के कारण उन्हें अपनी प्रार्थना पर पूरा भरोसा नहीं है। इसीलिए वह वेदों का सहारा लेती हैं। अपनी बात को प्रमाण-पुष्ट करने के लिए हर हिन्दू

वेद का सहारा लेता है। सती भी कहती हैं कि वेद तुम्हारे यश को गाते हैं कि तुम दु:खहर्ता हो। तात्पर्य यह है कि प्रभु ने अनेक लोगों के दु:ख दूर किए हैं। वह प्रभु को उनकी परम्परा की याद दिलाना चाहती हैं। कहती हैं कि तुमने बहुतों की रक्षा की है, वेद तुम्हारे यश को गाते हैं। अत: हे प्रभो! मेरी भी सहायता करो। मेरे ऊपर आए हुए दु:ख को दूर करो।

दु:खी व्यक्ति बड़ी तन्मयता से प्रार्थना करता है। यह बड़े आश्चर्य की बात है कि यदि जीवन में दु:ख न हो तो प्रार्थना दुर्बल हो जायेगी।

तौ मैं बिनय करउँ कर जोरी।
छूटउ बेगि देह यह मोरी॥

—तो मैं हाथ जोड़कर विनती करता हूँ कि मेरी यह देह जल्दी छूट जाय।

सती की प्रार्थना मृत्यु के लिए है। सामान्य स्थिति में मनुष्य जीवन के लिए प्रार्थना करता है, भगवान् से धन-सम्पदा और लम्बा जीवन चाहता है। जगत् की अधिकांश प्रार्थनाएँ जीवन के सुख को बढ़ाने के लिए होती हैं। आज की सती की प्रार्थना एकदम अलग है। वह जीवन नहीं चाहतीं; क्योंकि जीवन को सुख देनेवाले शिव उनसे विमुख हो गये हैं। वह मृत्यु चाहती हैं, जिससे दु:खदायी जीवन से छुटकारा मिल जाये।

वह चाहतीं तो भगवान् श्रीराम से यह भी माँग सकती थीं कि शिव का मन मेरी तरफ फेर दीजिए। किन्तु यह प्रार्थना दो दृष्टियों से गलत होती। पहली दृष्टि यह कि इससे शिव पर दबाव पड़ता। दबाव के कारण संसार का और कोई भी काम हो सकता है, लेकिन प्रेम नहीं हो सकता। प्रेम में भावना का दबावहीन प्रवाह होना चाहिए। प्रिय और प्रियतम का मुक्तभाव से मिलन होना चाहिए। दबाव होने से प्रेम घृणा में बदल जाता है। सती ऐसी स्थिति से बचना चाहती थीं।

दूसरी दृष्टि यह है कि सती ने अपराध किया है। दण्डस्वरूप शिव उनसे विमुख हुए हैं। यदि वह शिव के मन को फेरने के लिए प्रार्थना करतीं तो यह अपने अपराधों के कारण मिले दण्ड से भागने का प्रयत्न होता। दण्ड से भागना अपराध को गौरवान्वित करना है। सती किसी कीमत पर ऐसा नहीं कर सकती थीं।

इसीलिए सती मृत्यु माँग रही हैं। मृत्यु का सबसे बड़ा फायदा यह होता है कि वह दु:ख से दूर कर देती है। प्राय: शरीर और मन ही दु:ख के बोझ को ढोते हैं। मृत्यु इन दोनों की सत्ता को समाप्त कर देती है। दु:ख से बोझिल सती इसीलिए हाथ जोड़कर प्रार्थना कर रही हैं कि उनका शरीर छूट जाये।

शरीर छूट जाने में एक गहरा दार्शनिक भाव छिपा है। मृत्यु के लिए हिन्दू कहता है कि शरीर छूट गया। पश्चिमी देशों में कहते हैं कि आत्मा छूट गयी। हिन्दू मानता है कि आत्मा अमर है। वह बार-बार जन्म के समय नया शरीर धारण करती है और मृत्यु के समय उसे पुराना जानकर बदल देती है। पश्चिमी विचारक मानते हैं कि आत्मा चली गयी। अत: वे शरीर को बचाना चाहते हैं कि शायद आत्मा फिर आ जाये। कयामत के दिन तो वह लौटकर आती ही है। पश्चिमी चिन्तन में शरीर फिर नहीं मिलता। इसीलिए उसे बचाते हैं, 'ममी' बनाकर रखते हैं, कब्र में गाड़कर रखते हैं, जिससे समय आने पर शरीर मिल जाये। हिन्दू कहता है कि आत्मा शरीर ब्रदलती है। वह शरीर की दृष्टि से परम धनी है। जब चाहे, नया शरीर धारण कर सकती है। अत: हिन्दू पुराने शरीर को जला देता है। यदि नया मिलने की गारण्टी हो तो पुराने को कौन रखेगा? यही पूर्व और पश्चिम के चिन्तन का अन्तर है।

सती चाहती हैं कि उनका शरीर छूट जाये, जिससे इस जीवन का सारा दुःख नष्ट हो जाये। इसके लिए सती शिव के प्रति अपने प्रेम को भी दाँव पर लगाती हैं।

जौं मोरें सिव चरन सनेहू।
मन क्रम बचन सत्य ब्रतु एहू॥

—यदि मेरा शिवजी के चरणों में प्रेम है और मेरा यह व्रत मन, कर्म और वचन से सत्य है।

अपने प्रेम की गहनता और प्रगाढ़ता को समझाने के लिए सती एक श्रेष्ठ उपाय अपनाती हैं। वह कहती हैं कि मेरे प्रेम का व्रत मन, कर्म और वचन से एक रूप है। वास्तव में मनुष्य की भावनाओं की अभिव्यक्ति इन्हीं तीन माध्यमों से होती है। आखिर प्रेम को हम कैसे आँक सकते हैं। कोई कहे कि मैं आपको बहुत प्यार करता हूँ तो उसकी गहराई को आप कैसे जान सकेंगे? एक ही उपाय है कि मन, कर्म और वचन तीनों एकरूप हों। वचन से प्रेम कर पाना बहुत आसान होता है। केवल कहना ही पड़ता है कि मैं तुम्हें प्यार करता हूँ।

एक व्यक्ति ने अपनी प्रेमिका को फोन किया, ''प्रिये! मैं तुम्हें बहुत प्यार करता हूँ। तुम्हारे लिए आसमान से चाँद-तारे तोड़कर ला सकता हूँ, पहाड़ की ऊँचाइयाँ चढ़ सकता हूँ, नदी की धारा को मोड़ सकता हूँ। संसार का कोई ऐसा कठिन कर्म नहीं है जो मैं तुम्हारे लिए न कर सकूँ। पर प्रिये! आज बारिश बहुत हो रही है। आज मैं तुमसे मिलने नहीं आ सकता।''

वचन से चाँद-तारे तोड़ लानेवाले कर्म करना हो तो बारिश से घबड़ा जाते हैं। यह आंतरिक प्रेम नहीं है। यह प्रेम का सतही प्रदर्शन है। कभी-कभी हम कर्म से तो प्रेम प्रदर्शित कर देते हैं, लेकिन मन और वचन से चूक जाते हैं। संसार में बहुत सारे ऐसे लोग हैं जो अपने बाल-बच्चों के लिए सुख-सुविधा का इन्तजाम कर देते हैं, लेकिन मन से मिल नहीं पाते, वचन से दो मीठे बोल नहीं बोल पाते। अत: यह कर्म से अभिव्यक्त किया गया प्रेम हृदय को छू नहीं पाता है।

बहुत लोग कर्म और वचन से बड़ा प्रेम प्रकट करते हैं। अपनी पत्नी को बार-बार 'डार्लिंग, यू आर वेरी स्वीट' (प्रिय, तुम बहुत मधुर हो) कहते रहते हैं। पत्नी को गहने-कपड़ों से लादे रखते हैं; लेकिन मन से कहीं और ही रहते हैं। किसी पर-स्त्री पर उनका मन टिका रहता है। इसी तरह स्त्रियाँ भी होती हैं, जो पति की सभी सुविधाओं का खयाल रखती हैं, लेकिन मन को पराये पुरुष पर लगाये रखती हैं। अत: प्रेम पूर्ण गरिमा के साथ ऐसे व्यक्तियों के जीवन में प्रकाशित नहीं होता है।

जब मन, कर्म और वचन एकरूप हो जायें तब प्रेम का प्रगाढ़ प्रदर्शन होता है। ऐसा ही प्रेम जीवन में सराहनीय बनता है। ऐसे प्रेम के बल पर मनुष्य दु:ख भरा जीवन भी काट लेता है। अपने ऐसे परम पूर्ण और प्रगाढ़ प्रेम का वास्ता देकर सती भगवान् श्रीराम से कहती हैं—

तौ सबदरसी सुनिअ प्रभु करउ सो बेगि उपाइ।
होइ मरनु जेहिं बिनहिं श्रम दुसह बिपत्ति बिहाइ॥

—तो हे सर्वदर्शी प्रभो! सुनिए और शीघ्र उपाय कीजिए, जिससे मेरा मरण हो और बिना ही परिश्रम यह असह्य विपत्ति दूर हो जाय।

सती चाहती हैं कि भगवान् श्रीराम उनकी मृत्यु का उपाय ढूँढ़ें। यही आत्महत्या और मृत्यु में अन्तर है। आत्महत्या में व्यक्ति स्वयं अपनी मृत्यु का उपाय ढूँढ़ता है। वह सोचता है कि भगवान् देरी कर रहा है, आनाकानी कर रहा है, उसे स्वयं अपनी विदाई का तरीका खोजना चाहिए। अत: वह जहर पीकर, पहाड़ से कूदकर, नदी में डूबकर और फाँसी लगाकर अपनी जीवन लीला को समाप्त करता है। सती स्वयं कोई उपाय नहीं आजमाना चाहतीं। वह चाहती हैं कि परमात्मा स्वयं उनकी मृत्यु का प्रबन्ध करें। ऐसी मृत्यु सहज मानी जाती है। इसमें परमात्मा की सहमति होती है।

अपनी मृत्यु के लिए सती जो कारण भगवान् श्रीराम को बताती हैं, वह भी समझने लायक है। वह कहती हैं कि मृत्यु हो जायेगी तो मेरा असह्य दु:ख बिना

परिश्रम के ही नष्ट हो जायेगा। आइए, इसपर विचार करें। मनुष्य के सारे दुःखों का बोझ उसका शरीर ही उठाता है। सती अपने जीवन के सबसे बड़े दुःख पति-वियोग को सह रही हैं। उन्हें भय है कि यदि शरीर जीवित रहा तो उन्हें यह भय लम्बे काल तक भोगना पड़ेगा। अतः वह शरीर खोकर दुःख के आधार को ही नष्ट करना चाहती हैं। कहावत है कि न रहेगा बाँस, न बजेगी बाँसुरी। जब बाँस को ही नष्ट कर दिया जाय तो बाँसुरी के बनने का, बजने का कोई सवाल ही नहीं उठता है। इसी प्रकार शरीर को समाप्त करके सती दुःख को समाप्त करना चाहती हैं।

अगर शरीर ही दुःख का कारण है तो उसे अपने आप ही खत्म करने में क्या बुराई है? इसके लिए परमात्मा से क्यों प्रार्थना की जाये? पश्चिमी देशों में आजकल ऐसे सम्प्रदाय चल रहे हैं जो कहते हैं कि यह संसार दुष्टात्माओं का देश है। भले लोगों को यहाँ नहीं रहना चाहिए। अतः वे सामूहिक रूप से आत्महत्या कर लेते हैं। सोचते हैं कि मृत्यु का वरण करके वे दुःख से मुक्त हो जायेंगे।

हिन्दू धर्म कहता है कि आत्महत्या दुःख के निवारण का उपाय नहीं है। यह तो दुःख को और बढ़ाता है। मरकर हम फिर उसी दुःख को भोगने के लिए आ जाते हैं। भगवान् बुद्ध ने कहा कि जीवन दुःखमय है; लेकिन दुःख के निवारण के लिए आत्महत्या का उपाय नहीं बताया। हमारे धर्म ने माना कि मनुष्य ने अपना जीवन स्वयं पैदा नहीं किया है, तो ऐसे जीवन को नष्ट करने का भी उसे अधिकार नहीं है।

हम मानते हैं कि जैसे जन्म परमात्मा के नियम के अधीन है उसी तरह मृत्यु भी उसीकी इच्छा पर आधारित है। अगर मृत्यु शीघ्र चाहिए भी तो उसीसे प्रार्थना करनी पड़ेगी। किन्तु मृत्यु के लिए सती क्यों प्रार्थना कर रही है? क्योंकि वह चाहती हैं कि उनका दुःख बिना श्रम के ही नष्ट हो जाय। शरीर छूटेगा तो दुःख भी छूटेगा, शरीर की आयु जितनी लम्बी होगी दुःख की आयु भी उतनी ही लम्बी होगी।

छोटा दुःख हो तो मनुष्य रो-गाकर सह ले, पर बड़ा दुःख नहीं सहा जाता है। पत्नी के लिए सबसे बड़ा दुःख है पति का वियोग, पति के प्रेम से वंचित होना। सती इस गहरे दुःख को लम्बे समय तक नहीं सहना चाहतीं। इसीलिए राम से कह रही हैं कि कोई उपाय करो जिससे मेरा शरीर छूट जाये।

एहि बिधि दुखित प्रजेसकुमारी।
अकथनीय दारुन दुखु भारी॥

—दक्षसुता सती इस प्रकार बहुत दुःखी थीं। उन्हें इतना दारुण दुःख था जिसका

वर्णन नहीं किया जा सकता।

सती अपने असहनीय दुःख से क्षुब्ध हैं। वह शीघ्र मृत्यु चाहती हैं। लेकिन परमात्मा जन्म और मृत्यु दोनों देने में जल्दीबाजी नहीं करता है। जैसे सुख पाने के लिए मनुष्य लालायित रहता है उसी तरह दुःख उठाने के लिए भी उसे तैयार रहना चाहिए। सती ने शिव से बहुत सुख पाया है। अब उनका दिया दुःख भी उन्हें लेना चाहिए; क्योंकि यह दुःख स्वयं सती का ही उपजाया हुआ हैं। बँगला के महाकवि साधक रामप्रसाद ने काली माँ की प्रार्थना में एक भजन लिखा। उसमें उन्होंने कहा, 'हे माँ! मैं कुएँ में अवश्य गिरा हूँ, लेकिन यह कुआँ मैंने ही खोदा है।'

मनुष्य स्वयं अपने लिए कुआँ खोदता है। अतः उसे उसका पानी पीने के साथ-ही-साथ उसमें गिरने के लिए भी तैयार रहना चाहिए। अपने दुःख की अवधि को बिताने के लिए सती को भी तैयार होना है।

पूरे साहस के साथ सती अपने दुःख को झेलती रहीं। पूरे सत्तासी हजार वर्ष बीत जाने पर शिव ने अपनी समाधि खोली।

राम नाम सिव सुमिरन लागे।
जानेउ सतीं जगतपति जागे॥

—शिवजी राम-नाम का स्मरण करने लगे। तब सती ने जाना कि अब जगत् के पति शिवजी जागे।

सन्त-महात्मा जब समाधि से बाहर आते हैं तो अपने आराध्य का नाम लेते हैं। समाधि में आराध्य के नाम के सहारे ही संसार को छोड़ा जाता है और उसीके सहारे संसार में वापस आया जाता है।

जब शिव ने समाधि से उठकर राम-नाम का उच्चारण किया तो सती ने समझ लिया कि जगत्पति भगवान् शिव अब संसार में आ गये हैं। उनका जागरण हो गया है। अब यह सम्भावना बन सकती है कि उनके दुःख के दिन दूर हो जायें। उन्हें लगा कि परमात्मा ने उनकी बात सुन ली है।

जाइ संभु पद बंदनु कीन्हा।
सनमुख संकर आसनु दीन्हा॥

—सती ने जाकर शिवजी के चरणों में प्रणाम किया। शिवजी ने उनको बैठने के लिए सामने आसन दिया।

सती समझ गयीं कि उनके अपराध को अभी तक क्षमा नहीं किया गया है।

शिवजी ने उन्हें सम्मानपूर्वक अपने सामने तो बैठने का आसन दिया, लेकिन अपनी बगल में बैठने का अधिकार नहीं दिया। अगर शिव अपनी बगल में सती को बैठा लेते तो सती धन्य हो जातीं। इतने दिनों का उनका दुःख का अन्धकार प्रखर आलोक में बदल जाता। पर ऐसा सम्भव नहीं हुआ।

लगे कहन हरि कथा रसाला।
दच्छ प्रजेस भए तेहि काला॥

—शिवजी भगवान् की रसमयी कथाएँ कहने लगे। उसी समय दक्ष प्रजापति हुए।

भगवान् शिव यदि सती से दो मीठे बोल बोल लेते, उनका कुशल-क्षेम पूछ लेते तो सती अपना सारा दुःख भूल जातीं। शिव दाम्पत्य सम्बन्धों को भूलकर उन्हें रसीली हरिकथा सुनाने लगे। लेकिन इस कथा में न शिव का मन लगा, न सती का। दोनों समझ रहे थे कि वे जीवन के वास्तविक केन्द्र से हट गये हैं। अतः कथा में किसीको भी रस नहीं आया।

श्रीहरि से कथा प्रजापति पर लौट आयी। ब्रह्मा ने दक्ष को प्रजापति बना दिया। प्रजापति बनने के बाद उनकी योग्यता को देखकर ब्रह्मा ने उन्हें प्रजापतियों का नायक बना दिया।

बड़ अधिकार दच्छ जब पावा।
अति अभिमानु हृदयँ तब आवा॥

—जब दक्ष ने इतना बड़ा अधिकार पाया तब उनके हृदय में अत्यन्त अभिमान आ गया।

यह जीवन का सरल गणित है कि अधिकार पाकर मनुष्य अभिमान से भर जाता है। सोचने लगता है कि वह ऐसी स्थिति में आ गया है कि कुछ भी कर सकता है। सारा संसार उसकी मुट्ठी में है। अभिमान आने के कारण मनुष्य मर्यादा भूल जाता है।

नहिं कोउ अस जनमा जग माहीं।
प्रभुता पाइ जाहि मद नाहीं॥

—जगत् में ऐसा कोई नहीं पैदा हुआ, जिसको प्रभुता पाकर मद न हो।

पुराणों में ऐसी हजारों कहानियाँ मिलती हैं जहाँ बताया गया है कि सत्ता पाने के बाद व्यक्ति कितना अभिमानी हो जाता है। रघु, दिलीप, राम और कृष्ण तो

कभी-कभी पैदा होते हैं, जो प्रजा-वत्सल होते हैं, जिन्हें शासन पाकर भी मद नहीं होता। आधुनिक युग के राजाओं को देखकर यह सहज ही पता चल जाता है कि वे कितने अभिमानी होते हैं। पाँच वर्ष तक के लिए चुनकर आते हैं, लेकिन पाँच जन्मों के अहंकार से भर उठते हैं। मनमाना आचरण करके प्रजा का रक्त चूसते हैं। अनावश्यक काम करके राजकीय कोष रिक्त कर देते हैं।

दक्ष अपने अहंकार को विस्तृत करने के लिए, अपने मद को अधिकाधिक प्रतिष्ठित करने के लिए यज्ञ करने को उद्यत हुए। उन्होंने सभी देवताओं को निमन्त्रण भेज दिया। केवल ब्रह्मा, विष्णु और शिव को निमन्त्रण नहीं भेजा। ये तीनों देवता उनसे बड़े थे। अत: इनको बुलाने से दक्ष का सम्मान छोटा हो जाता।

सती ने देखा कि देवता अपने वाहनों पर आकाश मार्ग से कहीं जा रहे हैं। उन्हें बहुत कुतूहल हुआ। जब उन्होंने शिव से पूछा तो उन्होंने बताया कि दक्ष प्रजापति के यहाँ यज्ञ है। दक्ष सती के पिता थे। अत: सती यज्ञ को देखने के लिए पिता के घर जाने को लालायित हो उठीं। शिवजी से कुछ कह पाना उनके लिए कठिन हो रहा था।

पति परित्याग हृदयँ दुखु भारी।
कहइ न निज अपराध बिचारी॥

—उनके हृदय में पति द्वारा त्यागे जाने का बड़ा दु:ख था; पर अपना अपराध समझकर वे कुछ कहती न थीं।

शिवजी से सती कैसे बोलें, यह उनके सामने भारी समस्या थी। अपना अपराध विचार करके वह बहुत दु:खी हो जाती थीं। पति का परित्याग उनके लिए बड़ा दारुण सन्ताप था। लेकिन अपने अपराधों के कारण पति से कुछ कह पाना उनके लिए कठिन हो रहा था। फिर भी पिता के घर उत्सव के समय जाने की उनकी बड़ी इच्छा हो रही थी।

बोली सती मनोहर बानी।
भय संकोच प्रेम रस सानी॥

—सती भय, संकोच और प्रेम रस से सनी मनोहर वाणी से बोलीं।

पिता के घर जाने के लिए शिव से आज्ञा लेना आवश्यक था। लेकिन सीता का रूप धारण करने के अपराध के कारण शिव से उनका संवाद रुक गया था। विषय अत्यन्त आवश्यक था, इसीलिए साहस किया। बड़ी मधुर वाणी में वे बोलीं।

उनके बोलने में तीन तत्त्व शामिल थे।

वह भय से भरी हुई थीं। उन्हें भय था कि शिव कह देंगे कि चुप रहो; या यह कह देंगे कि कहीं जाने की जरूरत नहीं। भय मनुष्य को संकुचित करता है, जिससे हृदय की बात खुलकर नहीं कही जाती। भय सहज प्रेम में सबसे बड़ा बाधक है।

लेकिन सती के हृदय में भय और संकोच के साथ-ही-साथ प्रेम भी था। प्रेम मनुष्य को बहुत सबल बनाता है। जो प्रेम करते हैं वे किसी बाधा को स्वीकार नहीं करते। प्रेम मुक्त करता है। अत: प्रेम के बल पर भय और संकोच को जीतकर सती अपनी बात कहने के लिए तत्पर हुईं।

अपने हृदय को सती ने मनोहर वाणी में व्यक्त किया। प्रेम की अभिव्यक्ति में यदि वाणी कटु हो जाये तो प्रेम मात्र शब्द रह जाता है। उसका रस चला जाता है। सती मृदु बोलकर प्रेम के रस को और गाढ़ा करती हैं।

पिता भवन उत्सव परम जौं प्रभु आयसु होइ।
तौ मैं जाउँ कृपायतन सादर देखन सोइ॥

—हे प्रभो! मेरे पिता के घर बहुत बड़ा उत्सव है। यदि आपकी आज्ञा हो तो हे कृपाधाम! मैं आदर सहित उसे देखने जाऊँ?

पिता के घर जाने को भला कौन कन्या उत्सुक और लालायित नहीं होगी! सती का मन भी डोल गया। उन्हें भय और संकोच इसी बात का था कि शिव अपने क्रोध के कारण मना न कर दें। इसीलिए आदरपूर्वक कहती हैं—हे प्रभो! हे कृपा के धाम! पिता के यहाँ बड़ा उत्सव हो रहा है।

हाय रे मन, सती के भीतर उत्सव देखने की कितनी ललक है। वह कह रही हैं कि बड़ा उत्सव हो रहा है। छोटे-मोटे उत्सवों की तो उपेक्षा की जा सकती है, लेकिन बड़े उत्सव को कैसे अनदेखा किया जाय। बड़े-बड़े लोग आये होंगे, सारा परिवार आया होगा। उन सबको देखने का आनन्द अनोखा ही होगा।

सती कहती हैं कि मैं उत्सव को सादर देखना चाहती हूँ। यह 'सादर' शब्द उत्सव की पवित्रता और सती के मन की शुद्धता को घोषित करता है। वह कोई 'सड़क छाप' तमाशा देखने के लिए शिव को नहीं छोड़ना चाहती हैं। समझदार वही होता है जो कीमती चीज को कीमती चीज के लिए छोड़ता है। कोयले के लिए हीरा फेंकनेवाले को नासमझ कहा जाता है। सती बताना चाहती हैं कि मेरे यहाँ से जाने के पीछे उद्‌देश्य ऊँचा है। मैं साधारण स्त्रियों की तरह तुनकमिजाजी

के कारण पिता के घर नहीं जा रही हूँ।

कहेहु नीक मोरेहुँ मन भावा।
यह अनुचित नहिं नेवत पठावा॥

—शिवजी ने कहा—तुमने बात तो अच्छी कही, यह मेरे मन को भी पसन्द आयी। उन्होंने न्योता नहीं भेजा, यह अनुचित है।

सती समझती थीं कि शिव उनसे क्रोधित हैं। लेकिन शिव ने अपनी आत्मीयता से दिखा दिया कि उन्हें क्रोध नहीं है। वह तो अपने व्रत से बँधे हैं। सती के पापों के प्रक्षालन के लिए उन्होंने जो प्रतिज्ञा की है, वही उनके बीच की दूरी है। शिव का मन सती के प्रति अभी तक प्रेमपूर्ण है। वह कहते हैं कि बात तो तुमने अच्छी कही, मेरे मन को भी पसन्द आयी; लेकिन अनुचित यही है कि तुम्हारे पिता ने निमन्त्रण नहीं भेजा है।

शिव निमन्त्रण न भेजने के कारण बताते हुए कहते हैं—एक बार ब्रह्मा की सभा में दक्ष अध्यक्ष पद पर आसीन थे। जब मैं वहाँ आया तो सभी देवता मेरे सम्मान में उठ खड़े हुए। यह दक्ष को पसन्द नहीं आया। इसीलिए मेरे प्रति उदासीनता और उपेक्षा बरतते हैं। इसीलिए आज भी अवसर आने पर मेरा अपमान करते हैं। उन्होंने अपनी सभी पुत्रियों को बुलाया है, लेकिन मेरे वैर के कारण तुम्हें नहीं बुलाया है।

जौं बिनु बोलें जाहु भवानी।
रहइ न सीलु सनेहु न कानी॥

—हे भवानी! जो तुम बिना बुलाये जाओगी तो न शील स्नेह ही रहेगा और न मान-मर्यादा ही रहेगी।

अपने किसी निकट सम्बन्धी के यहाँ बिना बुलाये जाने में जो संकट है उसकी ओर शिवजी संकेत करते हैं। इससे जानेवाले का शील-स्नेह नष्ट होता है और मान-मर्यादा धूमिल पड़ जाती है। बहुत समझने की बात है। अगर हम बिना बुलाये किसीके यहाँ जाते हैं तो अपने चरित्र की श्रेष्ठता को खो देते हैं। वह व्यक्ति अपने स्नेह को पहले ही खो चुका होता है। उपेक्षा पाकर हमारा भी स्नेह नष्ट हो जाता है। वहाँ जाने पर मान-सम्मान का जो ह्रास होता है, उससे जीवन की मर्यादा मिट जाती है। एक बार यदि मनुष्य अपमानित हो जाये तो फिर मर्यादा का मिल पाना बड़ा कठिन होता है।

जदपि मित्र प्रभु पितु गुरु गेहा।
जाइअ बिनु बोलेहुँ न सँदेहा॥

—यद्यपि इसमें सन्देह नहीं कि मित्र, स्वामी, पिता और गुरु के घर बिना बुलाये भी जाना चाहिए।

जगत् के व्यावहारिक नियम को समझाते हुए शिव कहते हैं कि मित्र, स्वामी, पिता और गुरु के घर जाने के लिए यद्यपि निमन्त्रण का इन्तजार नहीं करना चाहिए, किन्तु यदि कोई वैरभाव हो तो वहाँ जाने में सावधानी बरतनी चाहिए।

नीति का यह सिद्धान्त है कि दु:ख में कभी निमन्त्रण का इन्तजार नहीं करना चाहिए; किन्तु सुख में आत्मीय-से-आत्मीय व्यक्ति के पास भी बिना निमन्त्रण के नहीं जाना चाहिए। यदि कोई व्यक्ति नहीं चाहता है कि आप उसके सुख में शामिल हों तो उससे दूर रहिए। लेकिन यदि उसके घर कोई आपदा आ गयी हो तो सहानुभूति के लिए अवश्य जाना चाहिए। दु:ख में सारा वैर भूल जाना चाहिए।

भाँति अनेक संभु समुझावा।
भावी बस न ग्यानु उर आवा॥

—शिवजी ने बहुत प्रकार से समझाया। पर होनहारवश सती के हृदय में बोध नहीं हुआ।

सती गलती-पर-गलती करती चली जा रही हैं। शिवजी ने उन्हें राम के बारे में भी समझाया था, पर वे नहीं मानी थीं। आज वे उनके पिता के बारे में समझा रहे हैं, फिर भी उन्हें ज्ञान नहीं हो रहा है। होनी के खेल को कौन टाल सकता है? शिवजी अपना अन्तिम उपदेश देते हैं।

कह प्रभु जाहु जो बिनहिं बोलाएँ।
नहिं भलि बात हमारे भाएँ॥

—शिव ने कहा कि यदि बिना बुलाये जाओगी तो हमारी समझ में अच्छी बात नहीं होगी।

समझदार व्यक्ति इससे अधिक नहीं कह सकता। सती को दोनों बार बलपूर्वक रोकने की क्षमता शिव में थी, लेकिन उन्होंने वैसा नहीं किया। वह चाहते हैं कि स्वयं के प्रबोध से सती सही रास्ते पर आयें। समझदार व्यक्तियों को डाँट-डपटकर मार्ग नहीं दिखाया जा सकता। उन्हें तो अच्छे-बुरे का संकेत कर कहना पड़ता है। निर्णय लेने को वे परम स्वतन्त्र होते हैं।

कहि देखा हर जतन बहु रहइ न दच्छकुमारि।
दिए मुख्य गन संग तब बिदा कीन्ह त्रिपुरारि॥

—शिवजी ने बहुत प्रकार से कहकर देख लिया, किन्तु जब सती किसी प्रकार भी नहीं रुकीं तब त्रिपुरारि महादेव ने अपने मुख्य गणों को साथ देकर उनको विदा कर दिया।

मनुष्य के हाथ में प्रयत्न भर का ही साधन है, परिणाम पर उसका कोई अधिकार नहीं है। इसीलिए कभी-कभी हम देखते हैं कि लाख प्रयत्न करने पर भी फल नहीं मिला और कभी बिना प्रयत्न किये ही या अल्प प्रयत्न में ही फल अनायास मिल जाता है। शिवजी ने बहुत प्रयत्न किया, नीति-धर्म के आधार पर सती को समझाया, अपना व्यक्तिगत मत भी उनके सामने रखा कि बिना बुलाये जाने में भलाई नहीं है; लेकिन सती नहीं मानीं। उनका मन यज्ञ देखने के लिए, अपने परिवार से मिलने के लिए ललकता ही रहा।

शिवजी ने कोई और उपाय न देखकर उन्हें विदा किया। लेकिन उनकी सुरक्षा के लिए अपने मुख्य गणों को उनके साथ कर दिया। अकेली सती संकट पड़ने पर व्याकुल हो जायेंगी, इसलिए शिव ने उनके बचाव का पूरा प्रबन्ध किया। बिना बुलाये मेहमान के रूप में मान-न-मान, मैं तेरा मेहमान बनकर सती जा रही थीं, इसीलिए शिव के मन में आशंका थी। अतः वह सती को पूर्ण सुरक्षित देखना चाहते थे।

पिता भवन जब गईं भवानी।
दच्छ त्रास काहुँ न सनमानी॥

—भवानी जब पिता के घर पहुँचीं तब दक्ष के भयवश किसीने उनका स्वागत-सत्कार नहीं किया।

इस प्रसंग का विवेचन करने से पहले तुलसी के शब्द चयन पर आइए, एक दृष्टि डालें। जब सती अपने पिता के घर जाने का हठ कर रही थीं तब पिछले दोहे में उन्हें 'दक्षकुमारी' कहा गया। पिता के घर जाने के लिए पुत्री ही उत्सुक होगी। अतः उन्हें 'दक्षपुत्री' कहकर पुकारा गया। अब सती अपने पिता के घर पहुँच गयी हैं तो उन्हें कोई दक्षपुत्री नहीं समझ रहा है। सभी उन्हें शिव-पत्नी भवानी के रूप में देख रहे हैं। पति के घर सती दक्षपुत्री बनने को लालायित थीं, लेकिन दक्ष के घर आकर उन्हें भवानी बनने को विवश होना पड़ा। किसीने उन्हें दक्षपुत्री माना ही नहीं।

दोहरी निष्ठा बड़ी दु:खदायी होती है। इसीलिए कहा जाता है कि पत्नी बन जाने पर स्त्री को पति के प्रति परम निष्ठावान् बनना चाहिए। इससे जीवन के संकट कम हो जाते हैं। कम-से-कम वे संकट तो नहीं आते जो सती पर आये हैं। सती को पिता के घर कोई सम्मान नहीं मिला।

सादर भलेहिं मिली एक माता।
भगिनीं मिलीं बहुत मुसुकाता॥

—केवल एक माता ही भले ही आदर से मिलीं। बहनें बहुत मुसकराती हुई मिलीं।

इसीको कहते हैं नियति का खेल। सती आदरपूर्वक उत्सव को देखने के लिए आयी थीं, लेकिन उन्हें कोई आदरपूर्वक नहीं देख रहा है। माता ने थोड़ा सा जननी होने का दायित्व निभाया। लेकिन बहनों ने मुसकराकर बता दिया कि तुम बिन बुलायी मेहमान हो।

दच्छ न कछु पूछी कुसलाता।
सतिहि बिलोकि जरे सब गाता॥

—दक्ष ने तो उनकी कुछ कुशल तक नहीं पूछी। सती को देखकर उलटे उनके सारे अंग जल उठे।

यह अपमान सती के लिए कुछ ज्यादा ही था। दक्ष ने सती के भीतर शिव को देखा। उन्होंने सती को अपनी पुत्री नहीं, शिव-पत्नी समझा, इसीलिए शत्रुता की आग में जल उठे। सती ने इस उपेक्षा को चुपचाप सहा और यज्ञवेदी का एक चक्कर लगाया।

सतीं जाइ देखेउ तब जागा।
कतहुँ न दीख संभु कर भागा॥

—तब सती ने जाकर यज्ञ देखा तो वहाँ कहीं शिव का भाग दिखाई नहीं दिया।

अब सती दक्षपुत्री के स्थान पर भवानी बन गयीं। पति का अपमान उन्हें भीतर तक हिला गया। अपने पिता की दुष्टता पर उन्हें बड़ा क्रोध आया। अपने परम प्रिय शिव की वाणी भी उन्हें याद हो आयी।

तब चित चढेउ जो संकर कहेऊ।
प्रभु अपमानु समुझि उर दहेऊ॥

—तब शिवजी ने जो कहा था वह उनकी समझ में आया। स्वामी का अपमान समझकर सती का हृदय जल उठा।

सती अब शिव के संकेतों को समझ पायीं। लेकिन अब तो पर्याप्त विलम्ब हो चुका था। सती अपमानित हो चुकी थीं। पति का अपमान साक्षात् उन्हें अपनी आँखों से दिखाई दे रहा था। हिन्दू स्त्री अपना अपमान सह सकती है, लेकिन पति का नहीं। सती के हृदय में यज्ञ की रचना देखकर आग लग गयी। वे अपने अपमान से तो पहले ही दुःखी थीं, लेकिन शिव के अपमान ने उन्हें मर्माहत कर दिया।

जद्यपि जग दारुन दुख नाना।
सब तें कठिन जाति अवमाना॥

—यद्यपि जगत् में अनेक प्रकार के दारुण दुःख हैं, लेकिन जाति का अपमान सबसे बढ़कर क़ठिन है।

'रामचरितमानस' का यही सबसे बड़ा सन्देश है। जाति के अपमान को कभी सहन नहीं करना चाहिए। हिन्दू जाति इसीलिए गुलाम हुई, क्योंकि उसने अपने अपमान को स्वीकार कर लिया। अपने सम्मान की रक्षा के लिए सती की तरह हिन्दू जाति आत्मदाह के लिए तैयार नहीं हुई, इसीलिए हजारों वर्षों तक गुलाम रही।

उन्नीसवीं शताब्दी में जब अंग्रेज सरकार भारतीय मजदूरों को गन्ना मजदूर के रूप में मॉरीशस, दक्षिण अफ्रीका, गुयाना, फिजी, सूरीनाम और ट्रिनीडाड जैसे देशों में ले गयी तो पूर्वी उत्तर प्रदेश और बिहार से जानेवाले वे निरीह मजदूर अपने साथ 'रामचरितमानस' ले गये थे। वे तुलसी की इस चौपाई को बार-बार दोहराते थे और अपनी जाति के अपमान को दूर करने के लिए अपने बच्चों से सती की तरह संघर्ष करने को कहते थे। इस चौपाई ने अमृत बनकर उनके जीवन की रक्षा की। आज वे अपने आप्रवास के देशों में प्रतिष्ठापूर्ण जीवन जी रहे हैं।

आखिर जाति का अपमान क्या है? जो जिसका प्राप्य हो वह उसे न मिले, यही जाति का सबसे बड़ा अपमान है। यज्ञ में शिव के प्राप्य को न देखकर सती हुंकार उठीं। माता ने उन्हें बहुत तरह से समझाया, पर उनसे शिव का अपमान सहा नहीं गया। माता के समझाने पर उन्हें तनिक भी शान्ति नहीं मिली। वह सारी सभा को हठपूर्वक डाँटकर क्रोध भरे वचनों में बोलीं—

सुनहु सभासद सकल मुनिंदा।
कही सुनी जिन्ह संकर निंदा॥

सो फलु तुरत लहब सब काहूँ।
भली भाँति पछिताब पिताहूँ॥

—हे सभासदो और मुनीश्वरो! सुनो, जिन लोगों ने यहाँ शिवजी की निन्दा की है या सुनी है, उन सबको उसका तुरन्त ही फल मिलेगा। मेरे पिता दक्ष भी भलीभाँति पछतायेंगे।

बड़ी अजीब बात है। यज्ञ में भाग ले रहे सभी ऋषि और देवगण दक्ष द्वारा की जा रही निन्दा को चुपचाप सुन रहे थे। उन्होंने तनिक भी प्रतिरोध नहीं किया। सत्ता से फायदा उठाने की लालसा लगता है, हर युग में रही है। सती ने ललकारकर इसी गर्हित सुख की ओर सबका ध्यान दिलाया। उन्होंने कहा कि शिव के अपमान के मूल में मेरे पिता हैं। उन्हें भी अपनी करनी पर पछताना पड़ेगा।

संत संभु श्रीपति अपबादा।
सुनिअ जहाँ तहँ असि मरजादा॥
काटिअ तासु जीभ जो बसाई।
श्रवन मूदि न त चलिअ पराई॥

—जहाँ सन्त, शिव और विष्णु की निन्दा सुनी जाय वहाँ ऐसी मर्यादा है कि यदि अपना वश चले तो उस निन्दक की जीभ क़ाट ले और नहीं तो कान मूँदकर वहाँ से भाग जाय।

जो व्यक्ति, समाज या राष्ट्र अपने आदर्शों की अवमानना चुपचाप सह लेता है वह नष्ट हो जाता है। आदर्शों की रक्षा जीवित होने का सबसे श्रेष्ठ प्रमाण है। सती हिन्दू धर्म के तीन आदर्शों की ओर हमारा ध्यान खींचती हैं। सबसे पहले वह सन्त की चिन्ता करती हैं। सन्त इस धरती का भगवान् होता है। वह जीवन के श्रेष्ठ मूल्यों का प्रतीक होता है। बड़े आश्चर्य की बात है, सती ने यहाँ सन्त कहा, ब्राह्मण नहीं; क्योंकि ब्राह्मण तो दक्ष के दरबार में दक्षिणा लेने के लिए बैठकर शिव की निन्दा में सहभागी हो रहे थे।

फिर सती शम्भु और विष्णु की बात करती हैं। इन दोनों देवताओं से ही हिन्दू समाज की आस्था जुड़ी हुई है। अतः उनका अपमान आस्था का अपमान होगा। सती कहती हैं कि यदि शक्ति हो तो ऐसे निन्दक को कभी नहीं छोड़ना चाहिए, यदि शक्ति न हो तो वहाँ से भाग जाना चाहिए।

जगदातमा महेसु पुरारी।
जगत जनक सब के हितकारी॥

—त्रिपुरारि महेश जगत् की आत्मा हैं। वे जगत् के पिता और सबका हित करनेवाले हैं।

शिव के तीन गुण सती बताती हैं। कहती हैं कि वे जगत् की आत्मा हैं। अपनी आत्मा का अपमान करना सबसे छोटा काम होता है। जगत् की आत्मा का अपमान करना तो भयानक अपराध है। शिव जगत् पिता हैं, सबके लिए कल्याणकारी हैं। वह किसीका बुरा नहीं चाहते। फिर उनका बुरा कैसे चाहा गया? इस महान् गर्हित पाप का किसी-न-किसीको तो प्रायश्चित्त करना ही होगा।

पिता मंदमति निंदत तेही।
दच्छ सुक्र संभव यह देही॥

—मेरा मन्द बुद्धि पिता उनकी निन्दा करता है और मेरा यह शरीर दक्ष के वीर्य से पैदा हुआ है।

सती अपने मन्द बुद्धि पिता के पाप के प्रक्षालन के लिए यह भयानक निर्णय ले रही हैं। वह कहती हैं कि मेरा पिता तो पश्चात्ताप नहीं कर रहा है, लेकिन मैं उसके वीर्य से उत्पन्न हुई हूँ, इसलिए मुझे ही यह दायित्व लेना पड़ेगा। पिता की करनी का फल सन्तान को मिलता है। सन्तान उससे बच नहीं सकती। इसीलिए सती निर्णय लेती हैं।

तजिहउँ तुरत देह तेहि हेतू।
उर धरि चंद्रमौलि बृषकेतू॥

—इसलिए चन्द्रमा को ललाट पर धारण करनेवाले शिवजी को हृदय में धारण करके मैं इस शरीर को तुरन्त ही त्याग दूँगी।

अपनी आस्था के लिए जो बलिदान दे सकने की क्षमता रखते हैं, वे सदा अपने आदर्श को संसार में प्रतिष्ठित कर पाने में सफल होते हैं। कायर व्यक्ति कुछ दिनों के लिए अपना जीवन भले ही बचा ले, अपने जीवनादर्शों को नहीं बचा पाता है। सती ने जीवन की आहुति दी। लेकिन उस स्वाहा से जीवन की आस्था को, शिव के सम्मान को और अधिक तेजस्वी बनाया।

अस कहि जोग अगिनि तनु जारा।
भयउ सकल मख हाहाकारा॥

—ऐसा कहकर सती ने योगाग्नि में अपना शरीर भस्म कर डाला। सारी यज्ञशाला

में हाहाकार मच गया।

पति का अपमान करनेवाले पिता की यज्ञाग्नि का भी उपयोग सती ने नहीं किया। उनकी आस्था वन्दनीय है। उन्होंने स्वयं योगाग्नि जलाकर अपना शरीर भस्म कर डाला। पिता के यज्ञ में शिव अपमान का जो दोष था, उसे सती ने अपने शरीर पर नहीं लगने दिया। अपने पति विरोधी पिता को सती यह भी अवसर नहीं देना चाहती थीं कि वह कहें कि शिव-पत्नी भवानी उनकी यज्ञ की लकड़ी में जलकर मरीं। सती ने अपनी आस्था की शुचिता और पवित्रता को कायम रखा।

सती के मरण को देखकर शिव के गण यज्ञ को विध्वंस करने लगे। चारों तरफ हाहाकार मच गया। भृगु ऋषि ने शिवगणों को समझा-बुझाकर यज्ञ की रक्षा की। लेकिन यह समाचार जब शिव तक पहुँचा तो शिव क्रोध से भर उठे। उन्होंने वीरभद्र को दक्ष को पाठ पढ़ाने के लिए भेजा।

जग्य बिधंस जाइ तिन्ह कीन्हा।
सकल सुरन्ह बिधिवत फल दीन्हा॥

—वीरभद्र ने वहाँ जाकर यज्ञ विध्वंस कर डाला और सभी देवताओं को यथोचित फल (दण्ड) दिया।

दक्ष की सत्ता का जो लोग भोग कर रहे थे, उन्हें शिव की शक्ति का ज्ञान नहीं था। जब शिव कुपित हुए तो सत्ता का संरक्षण उन्हें नहीं बचा सका। वीरभद्र ने देवताओं को दण्ड दिया और सारे यज्ञ को नष्ट कर डाला।

भै जगबिदित दच्छ गति सोई।
जसि कछु संभु बिमुख कै होई॥

—दक्ष की जगत्-प्रसिद्ध वही गति हुई जो शिवद्रोही की हुआ करती है।

जो सत्ता के अभिमान में भगवान् को भुला देता है, वह दक्ष की गति पाता है। सदा याद रखना चाहिए कि सत्ता प्रभु के कारण मिलती है, प्रभु सत्ता का मोहताज नहीं होता है। अत: सत्ता पाकर अभिमान करना अपने सर्वनाश को बुलाना है।

सतीं मरत हरि सन बरु मागा।
जनम जनम सिव पद अनुरागा॥

—सती ने मरते समय भगवान् श्रीहरि से यह वर माँगा कि मेरा जन्म-जन्म में शिवजी के चरणों में अनुराग रहे।

सती जानती थीं कि श्रीहरि के प्रति अपराध के कारण शिव ने उनका परित्याग किया है। इसीलिए वे उन्हींसे प्रार्थना करती हैं कि ऐसा आशीर्वाद दें जिससे शिवजी के चरणों में जन्म-जन्म तक उनका प्रेम बना रहे।

सती ने शिव का जो अपमान किया था, उसका प्रक्षालन उन्होंने पिता के यज्ञ में अपनी आहुति देकर कर दिया। शिव का अपमान उनके लिए असह्य है, यह उन्होंने अपने बलिदान से दिखा दिया। उनसे राम के प्रति भी अपराध हुआ था, उसका निवारण अभी शेष था। इस जन्म में तो सती उसे पूरा नहीं कर पायीं, लेकिन अगले जन्म में वह इस अपराध को भी धोना चाहती थीं। संशय को श्रद्धा में रूपान्तरित करने का अवसर उन्हें इस जीवन में तो नहीं मिला, लेकिन अगला जीवन वह खोना नहीं चाहती थीं। शिव-चरणों में बैठकर श्रद्धा से हरि गुणगान करने की उनकी अभिलाषा थी। श्रीहरि ने उनकी इच्छा पूरी की। उन्हें अगले जन्म में शिव भी मिले और श्रद्धा भी। संशय ने जहाँ उनका सर्वनाश किया था, श्रद्धा ने वहीं उनको अमर कर दिया।

जन्म

जनमीं पारबती तनु पाई

परमात्मा सम्पूर्ण श्रद्धा का नाम है। उसे तर्क से नहीं पाया जा सकता। ज्ञानी 'स्व' का विस्तार करके उसे पाता है और भक्त 'स्व' को समर्पित करके। सती ने परमात्मा को पाने के लिए दोनों मार्गों का परित्याग करके संशय का मार्ग चुना था। यह मोह उन्हें ले डूबा। पर जाते-जाते वे प्रभु हरि से एक वर माँग गयीं। जन्म-जन्म तक शिव-चरणों में प्रीति की उनकी इच्छा प्रभु ने पूरी की।

तेहि कारन हिमगिरि गृह जाई।
जनमीं पारबती तनु पाई॥

—शिव-चरणों में प्रेम के कारण उन्होंने हिमाचल के घर जाकर पार्वती के शरीर से जन्म लिया।

जब तक इच्छाएँ शेष हों, ज़ीवन जलप्रवाह की तरह सतत बहता रहता है। सती को सदैव शिव की संगिनी बनने की इच्छा थी, अत: उन्होंने फिर से जन्म लिया। उन्होंने पार्वती का शरीर धारण किया। पार्वती का अर्थ होता है पर्वत से पैदा होनेवाली। आध्यात्मिक रूप से हम देखेंगे तो पार्वती चट्टान की तरह हैं, जो अपने आदर्शों से कभी विचलित नहीं होतीं। संसार में उथल-पुथल हो जाये, पर पार्वती नहीं हिलती हैं। अपने आदर्शों के प्रति इतनी गहरी निष्ठा और आस्था संसार में अन्यत्र दुर्लभ है।

जब तें उमा सैल गृह जाईं।
सकल सिद्धि संपति तहँ छाईं॥

—जब से उमा हिमाचल के घर जनमीं तब से वहाँ सारी सिद्धियाँ और संपत्तियाँ छा गयीं।

जब भाग्यवान् सन्तान की उत्पत्ति होती है तो माता-पिता के भाग्य भी बदल जाते हैं। इसीसे पता चलता है कि मनुष्य इस संसार में अकेला नहीं है। सम्पूर्ण सृष्टि एक-दूसरे से जुड़ी हुई है। जहाँ सम्बन्धों की जितनी प्रगाढ़ता होती है वहाँ उतना ही प्रभाव पड़ता है। इस सृष्टि में हम सम्बन्धहीन नहीं जी सकते। इसीलिए सुविचार और कुविचार दोनों समस्त सृष्टि जीवन पर अपना प्रभाव डालते हैं। पार्वती के पैदा होते ही परिवार में समृद्धि आ गयी। हिमाचल तो पहले से ही राजा थे, पर पार्वती ने उनके राज-वैभव को और बढ़ा दिया।

सदा सुमन फल सहित सब द्रुम नव नाना जाति।
प्रगटीं सुंदर सैल पर मनि आकर बहु भाँति॥

—उस सुन्दर पर्वत पर बहुत प्रकार के सब नये-नये वृक्ष सदा पुष्प-फल युक्त हो गये और वहाँ बहुत तरह की मणियों की खानें प्रकट हो गयीं।

पार्वती के जन्म से हिमाचल के घर में समृद्धि आने के साथ-ही-साथ प्रकृति भी समृद्ध हो गयी। फूल जब खिलता है तो केवल माली या उपवन के मालिक को ही नहीं, सबको सुवासित करता है। पार्वती हिमाचल के घर फूल की तरह खिली थीं। प्रकृति का कण-कण आनन्द और उल्लास से भर गया था।

सरिता सब पुनीत जलु बहहीं।
खग मृग मधुप सुखी सब रहहीं॥

—सारी नदियों में पवित्र जल बहता है। पशु, पक्षी और भ्रमर सभी सुखी रहते हैं।

यह स्थिति संयत जीवन की निशानी है। जब मनुष्य प्रकृति के साथ समरस जीवन जीता है तो प्रकृति अपना सर्वोत्तम उसे प्रदान करती है। जल जीवन का आधार है। वह पुनीत रहे तो जीवन स्वस्थ रहता है। संसार की अधिकांश बीमारियाँ जल के प्रदूषण से होती हैं। जल के शुद्ध रहने से उसके आसपास रहनेवाले पशु-पक्षी आदि परम सुखी रहते हैं। पार्वती के जन्म का सब पर प्रभाव पड़ा है।

सहज बयरु सब जीवन्ह त्यागा।
गिरि पर सकल करहिं अनुरागा॥

—सब जीवों ने अपना स्वाभाविक वैर छोड़ दिया है। पर्वत पर सभी परस्पर प्रेम करते हैं।

जहाँ जीवन के प्रति मित्रभाव की साधना की जाती है वहाँ शत्रुता अपने आप

समाप्त हो जाती है। वन में ऋषियों के आश्रम में सहज रूप से वैरभाव में जीनेवाले जीव-जन्तु भी मित्र बन जाते हैं। यह इस बात का प्रमाण है कि मनुष्य के स्वभाव का प्रभाव केवल मनुष्य पर ही नहीं, जीव-जन्तुओं पर भी पड़ता है। समूची प्रकृति अच्छे और बुरे विचार से प्रभावित होती है। पार्वती शिव की चिर संगिनी हैं, जगज्जननी हैं। उनका स्वभाव प्रेम से परिपूर्ण है। शत्रुता की छाया भी उनके ऊपर नहीं पड़ती है। अत: हिमाचल के घर उनके आगमन से समूचा वातावरण मित्रभाव से भर उठा है।

सोह सैल गिरिजा गृह आएँ।
जिमि जनु रामभगति के पाएँ॥

—पार्वती के घर आ जाने से पर्वत ऐसा शोभायमान हो रहा है जैसा रामभक्ति को पाकर भक्त शोभायमान होता है।

मनुष्य का सबसे बड़ा गौरव यह है कि वह अपने जीवन का उपयोग परमात्मा की प्राप्ति के लिए कर सकता है। मनुष्य देह परमात्मा तक पहुँचने की सीढ़ी है। मानव शरीर की शोभा इसीमें है कि वह परमात्मा को पाने का प्रयत्न करे। प्रभु की भक्ति पाकर मनुष्य-जीवन धन्य हो जाता है।

पार्वती को पाकर हिमाचल उसी तरह से धन्य हुए हैं जैसे रामभक्ति को पाकर भक्त धन्य हो जाता है। जैसे भक्ति जीवन को सबकुछ प्रदान करती है उसी तरह पार्वती हिमाचल को सबकुछ दे रही हैं। भक्ति को पा जाने पर भक्त का सारा अभाव-दारिद्र्य नष्ट हो जाता है। इसीलिए मीरा गाती हैं कि 'पायो री मैंने, राम रतन धन पायो'—मुझे मिल गया है, राम रूपी रत्न का धन मिल गया है। राम को पाने पर भक्त के जीवन का मोल बढ़ जाता है। वह माटी से सोना बन जाता है। भक्तिहीन देह तो केवल माटी ही होती है।

प्रसिद्ध सूफी सन्त जलालुद्दीन रूमी को एक लुटेरे ने पकड़ लिया था। वह उन्हें गुलाम के रूप में बेचकर कुछ धन कमाना चाहता था।

रास्ते में एक धनी व्यक्ति ने रूमी को देखा और पहचान लिया। उसने लुटेरे से कहा, "मैं दो हजार दीनार दूँगा, इन्हें मेरे हाथों बेच दो।"

सौदा अच्छा था। आज तक किसी गुलाम का इतना दाम लुटेरे को नहीं मिला था। वह राजी हो गया। लेकिन रूमी चिल्लाये, "यह कम है, अभी और मिलेगा। तुम मुझे ले चलो।"

लुटेरे को लालच आ गया। वह रूमी को लेकर आगे बढ़ा। थोड़ी दूर पर एक

और धनी आदमी ने रूमी को पहचान लिया। उसने कहा, "मैं चार हजार दीनार दूँगा, इन्हें मुझे दे दो।"

लुटेरा अपने को रोक नहीं पाया। वह रूमी को बेचने के लिए तैयार हो गया। लेकिन रूमी चिल्लाये, "अभी दाम कम है, और आगे बढ़ो।"

लुटेरे ने देख लिया था कि दाम बढ़ता जा रहा है। उसने रूमी की बात मान ली। वह आगे बढ़ा। रास्ते में एक गरीब मजदूर मिला। उसके सिर पर घास की गठरी थी। उसने रूमी को पहचान लिया। हाथ जोड़कर लुटेरे से बोला, "यह घास का गट्ठर ले लो, इन्हें मुझे दे दो।"

लुटेरा कुछ बोलता कि रूमी चिल्लाये, "हाँ, इसने सही दाम लगाया है। इसे दे दो। इस शरीर का मोल घास के गट्ठर से अधिक कुछ भी नहीं है।"

मानव शरीर का मोल परमात्मा की भक्ति के कारण होता है। पार्वती भक्ति की अवतार थीं। उनके रोम-रोम में शिव समाये हुए थे। इसीलिए उन्हें पाकर हिमाचल धन्य हो गये।

पार्वती के जन्म से हिमाचल के राज्य में सुख-वैभव छा गया था। इस विचित्र स्थिति का समाचार सुनकर वहाँ नारद पहुँच आये।

सैलराज बड़ आदर कीन्हा।
पद पखारि बर आसनु दीन्हा॥

—पर्वतराज हिमाचल ने उनका बड़ा आदर किया और चरण धोकर उनको उत्तम आसन दिया।

हिन्दू धर्म में चरण धोने की प्रथा बड़ी पुरानी है। इससे मनुष्य के हृदय का आदरभाव प्रकट होता है। पाँव मनुष्य की यात्रा के प्रतीक हैं। बिना पाँव के मनुष्य लक्ष्य तक की जय यात्रा नहीं कर सकता। अतः पाँवों की बड़ी महिमा है। नारद अपने पाँवों से चलकर आये थे। अतः उनको धोकर हिमाचल ने अपनी श्रद्धा व्यक्त की और ऋषि को श्रेष्ठ आसन पर बैठाया। आसन से ही आदर की पहचान होती है। यदि आप किसीको बाहर ही मिलकर विदा कर देते हैं तो कम आदर का भाव दिखाई देता है। किसीको बरामदे में कुरसी पर बैठने के लिए कहते हैं तो आदरभाव थोड़ा अधिक बढ़ जाता है। लेकिन यदि किसीको आप अपने घर के ड्राइंगरूम में ले जाते हैं, उसे अच्छी तरह बैठाकर चाय-पानी के लिए पूछते हैं तो यह आदर की सर्वोत्तम स्थिति होती है। इस तरह हम आसन से आदर की पहचान कर पाते हैं।

नारि सहित मुनि पद सिरु नावा।
चरन सलिल सबु भवनु सिंचावा॥

—अपनी स्त्री सहित मुनि के चरणों में सिर नवाया। उनके चरणोदक को सारे घर में छिड़काया।

धर्मकार्य में हमेशा पत्नी को साथ रखना चाहिए। गृहस्थ जीवन बिना पत्नी के अधूरा होता है। पूजा-पाठ और सन्त-दर्शन में पत्नी के साथ होने से गृहस्थ धर्म की मर्यादा बढ़ती है। अतः राजा ने पत्नी के साथ नारदजी को प्रणाम किया।

राजा ने नारद के चरणों के जल का सारे राजमहल में छिड़काव किया। इसका एक गहरा अर्थ है—ऋषि-मुनियों के चरण तीर्थों में घूमते रहते हैं। ये चरण भूलकर भी अपवित्र स्थान में कभी नहीं जाते। अतः इनके भीतर तीर्थों की महिमा बसी होती है। तीर्थों का पुण्य इनमें समाया होता है। हर गृहस्थ तीर्थयात्रा नहीं कर पाता है। करता भी है तो एक-दो की। ऋषि-मुनियों की तरह अनेक तीर्थों की यात्रा उससे प्रायः सम्भव नहीं होती। अतः वह ऋषियों के पाँव को धोकर सम्पूर्ण तीर्थयात्राओं का पुण्य प्राप्त कर लेता है।

भावना में सर्वाधिक शक्ति होती है। कहा भी गया है कि मानो तो देव, नहीं तो पत्थर। अपनी अपार श्रद्धा के कारण गृहस्थ भक्त ऋषि-मुनियों में प्रभु के दर्शन करता है, उनके चरणों में तीर्थों का वास देखता है। अतः उनके पैरों को धोकर, चरणोदक लेकर परम पवित्र बन जाता है।

महाराज हिमाचल ने नारद की पूजा करने के बाद अपनी पुत्री पार्वती को बुलाकर उनके चरणों में डाल दिया।

त्रिकालग्य सर्बग्य तुम्ह गति सर्बत्र तुम्हारि।
कहहु सुता के दोष गुन मुनिबर हृदयँ बिचारि॥

—हे मुनिवर! आप त्रिकालज्ञ और सर्वज्ञ हैं। आपकी सर्वत्र पहुँच है। अतः आप हृदय में विचार कर कन्या के दोष-गुण कहिए।

हिमाचल ने नारदजी से यह नहीं कहा कि ग्रह-नक्षत्रों को देखकर कन्या का भविष्य बताइए। उन्होंने कहा कि हृदय में विचार करके बताइए। कारण साफ है। नारद ज्योतिषी नहीं, सिद्ध ऋषि थे। नक्षत्रों की भाषा उतनी सटीक नहीं होती है जितनी ऋषियों की।

एक राजा ने ज्योतिषी को अपना भाग्य दिखलाया। ज्योतिषी ने गणना करके बताया कि राजा की मृत्यु दस महीने में हो जायेगी। राजा एकदम घबड़ा गया। मृत्यु

के भय से उसने चारपाई पकड़ ली। मन्त्री समझदार था। उसने राजा से कहा, "यह ज्योतिषी झूठा है। आपको कुछ नहीं होगा।"

लेकिन राजा ज्योतिषी की बातों पर अधिक विश्वास कर रहा था। उसने मन्त्री की बात नहीं सुनी। हारकर मन्त्री ने ज्योतिषी को फिर बुलाया और कहा, "फिर से गणना करके बताओ।"

ज्योतिषी ने फिर से गणना करके देखा और बोला, "मेरी गणना एकदम ठीक है। राजा दस महीने बाद मर जायेंगे।"

मन्त्री ने कहा, "ज्योतिषीजी! आप अपने बारे में बताइए, आपकी मृत्यु कब होगी?"

ज्योतिषी ने कहा, "मैं बारह वर्ष बाद मरूँगा।"

मन्त्री ने तलवार निकाली और ज्योतिषी की गरदन काट दी तथा राजा से बोला, "महाराज! यह ज्योतिषी झूठा था।"

ज्योतिषी गणना से भविष्य बताता है और सिद्ध पुरुष अन्त:प्रेरणा से। महात्माओं की अन्त:प्रेरणा ज्यादा विश्वसनीय होती है।

पार्वती के भविष्य के बारे में पूछते हुए महाराज हिमाचल उनके दोष-गुण पूछते हैं। सन्तान के संस्कार के लिए यह आवश्यक है। यदि दोष और गुण पता चल जायें तो सन्तान के लालन-पालन में सुविधा होती है। माता-पिता दोष को कम करने और गुण को बढ़ाने का प्रयत्न कर सकते हैं।

कह मुनि बिहसि गूढ़ मृदु बानी।
सुता तुम्हारि सकल गुन खानी॥

—नारदजी ने हँसकर रहस्यमय कोमल वाणी में कहा—तुम्हारी कन्या सब गुणों की खान है।

कन्या गुणवती हो जाये तो माता-पिता धन्य हो जाते हैं। कन्या को पराये घर जाना होता है, उस घर में संस्कार डालना होता है। यदि कन्या ही गुणवती और संस्कारशील नहीं हुई तो जिस परिवार में जायेगी उसे कलह से भर देगी। नारद कहते हैं कि पार्वती 'सकल गुण खानी' हैं। सकल गुण यदि किसी कन्या में आ जायें तो माता-पिता की प्रसन्नता का कहना ही क्या!

कन्या के गुणवती होने पर हिन्दू धर्म में बहुत बल दिया गया है। स्वामी विवेकानन्द कहा करते थे कि यदि एक लड़की गुणवती, शिक्षिता और संस्कारवती हो जाये तो एक पूरी पीढ़ी सुधर जाती है। महात्मा गांधी कहते थे कि एक स्त्री

योग्य हो तो वह हजारों श्रेष्ठ पुरुषों को जन्म दे सकती है। इसीलिए हिन्दू धर्म में माता के स्थान को पिता से ऊँचा माना गया। माता जीवन देती ही नहीं है, जीवन का संस्कार भी करती है। संसार के सारे महापुरुष अपनी माताओं के ऋणी हैं। राम 'कौसल्या हितकारी' हैं। कृष्ण 'देवकी परमानन्दम्' हैं। छत्रपति शिवाजी महाराज का अपनी माँ के प्रति प्रेम जगद्‌विख्यात है।

सुंदर सहज सुसील सयानी।
नाम उमा अंबिका भवानी॥

—यह स्वभाव से ही सुन्दर, सुशील और समझदार है। उमा, अम्बिका और भवानी इसके नाम हैं।

स्त्री के लिए कौन से गुण परिवार और समाज के लिए उपादेय होते हैं, इसका विवरण नारदजी प्रस्तुत करते हैं। वह कहते हैं कि पार्वती स्वभाव से सुन्दर हैं। वस्तुतः स्वभाव ही व्यक्ति का वास्तविक सौन्दर्य होता है। वस्त्र और आभूषण से जो सौन्दर्य प्राप्त किया जाता है, वह सतही होता है। उसमें आन्तरिकता नहीं होती।

स्वभाव का सौन्दर्य चिर आकर्षक होता है। ऐसे सौन्दर्य का आकर्षण कभी घटता नहीं है। स्वभाव का सौन्दर्य आखिर है क्या? यह व्यवहार में प्रकट होता है। शुचिता, मृदुता, स्नेह और अपनापन इसके प्रमुख लक्षण हैं। ऐसे व्यक्ति से मिलते ही मन उसकी ओर खिंच जाता है। उसकी उपस्थिति सदा मन को शान्त करती है।

पार्वती सुशील भी हैं। सौन्दर्य होना ही आकर्षक व्यक्तित्व के लिए पर्याप्त नहीं है। ऐसे व्यक्ति को सच्चरित्र भी होना चाहिए। चरित्र का बल सौन्दर्य को और प्रभावी बनाता है। संसार में बहुत सारे लोग स्वभाव से सौन्दर्यवान् होते हैं; शुचिता, मृदुता और स्नेह के प्रतीक होते हैं, लेकिन चरित्र से दुर्बल होते हैं। चरित्र की कमजोरी सौन्दर्य के सारे गौरव को नष्ट कर देती है।

सौन्दर्य और चरित्र के साथ-ही-साथ व्यक्ति में समझदारी भी होनी चाहिए। अगर व्यक्ति में बुद्धि-विवेक न हो तो उसका व्यक्तित्व कल्याणकारी नहीं बन पाता है। बुद्धि और विवेक परमात्मा द्वारा मनुष्य को दिया गया सबसे बड़ा उपहार है। यही उसे समस्त सृष्टि-जीवन में विशिष्ट बनाता है।

सब लच्छन संपन्न कुमारी।
होइहि संतत पियहि पिआरी॥

—कन्या सब सुलक्षणों से सम्पन्न है। यह अपने पति को सदा प्यारी होगी।

माता-पिता को इससे बड़ा और कोई सुख नहीं चाहिए कि उनकी कन्या सुलक्षणी है और पति को सदा प्यारी बनी रहेगी। जीवन में स्त्री के लिए सबसे बड़ा दुर्भाग्य यही होता है कि वह सर्वगुण-सम्पन्न होते हुए भी अच्छा वर नहीं प्राप्त कर पाती है। वह पति को तो प्यार करती है, लेकिन पति उसे प्यार नहीं करता है। जीवन की गाड़ी समरस न रहकर लड़खड़ाते हुए चलती है। इसीलिए अच्छे पति का मिलना बड़ा सौभाग्य माना जाता है। 'सदा प्यार करनेवाला' पति तो और भी भाग्य से मिलता है।

जीवन की विसंगति यह है कि स्त्रियाँ प्रायः पति के प्रति निष्ठावान् होती हैं, लेकिन पति पूर्णरूप से निष्ठावान् कम ही मिलते हैं। एक स्त्री का पति उसकी सुख-सुविधा का बड़ा खयाल रखता था, लेकिन और स्त्रियों के साथ रँगरेलियाँ मनाने में भी कमी नहीं करता था। एक दिन जब उसकी पत्नी ने आपत्ति की तो वह विनम्रतापूर्वक बोला, "प्रिये! मैं तुम्हें मन की गहराइयों से प्यार करता हूँ। केवल यह शरीर इधर-उधर भागता रहता है। उसकी ज्यादा चिन्ता न करो। मन तुम्हारे पास ही है।"

पुरुष प्रायः तन और मन से एकनिष्ठ होकर कम ही प्यार कर पाता है; पर स्त्री अपने प्रेम में तन और मन दोनों से निष्ठावान् होती है। किन्तु नारद ने घोषणा की कि पार्वती को प्रेम करनेवाला पति मिलेगा। प्रायः आशीर्वाद में यही कहा जाता है कि तुम पति को प्यारी हो; क्योंकि पति को प्यारी होना स्त्री का सबसे बड़ा सौभाग्य है।

सदा अचल एहि कर अहिवाता।
एहि तें जसु पैहहिं पितु माता॥

—इसका सुहाग सदा अचल रहेगा और इसके माता-पिता यश पायेंगे।

स्त्री कभी विधवा न हो, उसका सुहाग सदा बना रहे, यही उसकी सबसे बड़ी चाह होती है। हमारे धर्म में सबकुछ दाँव पर लगाकर भी स्त्रियों ने सुहाग की रक्षा की है। सावित्री ने सत्यवान को मृत्यु के मुख से छीना था। अपने माथे के सिन्दूर को बचाने के लिए स्त्री हर बलिदान करना चाहती है। पार्वती को यह आशीष सहज ही मिल रहा था। उनका पति उन्हें कभी अकेला छोड़कर नहीं जायेगा।

नारद कहते हैं कि पार्वती के कारण उनके माता-पिता भी यशस्वी होंगे। स्त्री का सुहाग अमर हो जाये, माता-पिता यशस्वी हो जायें तो और चाहिए ही क्या!

सन्तान के द्वारा पहचाने जाने पर माता-पिता को बड़ा सुख मिलता है।

होइहि पूज्य सकल जग माहीं।
एहि सेवत कछु दुर्लभ नाहीं॥

—यह सारे संसार में पूज्य होगी और इसकी सेवा करने से कुछ भी दुर्लभ न होगा।

संसार में सुखी होकर जीना अच्छी बात है, लेकिन यशस्वी होकर जीना और भी अच्छा है। जो संसार में अपने आचरण से वन्दनीय बन जाये वही धन्य होता है। इसीलिए हिन्दू धर्म में आचरण को बहुत महत्त्व दिया गया है। मनु ने कहा कि संसार को आचरण से ही सीख देनी है। पुस्तक का ज्ञान प्रभावी नहीं होता है।

नारद कहते हैं कि पार्वती का आचरण सारे जगत् में वन्दनीय बनेगा। जो इसकी सेवा करेगा उसके लिए संसार में कुछ भी दुर्लभ नहीं रहेगा। जो यशस्वी होते हैं, वे दूसरों के जीवन को भी यशपूर्ण बना देते हैं। वे किसीको खाली हाथ अपने पास से नहीं लौटने देते हैं।

एहि कर नामु सुमिरि संसारा।
त्रिय चढ़िहहिं पतिब्रत असिधारा॥

—संसार में स्त्रियाँ इसका नाम स्मरण करके पतिव्रत रूपी तलवार की धार पर चढ़ जायेंगी।

वही जीवन धन्य होता है जो दूसरों को प्रेरित करता है। यदि किसीका चरित्र इतना ऊँचा हो जाये कि वह दूसरों के मन में ललक पैदा कर दे तो समझना चाहिए कि मनुष्य के भीतर देवत्व का अवतरण हो गया है। पार्वती के बारे में नारद कहते हैं कि यह पतिव्रत धर्म की सर्वोच्च आदर्श होंगी। इनके नाम का स्मरण करके स्त्रियाँ अपने पतिव्रत धर्म का पालन करेंगी।

एकनिष्ठता का धर्म बड़ा कठिन होता है। पति पत्नी के प्रति और पत्नी पति के प्रति एकान्त रूप से निष्ठावान् बन जाये तो फिर गृहस्थ के लिए और किसी पूजा-प्रार्थना की आवश्यकता नहीं होती। मन चंचल है। वह वासना-कामना की ओर भागता है। सबसे बड़ी कामना रूप के प्रति आसक्ति होती है। काम के प्रति आकर्षण सबसे प्रबल होता है। इसीलिए गृहस्थ धर्म में काम के संयम की नींव डाली जाती है। एक पत्नी या एक पतिव्रत का नियम काम-वासना को अनुशासित करता है।

जब एक बार एक के साथ जुड़ने का भाव मनुष्य के भीतर आ जाता है तो

वह फिर एक परमात्मा के प्रति जागरूक हो उठता है। हिन्दू धर्म उस एक सत्ता तक हर व्यक्ति को ले जाने के प्रयत्न का नाम है। गृहस्थ व्यक्ति अपनी एकनिष्ठा के बल पर वहाँ तक पहुँचने का प्रयत्न करता है।

पतिव्रत धर्म को तलवार की धार कहा गया है; क्योंकि यह बहुत कठिन है। काम-वासना एक प्राकृतिक नियम है। यह हर स्त्री-पुरुष के भीतर एक-दूसरे को देखकर पैदा होती है; लेकिन मनुष्य को उन्नत बनाने के लिए इसपर अनुशासन डाला गया है। मनुष्य जीवन के हर सम्बन्ध को एक गरिमा प्रदान की गयी है। काम-वासना को स्थान केवल पति-पत्नी के बीच दिया गया है। अन्य सभी सम्बन्धों में व्यक्ति को इससे ऊँचा उठने को कहा गया है।

मनुष्य जब काम को जीतकर एकनिष्ठ बन जाता है तो वह संसार के अनेक आकर्षणों से मुक्त हो जाता है। स्त्री के मन में शृंगार के प्रति सहज आकर्षण होता है। वह बनना-सँवरना चाहती है। इसीलिए पतिव्रत धर्म पर चलना उसके लिए कठिन कार्य होता है। लेकिन पार्वती जैसे आदर्श चरित्र की प्रेरणा पाकर वह इस धर्म का निर्वाह कर लेती है।

पार्वती के सभी गुणों और लक्षणों को बताने के बाद नारद कहते हैं कि कन्या का वर ऊपरी तौर पर देखने में पार्वती जैसा सौभाग्यशाली नहीं है।

अगुन अमान मातु पितु हीना।
उदासीन सब संसय छीना॥

—वह गुणहीन, मानहीन, माता-पिताविहीन, उदासीन और संशयहीन है।

यह तो भयानक बम विस्फोट है। नारद पार्वती के गुणों को गिनाने के बाद अब उनके भावी पति के गुण गिना रहे हैं। ये गुण अत्यन्त आश्चर्यकारी हैं।

एक मनुष्य ने किसी वर की सराहना करते हुए एक बार कहा, "वर बहुत अच्छा है, सुन्दर है, धनी है, पढ़ा-लिखा है, पत्नी को प्यार करनेवाला है; लेकिन कमी यही है कि दिमाग से पागल है।"

पार्वती के सामने भी यह समस्या आ रही है। उनके होनेवाले पति गुणहीन होंगे, मानहीन होंगे, माता-पिताविहीन होंगे, उदासीन और संशयहीन होंगे। भला ऐसे वर से कौन अपनी कन्या का विवाह करेगा? ऊपर से देखने में ये लक्षण बहुत भयंकर लगते हैं। ऐसे व्यक्ति को अपनी कन्या देने को सोचकर कोई भी माँ-बाप काँप जायेंगे। लेकिन शिव के साथ जोड़ने से ये लक्षण बड़े गुण बन जाते हैं।

शिव गुणहीन हैं। उन्हें प्रकृति के तीन गुण—सत्त्व, रजस् और तमस् बाँधते

नहीं हैं। वे मानहीन हैं। वे शरीर के अहंकार से पैदा होनेवाले मान-अपमान से परे हैं। वे माता-पिताविहीन हैं—अर्थात् स्वयंभू हैं। वे उदास हैं। संसार की कामनाएँ-वासनाएँ उन्हें बाँध नहीं पाती हैं। वे संशयहीन हैं। उनके भीतर कोई चिन्ता नहीं है। वे समस्त जागतिक चिन्ताओं से परे हैं।

जोगी जटिल अकाम मन नगन अमंगल बेष।
अस स्वामी एहि कहँ मिलिहि परी हस्त असि रेख॥

—जोगी, जटाधारी, निष्काम हृदय, नंगा और अमंगल वेशवाला—ऐसा पति इसको मिलेगा। इसके हाथ में ऐसी ही रेखा पड़ी है।

विवाह एक सांसारिक इच्छा है। योगी सांसारिक इच्छा से परे होता है, अत: उससे विवाह करने का अर्थ क्या? हर पत्नी अपने पति को रूपवान् देखना चाहती है। जटाधारी तो देखने में कुरूप लगेगा। विवाह हृदय की कामनाओं की पूर्ति का साधन होता है। यदि कोई निष्काम हृदयवाला हो तो उससे विवाह का लोभ ही क्या! वर-वधू एक-दूसरे को सुन्दर वेश में देखना चाहते हैं। यदि कोई नंगा हो और अशुभ वेश धारण करता हो तो भला उससे कौन विवाह करेगा! ऐसा पति पाकर कौन स्त्री भाग्यवान् कही जायेगी?

किन्तु आश्चर्य है कि शिव के पास जाकर ये दुर्गुण गुण में बदल जाते हैं। शिव योगी हैं, लेकिन बहुत प्यार करते हैं। जटाधारी हैं, लेकिन परम रूपवान् हैं। निष्काम हैं, पर औघड़दानी हैं; हर इच्छित वस्तु का खुलकर दान करते हैं। नग्न और अमंगल वेशधारी हैं, पर परम शुभ हैं। उनके शरीर की विभूति सबका कल्याण करती है।

भगवान् शिव में शुभ और अशुभ दोनों समाहित हैं। वे दो विपरीत प्रवृत्तियों को आपस में मिला देते हैं। मृत्यु के देवता होते हुए भी वे परम कल्याणकारी हैं। त्रिनेत्रधारी होते हुए भी आशुतोष हैं। क्रोध के साथ-ही-साथ परम कृपा भी करते हैं। शिव संसार और अध्यात्म के मिलन बिन्दु हैं। वे संसार के अन्तिम स्थल श्मशान में बैठते हैं। वे अध्यात्म के अन्तिम शिखर समाधि में भी रमे रहते हैं। शिव में समाहित होकर जीवन पूर्ण पवित्र और निर्भय हो जाता है।

सुनि मुनि गिरा सत्य जियँ जानी।
दुख दंपतिहि उमा हरषानी॥

—नारद मुनि की वाणी सुनकर और उसको हृदय में सत्य जानकर पति-पत्नी

(हिमाचल और मैना) को दु:ख हुआ और पार्वती प्रसन्न हो गयीं।

अभी तक नारदजी ने खुलकर नहीं बताया था कि ऊपर से कुलक्षणों से युक्त दिखनेवाला वर शिव के रूप में परम सुलक्षण हो जायेगा। इसीलिए पार्वती के माता-पिता परेशान हो उठे। भला कौन अपनी कन्या को किसी कुलक्षणी वर को देगा? लेकिन पार्वती परम प्रसन्न हो उठीं। उनका जन्म-जन्मान्तर का प्रेम जाग गया है। नारद के मन में भी अभी यह नहीं आया था कि पार्वती समझ जायेंगी। लेकिन जब आन्तरिक प्रीति होती है तो वह तनिक सा संकेत पाकर भी जाग्रत् हो जाती है। अभी पार्वती ने शिव का नाम नहीं सुना था; लेकिन उनके लक्षण को सुनकर ही वह परम प्रसन्न हो उठीं।

होइ न मृषा देवरिषि भाषा।
उमा सो बचनु हृदयँ धरि राखा॥

—देवर्षि के वचन असत्य नहीं हो सकते। यह विचारकर पार्वती ने उन वचनों को हृदय में धारण कर लिया।

अगर किसी साधारण ज्योतिषी ने यह भविष्यवाणी की होती तो शायद पार्वती को विश्वास नहीं होता, लेकिन ये वचन देवर्षि नारद के हैं। वे त्रिकालदर्शी हैं। उनके लिए जगत् में कुछ भी अजाना नहीं है।

हमारे शास्त्र कहते हैं कि मन जब समाधिस्थ हो जाता है तो वह निर्विकार हो जाता है, एक स्वच्छ दर्पण बन जाता है। उसके ऊपर अखण्ड काल की छवि एकदम स्पष्ट दिखाई देती है। वहाँ विभाजित काल—भूत, वर्तमान और भविष्य—अपना अस्तित्व खो बैठता है। अपनी इसी क्षमता के कारण नारद ने पार्वती का भविष्य साफ-साफ देख लिया था। हमारे धर्मग्रन्थों में कहीं यह नहीं लिखा है कि नारद ज्योतिषी थे। उन्हें समाधिस्थ ऋषि होने के कारण काल की गति पहचानने की क्षमता प्राप्त थी।

पार्वती ने देवर्षि के वचनों को अपने हृदय में धारण कर लिया। अब उनके मन में यह विश्वास जम गया कि शिव ही उन्हें पति के रूप में प्राप्त होंगे। पार्वती ने सती के रूप में आत्मदाह करते समय श्रीहरि से शिव को पति के रूप में अवश्य माँगा था, लेकिन श्रीहरि से 'एवमस्तु' का आश्वासन उन्हें नहीं मिला था। अत: निश्चित रूप से मन में संशय का एक भाव रहा होगा कि क्या पता शिवजी उन्हें अपनी पत्नी के रूप में स्वीकार करेंगे या नहीं। अपनी ओर से किसीको वर के रूप में पाने के लिए प्रयत्न किया जा सकता है; लेकिन वह भी स्वीकार करेगा, यह

कहना कठिन है।

एक व्यक्ति की उमर बीत गयी, लेकिन उसका विवाह नहीं हुआ। उसके मित्र ने पूछा, ''भई, तुमने विवाह क्यों नहीं किया? तुम्हारे पास तो सबकुछ था। सुन्दर शरीर, धन-दौलत, घर-बार—किसी चीज की कमी नहीं थी। फिर तुमने विवाह क्यों नहीं किया?''

वह व्यक्ति बोला, ''असल में मुझे एक आदर्श पत्नी की तलाश थी। इसीलिए विवाह नहीं हो पाया।''

''क्या कोई आदर्श पत्नी इस धरती पर मिली ही नहीं?'' मित्र ने पूछा।

''मिली,'' उस व्यक्ति ने मायूस होकर कहा, ''लेकिन वह आदर्श पति खोज रही थी। मुझमें आदर्श पति का कोई लक्षण नहीं था।''

जीवन में प्राय: ऐसा होता है कि अकेले के चाहने से सम्बन्ध नहीं बनता है। सती पार्वती बनकर शिव को अवश्य चाह रही थीं, लेकिन शिव उन्हें चाहेंगे, यह पक्का पता नहीं था। नारद ने इसे पक्का कर दिया। पार्वती परम प्रसन्न हो उठीं।

नारद की घोषणा से पार्वती तो परम प्रसन्न हो उठीं, लेकिन पार्वती की माँ मैना का मन व्याकुल हो उठा। वह अत्यन्त सोच में पड़ गयीं।

पतिहि एकांत पाइ कह मैना।
नाथ न मैं समुझे मुनि बैना॥

—पति को एकान्त में पाकर मैना ने कहा—हे नाथ! मैंने मुनि के वचनों का अर्थ नहीं समझा।

लड़की के विवाह के लिए पिता से ज्यादा माँ चिन्तित होती है, क्योंकि वह जानती है कि जवान लड़की के अविवाहित रहने का अर्थ क्या होता है। सभी लोग माँ से आकर पूछते हैं, 'अरे, तुम्हारी बिटिया का विवाह कब हो रहा है?' यह सुनकर माँ का कलेजा फट जाता है। लेकिन माँ यह भी नहीं चाहती कि उसकी लड़की किसी खराब वर के हाथों पड़ जाये। इसीलिए मैना कह रही हैं कि मैं मुनि की बात नहीं समझ पायी।

नारद मुनि के वचन माता-पिता के लिए बड़े दु:खदायी थे। आरम्भ में उन्होंने कह दिया था कि उसका नाम उमा, अम्बिका और भवानी है। इसीसे साफ हो जाना चाहिए था कि पार्वती के पति शिव होंगे; लेकिन उन्होंने बात को उलटी-सीधी करके कहा। उन्होंने सभी लक्षण वर में गिनाये, किन्तु यह कह दिया कि ये लक्षण शिव में हैं और किसी और में भी हो सकते हैं। साथ-ही-साथ यह भी जोड़

दिया कि शिव में ये लक्षण होंगे तो शुभ हो जायेंगे और यदि किसी और में होंगे तो अशुभ होंगे।

पता नहीं नारद को इतना घुमा-फिराकर कहने की क्या आवश्यकता थी। जब उन्होंने स्पष्ट कह दिया था कि यह भवानी है तो एक अबोध बच्चा भी समझ सकता है कि पार्वती शिव की संगिनी बनेंगी।

पार्वती की माँ नारद की इसी घुमावदार भाषा से व्याकुल हो उठीं। उन्होंने सोचा कि शिव से अगर विवाह हो गया तो ठीक है, ये सभी दुर्गुण उनके भीतर समाहित होकर गुण बन जाते हैं; लेकिन यदि कोई और व्यक्ति उन्हीं लक्षणोंवाला पार्वती को मिल गया, तब तो मेरी लाडली मारी जायेगी। जिसे मैंने इतने प्यार से पाला है वह एक निहंग के घर अनिकेत बनकर कैसे रहेगी? जो सदा फूलों की सेज पर सोयी है, वह दरिद्र के घर में अपना पूरा जीवन कैसे काट सकेगी? जिसने कभी दुःख जाना ही नहीं है, वह दुःखपूर्ण जीवन कैसे जी सकेगी? जो सभी गुणों से सम्पन्न है वह निर्गुण के साथ कैसे रह सकेगी?

जौं घरु बरु कुलु होइ अनूपा।
करिअ बिबाहु सुता अनुरूपा॥

—जो हमारी कन्या के अनुरूप घर, वर और कुल उत्तम हो तो विवाह कीजिए।

कन्या का विवाह हमेशा से एक खतरनाक कार्य रहा है। अगर सम्बन्ध अच्छे व्यक्ति से नहीं हो तो बड़ी कठिनाई होती है। लड़की का जीवन नरक बन जाता है। यह समस्या पहले भी अवश्य रही होगी, इसीलिए पार्वती की माता दुःखी दिखाई दे रही हैं। आज के युग में यह समस्या और बढ़ गयी है। लड़के-लड़कियाँ प्यार करके विवाह स्वयं तय कर रहे हैं। लेकिन इस प्रेम में एक कठिनाई यह होती है कि लड़की अपने को बढ़ा-चढ़ाकर दिखाती है और लड़का भी अपने को बढ़ा-चढ़ाकर दिखाता है। लेकिन विवाह के बाद असलियत खुल जाती है। इस तरह लड़की सबसे ज्यादा दुःख झेलती है। मैंने ऐसे अनेक टूटते सम्बन्धों को देखा है जहाँ प्रेम विवाह हुआ, लेकिन लड़का बड़ा शराबी निकला। उसके चरित्र में भी बुराई निकली। ये बातें उसने पहले नहीं बतायी थीं। इसलिए दुखियारी पत्नी को घर छोड़कर अपने माँ-बाप के पास आना पड़ा। कई लड़कियाँ तो अपने बच्चों को लेकर आ जाती हैं। इस तरह पुरुष तो विवाह करने के लिए स्वतन्त्र हो जाता है, लेकिन स्त्री अपने बच्चों के लालन-पालन के लिए बँध जाती है।

अत: आज के माता-पिता अब मैना की तरह सोचने लगे हैं। पार्वती की माँ

अपने पति से कहती हैं कि विवाह से पहले तीन बातों का खयाल रखना परमावश्यक है। लड़के का घर अच्छा होना चाहिए। घर का मतलब है उसके माता-पिता, उसके भाई-बहन। अगर परिवार अच्छा नहीं रहेगा तो लड़की को सभी लोग सतायेंगे। अत: जिस घर में लड़की जाने वाली हो उस घर की स्थिति को सबसे पहले देखना चाहिए। यदि सास लड़ाकू है, ससुर पियक्कड़ है और देवर-ननद दुष्ट हैं तो ऐसे घर में बेटी को कभी नहीं भेजना चाहिए।

विवाह के लिए दूसरी आवश्यक बात है वर की योग्यता। यदि वर योग्य नहीं है, वधू के अनुरूप नहीं है तो दोनों में मेल नहीं हो पायेगा। यदि वर-वधू में समरस सम्बन्ध न हो तो विवाह व्यर्थ हो जाता है। लड़की या तो जीवन भर दु:ख उठाने को बाध्य होती है या माता-पिता के घर का बोझ बन जाती है। इसीलिए वर की योग्यता की जाँच करना अति आवश्यक है।

मुझे मॉरीशस में एक महिला मिलीं। उनके विवाह को पाँच वर्ष हो गये हैं, पर पति-पत्नी में मधुर सम्बन्ध नहीं हैं। मजे की बात यह है कि उनका प्रेम-विवाह है। वह बताती हैं कि वे इस तरह प्रेम में फँस गयी थीं कि उन्होंने अपने पति से कभी पूछा ही नहीं कि उसकी शिक्षा क्या है? विवाह के बाद अब उन्हें पता चला है कि वह अल्प शिक्षित हैं। जबकि महिला उससे अधिक शिक्षित है। अत: वर की पूरी जानकारी न होने से बड़ी कठिनाई होती है; क्योंकि कन्या को वर के साथ उसके घर में रहना पड़ता है। वह अपने माँ-बाप को छोड़कर विश्वास के कारण अपने पति के घर जाती है।

तीसरी बात विवाह के लिए आवश्यक है कुल की जानकारी होना। वर के खानदान का भी पता कर लेना चाहिए। खानदान अच्छा होता है तो वह वर को संस्कारवान् बनाता है। दादा-दादी, माता-पिता अच्छे हों तो बच्चे को बिगड़ने में थोड़ी कठिनाई होती है। वह बार-बार सोचता है कि मेरे खानदान में कोई खराब नहीं था, यदि मैं खराब हो गया तो बहुत बुरा होगा। मेरे कुल का मान-सम्मान नष्ट हो जायेगा।

घर, वर और कुल जब तीनों अच्छे हों तो विवाह का सुचारु रूप से गतिमान् होना सुनिश्चित हो जाता है। वास्तव में देखा जाय तो विवाह एक बहुत जोखिम भरी संस्था है। इसमें लड़की अपने सभी पुराने सम्बन्धों को तोड़कर नये सम्बन्धों की रचना करती है। ये नये सम्बन्ध भी उतने ही गहरे बनने चाहिए जितने पुराने थे, तभी पारिवारिक जीवन सुखमय बन पाता है। सास को माँ की तरह, ससुर को पिता की तरह, ननद को बहन की तरह और जेठ-देवर को भाई की तरह देखना पड़ता

है। सम्बन्धों की गहनता को एक से हटाकर दूसरे केन्द्र पर लाना पड़ता है।

ससुराल में बननेवाले सभी सम्बन्धों का केन्द्र पति होता है। अतः पति का अच्छा होना विवाह के सुखमय जीवन के लिए बहुत आवश्यक है। पत्नी यदि पति से प्यार पाती है तो पति के परिवार से सहज में ही प्रेमपूर्ण सम्बन्ध बना लेती है। इसीलिए हिन्दुओं ने विवाह को जीवन के लिए बहुत महत्त्वपूर्ण माना, इसे एक संस्कार का रूप दिया। विवाह के माध्यम से पति-पत्नी दोनों का जीवन संस्कारित होता है। वे जीवन की दुर्बलताओं को छोड़ने के लिए तैयार होते हैं और अच्छे गुणों को अपने भीतर धारण करते हैं। यही कारण है कि हिन्दू धर्म में तलाक की व्यवस्था नहीं की गयी। संस्कृत में तलाक को व्यक्त करनेवाला क़ोई शब्द नहीं है। इन्हीं व्यवस्थाओं के बल पर हिन्दू वैवाहिक जीवन सबसे ज्यादा टिकाऊ होता है।

विवाह को वासनाओं और कामनाओं का खेल नहीं समझा जाना चाहिए। यह दो आत्माओं के दीर्घकालिक पवित्र सम्बन्ध का प्रतीक है। कामनाएँ-वासनाएँ निश्चित रूप से पूर्ण होंगी, लेकिन जीवन वहीं रुकेगा नहीं। यह जीवन के चरम लक्ष्य मोक्ष की पूर्ति में सहायक बनेगा। अतः वैवाहिक जीवन में टकराव को कम करने के लिए घर, वर और कुल तीनों पर ध्यान दिया जाना चाहिए।

न त कन्या बरु रहउ कुआरी।
कंत उमा मम प्रानपिआरी॥

—नहीं तो लड़की चाहे कुँवारी ही रहे, क्योंकि हे स्वामी! पार्वती मुझको प्राणों के समान प्यारी है।

पार्वती की माँ मैना अपने पति हिमाचल से साफ़-साफ़ कहती हैं कि मैं बिना जाने-समझे किसीसे अपनी पुत्री का विवाह नहीं कर दूँगी। लड़की कुँवारी रह जाये तो मुझे चिन्ता नहीं रहेगी, क्योंकि यह विश्वास तो रहेगा कि मेरे साथ रहकर वह सुखी है। लेकिन यदि किसी दुष्ट वर के साथ इसका जीवन बँध गया तो यह तो जीवन भर दुःख की आग में तपती रहेगी। मैं अपनी कन्या के साथ ऐसा नहीं होने दूँगी। उमा मुझे प्राण के समान प्यारी है।

माताएँ प्रायः बेटी के भविष्य को लेकर चिन्तित रहती हैं। उन्हें लगता है कि कहीं विवाह सुख का द्वार खोलने के बजाय बिटिया के लिए नरक का मार्ग न बन जाय। अतः माँ दामाद को ठोंक-बजाकर देखना चाहती है। मैना की भी यही स्थिति है। वह अच्छी तरह से सोच-विचार करके ही पार्वती का विवाह करना चाहती हैं।

मैना के दुःख का सबसे बड़ा कारण नारद की भविष्यवाणी है। यदि वे साफ-साफ कह देते कि यह निश्चित रूप से भगवान् शिव की संगिनी बनेगी, तो किसीको कोई चिन्ता नहीं होती; लेकिन नारद ने सबको संशय में डाल दिया। उन्होंने कहा कि यदि शिव पार्वती का वरण कर लें तो वर के सभी दुर्गुण शुभ गुण में बदल जायेंगे। बस इसीसे सभी लोग शंकित हो गये। कहीं शिव न मिले और दुर्गुणोंवाला कोई और वर मिल गया तो क्या होगा?

सोइ बिचारि पति करेहु बिबाहू।
जेहिं न बहोरि होइ उर दाहू॥

—इस बात को विचारकर ही विवाह कीजिएगा, जिससे फिर पीछे हृदय में सन्ताप न हो।

माता मैना हर स्थिति में पार्वती के लिए योग्य वर चाहती हैं। उनका कहना है कि यदि अयोग्य वर से विवाह हो गया तो सभी लोग माता-पिता की निन्दा करेंगे। हर व्यक्ति यही कहता फिरेगा कि इन्होंने अपनी लड़की को जान-बूझकर कुएँ में डाल दिया। अयोग्य वर लड़की के माँ-बाप के ऊपर सबसे बड़ा कलंक होता है। इसीलिए मैना अपने पति को चेतावनी देती हैं कि विवाह किसी अयोग्य व्यक्ति से न करें।

मैना दो बातें अपने पति के सामने रखती हैं। सबसे पहले वह यह कहती हैं कि सभी विषयों पर विचार करके ही विवाह किया जाना चाहिए। आखिर मैना इस तरह की बात क्यों कर रही हैं; क्योंकि कभी-कभी ऐसा होता है कि जवान हो गयी लड़की के विवाह के लिए उतावले माँ-बाप उसे अयोग्य वर को दे देते हैं। वे यह सोचते हैं कि बहुत खोजने में समय निकल जायेगा, जो भाग्य में होगा वही वर मिलेगा। इसीलिए अपने उत्तरदायित्व से निवृत्त होने की जल्दी में वे लड़की को कहीं भी फेंक देते हैं।

दूसरी बात मैना यह कहती हैं कि ऐसा कुछ न किया जाय जिससे बाद में पछताना पड़े। बेटी का विवाह एक बड़ी बात होती है। जीवन भर का सम्बन्ध बनाया जाता है। इसमें यदि गलती हो गयी तो लड़की के साथ-ही-साथ लड़की के माता-पिता को भी पछताना पड़ता है। पर पछतावे मात्र से ही सबकुछ समाप्त नहीं होता। उसके साथ ही लड़की का पूरा जीवन नष्ट हो जाता है। युवावस्था में पग धरनेवाली कन्या, जो खिलते हुए फूल की तरह होती है, जिसे जीवन में अपनी सुगन्ध बिखेरनी होती है, वह असमय ही मुरझा जाती है। अतः बाद में दुःख भोगने

से अच्छा है पहले ही अच्छी तरह से विचार कर लिया जाये।

पार्वती के भविष्य को लेकर उनकी माँ कितनी व्यग्र हैं, इसे इस बात से जाना जा सकता है कि वह अपनी बात कहते-कहते महाराज हिमाचल के चरणों में गिर पड़ती हैं। वह उनके पाँव पकड़कर कहती हैं कि किसी भी तरह पार्वती के कुसुमवत् जीवन के साथ खिलवाड़ नहीं किया जाना चाहिए।

महाराज हिमाचल अपनी प्रिया मैना को प्रेम से उठा लेते हैं। वास्तव में मैना का दु:ख हिमाचल का भी था। लड़की के लिए माता-पिता दोनों परेशान रहते हैं। अन्तर इतना ही होता है कि माँ उसे बोल देती है, जबकि पिता उसे अपने मन के भीतर रखता है। मैना के कातर मन को समझाने के लिए महाराज मीठी वाणी में बोलते हैं।

बरु पावक प्रगटै ससि माहीं।
नारद बचनु अन्यथा नाहीं॥

—चाहे चन्द्रमा में अग्नि प्रकट हो जाय, पर नारद के वचन झूठे नहीं हो सकते।

महाराज हिमाचल महारानी मैना को विश्वास दिलाना चाहते हैं कि नारद की वाणी अमिट है। पार्वती को वैसा ही पति मिलेगा जैसा उन्होंने कहा है। लेकिन सौभाग्य की बात यह है कि नारद ने दो विकल्प सामने रखे हैं। एक वर के लक्षण रखनेवाला साधारण पुरुष और एक शिव भगवान्। अत: दोनों में से शिव को पाने का प्रयत्न किया जाना चाहिए।

प्रिया सोचु परिहरहु सबु सुमिरहु श्रीभगवान।
पारबतिहि निरमयउ जेहिं सोइ करिहि कल्यान॥

—हे प्रिये! सब सोच छोड़कर श्रीभगवान् का स्मरण करो। जिन्होंने पार्वती को रचा है वे ही कल्याण करेंगे।

आइए, जरा मानव मन की गति का अवलोकन करते हुए चलें। महारानी मैना बहुत उद्विग्न हैं। वह नहीं चाहतीं कि उनकी प्राणप्रिया पुत्री किसी दुष्ट व्यक्ति के हाथों बँध जाय। महाराज हिमाचल उनके मन को शान्त करना चाहते हैं। इसके लिए वे सबसे पहले ठोस आधार की बात करते हैं। अभी-अभी नारद भविष्य देख करके गये। उन्होंने सम्भावना व्यक्त की है कि शिव को पार्वती वर के रूप में पा सकती हैं। अत: राजा कहते हैं कि मुनिवर का वचन कभी अन्यथा नहीं होगा। चन्द्रमा भले ही आग बरसाने लगे, पर नारद की वाणी से कभी असत्य नहीं निकल सकता।

नारद को मैना ने भी भविष्यवाणी करते हुए सुना था। महाराज हिमाचल उन्हें इस बात का स्मरण करा रहे हैं। प्राय: ऐसा होता है कि दु:ख की उत्तेजना में मनुष्य विश्वास खो देता है। सामान्य समय होता या किसी और के बारे में नारद ने कुछ कहा होता तो मैना को विश्वास करने में शायद कोई कठिनाई नहीं होती। लेकिन यहाँ तो उनकी पुत्री का भविष्य ही दाँव पर लगा हुआ था। मनुष्य के जीवन की यह अजब गति है कि वह दूसरे के दु:ख को शान्त करने के लिए बड़ी अच्छी-अच्छी बातें बोलता है, लेकिन यदि उसके ऊपर दु:ख आ जाये तो उसे किसीकी मीठी बात पर भी विश्वास नहीं होता है। वह तात्कालिक परिणाम के लिए उत्सुक रहता है। मैना की ऐसी ही स्थिति है। वह नारद जैसे ऋषि की वाणी की अचूकता को भूल गयी हैं। महाराज हिमाचल उन्हें इसकी याद दिलाते हैं।

व्याकुल मन जब सन्त-महात्मा की वाणी में भी विश्वास नहीं कर पाता है तो समझदार लोग उसे समझाने के लिए परमात्मा का सहारा लेते हैं। हिमाचल भी महारानी मैना को भगवान् के माध्यम से समझाने का प्रयत्न कर रहे हैं। वह कहते हैं कि भगवान् का स्मरण करो और सभी चिन्ताओं को छोड़ दो। कहते हैं, जहाँ शान्ति है, जहाँ सद्विचार हैं वहाँ परमात्मा की उपस्थिति अधिक प्रखर होती है। परमात्मा आनन्द का आगार कहा जाता है; अत: जब वह हृदय में आ जाये तो अशान्ति, असत् विचार और चिन्ता के लिए स्थान ही कहाँ रहेगा।

परमात्मा के स्मरण से एक और फायदा होता है। मनुष्य का आत्मबल बढ़ जाता है। कमजोर-से-कमजोर व्यक्ति के भीतर भी हाथी का बल और सिंह का साहस आ जाता है। परमात्मा की शक्ति का बल पाकर व्यक्ति पूर्णरूप से रूपान्तरित हो जाता है। हम सभी जानते हैं कि प्रभु की शक्ति पाकर सुग्रीव की चाकरी करनेवाले हनुमान् महावीर बन गये थे। देखते-देखते वे समुद्र को लाँघ गये थे। परमात्मा का स्पर्श पाकर व्यक्ति के भीतर अपार ऊर्जा का शक्तिपात होता है। वह कठिन-से-कठिन पीड़ा को भी हँसते हुए झेल लेता है।

अत: यह निर्विवाद सत्य है कि परमात्मा का स्मरण करने से मनुष्य की सारी चिन्ता चली जाती है। वह अपने भीतर इतना आत्मबल प्राप्त कर लेता है कि जिससे वह किसी भी दुरवस्था का मुकाबला कर सके।

महाराज हिमाचल अपनी जीवनसंगिनी को एक और सलाह देते हुए कहते हैं कि जिस प्रभु ने पार्वती को पैदा किया है, वही इसका कल्याण करेगा। जीवन का सारा गणित इस एक वाक्य में छिपा हुआ है। जब हम अपने आप अपनी इच्छा से पैदा नहीं हुए हैं तो अपने जीवन के बारे में अधिक चिन्ता करके भी हम क्या कर

लेंगे? जिसने जीवन दिया है वही जीवन की देखभाल भी करेगा।

रामकृष्ण परमहंस एक उपदेश दिया करते थे। एक बार एक युवा संन्यासी पहली बार भिक्षा माँगने के लिए किसी गृहस्थ के घर गया। उस घर की युवा लड़की ने जब भिक्षा देने के लिए अपना हाथ बढ़ाया तो संन्यासी चौंक पड़ा। वह पहली बार किसी स्त्री को देख रहा था। बचपन से वन में रहने के कारण उसने कभी स्त्री को नहीं देखा था। चौंककर संन्यासी ने पूछा, "मैं पहली बार वन से गाँव में आया हूँ। आपको देखकर चकित हूँ। आपकी छाती पर ये दो उभार कैसे हैं?"

लड़की लज्जित हो गयी। पर लड़की की अनुभवी माँ ने संन्यासी की अबोधता देखकर बात को सँभाला, "महाराजजी! जब यह माँ बनेगी तो अपने बच्चे को इसीसे दूध पिलायेगी।"

युवा संन्यासी ने भिक्षा फेंक दी। हाथ जोड़कर परमात्मा को प्रणाम करते हुए बोला, "हे प्रभु! तू कितना दयालु है! बच्चा अभी पैदा नहीं हुआ है, लेकिन तुमने उसके दूध का प्रबन्ध कर दिया है। फिर मैं नाहक भीख के लिए दर-दर भटक रहा हूँ। तूने पैदा किया है तो निश्चित रूप से तू मेरी देखभाल भी करेगा।"

परमात्मा कण-कण की देखभाल करता है। उसकी दृष्टि से कोई ओझल नहीं है। हम व्यर्थ में ही किसीकी देखभाल करने का अहंकार पालते हैं।

एक बार छत्रपति शिवाजी महाराज के पास उनके गुरु समर्थ रामदास आये। शिवाजी ने उनकी बड़ी सेवा की। गुरुजी ने पूछा, "शिवा, राजकाज कैसा चल रहा है?"

शिवाजी ने कहा, "सारी व्यवस्थाएँ समुचित रूप से चल रही हैं। मेरे राज्य में सबको अन्न-वस्त्र मिल रहा है।"

समर्थ गुरु रामदास ने अनुभव किया कि छत्रपति शिवाजी की वाणी में अहंकार है। वह अपने को श्रेष्ठ राजा समझ रहे हैं। राजा के इस अहंकार को दूर करने के लिए पास ही पड़ी एक सूखी लकड़ी को उन्होंने उठाया और चट से तोड़ दिया। सूखी लकड़ी के भीतर से हजारों दीमक निकले, जो लकड़ी को खाकर जी रहे थे। समर्थ गुरु रामदास ने कहा, "शिवा! इन दीमकों के अन्न-वस्त्र का भी इन्तजाम तू ही कर रहा है?"

शिवाजी गुरु के उपदेश को तुरन्त समझ गये। उन्होंने क्षमा माँगते हुए कहा, "गुरुवर! व्यर्थ में ही मैं अहंकार कर बैठा। सब तो प्रभु के हाथ में है। उसीकी कृपा से मैं राजा हूँ।"

गहराई से देखा जाय तो परमात्मा केवल सबकी देखभाल ही नहीं करता है,

वह सबका कल्याण भी करता है। ईश्वर कभी किसीका बुरा नहीं चाहता है। पुरस्कार और दण्ड देनेवाला भगवान् तो भय द्वारा चालित धर्म में होता है। प्रेम द्वारा चालित धर्म में परमात्मा परम कल्याणकारी होता है। वह किसीकी बुराई-भलाई से प्रभावित नहीं होता। वह तो अपने स्वभाव के कारण कल्याण करता है। इसीलिए रावण और कुम्भकर्ण को भी मारकर प्रभु मोक्ष प्रदान करता है। उन्हें नरक नहीं देता है। ईश्वर तो केवल कल्याण की ही भाषा जानता है।

एक बार एक साधु नाव में बैठकर नदी पार कर रहे थे। उस नाव में कुछ गुण्डे भी बैठे थे, जो साधु का मजाक उड़ा रहे थे, उन्हें बुरा-भला कह रहे थे। साधु शान्त मन से बैठे थे। वे गुण्डों की बात का कोई जवाब नहीं दे रहे थे।

इतने में आकाशवाणी हुई—"हे साधु! तुम्हारा शान्त स्वभाव देखकर मैं बहुत प्रसन्न हुआ। ये गुण्डे तुम्हें तंग कर रहे हैं, यह जानकर मुझे बहुत दुःख हो रहा है। तुम कहो तो मैं नाव को उलट दूँ, जिससे सभी गुण्डे नदी में डूब मरें।"

आकाशवाणी सुनकर गुण्डे काँपने लगे। पर साधु ने सिर ऊपर करके डाँट भरे स्वर में कहा, "हे प्रभो! यह क्या हो गया है तुम्हें? तुम भगवान् होकर शैतान की भाषा क्यों बोल रहे हो? इन्हें डुबोने से अच्छा होता तुम इनकी बुद्धि को ठीक कर देते, जिससे किसीको सताने का इनका मन ही नहीं होता।"

साधु की बात सुनकर एक और आकाशवाणी हुई, "साधु! तुमने ठीक पहचाना। पहले की आकाशवाणी शैतान की ही थी। मुझे यह जानकर प्रसन्नता हुई कि तू भगवान् और शैतान की वाणी के अन्तर को समझता है।"

परमात्मा सदा कल्याण का ही कार्य करता है। इसीलिए महाराज हिमाचल अपनी पत्नी को परमात्मा के इस गुण को याद दिलाकर समझा रहे हैं। राजा जानते हैं कि नारद के वचन से भले ही रानी व्यग्र हो उठी हों, लेकिन प्रभु के कल्याणकारी रूप को वह अच्छी तरह जानती हैं। परमात्मा कभी किसीका अनिष्ट नहीं चाहता, यह वह अच्छी तरह समझती हैं।

परमात्मा के कल्याणकारी स्वरूप पर एक बार आस्था दृढ़ हो जाये तो मनुष्य छोटे-मोटे दुःख की परवाह नहीं करता है और बड़े दुःख को सुख के आगमन की सूचना मानकर हँसते हुए सह लेता है। भगवान् में आस्था हो तो दुःख सहने की शक्ति बढ़ जाती है। इसीलिए भक्त कभी दुःखों से घबड़ाता नहीं है।

नारद के सत्य वचन और भगवान् के कल्याणकारी स्वरूप का बखान रानी मैना के सामने करने के साथ-ही-साथ महाराज हिमाचल नारद की उस सलाह की ओर भी अपना ध्यान ले जाते हैं। उन्हें याद आता है कि नारद ने कहा था—

जद्यपि बर अनेक जग माहीं।
एहि कहँ सिव तजि दूसर नाहीं॥

—यद्यपि संसार में वर अनेक हैं, पर इसके लिए शिवजी को छोड़कर दूसरा कोई वर नहीं है।

एक तरह से नारद ने पार्वती के पति के रूप में शिव को पूरी मान्यता दे दी थी। उन्हें निश्चित रूप से यह अनुभव हो रहा था कि भला पार्वती जैसी सर्वगुण-सम्पन्न राजकुमारी किसी दुर्गुण-सम्पन्न व्यक्ति के घर कैसे जायेंगी। एकमात्र शिव ही सभी सम्भावित दुर्गुणों को सद्‌गुण में परिवर्तित करने में सक्षम हैं। लेकिन कठिनाई यही है कि शिव को वर रूप में पाना बहुत कठिन है।

दुराराध्य पै अहहिं महेसू।
आसुतोष पुनि किएँ कलेसू॥

—महादेव की आराधना बड़ी कठिन है, फिर भी क्लेश (तप) करने से वे बहुत जल्द प्रसन्न हो जाते हैं।

शिव को प्रसन्न करने के लिए घोर तप अत्यन्त आवश्यक है। यदि कोई कठिन तपस्या करे तो शिवजी आशुतोष बनकर तुरन्त प्रसन्न हो जाते हैं।

रावण ने घोर तप करके ही शिव को प्रसन्न किया था। भस्मासुर ने भी अपना इतिहास-प्रसिद्ध वर शिव की दुर्धर्ष तपस्या करके ही प्राप्त किया था। हिन्दू धर्म में शिवरात्रि का पर्व इसीलिए सभी पर्वों से कठिन है, क्योंकि यह भगवान् शिव को प्रसन्न करने के लिए किया जाता है।

भगवान् शिव कठिन तप तो चाहते हैं, लेकिन वे निष्ठुर या निर्दय नहीं हैं। वे अपने सच्चे भक्तों का बड़ा खयाल करते हैं। शीघ्र प्रसन्न हो जाते हैं। इसीलिए उन्हें 'आशुतोष' कहा जाता है। वे वरदान देते समय यह भी नहीं देखते कि भक्त उस वरदान के योग्य है या नहीं? भस्मासुर को उन्होंने बिना पूछे ही यह वर दे दिया कि जिसके सिर पर वह हाथ रखेगा, वह भस्म हो जायेगा। परिणाम यह हुआ कि भस्मासुर उन्हींके सिर पर हाथ रखने के लिए दौड़ पड़ा।

शिव का स्वरूप नारियल जैसा है। ऊपर से कठोर और भीतर से एकदम कोमल और द्रव। अगर कोई कठिन तप करके बाहरी खोल को तोड़ दे तो शिव की कृपा का रस बहने लगता है। शिव द्रवित होकर भक्त की सारी कामनाओं को पूर्ण कर देते हैं। इसीलिए शिव को प्रतीक रूप में हम नारियल चढ़ाते हैं। बिना नारियल चढ़ाये शिव की पूजा पूरी ही नहीं होती; क्योंकि नारियल हमें शिव के

स्वरूप की याद दिलाता है—बाहर से कठोर, भीतर से कोमल।

जौं जपु करै कुमारि तुम्हारी।
भाविउ मेटि सकहिं त्रिपुरारी॥

—यदि तुम्हारी कन्या तप करे तो त्रिपुरारि महादेव होनहार को मिटा सकते हैं।

कहते हैं कि अगर परमात्मा की कृपा हो जाये तो मनुष्य अपनी नियति को बदल सकता है। प्रभु जिसपर अपनी दया की दृष्टि डाल दें उसका कर्मक्षय हो जाता है। पार्वती को भी प्रभु महादेव की कृपा की आवश्यकता है। यदि उनकी कृपा नहीं हुई तो सुकुमारी पार्वती को कोई दुष्ट वर भी मिल जायेगा। अतः उत्तम वर की प्राप्ति के लिए शिव को प्रसन्न करना अनिवार्य है। यही उपदेश नारदजी ने महाराज हिमाचल को दिया था।

महाराज हिमाचल अच्छी तरह जानते थे कि उपाय तो करने योग्य है, लेकिन शिव से टकराना आसान काम नहीं है। यह तपस्या शिव से वरदान माँगने के लिए नहीं है, अपितु स्वयं शिव को ही पाने के लिए है। इसलिए इसके परिणाम अत्यन्त भयंकर भी हो सकते हैं। शिव कह सकते हैं कि कोई भी वरदान माँग लो, पर मैं तुमसे विवाह नहीं करूँगा। पार्वती के हठ करने पर वह क्रोधित होकर उसे शाप भी दे सकते हैं। अतः मार्ग बहुत जोखिम भरा है। लेकिन नारद के वचन उन्हें सहारा देते हैं।

बर दायक प्रनतारति भंजन।
कृपासिंधु सेवक मन रंजन॥

—शिवजी वर देनेवाले, शरणागतों के दुःखों का नाश करनेवाले, कृपा के समुद्र और सेवकों के मन को प्रसन्न करनेवाले हैं।

हिन्दू देवताओं में शिव जितनी उदारता से वर देनेवाला और कोई नहीं है। इसीलिए उन्हें हिन्दुओं ने 'भोले बाबा' कहा है। भक्त की तपस्या से वह परम प्रसन्न हो जाते हैं। लड्डू-पेड़ा की उन्हें चाह नहीं होती है; बेल का पत्र चढ़ा दो, उन्हें जल का अर्घ्य दे दो; अंगूर-सेब नहीं, मात्र धतूरा चढ़ा दो, शिव कल्याण करने के लिए तत्पर हो जाते हैं। शिव बड़े मस्त और फक्कड़ देवता हैं। उनकी अपनी कोई चाह नहीं है। वह तो श्मशान में बैठते हैं, जहाँ सारी सांसारिक इच्छाएँ भस्म हो जाती हैं; लेकिन वे जगत् की समस्त दुर्लभ वस्तुओं का दान वहीं से करते हैं। काशी में बैठकर वे ऋषि-मुनियों के लिए दुष्प्राप्य मुक्ति सहज ही लुटाते हैं।

शिव मात्र देना ही जानते हैं, उन्होंने कभी किसीसे कुछ भी नहीं माँगा है। वे महादानी ही नहीं, औघड़दानी हैं। कुछ भी माँगो, दे देते हैं।

वे शरणागत के दु:खों को दूर करनेवाले भी हैं। यदि किसीसे कठोर तपस्या नहीं हो सकती तो भी चिन्ता की बात नहीं। शिव की शरण में एकान्त भाव से जाने पर वे हर प्राणी के दु:खों को दूर करते हैं।

शिव की एक और विशेषता है। वह कृपासिन्धु हैं। अगर कोई कृपावान् न हो तो चाहे कितना ही बड़ा वरदायक हो, शरणागत का रक्षक हो, सबकुछ व्यर्थ हो जायेगा। वह किसी पर अपनी दृष्टि ही नहीं डालेगा। वर माँगनेवाले, दुखियारे चिल्लाते रहेंगे, वह तनिक भी नहीं सुनेगा। कृपा ही समस्त सत्कर्मों की जननी है। निष्ठुर मनुष्य किसीको कुछ देता नहीं है, वह तो केवल लेना ही जानता है। और सबसे बड़ी बात यह है कि शिवजी अपने सेवकों के मन को प्रसन्न करनेवाले हैं। प्राय: संसार में यह देखा जाता है कि लोग सेवकों को डराकर रखते हैं, जिससे भयवश वह उनके लिए कार्य करता रहे।

एक व्यक्ति के पास एक नौकर था। वह व्यक्ति रोज सुबह जब उठता था तो नौकर को एक थप्पड़ मारता था और कहता था, ''देखना, कोई बरतन टूटने न पाये।''

एक दिन उस व्यक्ति के एक मित्र ने पूछ लिया, ''बरतन तो टूटा नहीं है, फिर नौकर को क्यों मारते हो?''

मालिक ने कहा, ''जब बरतन टूट जायेगा तो मारने का क्या फायदा! अभी इसलिए मारता हूँ कि यह भय से काम करे और बरतनों को सँभालकर रखे।''

भगवान् शिव कोई कंजूस मालिक नहीं हैं। वह परम उदार हैं। उनके यहाँ किसी चीज की कोई कमी नहीं है, अत: वे अपने सेवकों को परम प्रसन्न रखते हैं। दर्शन के क्षेत्र में शैव दर्शन आनन्दवादी माना जाता है। शिव के साथ आनन्द-ही-आनन्द है। यद्यपि वे मृत्यु के देवता हैं, लेकिन भयभीत नहीं करते। मृत्यु उनके पास जाकर या तो मुक्ति बनती है या जीवन का नवीनीकरण करती है।

महेश्वर भोलेनाथ के इन सभी गुणों का विचार करके महाराज हिमाचल अपनी पत्नी से कहते हैं कि यदि तुम्हें पुत्री पर प्रेम है और तुम उसका कल्याण चाहती हो तो जाकर उसे सीख दो।

करै सो तपु जेहिं मिलहिं महेसू।
आन उपायँ न मिटिहि कलेसू॥

—पार्वती से कहो कि वह ऐसा तप करे, जिससे शिवजी मिल जायँ। दूसरे उपाय से

यह क्लेश नहीं मिटेगा।

पुत्री का विवाह सचमुच जीवन का एक बहुत बड़ा क्लेश है। लड़की के माता-पिता के सिर पर हमेशा तलवार टँगी रहती है। लड़का बुरा मिल गया तो लड़की का जीवन डूबा। यही सब सोचकर हिमाचल कहते हैं कि पार्वती को शिव के लिए तप करना चाहिए। शिव मिल गये तो इस बात का पूर्ण निश्चय हो जायेगा कि वर अच्छा मिला है।

वे अपनी पत्नी से कहते हैं कि जाकर पार्वती को समझाओ। पुराने युग में लड़की से विवाह की बात पिता नहीं करते थे। यह सब माँ ही किया करती थी। इससे एक फायदा यह होता था कि यदि लड़की का मन नहीं मान रहा है तो वह माँ को बता देती थी। पिता से यह सब कह पाना कठिन होता था। अत: महाराज ने रानी से कहा कि वे जाकर समझायें। उन्हें तो पता नहीं था कि पार्वती तो पहले से ही शिव को वर मानकर तप करने को तैयार बैठी हैं।

रानी को पार्वती के पास भेजने से पहले राजा उनके मन के दुर्भावों को दूर करना चाहते हैं। वे समझते हैं कि यदि रानी को ही शिव के गुणवान् और रूपवान् होने पर विश्वास नहीं है तो वह अपनी पुत्री को राजी कैसे करेंगी।

नारद बचन सगर्भ सहेतू।
सुंदर सब गुन निधि बृषकेतू॥

—नारद के वचन रहस्य से युक्त और सकारण हैं और शिवजी समस्त सुन्दर गुणों के भण्डार हैं।

महाराज रानी को बताते हुए कहते हैं कि नारद के वचन रहस्यपूर्ण हैं। सच्चे ज्ञानी सभी बातें खोलकर नहीं कहा करते, नहीं तो व्यक्ति पुरुषार्थ करना बन्द कर देगा और इस तरह वह उपलब्धि के स्वाद से वंचित रह जायेगा। यदि नारद कह देते कि तप करो या न करो, शिव अवश्य मिल जायेंगे, तो फिर पार्वती के विवाह को इतना याद नहीं किया जाता। हजारों विवाह नित्य होते हैं, कौन याद करता है। लोगों को तो अपने विवाह का दिन भी याद नहीं रहता है। जिस चीज के लिए जितनी ऊँची कीमत चुकायी जाती है, वह चीज उतनी ही स्मरणीय और वन्दनीय बन जाती है। इसीलिए नारद ने सबकुछ नहीं बताया। कुछ रहस्य रहने दिया।

महाराज हिमाचल यह भी कहते हैं कि नारद के वचन सकारण हैं। दर्शनशास्त्र का नियम है कि बिना कारण के कोई कार्य होता ही नहीं। कारण ही फलित होकर कार्य बनता है और कार्य ही फलित होकर कारण बनता है। जैसे बीज वृक्ष बनता है

और फिर वृक्ष ही फलित होकर बीज बन जाता है। नारद को निश्चित रूप से शिव-पार्वती के सम्बन्ध का कारण-कार्य ज्ञात है।

इतना सब होने के बाद भी रानी के मन में एक भय है। शिव के रूप को देखकर नहीं लगता कि कोई लड़की उनकी पत्नी बनकर टिक पायेगी। वे भभूत रमाये हैं, बाघाम्बर पहने हैं, गले में सर्प धारण किये हैं, सिर पर चन्द्रमा और गंगा सुशोभित हैं। उनका शरीर विचित्रताओं से भरा है। उनके गुण भी असंसारी जैसे हैं। इन सारे संशयों को दूर करने के लिए महाराज हिमाचल कहते हैं कि शिवजी सभी सुन्दर गुणों के भण्डार हैं। हर माँ यही तो चाहती है कि उसकी बेटी ऐसे पुरुष की पत्नी बने, जो सभी गुणों का भण्डार हो, जो अपनी पत्नी को प्यार करनेवाला हो। महाराज हिमाचल अपनी पत्नी को भगवान् शिव के गुणों के प्रति निश्चिन्त कर देते हैं।

अस बिचारि तुम्ह तजहु असंका।
सबहि भाँति संकरु अकलंका॥

—यह विचार कर तुम सन्देह छोड़ दो। शिवजी सभी तरह से निष्कलंक हैं।

वर के गुण-स्वभाव के बारे में इससे अधिक गारण्टी और कुछ नहीं दी जा सकती। गारण्टी देनेवाला यदि स्वयं लड़की का पिता हो तो उसका मोल और बढ़ जाता है। यही बात यदि वरपक्ष के किसी व्यक्ति ने कही होती तो उसका उतना प्रभाव नहीं पड़ता। महारानी मैना पर अपने पति की बात का पूर्ण प्रभाव पड़ा।

सुनि पति बचन हरषि मन माहीं।
गई तुरत उठि गिरिजा पाहीं॥

—पति के वचन सुनकर मन में प्रसन्न होकर मैना उठकर तुरन्त पार्वती के पास गयीं।

जिस वर को माँ पसन्द कर ले उसमें लाख खोट हों तो भी वह सोने जैसा लगता है। कहते हैं कि हर सास को दामाद बड़ा प्यारा होता है, क्योंकि वह उसकी बेटी को प्यार करता है। शिव को सर्वगुण सम्पन्न समझकर वह पार्वती के पास जा रही हैं। वह शिव के गुणों को बताकर सुकुमारी पार्वती को तप के लिए तैयार करेंगी। हाय रे माँ का मन! वह अच्छा दामाद पाने की सम्भावना से जहाँ प्रसन्न हैं वहीं लड़की के तप करने की बात से उदास।

तपस्या

चलीं उमा तप हित हरषाई

महारानी मैना का कार्य बहुत कठिन था। उन्हें पार्वती को शिव को पाने के लिए तैयार करना था। जो काम ऋषि-मुनि और सन्त-महात्मा करते हैं, उसे पार्वती को करना था। अन्तर मात्र उद्‌देश्य का है। ऋषि-मुनि मोक्ष की कामना से तप करते हैं, लेकिन पार्वती को स्वयं शिव से विवाह की कामना की पूर्ति के लिए तप करना था। तप दो-चार दिन या महीने का होता, किसी विशेष दिन व्रत-उपवास करना होता तो मैना अपनी बिटिया रानी को आसानी से समझा देतीं, लेकिन यहाँ घोर तप करना था। नारदजी ने कह दिया था कि शिव बिना कठोर तप किये प्रसन्न नहीं होते।

उमहि बिलोकि नयन भरे बारी।
सहित सनेह गोद बैठारी॥

—पार्वती को देखकर उनकी आँखों में आँसू भर आये। उसे स्नेह के साथ गोद में बैठा लिया।

पार्वती भले ही इस बात से बेखबर हों कि उन्हें कठोर तप करना है, लेकिन उनकी माँ मैना को यह अच्छी तरह पता था। इसीलिए वह सुकुमारी, कोमलांगिनी पार्वती को देखकर रो पड़ीं। उन्हें यह समझने में घोर पीड़ा हो रही थी कि कैसे मेरी बेटी कठोर तप कर पायेगी। जिसे आज्ञा देते ही हर चीज पलंग पर पाने की आदत है, वह तप कैसे कर पायेगी? छप्पन व्यंजन खानेवाली सूखे अन्न पर कैसे निर्वाह कर पायेगी? कोमल शय्या पर सोनेवाली कठोर भूमि पर कैसे शयन कर पायेगी? राजमहल के कोलाहल का सुख उठानेवाली वन के एकान्त को कैसे सह पायेगी? यही सब सोचकर माता मैना रो पड़ीं।

भाव-विह्वल माता ने पार्वती को अपनी गोद में बैठा लिया। प्रेम जब अत्यन्त गहन होता है तो उसकी अभिव्यक्ति भी अनोखी हो जाती है। हम अपने जीवन में भी देखते हैं कि हम अपने बच्चे को नित्य थपथपाते हैं, चूमते-दुलराते हैं; लेकिन यदि वह अपनी कक्षा में प्रथम आये, उसे छात्रवृत्ति मिल जाये, वह किसी विश्व स्तरीय कॉलेज में प्रवेश पा जाये या किसी भी क्षेत्र में सर्वोत्तम प्रदर्शन करे तो हम उसे अंक में भर लेते हैं, उसे आलिंगित कर किलक उठते हैं। इसी तरह यदि बच्चा उच्च शिक्षा के लिए बाहर जा रहा हो, किसी उच्च आदर्श की पूर्ति के लिए हमसे दूर हो रहा हो तो उसे हम देर तक अपनी भुजाओं में बाँधे रहते हैं और आँसुओं के गंगाजल से मन को शान्त-शीतल करते हैं।

महारानी मैना की आज ऐसी ही स्थिति थी। सम्भवतः युवा पार्वती को उन्होंने बहुत दिनों बाद गोद में बिठाया था। अपनी सन्तान को गोद में ले लेना भावना का सर्वोत्तम प्रदर्शन है। बच्चा अपने माता-पिता की गोद में बैठकर परम सुरक्षित और सनाथ हो जाता है। जिस परिवार और समाज में बच्चे को अपने माता-पिता की गोद नसीब नहीं होती, वह समाज प्रेम की दृष्टि से बड़ा दरिद्र कहा जायेगा।

गोद की सुरक्षा पाकर बच्चा कठिन-से-कठिन संघर्ष झेलने में समर्थ हो जाता है। आज के युग में जब एकल परिवार में हम जी रहे हैं और पति-पत्नी दोनों काम कर रहे हैं तो बच्चे को बेबी सीटर स्कूलों में भेजना पड़ता है। वर्तमान आर्थिक समस्याओं को देखकर हम यह नहीं कह सकते कि माँ कमाने न जाये, घर में ही रहकर बच्चे की देखभाल करे। यह सुझाव अव्यावहारिक होगा। लेकिन इतना हम अवश्य कहना चाहेंगे कि जब माँ-बाप काम से लौटें तो घण्टे-दो घण्टे अपने बच्चे को गोद में लेकर खूब प्यार करें। इससे माता-पिता का सन्तान के प्रति प्रेम बढ़ता है और सन्तान अपने माता-पिता के प्रति अधिक आदरपूर्ण बनती है। वह अपने आपको भरपूर सुरक्षित महसूस करती है।

माँ की गोद में बैठकर पार्वती ने अनुभव किया कि माँ निश्चित रूप से भावुक हैं। सम्भवतः वह नारद के वचनों को लेकर परेशान और उद्विग्न हैं। लेकिन पार्वती चुप ही रहीं।

बारहिं बार लेति उर लाई।
गदगद कंठ न कछु कहि जाई॥

—माता बार-बार पार्वती को हृदय से लगाने लगीं। प्रेम से माँ का गला भर आया।

कुछ कहा नहीं जाता।

माता मैना की यह दैहिक अभिव्यक्ति उनके हृदय की व्यथा-कथा का उद्घोष करने लगी। वह बार-बार पार्वती को हृदय से लगा रही थीं।

इस तरह का भावाकुल प्रदर्शन देखकर पार्वती सहज ही समझ गयीं कि माँ कोई गम्भीर बात कहने के लिए आयी हैं।

भावना के प्रवाह में बह रहीं महारानी मैना के लिए बोल पाना कठिन हो रहा था। अतः वह जो बात कहने आयी थीं वह कह नहीं पा रही थीं। जब मनुष्य भाव-विकल होता है तो उसकी वाणी अवरुद्ध हो जाती है। भावनाएँ तरल होकर आँखों से बहने लगती हैं। उन्हें वही समझ सकता है जो अत्यन्त आत्मीय हो और अत्यन्त स्नेहपूर्ण हो। स्नेह और आत्मीयता से परिपूर्ण पार्वती ने माँ की भाव-विकलता को पढ़ लिया।

जगत मातु सर्बग्य भवानी।
मातु सुखद बोलीं मृदु बानी॥

—जगज्जननी भवानी तो सर्वज्ञ ठहरीं। वे माता को सुख देनेवाली मधुर वाणी में बोलीं।

भवानी पार्वती तो जगत् की माता हैं। वह भला शरीर देनेवाली अपनी माँ के मन के भाव को कैसे नहीं समझतीं। एक साधारण माँ भी सन्तान के संकेत को समझ लेती है। पार्वती तो सारे विश्व की जननी हैं। हिन्दुओं ने माँ में परमात्मा का दर्शन करके, मातृत्व को ईश्वर का गौरव देकर बड़ा अद्‌भुत काम किया है। भगवान् को माँ रूप में देखते ही भक्त नितान्त निश्चिन्त हो जाता है। उसके जीवन का सारा भय चला जाता है। भला माँ की गोद में क्या भय, माँ के आँचल में क्या दीनता और दारिद्र्य।

माँ भवानी को सर्वज्ञ भी कहा गया है। वह काल के अधीन नहीं हैं, काल उनके अधीन है। काल के तीनों अंग—भूत, वर्तमान और भविष्य उनके इशारे पर कार्य करते हैं। अतः माँ को कुछ बताने की आवश्यकता नहीं पड़ती है। वह स्वयं जान लेती हैं। इसीलिए श्रेष्ठ भक्त माँ से कभी कुछ माँगते नहीं। उन्हें इस बात का पूर्ण विश्वास होता है कि अपनी सन्तान की इच्छा-आकांक्षा को वे अच्छी तरह से समझती हैं। यदि सर्वज्ञ माँ से कुछ माँगा जाय तो यह तो नादानी होगी, माँ की शक्ति का अपमान होगा।

स्वामी विवेकानन्द कश्मीर के भ्रमण पर निकले थे। वहाँ उन्होंने क्षीर-

भवानी का मन्दिर देखा। मन्दिर मुसलिम आक्रमण के समय तोड़ दिया गया था। उसके खण्डहर को देखकर स्वामीजी बड़े दु:खी हुए। उन्होंने संकल्प क्रिया कि वे मन्दिर का जीर्णोद्धार करायेंगे। इस तरह का संकल्प लेकर वह मन्दिर में ध्यान के लिए बैठे।

क्षण भर ध्यान करने के बाद उन्हें एक आवाज सुनाई दी, "बड़ी मैं हूँ या तू बड़ा है?"

विवेकानन्द घबड़ा गये। उन्होंने विनत होकर कहा, "माँ, तू बड़ी है।"

फिर उन्हें आवाज सुनाई दी, "यदि बड़ी मैं हूँ तो मैं जैसी हूँ वैसा ही मुझे रहने दो। जब मेरा मन होगा, मैं स्वर्ण कलशवाला मन्दिर अपने लिए बना लूँगी। अभी मेरा मन खण्डहर में ही रहने का है।"

उस दिन से स्वामी विवेकानन्द ने समझ लिया कि माँ के कल्याण की बात सोचना मूर्खता है। माँ ही हमारे कल्याण की बात सोचती है। वही कल्याण करने में समर्थ है।

जगत् माता भवानी अपने माँ के हृदय की भावनाओं को भी समझ गयीं। वह मधुर कोमल वाणी में बोल पड़ीं—

सुनहि मातु मैं दीख अस सपन सुनावउँ तोहि।
सुंदर गौर सुबिप्रबर अस उपदेसेउ मोहि॥

—माँ! सुन, मैं तुझे सुनाती हूँ। मैंने ऐसा स्वप्न देखा है कि मुझे एक सुन्दर गौरवर्ण श्रेष्ठ ब्राह्मण ने ऐसा उपदेश दिया है।

पार्वती चाहतीं तो सीधे कह सकती थीं कि मैं जगज्जननी हूँ, सर्वज्ञ हूँ, मैं जानती हूँ कि मुझे क्या करना चाहिए। ऐसा करने से वह श्रेष्ठ देवी भले बन जातीं, लेकिन श्रेष्ठ पुत्री नहीं बनतीं। यहाँ पार्वती पुत्री के रूप में हैं। अत: वह बड़ी मर्यादापूर्वक अपनी बात को रखती हैं।

पार्वती सपने का सहारा लेती हैं। सपने के माध्यम से अपने से बड़ों के सामने भी अपनी बात को उन्मुक्त ढंग से कहा जा सकता है; क्योंकि जो सपने में आया वही कहा जा रहा है, अपने मन की बात नहीं कही जा रही है। सपने का एक और फायदा यह है कि वर्तमान की समस्याओं का उनमें हल भी मिल जाता है। जिस समस्या के समाधान के लिए व्यक्ति छटपटा रहा होता है, वह समस्या सपने में झटपट में समाप्त हो जाती है। सपने व्यक्ति के अनिश्चित भविष्य को सुनिश्चित करने में भी सहायक सिद्ध होते हैं।

सपने इसके विपरीत भी फल देते हैं। वे आपकी समस्याओं को जटिल बना सकते हैं, आपके भविष्य को और अनिश्चित कर सकते हैं। यह इस बात पर निर्भर करता है कि आप सपने में क्या देख रहे हैं और उन्हें कैसे देख रहे हैं। हर सपने के घटने की शैली उसके प्रभाव को अभिव्यक्त करती है।

अपने सपने में पार्वती ने एक सुन्दर गौर ब्राह्मण को देखा। सपने में ब्राह्मण को देखना अपने आपमें शुभ माना जाता है, क्योंकि ब्राह्मण ज्ञान और त्याग का प्रतीक होता है। पर इस सपने की विशेषता यह है कि इसमें ब्राह्मण सुन्दर है और गोरे रंग का है। सपने की व्याख्या करनेवाले कहते हैं कि काला और कुरूप ब्राह्मण अशुभ होता है। अतः यदि पार्वती केवल ब्राह्मण को ही देखतीं और वह ब्राह्मण कुरूप और काला होता तो सपने के शुभ होने की गारण्टी नहीं होती। उनकी माँ को इस सपने की शुभता पर विश्वास भी नहीं होता।

सपने के प्रभाव को एकदम से सुनिश्चित करने के लिए पार्वती कहती हैं कि रूपवान्, गौरवर्ण ब्राह्मण उनके पास आया था। उसने कुछ उपदेश भी दिये। स्वाभाविक रूप से माता मैना उत्सुक हो उठीं कि ऐसे सपने को सुना जाय। यह शुभ ब्राह्मण निश्चित रूप से कोई शुभ बात ही कहेगा।

करहि जाइ तपु सैलकुमारी।
नारद कहा सो सत्य बिचारी॥

—हे पार्वती! नारदजी ने जो कहा है, उसे सत्य समझकर तू जाकर तप कर।

पार्वती सपना सुनाकर अपनी माँ को तैयार करना चाहती हैं, जिससे वे प्रेमवश उन्हें वन में तप के लिए जाने से न रोकें। जबकि माता मैना स्वयं उन्हें तप करने के लिए मनाने आयी हैं। परिस्थिति बड़ी प्रिय है। माता को बिना कुछ कहे काम बनता हुआ दिख रहा है और पार्वती सपने के ब्राह्मण के वचनों के प्रभाव के प्रति आश्वस्त दिख रही हैं। इसीलिए वह कहती हैं कि हे माता! ब्राह्मण ने कहा है कि नारद के वचन को सत्य मानो और तप करने के लिए तुरन्त चली जाओ।

मातु पितहि पुनि यह मत भावा।
तपु सुखप्रद दुख दोष नसावा॥

—यह बात तेरे माता-पिता को भी अच्छी लगी है। तप सुख देनेवाला और दुःख-दोष का नाश करनेवाला है।

अपने सपने के माध्यम से पार्वती एक और बाधा को दूर कर रही हैं। वह बताती हैं कि ब्राह्मण ने कहा है—तुम्हारे माता-पिता भी इस बात से सहमत हैं कि तुम तप करने जाओ। पार्वती सोच रही हैं कि ब्राह्मण के वचनों को सुनकर अब उनकी माता कोई बाधा नहीं डालेंगी। भला सुन्दर, गौरवर्ण ब्राह्मण की बात कोई कैसे टाल सकेगा।

यहाँ एक बात और महत्त्वपूर्ण है। पार्वती अपनी माँ के हृदय से यह आशंका भी दूर कर देना चाहती हैं कि तप करने से दुःख होगा। वह ब्राह्मण के माध्यम से बताती हैं कि तप सुख देनेवाला और दुःख-दोष का नाश करनेवाला है। पार्वती का यह कथन अत्यन्त उपयुक्त है। हम अपने सामान्य जीवन में भी देखते हैं कि जो किसी लक्ष्य की सिद्धि के लिए कष्ट उठाता है, वह कालान्तर में सुख प्राप्त करता है। दिन-रात पढ़ाई करनेवाला जब प्रथम आता है, छात्रवृत्ति पाता है और उत्तम नौकरी का पद सँभालता है तब उसे अपने तप का फल मिलता है।

तप वही है जहाँ किसी लक्ष्य की प्राप्ति के प्रति अटूट प्रयत्न हो। नासमझी में दुःख उठाना तप नहीं होता है। देश की स्वाधीनता के लिए जब महात्मा गांधी जेल जाते हैं तब यह जेल-जीवन तप बनता है, नहीं तो हजारों कैदी जेल में सड़ रहे होते हैं, उन्हें कोई तपस्वी नहीं कहता है। लक्ष्य-सिद्धि के लिए दुःख का स्वयं वरण करना ही तप है। इसीलिए यह सुखप्रद है।

तप से दुःख और दोष अपने आप नष्ट हो जाते हैं। आखिर दुःख और दोष हैं क्या? मनुष्य जब अपने लक्ष्य से भटक जाता है तब वह दुःख में फँसता है, तब उसका जीवन दोषमय बनता है। तप इन्हें दूर करने के लिए परमावश्यक है। जैसे ही तप करने का निश्चय किया जाता है, दुःख और दोष मिटने लगते हैं। तप इस बात का आश्वासन देता है कि अब दुःख के दिन बीत गये हैं। जैसे ही व्यक्ति तप की तैयारी करता है, वह अपने दोषों को त्याग देता है। दोष के साथ तप नहीं किया जा सकता।

माता मैना को यही पीड़ा हो सकती थी कि तप से पार्वती को दुःख होगा। पार्वती अनुमान कर रही थीं कि माँ यही दुःख-गाथा गाने के लिए उनके पास आयी हैं। इसीलिए वह साफ साफ समझा देती हैं कि तप सुखप्रद है और दुःख-दोष को दूर करनेवाला है।

तपबल रचइ प्रपंचु बिधाता।
तपबल बिष्नु सकल जग त्राता॥

—तप के बल पर ही ब्रह्मा संसार को रचते हैं और तप के बल से ही विष्णु सारे संसार का पालन करते हैं।

तप जीवन-शक्ति का संरक्षण है। जगत् व्यवहार में शक्ति का जो क्षरण होता है उसे तप से ही पुनः प्राप्त किया जा सकता है। तपहीन जीवन श्रेष्ठ कर्म करने में अक्षम होता है। इसीलिए जगत् के निर्माण के लिए ब्रह्मा और पालन के लिए विष्णु तप करते हैं।

तपबल संभु करहिं संघारा।
तपबल सेषु धरइ महिभारा॥

—तप के बल से ही शम्भु जगत् का संहार करते हैं और तप के बल से ही शेष पृथ्वी का भार धारण करते हैं।

हिन्दू धर्म में तप की धारणा बड़ी महत्त्वपूर्ण है। सक्रिय होने पर स्वयं सृष्टि के लिए नियन्ता को भी तप करना पड़ता है। तप के बिना कोई महान् उपलब्धि प्राप्त नहीं की जा सकती। प्रायः मनुष्य अपनी शक्ति को बाह्य विषय-विकारों में नष्ट करता रहता है। इससे वह आन्तरिक रूप से कमजोर होता जाता है। मनुष्य जितना सुखोपभोग के लिए, इन्द्रिय-सुख के लिए लालायित होगा उतना ही वह आत्मिक रूप से दुर्बल होता जायेगा।

आज का हमारा युग भौतिक सुखों को अधिकाधिक एकत्र करने और भोगने का युग है। हर व्यक्ति अपनी जीवन-शक्ति का अपव्यय इसी काम में करने के लिए जी-जान से जुटा हुआ है। इसीलिए सर्वत्र संसार में नैतिक दुर्बलता और भ्रष्टाचार का बोलबाला है। हर व्यक्ति अनैतिक होने के लिए उतावला है, बशर्ते वह पकड़ा न जाय। हर व्यक्ति भ्रष्टाचार-व्यभिचार की होड़ में सर्वप्रथम रहना चाहता है, बशर्ते उसका 'चरित्र' सुरक्षित रहे। समाज जीवन को नियमित करनेवाली राजनीतिक संस्थाएँ बातें तो नीति और आचार की करती हैं, लेकिन सत्ताधारी घूस लेने के लिए लार टपकाते रहते हैं।

मनुष्य में नीति और सदाचार के प्रति ललक अवश्य है, क्योंकि यही तो उसका स्वभाव है। लेकिन आज उसके मन में इनके प्रति आग्रह नहीं है, क्योंकि मनुष्य अपने आत्मिक जीवन के केन्द्र को खो बैठा है। वह भोग के प्रति आग्रही हो गया है; जबकि बिना तप के भोग भी सम्भव नहीं। हिन्दुओं ने इसीलिए विवाह से पूर्व ब्रह्मचर्य व्रत का विधान रखा था। भोग आरम्भ करने से पहले भोगेन्द्रियों को सबल बनाने की आवश्यकता समझी गयी थी। आज बच्चे पैदा होते ही भोग की

ओर दौड़ रहे हैं। अमेरिका में दस वर्ष का बालक अपनी प्रेमिका—'गर्ल फ्रेंड'—के लिए बन्दूक की गोली चला रहा है। यूरोप के स्कूलों में दस से पन्द्रह वर्ष के बच्चों को अनैच्छिक गर्भ से बचने के लिए कण्डोम—'निरोध'—प्रयोग करने की विधि बतायी जा रही है।

आज जीवन को तपहीन बनाने के लिए हरसम्भव प्रयत्न हो रहे हैं। अतः आज मशीनें बड़ी बनती जा रही हैं और मनुष्य छोटा होता जा रहा है। तप के बिना मनुष्य के महान् होने का और कोई उपाय नहीं है।

तप अधार सब सृष्टि भवानी।
करहि जाइ तपु अस जियँ जानी॥

—हे भवानी! सारी सृष्टि तप के ही आधार पर है। ऐसा जी में जानकर तू जाकर तप कर।

तप के महत्त्व के बारे में इससे अधिक कुछ नहीं कहा जा सकता। सृष्टि का हर कर्म तप के अधीन है। एक बीज जब वृक्ष बनता है तो उसे बहुत तप करना होता है। माटी के भीतर उसे अपने आपको तपाना पड़ता है, तब जाकर वह अंकुरित हो पाता है। माता जब अपने भीतर शिशु को धारण करती है तो तप करती है। उसके जीवन का प्रत्येक पल शिशु के लिए समर्पित होता है। नदियों का बहना जल-प्रवाह का सतत तप है। सूरज का चमकना, हवा का बहना निरन्तर चल रहे तप का ही प्रतीक है।

गौरवर्ण के सुन्दर ब्राह्मण ने पार्वती को तप के महत्त्व को समझाते हुए कहा कि तप से ही उन्हें अपने लक्ष्य की प्राप्ति हो सकती है। तप के अतिरिक्त शिव को पाने का और कोई मार्ग नहीं है।

सुनत बचन बिसमित महतारी।
सपन सुनायउ गिरिहि हँकारी॥

—यह बात सुनकर माता को बड़ा अचरज हुआ और उन्होंने हिमाचल को बुलाकर वह स्वप्न सुनाया।

माता मैना को तो मुँहमाँगी मुराद मिल गयी थी। वह आयी थीं पार्वती को तप करने के लिए तैयार करने, लेकिन यहाँ तो सबकुछ बदल गया है। उन्हें कुछ कहना ही नहीं पड़ा, उलटे उनकी बिटिया ने ही तप की महिमा का बखान करके अपनी तैयारी दिखा दी। माता मैना के हृदय पर से एक भारी बोझ उठ गया। वह

सोच नहीं पा रही थीं कि लड़की से तप जैसी कठिन साधना करने के लिए कैसे और क्या कहेंगी। पर विधाता ने उनके मन के संकोच का निवारण कर दिया। पार्वती के सपने ने सभी कुछ ठीक रास्ते पर ला दिया।

आश्चर्य से भरपूर माता मैना अपनी प्रसन्नता को रोक नहीं पायीं। उनमें इतना भी धैर्य नहीं रहा कि वे राजा के पास जाकर उन्हें समाचार दें। उन्होंने राजा को ही अपने पास बुला लिया। राजा ने पार्वती का सपना और संकल्प सुनकर प्रसन्नता व्यक्त की। उन्हें अपना आशीर्वाद दिया।

मातु पितहि बहुबिधि समुझाई।
चलीं उमा तप हित हरषाई॥

—माता-पिता को बहुत तरह से समझाकर बड़े हर्ष के साथ पार्वती तप करने के लिए चलीं।

अगर सन्तान पार्वती जैसी हो तो माता-पिता के लिए कितने गौरव की बात है। वह महान् लक्ष्य की सिद्धि के लिए जा रही हैं। लेकिन स्वतः जा रही हैं। उन्हें धक्का नहीं देना पड़ रहा है। प्रायः हम अपने बच्चों को बड़ा बनने के लिए धक्का देते रहते हैं। बच्चा स्वयं अपने बल पर तैयार नहीं होता है। इसीलिए धक्का जोर से देने पर वह आगे बढ़ने के बजाय लुढ़क जाता है। पार्वती सारे जग से न्यारी हैं। वह स्वयं तो आगे स्वतःस्फूर्त रूप से बढ़ ही रही हैं, अपने माता-पिता को भी समझा रही हैं। उन्हें पता है कि एकमात्र युवा पुत्री को अपने से अलग करके माता-पिता दुःखी और आशंकित होंगे। उनका हर दिन चिन्ता में ही बीतेगा। इसीलिए वह माता-पिता की मनःस्थिति को समझकर उन्हें अच्छी तरह समझाती हैं और कहती हैं कि वे तनिक भी परेशान न हों।

अपने मन की सबलता को दिखाने के लिए वह हर्षपूर्वक विदा होती हैं। यदि वह रोते हुए माता-पिता के पास से वन के लिए जातीं तो एक दिन भी तप कर पाना कठिन हो जाता। घर का लगाव उन्हें बाँधे रहता। पार्वती बड़े उत्साह के साथ प्रसन्नतापूर्वक विदा होती हैं। जब मन में प्रसन्नता हो तो लक्ष्य तक पहुँचने में कोई भी बाधा रोक नहीं पाती है। प्रमुदित मन ही तप की आधारभूमि है, अन्यथा शरीर को कष्ट मात्र एक सजा है।

प्रिय परिवार पिता अरु माता।
भए बिकल मुख आव न बाता॥

—प्यारे कुटुम्बी, पिता और माता सब व्याकुल हो गये। किसीके मुख से बात नहीं निकलती।

प्रसन्न हृदय से पार्वती जा रही थीं तो भी परिवारजनों में रोना-धोना शुरू हो गया। यदि वह स्वयं आँखों में आँसू लिये जातीं तो कई लोगों की हृदय गति तो रुक जाती। लोग सोचते कि जब बेटी जाते समय ही रो रही है तो जब सचमुच का तप आरम्भ करके कष्ट उठायेगी, उस समय उसकी क्या हालत होगी।

विदाई वास्तव में बड़ी कष्टदायी होती है; लेकिन यदि एक पक्ष साहस दिखाये तो परिस्थिति के तनाव और दबाव को कम किया जा सकता है। पार्वती ने हर्षित होकर जाने का जो उपक्रम किया उसके कारण परिवारजनों का थोड़ा साहस बँधा; लेकिन फिर भी वे पार्वती की सुरक्षा और सफलता के प्रति पूरी तौर पर आश्वस्त नहीं थे।

बेदसिरा मुनि आइ तब सबहि महा समुझाइ।
पारबती महिमा सुनत रहे प्रबोधहि पाइ॥

—तब वेदशिरा मुनि ने आकर सबको समझाकर कहा। पार्वती की महिमा सुनकर सबको समाधान हो गया।

इस दोहे में जीवन की श्रेष्ठता का एक गौरवपूर्ण प्रसंग छिपा हुआ है। वेदशिरा मुनि आकर पार्वती की वास्तविकता को सबको बताते हैं, उनकी महिमा का सबके सामने गान करते हैं। तब लोगों को पता चलता है कि पार्वती तो जन्म-जन्म से भगवान् शिव की संगिनी हैं। इससे सबको सन्तोष होता है। यह बात चाहतीं तो पार्वती भी सबको स्वयं बता सकती थीं। उन्हें सर्वज्ञ और जगज्जननी कहा गया है। वे जीवन के सारे रहस्यों को जानती हैं। लेकिन उन्होंने अपने मुख से कुछ भी नहीं कहा। जो कहा भी वह सपने के माध्यम से।

जो सचमुच बड़े होते हैं वे कभी स्वयं अपने बड़प्पन का गान नहीं किया करते; लेकिन जो जीवन में क्षुद्रता से घिरे होते हैं वे मरने से पहले अपने दो-चार अभिनन्दन कराकर अपने व्यक्तित्व एवं कृतित्व पर ग्रन्थ छपवा लेना चाहते हैं। उन्हें इस बात का तनिक भी विश्वास नहीं होता है कि मरने के बाद उन्हें कोई याद करेगा। ऐसे लोगों की स्थिति प्रायः ऐसी होती है कि इनके अभिनन्दन ग्रन्थ की भारी-भरकम पुस्तक को बाद में उनके बच्चे ही रद्दी के भाव बेच देते हैं। क्योंकि वह ग्रन्थ उनके जीवन के अनमोल रत्न का संग्रह नहीं, सड़ाँध भरे कचरे का एकत्रीकरण होता है।

मेरे अनेक साहित्यकार मित्र हैं, जो अवकाशप्राप्त होने पर चाहते हैं कि उनका अभिनन्दन हो और उनपर एक ग्रन्थ भी प्रकाशित हो। जीवन में उन्होंने कभी कुछ अच्छा किया हो, मुझे याद नहीं आता; अत: वे अपने जीवन पर स्वयं ही अपनी पत्नी और बच्चों के नाम से लिखते हैं। किन्तु मुझे नहीं लगता है कि इतिहास कभी ऐसे क्षुद्र प्रयत्नों को गरिमा देगा।

पार्वती अपने सर्वज्ञ होने का तुच्छ गौरव नहीं लेना चाहती थीं। अत: वह तो चुपचाप सपने के बहाने विदा हो गयीं, लेकिन सबको समझाने के लिए वेदशिरा मुनि को आना पड़ा।

बड़े लोग कभी नहीं चाहते कि उनका अनावश्यक गौरव-गान हो। वह यह अच्छी तरह से समझते हैं कि यदि सचमुच उन्होंने कुछ अच्छा किया है तो आनेवाली पीढ़ी उसे अपने माथे पर लगायेगी। इसके लिए किसी अतिरिक्त प्रचार की आवश्यकता नहीं। रामकृष्ण परमहंस कहा करते थे—जब फूल खिलता है तो भौंरे अपने आप उसके पास आते हैं। वह किसीको आने के लिए निमन्त्रण नहीं भेजता है।

यदि किसी व्यक्ति की कीर्ति-कली में सचमुच सुवास है तो उसके खिलने पर सुगन्ध रसिक भौंरे अपने आप उसका अभिनन्दन करने आयेंगे। अन्यथा सारा अभिनन्दन का प्रयत्न व्यर्थ की कवायद ही सिद्ध होगा।

एक आदमी अपने बरामदे के भीतर गमलों में रखे फूलों को सींचा करता था। एक दिन उसका एक मित्र आया तो चकित रह गया। जिस बरतन से वह व्यक्ति फूलों को सींच रहा था, उसमें पानी था ही नहीं। मित्र ने कहा, ''यह क्या कर रहे हो? बरतन में तो पानी है ही नहीं, क्या सींचने का नाटक भर कर रहे हो? पर इससे फूलों का क्या फायदा होगा?''

वह आदमी हँसा, ''भले आदमी, जीवन में नाटक भी करना पड़ता है। वैसे फूलों को कोई फायदा-नुकसान नहीं होगा, ये प्लास्टिक के फूल हैं।''

यदि हमारी कीर्ति-कथा प्लास्टिक के फूलों जैसी है तो वह हृदय को सुवासित करनेवाली सुगन्ध नहीं पैदा कर पायेगी। उसके बारे में बहुत चिन्ता करना बिना पानी के प्लास्टिक के फूलों को सींचने जैसा ही होगा।

पार्वती की महिमा का गान वेदशिरा मुनि द्वारा करने का एक और गहरा अर्थ है। अपनी महिमा स्वयं गाना धार्मिक दृष्टि से एक गर्हित पाप है और नैतिक दृष्टि से एक निम्नतम अधमता। मनुष्य को श्रेष्ठ कर्म करते जाना चाहिए, महिमा गाने का काम दूसरों पर छोड़ देना चाहिए।

उर धरि उमा प्रानपति चरना।
जाइ बिपिन लागीं तपु करना॥

—प्राणपति के चरणों को हृदय में धारण करके पार्वती वन में जाकर तप करने लगीं।

निश्चित रूप से पार्वती ऐसे वन में तप करने गयी होंगी जहाँ ऋषि-मुनियों के आश्रम रहे होंगे। लेकिन उन्होंने आश्रम की व्यवस्था का कोई फायदा नहीं उठाया। वह जाते ही एकान्त भाव से अपने प्राणप्रिय को पाने के लिए तप करने बैठ गयीं।

तप में एकाग्रता की बहुत आवश्यकता होती है और व्यक्ति एकाग्र तभी हो पाता है जब वह अपने परम प्रिय का चिन्तन कर रहा हो। प्रिय का चिन्तन मन को सबसे ज्यादा एकाग्र भी करता है और विकल भी। पार्वती को यहाँ एकाग्रता की आवश्यकता थी। वह शिव के चरणों को अपने हृदय में धारण कर बैठ गयीं।

भक्त परमात्मा की पूरी मूर्ति को अपने हृदय में रखने की आवश्यकता नहीं अनुभव करता। वह तो केवल प्रभु के चरणों में ही अपना मन लगाता है। चरणों में सिर झुकाने से या उन्हें हृदय में धारण करने से मन का अहंकार मिटता है। प्रेम और भक्ति में अहंकारहीन समर्पण परम अनिवार्य है, इसीलिए आराध्य को हृदय में धारण किया जाता है।

जैसे बुद्धि तर्क की स्थली है, उसी तरह हृदय भावनाओं का उपवन है। इसके भीतर ही प्रेम के फूल खिलते हैं, भक्ति की कलियाँ फूटती हैं। अत: हृदय के देवता के स्वागत की जिन्हें ललक होती है, वे अपने हृदय को अत्यन्त स्वच्छ रखते हैं। तप को आरम्भ करते ही पार्वती ने हृदय-मन्दिर में भगवान् शिव के चरणों को प्रतिष्ठित कर दिया।

अति सुकुमार न तनु तप जोगू।
पति पद सुमिरि तजेउ सबु भोगू॥

—पार्वती का अत्यन्त सुकुमार शरीर तप के योग्य नहीं था, तो भी पति के चरणों का स्मरण करके उन्होंने सब भोगों को तज दिया।

भोग का तप में रूपान्तरण आसान नहीं होता है। जो शरीर सुख-सुविधाओं पर जी रहा हो उसे क्षण मात्र में सभी भोगों के त्याग के लिए तैयार करना अत्यन्त कठिन है। लेकिन जब लक्ष्य हृदय में दृढ़ता से स्थापित हो जाये तो कठिनाइयाँ कम हो जाती हैं। संकल्प से तप का मार्ग सहज हो जाता है।

पार्वती ने अपने तप को सहज बनाने के लिए अपने हृदय में अपने पति भगवान् शिव के चरणों को स्थापित कर लिया था। लक्ष्य के साथ रहने से स्खलन की सम्भावना कम हो जाती है। हम अपने जीवन में देखते हैं कि जब नवरात्र का व्रत करते हैं तो हमें नित्य की तरह भूख नहीं लगती है, क्योंकि देवी दुर्गा का स्वरूप हमारे साथ होता है। उनके प्रति हमारी आस्था हमारी शारीरिक भूख पर नियन्त्रण करती है। रमजान के दिनों में महीने भर रोजा रखते हुए मुसलमान लोग दिन में भोजन की तरफ आँख उठाकर भी नहीं देखते हैं। ऐसी बात नहीं है कि भूख लगती ही नहीं, भूख लगना तो प्राकृतिक नियम है, लेकिन ईश्वर का नाम उनकी रक्षा करता है। अल्लाह का नाम उनकी आत्मिक शक्ति बनकर उन्हें गिरने से बचाता है।

पार्वती अपनी कमजोरी जानती थीं। उन्हें पता था कि बचपन से उन्होंने तपपूर्ण जीवन जीने का अभ्यास नहीं किया है। अत: उन्होंने अपने बल का सहारा छोड़कर शिव के चरणों का सहारा लिया। समर्पित व्यक्ति परम शक्तिमान् बन जाता है।

नित नव चरन उपज अनुरागा।
बिसरी देह तपहिं मनु लागा॥

—स्वामी के चरणों में नित्य नया अनुराग उत्पन्न होने लगा और तप में ऐसा मन लगा कि शरीर की सारी सुध बिसर गयी।

जब किसीको पाने के लिए प्रयत्न किया जाता है, जब कहीं पहुँचने के लिए यात्रा आरम्भ की जाती है तो शुरू से ही प्राप्ति का आनन्द मिलने लगता है। हर क्षण मिलन का क्षण होता है। इससे अनुराग बढ़ता जाता है। पार्वती के भीतर लक्ष्य प्राप्ति की उत्कण्ठा इतनी प्रबल थी कि वह तप पर बैठते ही अनुभव करने लगीं कि बस अब शिवजी मिलने ही वाले हैं। अत: उनके मन में नया-नया प्रेम पैदा होने लगा। यह अत्यन्त मनोवैज्ञानिक है। प्रिय को पाने की लालसा के साथ प्रतीक्षा करना प्रियमय बना देता है।

प्रसिद्ध सूफी कवि जलालुद्दीन रूमी की एक कविता है। प्रिय अपनी प्रियतमा के पास आता है और उसके दरवाजे पर दस्तक देता है। भीतर से आवाज आती है—कौन?

प्रिय कहता है—मैं।

द्वार नहीं खुलता है। वह फिर दस्तक देता है। फिर आवाज आती है—कौन?

उत्तर मिलता है—मैं।

द्वार नहीं खुलता है। प्रिय को अपनी गलती समझ में आती है। वह द्वार फिर खटखटाता है। भीतर से फिर वही आवाज आती है—कौन?

प्रिय अत्यन्त प्रिय स्वर में बोलता है—तू।

द्वार तुरन्त खुल जाता है। प्रियतम के पास 'मैं' से जाया ही नहीं जा सकता। वहाँ पहुँचने के लिए प्रिय और प्रियतम को एकरूप बनना पड़ता है।

पार्वती तपस्या के समय शिव से एकरूप हो रही हैं। उनके चरणों को अपने हृदय में बसाकर उन्हीं जैसी बन रही हैं। 'मैं' का स्थान 'तू' ने ले लिया है। इसीलिए प्रेम बढ़ता जा रहा है।

'मैं' का भाव भूल जाने के कारण उन्हें अपने शरीर का बोध ही नहीं है। वह तप में तल्लीन हो गयी हैं। मनस्विद् कहते हैं कि मन के दो स्तर होते हैं—स्थूल और सूक्ष्म। स्थूल मन सुविधाभोगी होता है, सुख पर आँच आते ही चिल्ला उठता है। शरीर प्राय: इसीका गुलाम होता है। इसे प्रेयस्पथी मन कह सकते हैं। सूक्ष्म मन श्रेयस्पथी होता है। वह उच्च लक्ष्य की प्राप्ति के लिए शरीर को प्रोत्साहित करता है। उच्चादर्शों के लिए सहे जानेवाले कष्टों को वह आमन्त्रित करता है। यही तप है। मन अपनी स्थूलता को छोड़कर जब लक्ष्यव्रती होकर सूक्ष्म बन जाये तो वह धारदार बन जाता है, किसी भी बाधा को काटने में समर्थ हो जाता है।

तप में मन लग जाने के कारण पार्वती नित्य प्रति आगे बढ़ती रहीं। एक हजार वर्ष तक उन्होंने मूल और फल खाये। फिर सौ वर्ष साग खाकर बिताये। कुछ दिन तक केवल वायु और जल का सेवन किया। कुछ दिन तक कठोर उपवास किया। जो बेलपत्र सूखकर जमीन पर गिरते थे, तीन हजार वर्ष तक उन्हींको खाया।

पुनि परिहरे सुखानेउ परना।
उमहि नामु तब भयउ अपरना॥

—फिर सूखे पत्ते भी खाने छोड़ दिये। तभी पार्वती का नाम 'अपर्णा' हुआ।

यहाँ कुछ बातें ध्यान देने लायक हैं। तप का आरम्भ पार्वती ने फल और मूल खाकर आरम्भ किया। तात्पर्य यह है कि नित्य व्यवहार के भोजन को छोड़ना तप है। अत: उन्होंने सबसे पहले अन्न का परित्याग किया। अन्न से शरीर और मन दोनों जुड़े होते हैं। बचपन से उनका उपयोग करने के कारण उन्हें छोड़ने में शरीर और मन दोनों चिल्लाते हैं। तपस्वी व्यक्ति इन दोनों की बात नहीं सुनता है। तप

का अर्थ ही है कि मनुष्य शरीर और मन की दासता से मुक्त हो जाये।

जब अन्न छोड़कर पार्वती ने फल और मूल खाने शुरू किये तो कुछ दिन बाद शरीर और मन उनसे जुड़ गये। अतः अब मूल-फल खाना तप नहीं, सुस्वादु भोजन बन गया। इसीलिए पार्वती ने इस दासता को भी तोड़ा। उन्होंने साग खाना आरम्भ कर दिया। साग भी जब सहज भोजन बन गया तो मात्र वायु और जल का सेवन किया। जब शरीर और मन ने इन्हें भी स्वीकार कर लिया तो कुछ दिन तक उन्होंने कुछ नहीं खाया। फिर प्राणरक्षा के लिए उन्होंने बेल के सूखे पत्ते का भोजन करना आरम्भ किया। लेकिन जब उन्हें लगा कि इससे प्राण भले ही बच रहा हो, तपस्या अधूरी रह रही है तो उन्होंने सूखे पत्ते भी खाने छोड़ दिये। इससे पार्वती का नाम 'अपर्णा' पड़ गया अर्थात् जो 'पर्ण'—पत्ता—भी न खाती हो।

पार्वती की तपस्या के विवरण में तुलसीदास ने कई बार अत्युक्तिवाचक संख्याओं का प्रयोग किया है—हजार वर्ष, सौ वर्ष, तीन हजार वर्ष आदि। कहना कठिन है कि इससे वास्तविक वर्ष का बोध होता है। मेरे विचार से यह कठोर तप के महत्त्व को बताने के लिए मुहावरेदार भाषा का प्रयोग है। जैसे हम किसी बलशाली व्यक्ति को देखकर कहते हैं कि इसमें सौ हाथियों का बल है।

सुकुमारी पार्वती ने घनघोर तप किया। अपने शरीर का मोह एकदम त्याग दिया। मनुष्य को सबसे ज्यादा प्यारा अपना शरीर होता है, जब वह किसी उच्चादर्श की प्राप्ति के लिए उसे भी दाँव पर लगा दे तो उसे लक्ष्य-सिद्धि से कोई रोक नहीं सकता। जीवन को दाँव पर लगाना सबसे बड़ा साहस है। पार्वती ने यह साहस दिखाया और लक्ष्य उनकी मुट्ठी में आ गया।

देखि उमहि तप खीन सरीरा।
ब्रह्मगिरा भै गगन गभीरा॥

—तप से उमा का शरीर क्षीण देखकर आकाश से गम्भीर ब्रह्मवाणी हुई।

इस संसार में कोई भी कार्य व्यर्थ नहीं जाता है। देर-सबेर उसका परिणाम मिलता है। पार्वती को शुरू में सफलता नहीं मिली। जाने कितने दिनों तक उन्हें तपपूर्ण जीवन जीना पड़ा, तप के अलग-अलग तरीके अपनाने पड़े। पर उनकी साधना अन्ततः पूर्ण हुई। ब्रह्मा ने देखा कि अपर्णा बन गयी पार्वती का शरीर ही नष्ट हो जायेगा। यदि एक बार शरीर नष्ट हो गया तो तप के फल के लिए पार्वती को लम्बी प्रतीक्षा करनी पड़ सकती है। इस स्थिति से पार्वती को बचाने के लिए ब्रह्मा ने पहल की। आकाश में गम्भीर वाणी गूँजी। गम्भीर वाणी इसीलिए हुई, क्योंकि

पार्वती एकदम से क्षीण हो गयी थीं। मृदु-मधुर वाणी उन्हें सुनाई ही नहीं देती।

भयउ मनोरथ सुफल तव सुनु गिरिराजकुमारि।
परिहरु दुसह कलेस सब अब मिलिहहिं त्रिपुरारि॥

—हे पर्वतराज की कुमारी! सुन, तेरा मनोरथ सफल हुआ। तू अब सारे असह्य क्लेशों को त्याग दे। अब तुझे शिवजी मिलेंगे।

प्रार्थना का पल कितना ही लम्बा क्यों न हो, उपलब्धि का क्षण अत्यन्त छोटा होता है। पार्वती ने हजारों वर्षों की तपस्या की, लेकिन ब्रह्मवाणी से उन्हें सिद्धि एक क्षण में प्राप्त हो गयी। बुद्ध ग्यारह वर्षों तक सिद्धि के लिए भटकते रहे, लेकिन गया के वटवृक्ष के नीचे उनके बुद्धत्व का क्षण अत्यन्त छोटा था।

आकाशवाणी ने स्पष्ट घोषणा की कि उनका मनोरथ पूर्ण हो गया है। वर के रूप में निश्चित रूप से उन्हें शिव मिलेंगे। पार्वती से यह भी कहा गया कि वे अपने असह्य क्लेशों अर्थात् कठिन तप को समाप्त कर दें। आखिर मनुष्य दुःख क्यों सहता है? एक कारण तो यह है कि उसे दण्डित किया गया है। उसने कोई बुरा कार्य किया था, इसलिए वह दण्डस्वरूप दुःख सहने के लिए बाध्य है। इसमें उसका कोई बड़प्पन नहीं है। दूसरा कारण यह है कि हम अपने मन के सन्तोष और आनन्द के लिए दुःख उठाते हैं। रात में जब नवजात शिशु रोता है तो माँ उसे गालियाँ नहीं देती, उसे प्यार से पुचकारती है और रात भर जगने का दुःख उठाकर उसकी देखभाल करती है। पार्वती का सारा शारीरिक क्लेश दूसरी तरह का था। वह प्रेमवश तप कर रही थीं। मन की प्रसन्नता के कारण शारीरिक क्षीणता का उन्हें तनिक भी खयाल नहीं था।

अस तपु काहुँ न कीन्ह भवानी।
भए अनेक धीर मुनि ग्यानी॥

—हे भवानी! धीर मुनि और ज्ञानी बहुत हुए हैं, पर ऐसा कठोर तप किसीने नहीं किया।

ब्रह्मवाणी ने पार्वती के तप की महिमा का भी बखान किया। यही जीवन की सबसे स्वस्थ स्थिति है। यदि पार्वती स्वयं चिल्लाकर कहतीं कि उन्होंने बहुत कठोर तप किया, इसलिए ब्रह्मा को बाध्य होकर उनके तप का बखान करना पड़ा, तो पार्वती अपने तप की सारी गरिमा खो बैठतीं। वे मानसिक रूप से बीमार कही जातीं। महिमा की गरिमा तभी बढ़ती है, जब वह दूसरों के द्वारा अभिनन्दित की जाती है।

ब्रह्मा ने कहा कि उन्होंने हजारों ऋषि-मुनियों को तप करते हुए देखा है, लेकिन ऐसा कठिन तप उनकी जानकारी में किसीने नहीं किया है। ब्रह्मा द्वारा पार्वती को दिया गया यह प्रमाणपत्र बहुत ही गरिमापूर्ण है। साध्य के साथ-ही-साथ जब साधन भी दिव्य बन जाये तो कहना ही क्या!

अब उर धरहु ब्रह्म बर बानी।
सत्य सदा संतत सुचि जानी॥

—अब तू इस श्रेष्ठ ब्रह्मवाणी को सदा सत्य और निरन्तर पवित्र जानकर अपने हृदय में धारण कर।

इस कथन से इस बात की पुष्टि होती है कि पहले लोगों की तपस्याओं को बीच में ही भंग करने के लिए राक्षसों-दानवों द्वारा भी आकाशवाणी कर दी जाती थी। इससे तपस्वी का व्रत बीच में ही सफलता पाये बिना भंग हो जाया करता था। इसीलिए बलपूर्वक यह कहा गया है कि यह वाणी श्रेष्ठ ब्रह्म की है। इसे इस तरह से भी कह सकते हैं कि यह ब्रह्मा की श्रेष्ठ वाणी है। लेकिन तब मन में यह विचार उठ सकता है कि क्या कभी ऐसा भी होता है कि ब्रह्मा श्रेष्ठ न बोलते हों। अत: श्रेष्ठ ब्रह्मा की वाणी कहना ही ज्यादा उपयुक्त है।

इस वाणी की दो विशेषताएँ और बतायी गयी हैं, जिससे पार्वती का मन उसके प्रति दृढ़ हो जाये। कहा गया कि यह सदा सत्य और निरन्तर पवित्र है। इस कथन को जरूर ध्यान से समझना होगा। जो सदा सत्य है, वह क्या कभी अपवित्र हो सकता है? क्या सत्य सदैव पवित्र नहीं होता है? ऋषि-मुनि कहते हैं कि आवश्यक नहीं कि सत्य सदैव पवित्र हो। इसीलिए कहा गया कि सत्य बोलो और प्रिय बोलो। अप्रिय सत्य अपवित्र हो जाता है।

सत्य की अपवित्रता के बारे में एक कथा प्रचलित है। एक कसाई एक गाय का पीछा कर रहा था। गाय भागती हुई जंगल में छिप गयी। वहीं पास में एक तपस्वी साधना कर रहा था। कसाई ने उसके पास आकर विनम्रता से कहा, ''मैं एक गाय का पीछा कर रहा था। वह इधर ही भागकर आयी है। महाराज, आपने उसे देखा है?''

सत्य बोलने के जोश में तपस्वी ने बता दिया कि गाय वहाँ छिपी है। कसाई उसे पकड़कर ले गया और उसने उसकी हत्या कर दी। जब बाद में साधु मरा तो उसे नरक मिला, क्योंकि उसने सत्य बोलकर एक असहाय गाय की हत्या करवायी थी। यह अपवित्र सत्य था।

आकाशवाणी में कहा गया कि ब्रह्मा की वाणी सदा सत्य और निरन्तर पवित्र है। कुछ लोग यह सवाल उठा सकते हैं कि क्या कभी ब्रह्मा के मन में भी असत्य और अपवित्र बोलने का भाव आता है? वास्तव में यहाँ ब्रह्मा की वाणी को प्रमाणपत्र नहीं दिया जा रहा है, यहाँ तो पार्वती के मन में यह विश्वास जगाया जा रहा है कि यह वाणी ब्रह्मा की है। पार्वती को तपभंग की पुरानी कहानियाँ अवश्य ज्ञात रही होंगी। अपनी तपस्या तोड़ने से पहले वह सौ बार सोच सकती थीं। अत: दृढ़तापूर्वक यह कहा गया कि यह वाणी सदा सत्य और निरन्तर पवित्र है।

आवै पिता बोलावन जबहीं।
हठ परिहरि घर जाएहु तबहीं॥

—जब तेरे पिता बुलाने को आवें तब हठ छोड़कर घर चली जाना।

ब्रह्मवाणी के माध्यम से एक बड़े-बूढ़े पिता की तरह पार्वती को उपदेश दिया गया है। कहा गया कि तुम्हारे पिता तुम्हें लेने आयें तो कोई हठ नहीं करना। यह मत सोचना कि वह तुम्हारे तप को भंग करने के लिए आये हैं, या उन्होंने ही ब्रह्मवाणी के रूप में एक नाटक रचा है। यह भी मत सोचना कि तुम्हारे तप की कठोरता के कारण तुम्हारे माता-पिता बहुत व्याकुल हो गये हैं। वास्तव में वह समझ गये हैं कि तुम्हारा तप पूरा हुआ है।

यहाँ एक और बात पर ध्यान देते चलें। 'हठ' शब्द यहाँ क्यों आया है? ब्रह्मवाणी में 'तप' शब्द भी कहा जा सकता था। तप कहने से चौपाई के छन्द में कोई दोष नहीं आता। दोनों में मात्राएँ समान हैं। लेकिन हठ का प्रयोग यहाँ किसी विशेष भाव को व्यक्त करने के लिए किया गया है। पार्वती कह सकती थीं कि मुझे शिव को वर रूप में पाना है, अत: जब तक शिव आकर मुझे आशीर्वाद नहीं देंगे तब तक मैं तप समाप्त नहीं करूँगी। यह हठ स्थितियों को और बिगाड़ सकता था। अत: ब्रह्मवाणी ने सावधान किया कि कोई हठ नहीं करना, चुपचाप चली जाना। साथ ही साथ अपने वचन की सत्यता का एक और भी संकेत दिया—

मिलहिं तुम्हहि जब सप्त रिबीसा।
जानेहु तब प्रमान बागीसा॥

—जब तुम्हें सप्तर्षि मिलें तब इस वाणी को प्रमाण समझना।

पार्वती एक उच्च लक्ष्य को लेकर तप कर रही थीं। अत: उसको समाप्त करने के लिए उन्हें शत-प्रतिशत प्रमाण-परिपुष्ट आश्वासन चाहिए था। वह अपने

जीवन भर की कमाई को यों ही गवाने के लिए क्यों तैयार होतीं।

सुनत गिरा बिधि गगन बखानी।
पुलक गात गिरिजा हरषानी॥

—आकाश से कही हुई ब्रह्मा की वाणी सुनते ही पार्वतीजी प्रसन्न हो गयीं और उनका शरीर पुलकित हो गया।

अपनी साधना की सफलता की गारण्टी पाकर किसका मन नहीं नाच उठेगा। पार्वती की स्थिति ऐसी ही हो रही थी। उनका मन प्रसन्नता से खिल उठा और शरीर का रोम-रोम आनन्द-विभोर हो उठा। पार्वती प्रीति-प्रमोद से नहा उठीं। अब लक्ष्य उनके कदमों तले था।

ब्रह्मवाणी का वरदान पाकर पार्वती अवश्य प्रसन्न हो रही थीं, लेकिन अभी समस्याओं का अन्त नहीं हुआ था। विवाह केवल कन्या की या वर की इच्छा से नहीं होता है, इसके लिए वर-कन्या दोनों की स्वीकृति आवश्यक है। पार्वती की प्रसन्नता से कन्या की स्वीकृति तो मिल गयी थी, लेकिन शिव बाबा के मन का कुछ भी पता नहीं था। अभी तक यह विवाह बन्धन की तैयारी एकतरफा ही थी।

हमारे एक मित्र अपनी जवानी पार कर रहे थे। लेकिन उनका विवाह नहीं हुआ था। मैंने एक दिन पूछा, ''भई, विवाह नहीं कर रहे हो, क्या बात है?''

वह मुसकराकर बोले, ''चिन्ता न कीजिए, विवाह पचास प्रतिशत तय हो गया है। बस पचास ही बाकी है।''

मैंने प्रतिप्रश्न किया, ''क्या बाकी है? हम कुछ मदद कर सकते हैं?''

''क्यों नहीं।'' वे बोले, ''पचास प्रतिशत का अर्थ यह है कि मैं तो तैयार हूँ, पर शेष पचास प्रतिशत लड़की का मिलना बाकी है। आप कर सकें तो अवश्य मदद कीजिए।''

पार्वती की स्थिति अभी तक हमारे मित्र जैसी ही थी।

एक और बाधा भी सामने मुख खोले खड़ी थी। पार्वती को विवाह करने के लिए शिव ने कोई वरदान नहीं दिया था। उन्हें ब्रह्मवाणी से वर मिला। ब्रह्मा के प्रमाणपत्र पर शिव विवाह कर ही लेंगे, इसकी कोई गारण्टी नहीं थी। शिवजी ब्रह्मा से कह सकते हैं कि तुम कौन होते हो बिना मेरी आज्ञा के मेरे विवाह का निमन्त्रण-पत्र छपवानेवाले? मुझे अच्छी तरह पता है कि ब्रह्मा के पास अपनी बुढ़ौती की लाज रखने के अलावा और कोई ठोस तर्क नहीं है।

मुझे एक घटना याद आती है। भारतीय जनता पार्टी (पूर्व नाम जनसंघ) के

वरिष्ठ नेता स्व. जगन्नाथ राव जोशी बड़े हाजिर-जवाब और मस्त स्वभाव के थे। गोवा मुक्ति आन्दोलन में अपने विशिष्ट योगदान के कारण वे अपने गृह राज्य कर्नाटक में 'कर्नाटक केशरी' के नाम से जाने जाते थे। पार्टी के कार्यकर्ताओं में उनका बहुत सम्मान था।

एक बार वह कर्नाटक के दौरे पर थे। उनकी आदत थी कि अपना कार्यक्रम पहले ही पक्का कर लेते थे और बाद में उससे तनिक भी विचलित नहीं होते थे। इस दौरे में उन्हें एक पूर्व निश्चित स्थान पर भाषण करने जाना था। लेकिन मार्ग में एक गाँव पड़ता था, जो भारतीय जनता पार्टी का अनुयायी था। गाँव छोटा होने के कारण वहाँ कार्यक्रम नहीं रखा गया था। स्थानीय कार्यकर्ताओं के प्रबल आग्रह पर जोशीजी के कार्यक्रम की देखरेख करनेवाले अधिकारी ने कहा कि जोशीजी को मार्ग में दस मिनट के लिए रोक लेंगे। एक छोटे भाषण और सत्कार के बाद वे आगे बढ़ जायेंगे। ध्यान रहे, कार्यक्रम लम्बा न हो।

सभी सहमत हो गये। जब जोशीजी आये तो चाय पीते हुए बड़े आदरभाव से कार्यक्रम के नियोजक अधिकारी ने कहा, "रास्ते में पड़नेवाला एक छोटा गाँव अपना प्रबल समर्थक है। वहाँ दस मिनट रुककर आप कुछ बोल दें। वे प्रसन्न हो जायेंगे। इससे पार्टी की जड़ें और मजबूत होंगी।"

जगन्नाथ राव जोशी ने कार्यक्रम-पत्र पर दृष्टि डाली और कहा, "यह कार्यक्रम तो हमारी कार्यक्रम सूची में नहीं है। मैं नहीं जा सकता।"

कार्यकर्ता घबड़ाये। किसीने डरते-डरते कहा, "स्थिति बड़ी अपमान की हो जायेगी। उन लोगों ने पोस्टर्स और पत्रक निकालकर चारों तरफ वितरित कर दिये हैं।"

जोशीजी ने अपने चिरपरिचित धारदार अन्दाज़ में कहा, "तुम लोग मेरे विवाह का कार्ड छाप करके वितरित कर दो और आकर मुझसे कहो कि मैं विवाह कर लूँ, तो क्या मैं कर लूँगा?"

ठीक ऐसा ही सवाल शिवजी ब्रह्माजी से कर सकते थे।

शिवजी की तरफ से एक और बाधा भी खड़ी की जा सकती थी। वह कह सकते थे कि मैं विवाह नहीं करूँगा। एक बार मैंने विवाह करके देख लिया है। जब मेरे ऊपर आफत आयी तो कोई देवता बचाने नहीं आया। यहाँ तक कि भगवान् विष्णु ने भी किनारा कस लिया। आज अगर मैं विवाह कर लूँ और फिर कोई संकट आ पड़े तो कौन मुझे बचायेगा? इस बात का क्या प्रमाण है कि देवताओं में से मेरी रक्षा के लिए कोई आगे आयेगा?

भगवान् शिव की स्थिति देखकर मुझे एक कहानी याद आ रही है। एक

आदमी पर पुलिस ने मुकदमा किया। उसपर आरोप लगाया गया कि एक स्त्री समुद्र में डूबकर मर गयी। वह रक्षा के लिए चीख रही थी। यह आदमी वहाँ बैठा था, लेकिन इसने स्त्री को बचाया नहीं।

न्यायाधीश ने पूछा, "आरोप सच है?"

अपराधी ने कहा, "हाँ।"

न्यायाधीश ने फिर पूछा, "उस स्त्री से तुम्हारी कोई दुश्मनी थी?"

"नहीं।" अपराधी ने कहा।

"तो तुमने चीखने के बाद भी उसे क्यों नहीं बचाया?" जज ने कठोरता से पूछा।

अपराधी झल्लाकर बोला, "भला मैं क्यों बचाता? मैंने हिन्दी फिल्मों में अनेक बार देखा है कि नायिका डूबते समय चिल्लाती है, नायक आकर उसे बचा लेता है। फिर नायिका उसके गले पड़ जाती है। कहती है कि मुझसे विवाह कर लो। हारकर बेचारा नायक विवाह कर लेता है।"

"क्या मतलब?" जज चकित था।

"हाँ, साहब!" अपराधी बोला, "यदि मैं उसे बचा लेता तो वह मुझसे विवाह करने के लिए कहती। फिर मुझे कौन बचाता? क्या ये पुलिसवाले आते? इसीलिए मैंने उसे मरने दिया।"

भोले बाबा कुछ इसी तरह का उत्तर देवताओं को दे सकते थे। अत: पार्वती से शिव का विवाह उतना आसान नहीं है जितना वह दिखाई दे रहा है। अभी शिव को विवाह के लिए तैयार करने की विकट समस्या सामने थी। यद्यपि ब्रह्मा ने पार्वती को वर दिया था, अत: उन्हें ही आकर शिवजी को विवाह के लिए समझाना चाहिए था। लेकिन यह काम विष्णु भगवान् के अवतारी रूप राम करते हैं।

सती के आत्मदाह के बाद शिवजी अन्तर्मुखी हो गये थे। संसार का रस उनके लिए फीका हो गया था। परम प्रेमपूर्ण पत्नी का देहावसान हो जाये तो पति के लिए ऐसी स्थिति स्वाभाविक रूप से आ जाती है। तब जीवन कठिन हो जाता है। हर क्षण दु:सह होता है। केवल परमात्मा का नाम ही बचा पाता है।

चिदानंद सुखधाम सिव बिगत मोह मद काम।
बिचरहिं महि धरि हृदयँ हरि सकल लोक अभिराम॥

—चिदानन्द, सुख के धाम, मोह, मद और काम से रहित शिवजी सम्पूर्ण लोकों को आनन्द देनेवाले भगवान् श्रीहरि को हृदय में धारण कर पृथ्वी पर विचरने लगे।

कैसी हृदय को हिला देनेवाली स्थिति है। शिवजी चिदानन्द हैं। उनका मन

सदैव आनन्द से परिपूर्ण रहता है। वह संसार के समस्त सुखों के आगार हैं। कोई ऐसा सुख नहीं है जो उनके लिए अजाना हो। वह मोह, मद और काम जैसी जगत् के प्रपंच में बाँधनेवाली कामनाओं से परे हैं; फिर भी उन्हें चैन नहीं मिल रहा है। वह श्रीहरि का नाम जपते हुए पृथ्वी पर इधर-उधर घूम रहे हैं।

शिव के लिए अब कैलास पर रह पाना कठिन हो गया है। वह चाहते तो वहीं बैठकर श्रीहरि का नाम जप सकते थे; पर वह निवास-स्थान उन्हें श्रीहरि से अधिक सती के नाम का स्मरण करा रहा था।

हाय रे भगवान् शिव का प्यार! योगी होकर भी आन्तरिक प्रेम के प्रति इतनी प्रतिबद्धता। सचमुच शिव की प्रीति की रीति बड़ी न्यारी है। जिस सती ने उनका अनादर किया, उनके वचनों की अवहेलना की थी, उसी सती के लिए वे कितने व्याकुल हैं! आदर करनेवाली पत्नी के विछोह से कोई दु:खी हो तो बात समझी जा सकती है, किन्तु अनादर करनेवाली सती के प्रति भी शिव के अन्तर्मन की छटपटाहट उनके मन के प्रेम को सनातन बना देती है।

भगवान् शिव पर इसीलिए मुझे बहुत प्यार आता है। वे दाम्पत्य प्रेम के अप्रतिम उदाहरण हैं। इसीलिए कैलास छोड़कर धरती पर विचर रहे हैं। कहते हैं, भ्रमण करने से मनुष्य के तनाव कम होते हैं। स्थान-स्थान घूमते रहने से मन की एकरसता टूटती है, जिससे दु:ख कम होता है। कितना दारुण है पत्नी-वियोग का दु:ख! योगी शिव भी छटपटा रहे हैं। योगी-मन प्रेम का मन होता है। अद्‌भुत प्रेमपूर्ण हैं शिव। मृत्यु के देवता होकर भी प्रेम से परिपूर्ण हैं। वस्तुत: मृत्यु भी उनकी प्रेमपूर्ण दृष्टि ही होती है।

योगी शिव की वियोगजनित पीड़ा देखकर मुझे स्वामी विवेकानन्द के जीवन की एक घटना याद आती है। उनके जीवन के अन्तिम दिनों में उनके दो प्रिय स्नेहभाजन उन्हें छोड़कर संसार से चले गये। राजस्थान की रियासत खेतड़ी के महाराजा ने उन्हें 'विवेकानन्द' नाम दिया था और उनके सिर पर सुशोभित होनेवाली पगड़ी उन्हें दी थी। स्वामीजी उन्हें बहुत प्यार करते थे। ऐसे महाराज का निधन हो गया। स्वामीजी के दूसरे प्रिय शिष्य गुडविन, जिन्होंने 'शॉर्ट हैण्ड' में स्वामीजी के भाषणों का लेखन किया था, उनकी भी अकाल मृत्यु हो गयी। समाचार पाकर स्वामीजी रो पड़े।

उनके एक संन्यासी गुरुभाई ने कह दिया, "आप संन्यासी हैं। इतना शोक क्यों कर रहे हैं?"

स्वामीजी तड़प उठे। अपने गुरुभाई को डाँटते हुए बोले, "मैं संन्यासी हूँ,

पत्थर नहीं। भावना और प्रेम के बिना संन्यास तुच्छ ही नहीं, व्यर्थ भी है।''

भगवान् शिव को देखकर लगता है कि प्रेम के बिना योग व्यर्थ है। वास्तव में योग तो प्रेम से ही जोड़ता है, चाहे वह आत्मा-परमात्मा का जोड़ हो या पति-पत्नी या किसी अन्य मानवीय सम्बन्ध का। आइए, शिवजी के इस प्रेमपूरित वियोग पर जरा गहरी दृष्टि डालें।

जब तें सतीं जाइ तनु त्यागा।
तब तें सिव मन भयउ बिरागा॥

—जब से सती ने जाकर शरीर त्याग किया तब से शिवजी के मन में वैराग्य हो गया।

पारिवारिक जीवन रागपूर्ण व्यवहार का रंगमंच है। यहीं हम सम्बन्धों की मधुरता में आचरण करने की अपनी भूमिका अदा करते हैं। इस रंगमंच पर पति-पत्नी के प्रेम से ही नाटक आरम्भ होता है। यही प्रेम फिर माता-पिता, भाई-बहन आदि सम्बन्धों में रूपान्तरित होता है। जिस परिवार में पति-पत्नी एक-दूसरे को आन्तरिकता के साथ प्यार करते हैं, वहाँ बच्चे भी प्रेमपूर्ण बनते हैं और ये बच्चे समाज के अंग बनकर अपने व्यवहार से समूचे समाज को प्रेमपूर्ण बनाते हैं।

शिव के जीवन से इस नाटक का एक प्रमुख पात्र चला गया था। पत्नी के अभाव में प्रेम का प्रस्फुरण हो ही नहीं सकता। एकाकी मन बावरा होकर बार-बार अपने साथी को खोजता है; किन्तु मृत्यु के हाथों मिट जाने के कारण प्रिय मिलता नहीं है। इसलिए एक ही सहारा बचता है। मन संसार से वैरागी होकर प्रभु के चरणों में समर्पित हो जाता है, क्योंकि आत्मा का चरम प्रियतम तो परमात्मा ही है।

जपहिं सदा रघुनायक नामा।
जहँ तहँ सुनहिं राम गुन ग्रामा॥

—वे सदा राम का नाम जपने लगे और जहाँ-तहाँ जाकर राम के गुणों की कथाएँ सुनने लगे।

प्रेमपूर्ण मन की यह विशेषता होती है कि वह आधार बदल जाने पर भी अपनी गहनता नहीं बदलता है। शिव को सती से बड़ा प्यार था। वे चली गयीं तो उन्होंने अपना मन राम पर लगा दिया। राम को भी वे उसी गहनता से प्यार करने लगे। अनेक भक्तों की कहानी ऐसी ही है। तुलसी पत्नी-प्रेम से राम के प्रेम तक पहुँचे। विल्व मंगल वेश्या के प्रेम से कृष्ण के प्रेम तक पहुँचे। प्रेमपूर्ण मन ही भक्ति कर सकता है। जो अपने घर-परिवार और बाल-बच्चों से प्रेम नहीं कर

सकता, वह परमात्मा से भी प्रेम नहीं कर सकता।

मिट्टी होगी तभी तो बरतन बनाया जा सकेगा। कुम्हार के पास जब मिट्टी होती है तो वह कोई भी बरतन उससे बना लेता है। प्रेम, चाहे वह घोर सांसारिक ही क्यों न हो, भक्ति की मनभावनी मिट्टी का काम करता है। अत: समय आते ही वह संसार से मुक्त होकर प्रभु को अपने भीतर समेट लेता है। वह संसारमयता को छोड़कर प्रभुमयता को प्राप्त कर लेता है।

शिवजी ने नियमपूर्वक अपने प्रेम को प्रभु राम के चरणों में समर्पित कर दिया। उनकी भक्ति को देखकर प्रभु एकदम से प्रसन्न हो गये।

प्रगटे रामु कृतग्य कृपाला।
रूप सील निधि तेज बिसाला॥

—तब कृतज्ञ, कृपालु, रूप और शील के भण्डार महान् तेजपुंज भगवान् श्रीराम प्रकट हुए।

प्रभु का सबसे बड़ा गुण कृतज्ञता का है। उनके लिए जो तनिक सा कर देता है उसके लिए वे ढेर सा करने को सदा तत्पर रहते हैं। हनुमान् ने सदा सेवा की तत्परता दिखायी तो कृतज्ञ राम ने उन्हें सदा के लिए अमर कर दिया। शबरी की तनिक सी सेवा पर उसे मुक्ति दे दी। केवट पैर धोकर कुल के सहित भवसागर पार हो गया। भक्त उनके इस गुण को अच्छी तरह जानता है, इसीलिए उसे अपने आराध्य श्रीराम पर बड़ा भरोसा रहता है।

श्रीराम कृपालु भी हैं। कृपा के अभाव में प्रभुता के सारे गुण नीरस-से लगते हैं। यह तो निश्चित है कि भक्त गलतियाँ करेगा, इसीलिए प्रभु का कृपावान् होना आवश्यक है। यदि वह चाहेगा कि भक्त उसके पास परम निर्दोष होकर आये तो भक्त कभी नहीं पहुँच पायेगा। भक्त ज्ञानी की तरह निर्दोष नहीं होता है।

भगवान् श्रीराम रूप और शील के भण्डार हैं। सृष्टि का समस्त रूप प्रभु के रूप का ही विस्तार है। जगत् की सारी सुन्दरता और श्रेष्ठता प्रभु की ही देन है। प्रभु सम्पूर्ण तेज से भी परिपूर्ण हैं। ज्ञानियों-योगियों ने परमात्मा को प्रकाश रूप में ही देखा है। अत: प्रभु अपने साकार रूप में शिवजी के समक्ष प्रकट हो गये।

बहु प्रकार संकरहि सराहा।
तुम्ह बिनु अस ब्रतु को निरबाहा॥

—उन्होंने बहुत तरह से शिवजी की सराहना की और कहा कि आपके बिना ऐसा

व्रत कौन निबाह सकता था।

भगवान् भक्त की निष्ठा पर रीझता है। शिवजी ने राम पर अपार निष्ठा प्रकट की थी। सती छद्म रूप से सीता बनी थीं, पर शिव ने उन्हें त्याग दिया, क्योंकि सीता उनके लिए माँ थीं। क्षण भर के लिए ही सही, यदि पत्नी ने माँ का शरीर धारण कर लिया है तो फिर उसे पत्नीभाव से कैसे छुआ जा सकता है? शिव अगर साधारण भक्त होते तो इसे कोई महत्त्व नहीं देते। ऐसी छोटी-मोटी विसंगतियाँ तो जीवन में आती ही रहती हैं। इसके लिए वे सती को डाँट-फटकारकर शान्त हो सकते थे। लेकिन शिव ने सच्ची निष्ठा दिखायी। पत्नी के रूप में सती का परित्याग करके सिद्ध कर दिया कि भक्त कभी अपने व्रत को नहीं तोड़ता है।

बहुबिधि राम सिवहि समुझावा।
पारबती कर जन्मु सुनावा॥

—राम ने बहुत प्रकार से शिवजी को समझाया और पार्वती का जन्म सुनाया।

शिवजी सती के वियोग में संसार त्याग कर इधर-उधर घूम रहे थे। अतः राम ने उनकी पीड़ा को दूर करने के लिए सबसे पहला शुभ समाचार उन्हें यह दिया कि पार्वती का जन्म हो चुका है।

अति पुनीत गिरिजा कै करनी।
बिस्तर सहित कृपानिधि बरनी॥

—कृपानिधान श्रीराम ने विस्तारपूर्वक पार्वती की अत्यन्त पवित्र करनी का वर्णन किया।

भगवान् श्रीराम शिव के मन में पार्वती के प्रति करुणाभाव जाग्रत् करना चाहते थे। वह बताना चाहते थे कि जो पाप सती ने किया था उसका प्रायश्चित्त हो चुका है। सती ने शिव की प्रतिष्ठा के लिए आत्मदाह करके और पार्वती ने शिव को पाने के लिए घोर तप करके अपने पाप को धो दिया है। अब किसी भी कारण उन्हें सीता बनने के लिए अपराधी नहीं माना जा सकता।

श्रीराम ने बड़े विस्तार से पार्वती के शिव के प्रति प्रेम और उनकी तपस्या का प्रसन्नतापूर्वक वर्णन किया। वह चाहते थे कि शिव के मन में सती के प्रति जो भी दुर्भाव है, वह नष्ट हो जाये और शिव पार्वती को स्वीकार कर लें।

अब बिनती मम सुनहु सिव जौं मो पर निज नेहु।
जाइ बिबाहहु सैलजहि यह मोहि मागें देहु॥

—हे शिवजी! यदि मुझपर आपका स्नेह है तो अब आप मेरी विनती सुनिए। मुझे

यह माँगे दीजिए कि आप जाकर पार्वती के साथ विवाह कर लें।

बड़ों के सम्बन्धों की रीति बड़ी अनोखी होती है। त्रिदेवों में विष्णु और शिव को बड़ा मैत्रीपूर्ण माना गया है। विष्णु के अवतार राम तो शिव के परम भक्त हैं। दोनों एक-दूसरे को बहुत आदर देते हैं। शिव राम की आराधना कर रहे हैं और राम प्रकट होकर बड़े आदरभाव से शिव से कहते हैं कि यदि आप सचमुच मुझे प्यार करते हैं तो मेरी बात को सुनिए और पार्वती से विवाह कर लीजिए।

यहाँ एक बात और महत्त्वपूर्ण है कि पार्वती को ब्रह्मा ने कहा था कि तुम्हारा विवाह शिव से हो जायेगा; पर यहाँ शिव से निवेदन करने के लिए ब्रह्मा नहीं आये। उन्होंने विष्णु से शिव के पास जाने का निवेदन भी नहीं किया। इससे पता चलता है कि हमारे त्रिदेवों में अच्छी समझदारी है। पुराण इन गाथाओं से भरे पड़े हैं कि ब्रह्मा और शिव अत्याचारियों को अमरता का वरदान देते हैं और विष्णु कोई-न-कोई मार्ग खोजकर उन्हें मारते हैं। अतः यह सिद्ध होता है कि संकट के समय में तीनों एक-दूसरे के काम आते हैं।

ब्रह्मा के वचन को सत्य करने के लिए श्रीराम शिवजी से आग्रह कर रहे हैं। राम के आग्रह करने का एक और कारण है। सती ने राम के प्रति अपराध किया था। अतः राम का शिव को समझाना ज्यादा उचित था। दूसरे को शिव मना कर सकते थे। कह सकते थे कि पार्वती तो सती की ही अवतार हैं, वह पूर्वजन्म में सीता बनी थीं, मैं स्वीकार नहीं करूँगा। अतः राम का यहाँ आना आवश्यक था।

श्रीराम बहुत विनयपूर्वक निवेदन करते हैं। वह कहते हैं कि आप मुझे वरदान दें कि पार्वती से विवाह करेंगे। यह वचन माँगते समय राम अपने सम्बन्ध की सारी गरिमा को दाँव पर लगा देते हैं। कहते हैं कि यदि आप मुझे प्रेम करते हैं तो पार्वती से विवाह अवश्य कीजिए। शिवजी के ऊपर इससे बड़ा और कोई बन्धन नहीं डाला जा सकता था। शिव तो जीवन भर प्रेम के बन्धन से बँधे रहे। उन्होंने सती का त्याग सीता के प्रति पवित्र मातृवत् प्रेम के कारण किया था। वे बावरे होकर सती के प्रेम के कारण कैलास छोड़कर इधर-उधर धरती पर विचरण कर रहे हैं। आज राम अपने प्रेम का वास्ता उन्हें दे रहे हैं।

बड़ी मार्मिक बात है। परमात्मा को तो सभी लोग प्रेम करते हैं, लेकिन प्रभु अपने प्रेम का वास्ता देकर सबसे यह नहीं कहता कि मेरे लिए यह काम कर दो। सच पूछिए तो इस संसार में परमात्मा का काम करनेवाले बहुत ही थोड़े लोग हैं। अधिकांश भक्त तो परमात्मा से अपना काम करवाना चाहते हैं। वे चाहते हैं कि उनके दुःखों की गठरी परमात्मा अपने सिर पर उठा ले और उन्हें संसार में चैन से

विषय-भोग की बाँसुरी बजाने के लिए छोड़ दे। लेकिन शिवजी अलग तरह के भक्त हैं। सती का परित्याग करके उन्होंने इसे सिद्ध कर दिया है। इसीलिए राम कहते हैं कि पार्वती से विवाह करके आप मेरे प्रेम की लाज रख लीजिए।

सिर धरि आयसु करिअ तुम्हारा।
परम धरमु यह नाथ हमारा॥

—हे नाथ! मेरा यही धर्म है कि मैं आपकी आज्ञा को सिर पर रखकर उसका पालन करूँ।

भक्त-भगवान् के सम्बन्धों का यह न्यारा प्रसंग है। राम ने कहा नहीं कि शिव तैयार हो गये। कोई तर्क, कोई वाद-विवाद नहीं किया। भक्त जब अपने आराध्य की आज्ञा का पालन करता है तो वह दोष-पाप से मुक्त होता है। शिव ने पार्वती के पूर्वजन्म का कोई प्रसंग नहीं उठाया।

शिव ने अपने मन का सारा बोझ राम पर डाल दिया।

मातु पिता गुर प्रभु कै बानी।
बिनहिं बिचार करिअ सुभ जानी॥

—माता-पिता, गुरु और स्वामी की बात को बिना ही विचारे शुभ समझकर करना चाहिए।

यह नीति का श्रेष्ठ वचन है। हर बात में तर्क करना जीवन को दुःखदायी बनाना है। अतः कहा गया कि जो तुमसे श्रेष्ठ हों और तुम्हारे हित की चिन्ता तुमसे ज्यादा करते हों, उनकी बात को बेहिचक मान लेना चाहिए। माता-पिता, गुरु और स्वामी सदा कल्याण ही चाहते हैं। हमारी संस्कृति में इन चारों को रक्षक माना गया है। माता-पिता अपने वात्सल्य से, गुरु अपने ज्ञान से, स्वामी अपने सामर्थ्य से रक्षा करता है। अतः इनकी आज्ञा मिलने पर कोई तर्क करना उचित नहीं माना गया है।

तुम्ह सब भाँति परम हितकारी।
अग्या सिर पर नाथ तुम्हारी॥

—आप तो सब प्रकार से मेरे परम हितकारी हैं। हे नाथ! आपकी आज्ञा मेरे सिर पर है।

भगवान् पर जब इतना विश्वास हो जाये तो मनुष्य कर्ता से निमित्त बन जाता है। जब तक मनुष्य कर्ताभाव में जीता है तब तक वह अपने बुद्धि-बल और

विवेक पर भरोसा करता है। परमात्मा उसके निर्णय में शामिल नहीं होता है, वह अकेला होता है। लेकिन निमित्त बन जाने पर वह परम निश्चिन्त बन जाता है, क्योंकि परमात्मा के यन्त्र की तरह वह काम करता है।

महर्षि रमण कहा करते थे—जब तुम रेलगाड़ी में बैठ जाते हो तो अपने सिर की गठरी उतारकर रेल में ही रख देते हो। तब वह बोझ तुम्हें ढोना नहीं पड़ता। तब ट्रेन तुम्हारा भी बोझ ढोती है और तुम्हारे सामान का भी। इसी तरह परमात्मा पर पूर्ण भरोसा हो जाने पर वह तुम्हारी भी देखभाल करता है और तुम्हारे सांसारिक बोझों का भी। अत: अच्छा यही हो कि तुम सबकुछ परमात्मा को देकर, कर्ता से निमित्त बनकर परम निश्चिन्त बन जाओ।

परमात्मा के ऊपर सबकुछ छोड़कर निश्चिन्त होने का एक सबसे प्रबल कारण यह है कि वह 'परम हितकारी' है। उसके जितना कल्याण करनेवाला और कोई नहीं है। शिवजी यही बात श्रीराम को बता रहे हैं।

प्रभु तोषेउ सुनि संकर बचना।
भक्ति बिबेक धर्म जुत रचना॥

—शिव की भक्ति, विवेक और धर्म से युक्त वचन रचना को सुनकर प्रभु राम सन्तुष्ट हो गये।

भक्त का विश्वास पाकर परमात्मा सदैव प्रसन्न होता है। वह तो भक्त से मात्र प्रेम और विश्वास ही चाहता है। अपनी इसी विशेषता के कारण भक्त और भगवान् के सम्बन्ध अनूठे बन गये हैं। भक्त पुकारता है तो भगवान् दौड़ा आता है और भगवान् की इच्छा का संकेत पाकर भक्त अपना सर्वस्व न्योछावर कर देने को सदा तैयार रहता है।

शिवजी की वाणी में भक्ति, ज्ञान और धर्म तीनों का समन्वय था। परमात्मा पर पूर्ण विश्वास उनकी भक्ति का प्रतिफल था। उनकी वाणी में विवेक हरि की इच्छा-पालन की तत्परता से दिखाई दे रहा था। धर्म का भाव उनके आचरण से परिलक्षित हो रहा था। भक्ति के परिपालन में उन्होंने विवेक और धर्म की मर्यादा का पूरा खयाल रखा था।

कह प्रभु हर तुम्हार पन रहेऊ।
अब उर राखेहु जो हम कहेऊ॥

—प्रभु ने कहा कि हे हर! आपकी प्रतिज्ञा पूरी हो गयी। अब हमने जो कहा है,

उसे हृदय में रखना है।

राम जानते हैं कि शिवजी फक्कड़ स्वभाव के हैं। अभी कुछ कहा और समाधि में जाकर भूल गये। इसलिए जोर देकर राम कहते हैं। आपका प्रण तो पूरा हो गया। सती ने नया जन्म ले लिया है। अत: अब आप अपने पुराने व्रत को ही बनाये मत रखिए। आप भी अब अपने संकल्प को नया रूप दीजिए। आपने मुझे जो वचन अभी दिया है, उससे विचलित न हो जाइएगा।

शिव को अपने वचन के प्रति स्मरण कराने में पार्वती के प्रति राम की करुणा साफ झलकती है। वह समझ रहे हैं कि पार्वती ने पूर्वजन्म के कर्मों का फल भोग लिया है। अब उन्हें और दुःख नहीं मिलना चाहिए। इसलिए शिव से वचन लेकर पार्वती के उद्धार के लिए राम प्रयत्न करते हैं।

भगवान् शिव प्रभु राम की आज्ञा पालन करने में तनिक भी देरी नहीं लगाते हैं। राम के अन्तर्धान होते ही वहाँ सप्तर्षि आते हैं और भगवान् शिव उन्हें पार्वती के पास भेज देते हैं।

पारबती पहिं जाइ तुम्ह प्रेम परिच्छा लेहु।
गिरिहि प्रेरि पठएहु भवन दूरि करेहु संदेहु॥

—आप लोग पार्वती के पास जाकर उनके प्रेम की परीक्षा लीजिए और हिमाचल को कहकर पार्वती को घर भेजवाइए और उनके सन्देह को दूर कीजिए।

शिव सचमुच परम भक्त और करुणानिधान हैं। राम के जाते ही वह राम का काम शुरू कर देते हैं। प्रभु को दिये गये वचन को पूरा करने में तनिक भी विलम्ब नहीं करते हैं।

सूफी सन्त फरीद के पास एक महिला कुछ उधार माँगने के लिए आयी। सन्त के हाथ में एक सन्तरा था, जिसे वह छील रहे थे। उन्होंने एक टुकड़ा सन्तरा उस महिला को देते हुए कहा, ''लो, खाओ।''

महिला ने क्षमा माँगते हुए कहा, ''महाराज! मैं नहीं खा सकती। आज मेरा रोजा है।''

सन्त फरीद चकराये, ''रमजान तो चार महीने पहले था!''

''हाँ।'' वह महिला बोली, ''मैं एक दिन बीमार हो गयी थी, रोजा नहीं रख पायी। आज लौटा रही हूँ।''

सन्त फरीद जोर से चिल्लाये, ''मैं तुझे उधार नहीं दे सकता! तुमने खुदा का उधार लौटाने में चार महीने लगाये। क्या पता तू मेरा देगी भी या नहीं।''

शिवजी ऐसे नहीं थे। उन्होंने तुरन्त राम का कर्जा अपने सिर से उतारा। सप्तर्षियों को भेजते समय वह तीन निर्देश देते हैं। कहते हैं कि पार्वती के प्रेम की परीक्षा लेना, उन्हें समझाकर उनके पिता के पास भेजना और सारे सन्देहों को दूर करना।

शिव के इस निर्देश से पता चलता है कि वे विवाह में प्रेम को सर्वाधिक महत्त्व देते हैं। प्रेम न हो तो वैवाहिक जीवन नरक बन जाता है। एक-दूसरे पर अविश्वास करके एक साथ जीना बड़ा दु:खकारी होता है। पिछले जन्म में तनिक से अविश्वास के कारण उन्होंने सती को खो दिया था। अब वे वैसा नहीं चाहते हैं।

विवाह मात्र भावना के उफान के कारण भी नहीं किया जाना चाहिए। धीरे-धीरे जब भावनाएँ शान्त होने लगती हैं और जीवन की वास्तविकताओं का सामना करना पड़ता है तो नव दम्पती स्वप्न-संसार से लौटकर वापस आ जाते हैं। उन्हें एक-दूसरे के साथ जीवन नीरस लगने लगता है। एक बार एक महिला मेरे पास आयीं। उनके विवाह के अभी चार-पाँच महीने भी नहीं बीते थे कि पति से उनकी खटपट शुरू हो गयी। उन्होंने मुझे बताया कि उन्होंने भावना में आकर विवाह कर लिया था। अपने पति के स्वभाव और चरित्र की उन्होंने पूरी जानकारी नहीं प्राप्त की थी। अब पता चला कि वह ठीक नहीं है।

विवाह में एक बात और महत्त्वपूर्ण है। धन-दौलत और रूप-रंग का उतना ज्यादा महत्त्व नहीं होता है जितना प्रेम का। जो विवाह मात्र धन-दौलत और रूप-रंग के कारण किये जाते हैं, उनका आधार सुदृढ़ नहीं होता है। वे किसी क्षण भी टूट सकते हैं।

जिस विवाह का आधार प्रेम होता है वह श्रद्धा-विश्वास का प्रतीक बनकर 'भवानी-शंकर' का रूप धारण कर लेता है। वह युग-युग तक के लिए अमर हो जाता है।

ऋषियों को भेजते समय शिवजी पार्वती का भी बहुत खयाल रखते हैं। कहते हैं कि हिमाचल को भेजकर पार्वती को तपस्याभूमि से वापस बुलवाओ। अब उनकी तपस्या पूर्ण हो चुकी है। साथ-ही-साथ यह भी कहते हैं कि पार्वती के सभी सन्देहों को भी दूर करो। शायद पार्वती सोच रही हों कि मैं उनसे विवाह नहीं करूँगा। यह सब भ्रम दूर हो जाना चाहिए।

भगवान् शिव का आदेश पाकर सप्तर्षि पार्वती के पास गये। उन्होंने पूछा, "आप क्यों तप कर रही हैं?"

पार्वती ने कहा, "मुझे आप सबसे कहते संकोच हो रहा है। मैं अपने मन

के हठ के आगे हार गयी हूँ। नारद का वचन सत्य मानकर मैं बिना पंख के उड़ रही हूँ।"

देखहु मुनि अबिबेकु हमारा।
चाहिअ सदा सिवहि भरतारा॥

—हे मुनियो! आप मेरा अज्ञान तो देखिए कि मैं सदा शिवजी को ही अपना पति बनाना चाहती हूँ।

पार्वती बहुत विनम्र हैं। वह ऋषियों से यह नहीं कहती हैं कि देखो, मैं कितनी विवेकवान् और उच्च विचारों की हूँ, जिससे मैं शिव को पति के रूप में वरण करना चाहती हूँ। वे कहती हैं कि यह तो मेरा अविवेक है।

सुनत बचन बिहसे रिषय गिरिसंभव तव देह।
नारद कर उपदेसु सुनि कहहु बसेउ किसु गेह॥

—पार्वती की बात सुनते ही ऋषि लोग हँस पड़े और बोले—तुम्हारा शरीर पर्वत से ही तो उत्पन्न हुआ है। भला कहो तो, नारद का उपदेश सुनकर आज तक किसका घर बसा है?

सप्तर्षि लोग नारद के साथ-ही-साथ पार्वती का भी मजाक उड़ाते हैं। कहते हैं कि नारद ने कभी किसीका भला नहीं किया है। वह जिसे भी उपदेश देते हैं उसका घर उजड़ जाता है। तुम पर्वत की पुत्री हो, तुम्हारी बुद्धि भी पत्थर जैसी ही है। जरा सोच-समझकर इस बारे में विचार करो। क्या शिव तुम्हारे योग्य हैं? तुम्हारी जैसी सुन्दरी कन्या का विवाह तो किसी श्रेष्ठ वर से होना चाहिए। शिवजी तो उदासीन हैं, गुणहीन हैं, अविवेकी हैं, कुलहीन हैं और शरीर पर साँप लपेटे रहते हैं। ऐसे व्यर्थ के वर को लेकर तुम क्या करोगी?

ऋषिगण पार्वती के योग्य एक सुन्दर वर का प्रस्ताव करते हुए कहते हैं—तुम विष्णु से विवाह कर लो।

दूषन रहित सकल गुन रासी।
श्रीपति पुर बैकुंठ निवासी॥

—वे दोषों से रहित, सारे सद्‌गुणों की राशि, लक्ष्मी के स्वामी और वैकुण्ठपुरी के रहनेवाले हैं।

एक सुन्दरी कन्या के लिए वर का आकर्षण बहुत बड़ा था। शिव के मुकाबले

विष्णु बड़े प्रशंसनीय लग रहे थे। कोई दोष नहीं है, समस्त गुण भरे हुए हैं। लक्ष्मी के पति हैं, खूब धन-सम्पत्ति है और वैकुण्ठ जैसे शानदार निवास में रहते हैं। उन्हें पाकर तो किसी भी कन्या का भाग्य खुल जायेगा। आज की लड़की होती तो सम्भवतः झट से अपना फैसला बदल देती; लेकिन पार्वती तो श्रद्धा की मूर्तिमन्त प्रतीक हैं, प्रेम की साक्षात् मूर्ति हैं।

महादेव अवगुन भवन बिष्नु सकल गुन धाम।
जेहि कर मनु रम जाहि सन तेहि तेही सन काम॥

—माना कि महादेवजी अवगुणों के भवन हैं और विष्णु समस्त सद्‌गुणों के धाम हैं; पर जिसका मन जिसमें रम गया उसको तो उसीसे काम है।

सप्तर्षियों को भेजते समय भगवान् शिव ने पार्वती से केवल प्रेम की ही कामना की थी। ऋषियों द्वारा विष्णु का 'ऑफर' दिये जाने पर पार्वती ने शिव के प्रति गहरे आन्तरिक प्रेम का ही प्रदर्शन किया। उन्होंने साफ कह दिया कि जिसमें मन रम जाये वही अपना होता है। प्रेम लाभ-हानि देखकर किया जानेवाला व्यापार नहीं, यह व्यापार भाव से परे जाकर किया जानेवाला समर्पण है। जब हृदय किसीके प्रति समर्पित हो जाये तो गुण-दोष का लेखा-जोखा व्यर्थ हो जाता है।

अब मैं जन्मु संभु हित हारा।
को गुन दूषन करै बिचारा॥

—अब तो मैं अपना जन्म शिवजी के लिए हार चुकी, फिर गुण-दोष का विचार कौन करे?

पार्वती केवल हृदय से ही समर्पित होने की बात नहीं करती हैं, वह कहती हैं कि वे तो अपना पूरा जन्म शिवजी के लिए ही हार चुकी हैं। कितनी धन्य है हिन्दू परम्परा, जिसने पति के प्रति इतनी गहन निष्ठा और समर्पित भावना का भाव भरा।

मैंने कहीं पढ़ा था। एक भारतीय महात्मा यूरोप की यात्रा पर गये। एक दिन न जाने क्या उन्हें सूझा कि वे कब्रिस्तान देखने चले गये। उन्हें देखकर आश्चर्य हुआ कि एक नयी कब्र पर एक युवती पंखा झल रही है।

महात्माजी युवती के प्रति श्रद्धावनत हो गये। वह तुरन्त उसके पास पहुँचे और बोले, "देवि! तुम धन्य हो कि इस कब्र पर पंखा झल रही हो। इनसे तुम्हारा क्या नाता था?"

युवती बोली, "ये मेरे पति थे। दुर्भाग्य से इनकी मृत्यु हो गयी।"

महात्माजी की श्रद्धा उस युवती के प्रति और बढ़ गयी, ''बेटी! भारत सतियों और पतिव्रताओं का देश है; पर वहाँ भी आज सती सावित्री और सीता जैसी पतिव्रता स्त्रियाँ नहीं मिलती हैं। तुम्हें देखकर मेरी आत्मा पवित्र हो गयी। तुम अपने पति को कितना प्यार करती थीं!''

युवती ने भाव-विह्वल साधु को समझाया, ''महाराज! इसमें प्रेम की बात नहीं है, यह परम्परा के पालन की बात है। मेरे धर्म में कहा गया है कि जब तक पहले पति की कब्र सूख न जाय, दूसरा विवाह नहीं किया जा सकता। मैं इसे जल्दी-जल्दी सुखाने में लगी हूँ। मेरा नया दूल्हा चर्च में इन्तजार कर रहा है।''

हिन्दू परम्परा में प्रेम की रीति ही निराली है। यहाँ तो जन्म-जन्मान्तर तक प्रतीक्षा की जाती है। पार्वती ने ऋषियों को यही बात बलपूर्वक समझाने का प्रयत्न किया। उन्होंने कहा कि जब जन्म ही शिव के लिए हार गयी तो गुण-दोष गिनाने से क्या फायदा!

जन्म कोटि लगि रगर हमारी।
बरउँ संभु न त रहउँ कुमारी॥

—मेरा तो करोड़ जन्मों तक यही हठ रहेगा कि या तो शिवजी को वरूँगी, नहीं तो कुमारी ही रहूँगी।

पार्वती ने एक-दो जन्मों की नहीं, करोड़ों जन्मों की समस्याओं का समाधान कर दिया। उन्होंने साफ-साफ कह दिया कि शिव नहीं तो विवाह नहीं। कुछ लोग मुझसे पूछते हैं कि ऐसा संकल्प पत्नियाँ ही क्यों करती हैं, पति क्यों नहीं करते? बात मुझे भी विचार करने लायक लगती है। मेरे एक मित्र कहते हैं कि बात बहुत सीधी और सरल है। हर पत्नी अपने पति को सुधारना चाहती है। पति एक जन्म में सुधरता नहीं, इसलिए कई जन्म का साथ माँगती है। पति बेचारा पत्नी के सुधार की कामना नहीं करता; क्योंकि पत्नी सुधर गयी तो वह उसके साथ ही क्यों रहेगी?

पर मुझे लगता है कि बात इतनी आसान नहीं है। जन्म-जन्मान्तर की बात करके हिन्दुओं ने जीवन की एक ऊँची कीमियागिरी करनी चाही थी। पति-पत्नी का जीवन मात्र वासना और रूप पर ही आधारित नहीं होता है। जीवन में साथ-साथ लम्बे समय तक सुख-शान्ति और समरस होकर जीने के लिए कुछ और चीजें भी चाहिए। ये चीजें हैं—एक-दूसरे के प्रति समझदारी, एक-दूसरे के प्रति समर्पण भाव। इसका आधार प्रेम होता है, जो पति-पत्नी के बीच कदम-कदम पर

जीवन-व्यवहार में मिलनेवाले सहयोग से पैदा होता है। यह सहयोग भावना एक जीवन में पुख्ता नहीं हो पाती है। अत: दोनों दूसरे जन्म में और सुखमय जीवन जीने के लिए उपयुक्त सहयोगी गुणों को बढ़ाने का संकल्प लेते हैं। अत: अनेक जन्मों के निरीक्षण-परीक्षण के दौरान यह सहयोगी जीवन अधिकाधिक निखरता जाता है, जिससे सचमुच पति-पत्नी दो शरीर एक प्राण बन जाते हैं। पारिवारिक जीवन को द्वन्द्व और टकराव से बचाने और उसे सुख-शान्ति से समृद्ध करने का यह एक नायाब तरीका था। आज जरा से ही टकराव से हम अलग हो जाने के लिए तैयार हो जाते हैं। अत: सहयोग बढ़ाने की जन्म-जन्मान्तर की यह रासायनिक प्रक्रिया पूरी होने को कौन कहे, शुरू ही नहीं हो पाती।

तजउँ न नारद कर उपदेसू।
आपु कहहिं सत बार महेसू॥

—स्वयं शिवजी सौ बार कहें तो भी नारदजी के उपदेश को न छोड़ूँगी।

अपनी आस्था की पवित्रता को दृढ़तापूर्वक रखने के लिए पार्वती शिवजी को भी दाँव पर लगाती हैं। वह सप्तर्षियों को संकेत से बता रही हैं कि मैं आप सब महान् ऋषियों का आदर करती हूँ; लेकिन मैं आपके वचन को सुनकर नारद के वचन की अवहेलना नहीं कर सकती। नारद ज्योतिषी नहीं हैं कि दक्षिणा लेने के लिए अच्छी-अच्छी बातें बोल गये हों। वे तो महान् ज्ञानी हैं, गुरु हैं। ज्ञानी और गुरु सदा सत्य का मार्ग दिखाते हैं। मैं यह मार्ग नहीं छोड़ सकती, चाहे शिवजी क्यों न कहें। उन्हें इस बात का पक्का विश्वास है कि शिव भी यदि विवाह से मना करेंगे तो भी वह एक क्षण के लिए नहीं मानेंगी कि नारद ने झूठ कहा था। वे तो यही समझेंगी कि या तो शिवजी मजाक कर रहे हैं या किसीके बहकावे में आ गये हैं।

देखि प्रेमु बोले मुनि ग्यानी।
जय जय जगदंबिके भवानी॥

—शिवजी के प्रति उनके प्रेम को देखकर ज्ञानी मुनि बोले—हे जगज्जननी, हे भवानी! आपकी जय हो, आपकी जय हो।

अन्तत: प्रेम की विजय हुई। शिव की परीक्षा में पार्वती शत-प्रतिशत अंक लेकर उत्तीर्ण हुईं। ज्ञानी मुनियों ने उनकी जय-जयकार करनी आरम्भ कर दी। वे पार्वती की निष्ठा और प्रेम भावना पर मुग्ध हो गये। मनचाहे वर के लिए तपस्या करना तो ठीक है, लेकिन मनचाहे वर से भी ज्यादा सद्गुणी और यशस्वी वर

मिलने के 'ऑफर' को भी बिना उसकी ओर ताके ठुकरा देना बड़े गौरव की बात है। शिव को प्रेमपूर्ण भावना से अपनाकर और विष्णु को आदर सहित ठुकराकर पार्वती ने इसी गौरव का प्रदर्शन किया था।

तुम्ह माया भगवान सिव सकल जगत पितु मातु।
नाइ चरन सिर मुनि चले पुनि पुनि हरषत गातु॥

—आप माया हैं और शिवजी भगवान् हैं। आप दोनों समस्त जगत् के माता-पिता हैं। यह कहकर मुनिगण पार्वती के चरणों में सिर नवाकर चल दिये। उनके शरीर बार-बार पुलकित हो रहे थे।

सप्तर्षिगण कोई साधारण ऋषि नहीं थे। उन्हें ज्ञानी मुनि कहा गया है। ऐसे ज्ञान से परिपूर्ण ऋषियों ने पार्वती के स्वरूप की घोषणा कर दी। उन्होंने कहा कि तुम माया हो और शिव साक्षात् भगवान् हैं। तुम जगज्जननी हो और भगवान् शिव जगत्-पिता हैं।

माया एवं भगवान् तथा माता-पिता का परस्पर पूरक सम्बन्ध होता है। एक के बिना दूसरा अधूरा रह जाता है। जब भी सृष्टि की रचना होती है, स्वयं परमात्मा को भी द्वैत में बँटना पड़ता है। एक के बिना दो हुए 'बहु' का हो पाना असम्भव है। जैसे बीज विराट् वृक्ष होने से पहले सृजन के प्रथम चरण में दो में विभाजित होता है वैसे ही परमात्मा एक से सर्वप्रथम दो बनता है। प्रकृति और पुरुष, माया और भगवान्, माता और पिता। पुरुष प्रकृति के माध्यम से रचता है, भगवान् माया का सहारा लेता है और पिता सृष्टि के लिए माँ का चिर ऋणी होता है।

अतः इन दोनों को एक-दूसरे से अलग नहीं किया जा सकता है। पुरुष को प्रकृति साकार करती है, भगवान् की माया लीलासंगिनी है और पिता के लिए माँ सहधर्मिणी है। एक-दूसरे में इनका समाहार है। सप्तर्षियों ने इसे अच्छी तरह से समझा।

माता पार्वती के वास्तविक स्वरूप को हृदयगत कर लेने के बाद मुनियों का हृदय हर्ष से अभिभूत हो गया। अपने ऊपर परीक्षक का जो आवरण लगाकर वे आये थे, उसके कारण उन्हें माँ के साक्षात् स्वरूप के दर्शन नहीं हो रहे थे। संशय का बादल श्रद्धा के सूर्य को ढके हुए था। जैसे ही बादल हटे, माँ के वास्तविक स्वरूप की आभा मुनियों के हृदय को आलोकित कर गयी।

जब ज्ञानी भगवान् के स्वरूप का साक्षात्कार करता है तो वह अपने अंग-अंग में प्रभुता को भर लेता है। उसका शरीर आपादमस्तक आनन्द से आप्लावित

हो उठता है। वह परम सुख से विभोर हो उठता है। ज्ञानी सप्तर्षियों की यही दशा है।

जाइ मुनिन्ह हिमवंतु पठाए।
करि बिनती गिरजहिं गृह ल्याए॥

—मुनियों ने जाकर हिमवान् को पार्वती के पास भेजा और वे विनती करके उनको घर ले आये।

मुनियों ने अपना दूसरा काम पूर्ण किया। भगवान् शिव ने कहा था कि प्रेम-परीक्षा के बाद पार्वती को घर जाने के लिए कहना। मुनियों ने ऐसा ही किया। प्रेम-परीक्षा में पार्वती के उत्तीर्ण होने पर उन्होंने हिमाचल को बताया कि वे जाकर पार्वती को घर लायें। मुनियों की आज्ञा के अनुसार पिता हिमाचल ने पार्वती से जाकर निवेदन किया। ब्रह्मवाणी को सम्पूर्ण रूप से घटित होता जानकर पार्वती प्रसन्नतापूर्वक घर लौट आयीं।

अब मुनियों के सामने दूसरा दायित्व था—शिव के पास जाकर पार्वती की सफलता का समाचार देना। बिना विलम्ब किये वे सत्वर भगवान् शिव के पास पहुँचे और पार्वती की सारी कथा सुनायी।

भए मगन सिव सुनत सनेहा।
हरषि सप्तरिषि गवने गेहा॥

—पार्वती का स्नेह सुनते ही शिवजी आनन्दमग्न हो गये। सप्तर्षि प्रसन्न होकर अपने घर को चले गये।

आह! पार्वती को घोर तपस्या का सुफल मिल गया। आशुतोष आनन्द से आप्लावित हो उठे। पहली बार शिवजी ने अपने हृदय के आन्तरिक प्रेम को किसीके सामने प्रकट किया। शिव की यही तो शोभा है। जब वे किसीको चाहते हैं तो परम प्रेममय हो जाते हैं। इसीलिए वे दाम्पत्य जीवन के सर्वोत्तम प्रतीक हैं। शिव के प्रेम को देखकर सप्तर्षियों ने भी प्रसन्नता व्यक्त की।

अब पार्वती के विवाह की बारी है। आइए, उसे भी देखें।

ॐ

हर गिरिजा कर भयउ बिबाहू

पार्वती की कठोर तपस्या के बाद भगवान् शिव ने उन्हें आनन्दपूर्वक स्वीकार कर लिया था। अब विवाह-विधि मात्र औपचारिकता थी। लेकिन ऐसा सम्भव हुआ नहीं। शिव-पार्वती के भाग्य में साधारण विवाह करना लिखा ही नहीं था। जितनी प्रबल बाधा के बाद घटना घटती है उतनी ही उसकी महत्ता बढ़ जाती है। इसीलिए भगवान् शंकर का विवाह हिन्दू चित्त पर पत्थर की लकीर बन गया है। अन्य किसी देवी-देवता के विवाह की तिथि का हम इतने उत्सवी रूप में स्मरण नहीं करते हैं।

मनु थिर करि तब संभु सुजाना।
लगे करन रघुनायक ध्याना॥

—तब सुजान शिवजी मन को स्थिर करके श्रीराम का ध्यान करने लगे।

पार्वती के प्रेम ने योगी शिव को आन्दोलित कर दिया था। सप्तर्षियों के मुख से उनके प्रेम की निष्पाप गाथा सुनकर शिव की आँखों में प्रेम का अवतरण हो उठा था। उसे कुछ क्षण अपनी आँखों में सँभालने के बाद वे फिर से राम के ध्यान में लौट गये।

इसी समय एक अन्य विचित्र घटना देवताओं को परेशान करने लगी। तारकासुर ने देवताओं को सताना शुरू कर दिया। अपनी आदत के अनुसार घबड़ाये हुए देवता सहायता के लिए ब्रह्मा के पास पहुँचे। ब्रह्मा ने एक अजीब किस्म का सुझाव उन्हें दे डाला।

सब सन कहा बुझाइ बिधि दनुज निधन तब होइ।
संभु सुक्र संभूत सुत एहि जीतइ रन सोइ॥

ब्रह्मा ने सबको समझाकर कहा—इस दैत्य की मृत्यु तब होगी जब शिवजी के वीर्य से पुत्र उत्पन्न हो। इसको युद्ध में वही जीतेगा।

समस्या कठिन थी। शिव का पुत्र कहाँ से लाया जाय, अभी तो शिव का विवाह भी नहीं हुआ है। देवता सुखी होने के बजाय और दुःखी हो गये। वे सोचने लगे—पहले शिव के लिए पत्नी लायें और फिर पुत्र होने की प्रतीक्षा करें। इतने समय में तो दैत्य उन्हें दबोच लेगा।

ब्रह्मा ने देवताओं का दुःख देखकर उन्हें एक सलाह दी। सती ने पार्वती के रूप में जन्म लेकर कठोर तप किया है। अब शिव उनसे विवाह कर सकते हैं। कठिनाई यह है कि वे समाधि में हैं। यदि उन्हें विवाह के लिए तुरन्त तैयार करना है तो उनके मन में शीघ्रातिशीघ्र काम का विक्षोभ करना होगा। इसके लिए हमें कामदेव को शिव के पास भेजना पड़ेगा। जब शिवजी का ध्यान काम के विक्षोभ से टूट जायेगा तो हम उन्हें विनती करके मना लेंगे।

तब हम जाइ सिवहि सिर नाई।
करवाउब बिबाहु बरिआई॥

—तब हम जाकर शिवजी के चरणों में सिर रख देंगे और जबरदस्ती विवाह करा देंगे।

यह तो सरासर चालबाजी थी। पर अपने प्रियजनों के साथ इस तरह की चालबाजी मधुर प्रेम का प्रतीक होती है। हम अपने घरों में बच्चों को ठगकर खिलाते हैं। पत्नियाँ पतियों के जन्मदिन के उपहार चुपचाप खरीद लाती हैं। पति पत्नी के लिए विवाह की वर्षगाँठ के उपहार चुपचाप ला देते हैं। यह सब अनजाने में होने पर भी अच्छा लगता है। लेकिन जबरदस्ती विवाह करा देना, वह भी अपने स्वार्थ के लिए, क्योंकि तारकासुर को मारना है, यह तो देवताओं के ही वश की बात है। मेरे खयाल से, अपने सम्पूर्ण पतन के बावजूद भी मनुष्य इतना घनघोर स्वार्थी नहीं हुआ है।

सभी देवताओं ने ब्रह्मा की योजना की सराहना की। उन्हें लगा कि शिव का विवाह जल्दी कराने के लिए इससे अच्छा उपाय और कोई नहीं है। योगी को बिना काम-विक्षोभ के भोगी बनाया ही नहीं जा सकता। विवाह की नींव में अनुशासित काम-भावना की तुष्टि ही है। यदि जीवन से काम-भावना को निकाल दिया जाय तो वैवाहिक बन्धन व्यर्थ हो जायेंगे। जगत् की तीन कामनाओं (एषणाओं)—पुत्र, वित्त और लोक में पुत्र की कामना का आधार काम-भावना ही है। वित्तैषणा का आधार श्रम का निरन्तर संचालन है और लोकैषणा का आधार सम्मान पाने की दैवी

कामना है। इसीलिए देवताओं ने शिव में पुत्रैषणा जगाने के लिए काम-विक्षोभ का सहारा लिया।

देवताओं की करुण पुकार पर कामदेव अवतरित हुए। उनके सामने शिव-विवाह की समस्या का खुलासा किया गया। सभी देवताओं ने कहा कि उनकी सहायता से ही यह कार्य सम्भव हो सकता है। कामदेव ने तुरन्त कह दिया—शिव को योग से भोग की ओर लौटाना अपनी मृत्यु को आमन्त्रण देना है। भोगी को योगी बना दिया जाय, यह तो सराहनीय है; लेकिन योगी को भोगी बनाना तो नितान्त दण्डनीय है। उस अपराध की सजा तो मृत्यु ही हो सकती है।

तदपि करब मैं काजु तुम्हारा।
श्रुति कह परम धरम उपकारा॥

—तथापि मैं तुम्हारा काम तो करूँगा, क्योंकि वेद दूसरे के उपकार को परम धर्म कहते हैं।

यह बड़े साहस का काम है। जानते हुए भी कि मृत्यु सामने खड़ी है, दूसरे के उपकार के लिए उसकी चिन्ता न करना आचरण की परम श्रेष्ठता का परिचायक है। अपने लिए तो हर व्यक्ति घिसट-घिसटकर मरता है, पर दूसरे की सहायता करने के लिए अपने प्राणों की आहुति देने को बिरले ही तैयार होते हैं।

चलत मार अस हृदयँ बिचारा।
सिव बिरोध ध्रुव मरनु हमारा॥

—चलते समय कामदेव ने हृदय में ऐसा विचार किया कि शिवजी के साथ विरोध करने से मेरा मरण निश्चित है।

आखिर बार-बार कामदेव यह क्यों सोच रहे हैं कि वे शिव का विरोध कर रहे हैं? वह तो मात्र शिव का जागरण करने जा रहे हैं, जिससे देवताओं का कार्य शीघ्रता से पूरा हो सके। इसके पीछे हिन्दू धर्म का वह जीवनादर्श है कि मनुष्य जीवन को अन्ततः भोग से परे जाना है। सभी भौतिक और दैविक शक्तियों को इसीकी पूर्ति हेतु सहयोगी बनना चाहिए। यही शुभ एवं शोभन है। लेकिन योगस्थ व्यक्ति को भोग की ओर मुड़ने को प्रेरित करना अशुभ भी है और अशोभन भी। कामदेव इसी कारण व्यथित हैं।

तब आपन प्रभाउ बिस्तारा।
निज बस कीन्ह सकल संसारा॥

—तब कामदेव ने अपना प्रभाव फैलाया। समस्त संसार को अपने वश में कर लिया।

यों तो संसार का सारा प्रपंच कामनाओं के कारण ही चलता है, लेकिन हर कामना कामवासनाजनित नहीं होती। कामदेव ने इस नियम को ही झकझोर दिया। उसने सबके भीतर कामवासना की उत्तेजना भर दी। जड़-चेतन समस्त जगत् नर-मादा स्वरूप में ही दिखाई देने लगा। एक-दूसरे की ओर वासना भरी दृष्टि से सभी बढ़ने लगे। जीवन का सन्तुलन समाप्त होने लगा। इस स्थिति को देखकर यह समझा जा सकता है कि जब मनुष्य जीवन में कामवासना सतह पर आ जाती है तो जीवन पतनोन्मुख हो जाता है।

यद्यपि कामदेव ने वासना को प्राणिमात्र में सतह पर ला दिया था, लेकिन शिव की समाधि में इससे तनिक भी बाधा नहीं आयी। समाधि में उनका मन शान्त-निर्मल हो गया था। इसे कामदेव ने अपनी विफलता माना और अधिक तीव्रता के साथ शिवजी पर प्रहार करने का उसने विचार किया।

कामदेव को अच्छी तरह से पता था कि इच्छाओं की उद्‌दामता ही मनुष्य को सांसारिकता की ओर मोड़ती है। समाधि में होने के कारण शिवजी इच्छाओं के परे जा चुके हैं। वह निर्विकल्प स्थिति में हैं। ऐसी स्थिति में इच्छाएँ जन्म ही नहीं लेतीं।

समाधि से या तो व्यक्ति स्वत: जागता है या उसे झटका देना पड़ता है। रामकृष्ण परमहंस जब समाधि में गहरे चले जाते थे तो उन्हें वापस लाने के लिए उनके कानों के पास प्रभु नाम का जाप किया जाता था। मंद स्वर में भजन-कीर्तन करके उन्हें वापस लाया जाता था।

कामदेव ने शिव को जगाने के लिए यही तरीका अपनाया; लेकिन उसने उन्हें परमात्म भाव से संसार भाव में एक झटके से उतारना चाहा। यही भयानक गलती हो गयी। होना यह चाहिए था कि वह उन्हें आन्तरिक परमात्म भाव से बाह्य परमात्म भाव की ओर ले आता, जिससे वे स्वाभाविक रूप से संसार में लौटते। लेकिन कामदेव ने करारा झटका दिया।

छाड़े बिषम बिसिख उर लागे।
छूटि समाधि संभु तब जागे॥

—कामदेव ने तीक्ष्ण पाँच बाण छोड़े, जो शिवजी के हृदय में लगे। तब उनकी समाधि टूट गयी और वे जाग गये।

शिव के जागते ही योजना के अनुसार देवताओं को शिव के पास दौड़कर आना चाहिए था। लेकिन देवताओं को लगता है, अपनी जान की पड़ी हुई थी। वे देखना चाहते थे कि कामदेव का क्या होता है। इसके बाद ही हाथ डालने में भलाई थी। कामदेव शिवजी के हृदय में बाण मारकर महँगा सौदा कर बैठे। हृदय भावनाओं का आगार होता है; पर इस समय शिवजी के हृदय में परमात्मा का वास था। कामदेव ने प्रभु को ढकेलकर कामनाओं को स्थापित कर दिया। तपस्वी शिव के लिए यह बड़ी विषम स्थिति थी।

साधारण जीवन में भी हम देखते हैं तो पता चलता है कि हमारा सबसे बड़ा शत्रु वही होता है जो हमें ऊँचाइयों से नीचे गिराता है। जीवन में पतन ही सबसे बड़ा पाप है। कामदेव ने भगवान् शिव को ऊँचाइयों से गिराया था। वे साधनारत थे, कामदेव ने उन्हें वासनारत बनाना चाहा।

भयउ ईस मन छोभु बिसेषी।
नयन उघारि सकल दिसि देखी॥

—शिवजी के मन में बहुत क्षोभ हुआ। उन्होंने आँखें खोलकर सब ओर देखा।

हृदय में कामबाण लगने से शिवजी अपने आपको बचा नहीं पाये। उन्हें आँखें खोलकर संसार में वापस लौटना पड़ा। इससे शिवजी क्षुब्ध हो उठे। प्रभु-प्लावित हृदय में संसार को प्रवेश करता देख वे छटपटा उठे। उनके लिए यह समझ पाना कठिन हो रहा था कि आखिर यह दुष्कर्म किसने किया। अपनी आँखें खोलकर वह चारों तरफ देखने लगे। शिव-दृष्टि एक स्थान पर जाकर टिक गयी।

सौरभ पल्लव मदनु बिलोका।
भयउ कोपु कंपेउ त्रैलोका॥

—जब आम के पत्तों में छिपे हुए कामदेव को देखा तो उन्हें बड़ा क्रोध हुआ, जिससे तीनों लोक काँप उठे।

कामदेव को देखते ही शिव को अपराधी का पता चल गया। उसे तुरन्त दण्ड देने के लिए वे तत्पर हो उठे। उच्चादर्शों से किसीको गिरानेवाला सबसे बड़ा पाप करता है, अत: ऐसे व्यक्ति को कठोर दण्ड मिलना ही चाहिए। भगवान् शिव ने क्रोध भरी दृष्टि से कामदेव को देखा। संसार काँप उठा।

शिवजी के प्रेम और क्रोध दोनों की कोई तुलना नहीं की जा सकती। वे जहाँ आशुतोष हैं वहीं रुद्र भी हैं। वे परम प्रसन्न होकर अपनी विभूतियाँ जहाँ लुटाते

रहते हैं वहीं क्रोध में आने पर सर्वनाश करने पर भी तत्पर हो जाते हैं।

तब सिवँ तीसर नयन उघारा।
चितवत कामु भयउ जरि छारा॥

—तब शिवजी ने अपना तीसरा नेत्र खोला। उनके देखते ही कामदेव जलकर भस्म हो गया।

शिवजी का त्रिनेत्र बड़ा रहस्यमय है। यह योगी की दिव्य दृष्टि का प्रतीक है। जहाँ लौकिक दृष्टि विफल होती है वहीं योगी की दिव्य दृष्टि कार्यरत होती है। वह जगत् के सारे आवरण को चीरकर जगत् के चरम सत्य का दर्शन कराती है।

भगवान् शिव ने जब क्रोधयुक्त होकर अपने तीसरे नयन को खोला तो काम जलकर भस्म हो गया। इसे हम यों भी कह सकते हैं कि जब योग की दिव्य दृष्टि खुलती है तो कामनाओं का जगत्-प्रपंच अपने आप भस्म हो जाता है। जैसे सूर्य के सामने अँधेरा नहीं टिकता है, उसी तरह योगी के समक्ष वासनाएँ नहीं ठहरती हैं। कामदेव वासना का पुंज बनकर शिव के सामने आया था, इसीलिए उसे भस्म होना पड़ा।

काम के भस्म होते ही सारा जगत् सुख-दुःख से व्याप्त हो गया। योगी आनन्द से नाचने लगे और भोगी अपना काम-सुख सोचकर रोने लगे। योगियों को लगा कि अब उनकी तपस्या को नष्ट करनेवाला कोई बचा ही नहीं और भोगियों को लगा कि अब काम-सुख प्राप्त कर पाना सम्भव नहीं होगा। दोनों स्थितियाँ असहनीय थीं। योग यदि बाधाहीन हो जाये तो हर 'सड़क छाप' व्यक्ति अपने को योगी कहता हुआ घूमेगा। जीवन से यदि भोग नष्ट हो जाये तो जगत्-प्रपंच ही समाप्त हो जायेगा।

काम को जीवन देने का काम केवल शिव ही कर सकते थे। जिसे शिव ने जला दिया हो उसे भला बचायेगा कौन! रास्ता कामदेव की पत्नी रति के माध्यम से निकलता है। वह रोती हुई भगवान् शिव से कृपा और करुणा के लिए निवेदन करती है। आशुतोष प्रभु उसकी रक्षा करते हैं।

अब तें रति तव नाथ कर होइहि नामु अनंगु।
बिनु बपु ब्यापिहि सबहि पुनि सुनु निज मिलन प्रसंगु॥

—हे रति! अब से तेरे स्वामी का नाम अनंग होगा। वह बिना शरीर के ही सबको व्यापेगा। अब तू अपने पति से मिलने की बात सुन।

भगवान् शिव में क्रोध और प्रेम दोनों का सन्तुलन है। वह क्रोध से कामदेव को जलाते हैं, लेकिन प्रेम से उसे बचा भी लेते हैं। उसे शरीर खोने के दण्ड के साथ-ही-साथ अनंग होकर जीने का वरदान भी मिल जाता है। भगवान् शिव रति से कहते हैं कि जब यदुवंश में कृष्ण का अवतार होगा तो उनका पुत्र बनकर कामदेव भी अवतार लेगा। तब तुम उसे अपने पति के रूप में पा सकोगी।

भगवान् शिव का यह वरदान बड़ा गूढ़ लगता है। श्रीकृष्ण योगी हैं। अनासक्ति उनके चरित्र का मूलाधार है। ऐसे व्यक्ति का पुत्र आसक्ति का देवता कामदेव हो जाये, यह विचित्र सा लगता है। क्या कामनाएँ किसी-न-किसी रूप में कहीं-न-कहीं अवश्य फलित होती हैं? यदि कृष्ण में उनके फलित होने का अवसर नहीं मिला तो क्या वे कृष्ण-पुत्र प्रद्युम्न में प्रतिफलित हो गयीं? इस प्रतीक कथा से यह प्रतीत होता है कि इच्छाएँ समूल नष्ट नहीं होती हैं। समय आने पर वे किसी-न-किसी रूप में अवश्य प्रस्फुटित होती हैं।

रति को जब अपने पति को प्राप्त करने का वरदान मिल गया तो वह प्रसन्नतापूर्वक चली गयी। उसने यह हठ नहीं किया कि उसे इसी जीवन में अपने पति का शरीर वापस चाहिए। अपने से श्रेष्ठ जनों से कभी हठ नहीं करना चाहिए। परमात्मा की कृपा पाने के लिए भी हठ का सहारा नहीं लिया जाना चाहिए। प्रभु जो कुछ भी दे देता है, उसे जीवन का सबसे बड़ा प्राप्य मानकर स्वीकार कर लेना चाहिए। रति ने ऐसा ही किया।

भगवान् शिव के क्रोध के शान्त हो जाने के बाद अब देवता उनके पास पहुँचते हैं। ब्रह्मा, विष्णु आदि सभी उनकी प्रार्थना करते हैं।

सकल सुरन्ह के हृदयँ अस संकर परम उछाहु।
निज नयनन्हि देखा चहहिं नाथ तुम्हार बिबाहु॥

—हे शंकर! सब देवताओं के मन में ऐसा परम उत्साह है कि हे नाथ! वे अपनी आँखों से आपका विवाह देखना चाहते हैं।

शिवजी की स्तुति करते हुए देवतागण कहते हैं कि हमारी एक ही इच्छा है कि हम आपका विवाह अपनी आँखों से देख लें। वास्तव में देवताओं को शिव के विवाह के लिए उतनी चिन्ता नहीं है। वे तो अपने स्वार्थ से बँधे हुए हैं। उन्हें यथाशीघ्र शिव का पुत्र चाहिए, जो तारकासुर को मार सके। किन्तु एक शिष्ट व्यक्ति की तरह वे अपने स्वार्थ को सामने नहीं रखते हैं। वे शिव के स्वार्थ को सामने रखते हुए कहते हैं—हम आपके विवाह को देखने के लिए लालायित हैं।

पारबतीं तपु कीन्ह अपारा।
करहु तासु अब अंगीकारा॥

—पार्वती ने अपार तप किया है। आप उन्हें स्वीकार कीजिए।

देवताओं ने पार्वती का नाम लेकर शिव के हृदय में प्रेम का अंकुरण करना चाहा। उन्होंने पार्वती के कठोर तप का शिवजी को स्मरण कराकर उन्हें बताना चाहा कि पार्वती व्यग्रता से उनकी प्रतीक्षा कर रही हैं। देवताओं की भावनाओं का आदर करते हुए भगवान् शिव विवाह की स्वीकृति दे देते हैं।

तब देवन्ह दुंदभीं बजाईं।
बरषि सुमन जय जय सुर साईं॥

—तब देवताओं ने नगाड़े बजाये और फूलों की वर्षा करके 'जय हो! देवताओं के स्वामी जय हो', ऐसा कहने लगे।

हिन्दू पुराणकथाओं में देवता सुविधाभोगी वर्ग के प्रतीक हैं। वे प्रसन्न होने पर नगाड़े बजाते हैं, फूल बरसाते हैं और पीड़ित होने पर रो-रोकर स्तुतियाँ करते हैं। उन्हें अपना ही सुख हँसाता और रुलाता है। जीवन में परमार्थ भाव की बात वे सोच भी नहीं सकते हैं। इसीलिए हमारे धर्म में कहा गया कि देव योनि में मुक्ति नहीं हो सकती। मुक्ति के लिए मनुष्य योनि ही सर्वोत्तम है; क्योंकि मनुष्य ही स्वार्थ को त्यागकर परमार्थ के मार्ग पर चलने का साहस रखता है।

विवाह की स्वीकृति दे देने पर भगवान् शिव देवताओं के परम प्रिय बन गये। वे प्रसन्न होकर नगाड़े बजाने लगे और फूलों की वर्षा करने लगे। मन के आनन्द को व्यक्त करने के लिए दोनों अच्छे प्रतीक हैं। हर कोई प्रसन्नता को प्रचारित करना चाहता है; क्योंकि जीवन का वास्तविक स्वरूप ही आनन्द है। उसे छिपाया नहीं जा सकता। इसीलिए देवता हों या मनुष्य, सभी आनन्दित होने पर दूर तक ध्वनि करनेवाले वाद्य यन्त्रों का प्रयोग करते हैं। पूजा में शंख का उपयोग भी इसी उद्देश्य की पूर्ति के लिए होता है। फूल बरसाने से प्रसन्नता की पवित्रता का पता चलता है। किसी अच्छे कार्य के सम्पन्न होने की प्रसन्नता खिले हुए फूल की तरह होती है। जैसे फूल अपनी सुगन्ध से वातावरण को सुवासित कर देता है उसी तरह यशस्वी कार्य जीवन को महका देता है। प्रसन्नता सुगन्ध की तरह सर्वत्र फैल जाती है।

अब विवाह की तैयारी का भार ब्रह्माजी पर आया। देवताओं में सबसे वयोवृद्ध वही हैं। उन्होंने सप्तर्षियों को विवाह का प्रस्ताव देकर हिमाचल भवन भेजा।

सप्तर्षियों को सबसे पहले पार्वती मिल गयीं। वे हँसकर विनोदयुक्त वाणी में बोले—

कहा हमार न सुनेहु तब नारद कें उपदेस।
अब भा झूठ तुम्हार पन जारेउ कामु महेस॥

—नारदजी के उपदेश से तुमने उस समय हमारी बात नहीं सुनी। अब तो तुम्हारा प्रण झूठा हो गया; क्योंकि महादेवजी ने काम को भस्म कर डाला।

सप्तर्षियों ने एक बार फिर पार्वती के प्रेम को चुनौती दी। उन्होंने कहा कि विवाह तो कामनाओं और वासनाओं की पूर्ति के लिए किया जाता है, लेकिन शिव ने तो काम के देवता को ही भस्म कर दिया है। अब विवाह करने का कोई अर्थ ही नहीं रहा।

यहाँ एक सवाल उठता है कि क्या प्रेम वासना का ही दूसरा नाम है? क्या वासनाएँ और कामनाएँ न हों तो प्रेम नहीं हो सकता? इसका उत्तर पार्वती अच्छी तरह देती हैं। वह कहती हैं कि प्रेम तो वासना और कामना का रूपान्तरण है। वासनाओं और कामनाओं से भरा प्रेम तो बड़ा उथला होता है।

हमरें जान सदा सिव जोगी।
अज अनवद्य अकाम अभोगी॥

—हमारी समझ से तो शिवजी सदा से ही योगी, अजन्मा, अनिन्द्य, कामरहित और भोगहीन हैं।

पार्वती ने ऋषियों के मजाक का बड़ा सटीक उत्तर दिया। उन्होंने कहा कि पहली बार आप लोगों के श्रीमुख से मुझे पता चला कि शिव पहले काम-विकार से युक्त थे। अब कामदेव के दहन के बाद अविकारी हुए हैं। मेरी तो धारणा एकदम इसके विपरीत है। मैं तो सदा से शिव को अविकारी रूप में देखती हूँ। मैं किसी धोखे में नहीं हूँ। मुझे सदा से ही उनका वास्तविक स्वरूप विदित है। मैं जानती हूँ कि वे सदा से योगी हैं। वे कामनाओं की दासता से बँधे नहीं हैं, कामनाएँ उनके वश में रहती हैं। भगवान् शिव अजन्मा हैं। वे जन्म-मरण के बन्धन से भी परे हैं। वह अनिन्द्य हैं। उनके भीतर किसी तरह का दोष नहीं है। वे कामरहित और भोगहीन हैं।

भगवान् शिव को कामरहित और भोगहीन कहकर पार्वती ने गहरे प्रेम की भावना को बहुत वन्दनीय बनाया है। सामान्य रूप से यही समझा जाता है कि काम के भोग के लिए विवाह एक सामाजिक कर्तव्य है। पार्वती ने अपने वक्तव्य से विवाह

के महत्त्व को और बढ़ा दिया। उन्होंने कहा कि विवाह दो आत्माओं की अटूट मैत्री का प्रतीक है। काम और भोग मात्र साधन हैं। वे विवाह के लक्ष्य नहीं हैं।

जौं मैं सिव सेये अस जानी।
प्रीति समेत कर्म मन बानी॥

—यदि मैंने शिवजी को ऐसा समझकर ही मन, वचन और कर्म से प्रेम सहित उनकी सेवा की है—

तौ हमार पन सुनहु मुनीसा।
करिहहिं सत्य कृपानिधि ईसा॥

—तो हे मुनियो! सुनिए, वे कृपानिधान भगवान् मेरी प्रतिज्ञा को सत्य करेंगे।

पार्वती वासनाहीन प्रेम के महत्त्व को रेखांकित करती हैं। वास्तविक रूप में विवाह का आधार वासनाहीन प्रेम ही बन सकता है। वासनाओं से प्रेरित प्रेम जीवन को शान्त नहीं कर पाता है। आजकल पारिवारिक जीवन में विघटन इसी कारण हो रहा है। जीवन की ऊपरी चमक-दमक के कारण आन्तरिक वृत्तियों के प्रति हमारा आग्रह घटता जा रहा है। इसीलिए हमारे सम्बन्ध भी बहुत औपचारिक और उथले होते जा रहे हैं। हम स्वयं को दुःख देकर किसीको सुख देने के सुख को एकदम भूल ही गये हैं।

सम्बन्धों के उथलेपन के कारण जीवन से सहनशीलता का भाव चुकता जा रहा है। हमें साथ रहते हुए यदि अपने जीवनसंगी से जरा भी दुःख मिल जाये तो हम सम्बन्धों को तोड़ने के लिए तत्पर हो जाते हैं। काम और भोग के जीवन की सतह पर आ जाने के कारण ऐसा हो रहा है।

पार्वती ने साफ-साफ कह दिया कि उनका प्रेम काम और भोग से प्रेरित नहीं है। वह तो शिव को आन्तरिक प्रेम के कारण वरण करना चाहती हैं। इसलिए उन्हें पूर्ण विश्वास है कि ईश्वर उनकी इच्छा को पूर्ण करेंगे।

अपने अखण्ड विश्वास की घोषणा के साथ-ही-साथ पार्वती सप्तर्षियों से यह भी कहती हैं कि यह मानना अविवेक का कारण है कि शिव ने कामदेव का दहन किया।

तात अनल कर सहज सुभाऊ।
हिम तेहि निकट जाइ नहिं काऊ॥

—हे तात! अग्नि का तो यह सहज स्वभाव है कि पाला उसके समीप कभी जा ही

नहीं सकता।

पार्वती कामदेव के दाह को एक स्वाभाविक घटना मानती हैं। उनका कहना है कि जैसे आग के पास जाकर बर्फ पिघल जाती है, उसी तरह शिव के पास जाकर कामदेव नष्ट हो गया। शिवजी अकाम और अभोगी हैं। उनके सामने काम और भोग को लेकर जो जायेगा उसे तो नष्ट होना ही होगा। इसमें किसी अतिरिक्त प्रयत्न की आवश्यकता नहीं पड़ेगी।

पार्वती काम-दहन को शिव का अतिरिक्त पुरुषार्थ नहीं मानती हैं। वह उनके स्वभाव के अंग के रूप में काम-दाह की घटना को देख रही हैं। जब स्वभाव के कारण कोई कर्म किया जाता है तो उसको बढ़ा-चढ़ाकर कहने या उसका गौरव लेने की आवश्यकता नहीं पड़ती है।

भगवान् शिव के प्रति पार्वती के इस अखण्ड विश्वास को देखकर सप्तर्षि बहुत प्रभावित होते हैं। वे माता भवानी को सिर झुकाकर हिमाचल के पास गये। वहाँ अनेक ऋषि-मुनियों के सहयोग से विवाह की शुभ तिथि और लग्न का निश्चय किया गया। इसे लेकर सप्तर्षि ब्रह्मा के पास गये।

लगन बाचि अज सबहि सुनाई।
हरषे मुनि सब सुर समुदाई॥

—ब्रह्माजी ने लग्न पढ़कर सबको सुनाया। उसे सुनकर सब मुनि और देवताओं का सारा समाज हर्षित हो गया।

शिव के विवाह की प्रसन्नता सबके हृदय में छा गयी। सभी सोचने लगे कि अब देवताओं का कार्य शीघ्र पूरा होगा। पार्वती को अपनी तपस्या का सुफल प्राप्त होगा। सभी मुनियों और देवताओं को इस विवाह में सम्मिलित होने का सौभाग्य भी प्राप्त होगा।

सिवहि संभु गन करहिं सिंगारा।
जटा मुकुट अहि मौरु सँवारा॥

—शिवजी के गण शिवजी का श्रृंगार करने लगे। जटाओं का मुकुट बना करके उसपर साँपों का मौर सजाया गया।

विवाह संस्कार के अवसर पर दूल्हे-दुल्हन का श्रृंगार प्राय: घर-परिवार की स्त्रियाँ करती हैं। शिवजी को यह सौभाग्य प्राप्त नहीं है। उनके घर में तो कोई स्त्री है ही नहीं। सचमुच, स्त्री ही जीवन को उत्सवी बनाती है। वह राग का उत्स है।

उसके अभाव में जीवन सूना और वैरागी बन जाता है। शिव के वैरागी जीवन का सम्भवतः एक कारण यह भी है कि उनके परिवार में कोई स्त्री नहीं है। इसीलिए शिव जब भी स्त्री पाते हैं, परम रागी बन जाते हैं। सती और पार्वती दोनों के प्रति उनका प्रेम अद्‌भुत है।

शिव के व्यक्तित्व की तरह उनका श्रृंगार भी अनोखा है। उनका मुकुट साँपों से सजाया जा रहा है। कुण्डली मारकर बैठनेवाला साँप काल का भी प्रतीक है और अनन्तता का भी। महाकालेश्वर शिव का मुकुट स्वयं काल ही है।

कुंडल कंकन पहिरे ब्याला।
तन बिभूति पट केहरि छाला॥

—शिवजी ने साँपों के ही कुण्डल और कंकण पहने, शरीर पर विभूति रमायी और वस्त्र की जगह वाघाम्बर लपेट लिया।

ससि ललाट सुंदर सिर गंगा।
नयन तीनि उपबीत भुजंगा॥

—शिवजी के सुन्दर मस्तक पर चन्द्रमा, सिर पर गंगाजी, तीन नेत्र और साँपों का जनेऊ है।

गरल कंठ उर नर सिर माला।
असिव बेष सिवधाम कृपाला॥

—शिवजी के गले में विष और छाती पर नरमुण्डों की माला थी। इस प्रकार उनका वेश अशुभ होने पर भी वे कल्याण के धाम और कृपालु हैं।

शिव का श्रृंगार उनके वैरागी व्यक्तित्व के एकदम अनुकूल है। वास्तव में राग में वैराग और वैराग में राग का योग ही शिव का सच्चा स्वरूप है। काल का प्रतीक सर्प उनके श्रृंगार का सर्वोत्तम प्रतीक है। सचमुच वे काल से सुशोभित होते हैं और काल उनसे सुशोभित होता है। नरमुण्ड की माला पहनना और विभूति को शरीर में लगाना भी अद्‌भुत प्रतीक है। इस सृष्टि में मनुष्य जितना अहंकारी कोई नहीं है। सिर ही अहंकार का प्रतीक है। अहंकार चाहे अपने को कितना ही क्यों न सुरक्षित रखे, पर यह काल के हाथों निश्चित रूप से पराजित होता है। सभी अहंकार मृत्यु के द्वारा विदीर्ण होते हैं। मृत्यु के देवता भगवान् शिव इसीलिए नरमुण्ड धारण करते हैं। यह स्वयं उनके निरहंकारी होने का भी प्रतीक है तथा

अहंकार की व्यर्थता का भी परिचायक है।

विभूति से पंचभूतों के एकरूप होने का परिचय मिलता है। नाम रूप में विविधतापूर्ण दिखाई देनेवाला जगत्-प्रपंच अन्ततः राख में बदल जाता है। किन्तु यह राख अपवित्र या हेय नहीं होती है, यह शिव का श्रृंगार बनती है, महादेव के अंग में लगकर गौरवान्वित हो उठती है।

शिवजी के कण्ठ में विष है। मजेदार बात है कि यदि किसीकी वाणी में या उसके हृदय में विष हो तो उसे दुष्ट कहा जाता है। लेकिन शिव वाणी और हृदय दोनों के बीच कण्ठ में विष को धारण करके भगवान् बन गये हैं। अर्थ यह है कि वाणी और हृदय के माध्यम से शिवजी विष दूसरों को नहीं देते हैं।

अपनी इन्हीं विशेषताओं के कारण अशुभ वेश होते हुए भी वे कल्याण के धाम और कृपालु हैं। कितनी अच्छी बात है कि सारा संसार अपने सुख के लिए विवाह करता है, लेकिन शिवजी देवताओं की रक्षा के लिए पुत्र उत्पन्न करने के लिए विवाह कर रहे हैं। श्रेष्ठजनों का कोई भी कर्म व्यक्तिगत नहीं होता। उनका सम्पूर्ण जीवन परहित के लिए समर्पित होता है।

कर त्रिसूल अरु डमरु बिराजा।
चले बसहँ चढ़ि बाजहिं बाजा॥

—एक हाथ में त्रिशूल और दूसरे में डमरू सुशोभित है। शिवजी बैल पर चढ़कर चले।

शिव के श्रृंगार के साथ-ही-साथ उनकी सवारी भी अद्वितीय है। वे बैल पर विराजे हुए हैं। उनके हाथ में त्रिशूल और डमरू है। विवाह के समय भी जीवन के भौतिक आनन्द को व्यक्त करनेवाली कोई चीज शिव के पास नहीं है; जबकि विवाह जीवन के भौतिक आनन्द को व्यक्त करने के लिए किया जाता है। वास्तव में योगी शिव शरीर नहीं, आत्मा के आनन्द के पक्षधर हैं।

उनके हाथ का त्रिशूल दैहिक, दैविक और भौतिक तीनों तापों को नष्ट करनेवाला है। डमरू आत्मिक आनन्द के प्रणव नाद का प्रतीक है। बैल की सवारी निश्चिन्तता और मस्ती का परिचायक है। शिव को कोई जल्दी नहीं है। योगी कभी आपाधापी में नहीं रहता।

बैल धर्म का भी प्रतीक है। धर्म बिना शोर मचाये मौन भाव से कार्यरत रहता है। यदि कोई धर्म के विरुद्ध भी जाये तो भी धर्म झपटकर वार नहीं करता है। वह विरुद्ध जानेवाले को सुधरने का समय देता है। धर्म बड़ा शान्त होता है। वह अपनी मंद गति से समर्थन और विरोध के प्रति प्रतिक्रिया करता है। मृत्यु के देवता शिव

इसीलिए धर्म पर सवारी करते हैं। संहार यदि धर्मसंगत नहीं होगा तो वह भगवान् को गुण्डे के स्तर पर ला सकता है। अत: प्रभुता तभी समादरणीय बनती है जब वह धर्म से बँधी हो। नन्दी के रूप में धर्म ही भगवान् शिव को वहन करता है।

देखि सिवहि सुरत्रिय मुसुकाहीं।
बर लायक दुलहिनि जग नाहीं॥

—शिवजी को देखकर देवताओं की स्त्रियाँ मुसकरा रही हैं। कहती हैं कि इस वर के योग्य दुल्हन संसार में नहीं मिलेगी।

सचमुच शिव की दुल्हन बन पाना हर स्त्री के भाग्य में नहीं हो सकता। योगी शिव को तपस्विनी पत्नी चाहिए। जो अपना सर्वस्व दाँव पर लगा दे वही शिव का वरण कर सकती है। यद्यपि देवताओं की स्त्रियाँ शिव के श्रृंगार को देखकर मजाक कर रही हैं, लेकिन यह वास्तविकता भी है कि शिव को जो ऊपरी चमक-दमक से पाना चाहेगा वह घाटे में रहेगा। जो उनके भीतरी भाव को पहचानेगा वह सदैव के लिए उनका बन जायेगा। पार्वती ने भगवान् शिव को भीतर से पहचाना था, अत: वे सदा-सर्वदा के लिए उनकी हो गयीं।

भगवान् शिव को लेकर देवताओं की बरात चल पड़ी। लेकिन इस बरात में एक कठिनाई आ रही थी। सभी देवता शुभ वेश में सुशोभित हो रहे थे, जबकि शिवजी नितान्त अशुभ वेश में थे। बरात में समरूपता नहीं थी। लगता था कि या तो दूल्हा किसी और बरात का है या बरात किसी और दूल्हे की है। भूलवश दोनों का मिलन हो गया है। भगवान् विष्णु ने इस गलती को सुधारा। उन्होंने कहा कि सभी को अलग-अलग चलना चाहिए।

बर अनुहारि बरात न भाई।
हँसी करैहहु पर पुर जाई॥

—हे भाई! हम लोगों की बरात वर के योग्य नहीं है। क्या पराये नगर में जाकर हँसी कराओगे?

भगवान् विष्णु अपनी कूटोक्ति के द्वारा शिव के समाज को सामने लाना चाहते हैं। वह चाहते हैं कि वर के वास्तविक कुल-परिवार का दर्शन सभी को हो। विवाह में कुछ भी छिपाना बुरा होता है। अत: विष्णु भगवान् चाहते हैं कि शिव के गण उनके साथ चलें। देवताओं के साथ चलने से शिव का वास्तविक परिचय सबको नहीं मिलेगा।

भगवान् विष्णु द्वारा शिव के गणों को बरात में सम्मिलित करने के पीछे एक और भावना थी। बरात का यह सहज स्वाभाविक नियम है कि वर सबसे ज्यादा चमक-दमकवाला होना चाहिए। देवताओं की बरात में शिव की चमक-दमक फीकी थी। सभी देवता सुन्दर वस्त्र धारण किये हुए थे। सभी की सवारियाँ एक से एक बढ़कर थीं। इस बरात में शिवजी प्रमुख न होकर गौण बन गये थे। विष्णुजी चाहते थे कि बराती ऐसे हों जिनमें शिवजी सर्वाधिक दीप्तिपूर्ण दिखाई दें।

शिवजी ने विष्णु की बात को अच्छी तरह से समझ लिया। उन्होंने अपने दूत भृंगी को भेजकर अपने सभी गणों को बुलवाया। उनकी आज्ञा मिलते ही सभी उपस्थित हो गये।

नाना बाहन नाना बेषा।
बिहसे सिव समाज निज देखा॥

—तरह-तरह की सवारियों और तरह-तरह के वेशवाले अपने समाज को देखकर शिवजी हँसे।

बहुत मनोवैज्ञानिक बात है। अभी तक देवताओं की बरात में शिवजी अपने को अलग-थलग और अकेला पा रहे थे। जब उनके गण अपने-अपने वाहनों से आकर बरात में शामिल हो गये तो शिव परम प्रसन्न हो उठे। अपने समाज में सबको सुख मिलता है। इसीलिए मनुष्य ऐसी जगह रहने में सुखी और सुरक्षित अनुभव करता है जहाँ उसके समान विचार-व्यवहार के लोग रहते हों।

तन खीन कोउ अति पीन पावन कोउ अपावन गति धरें।
भूषन कराल कपाल कर सब सद्य सोनित तन भरें॥
खर स्वान सुअर सृकाल मुख गन बेष अगनित को गनै।
बहु जिनस प्रेत पिसाच जोगि जमात बरनत नहिं बनै॥

—कोई बहुत दुबला, कोई बहुत मोटा, कोई पवित्र और कोई अपवित्र वेश धारण किये हुए हैं। भयंकर गहने पहने हाथ में कपाल लिये हैं और सबके सब शरीर में ताजा खून लपेटे हुए हैं। गधे, कुत्ते, सुअर और सियार के-से उनके मुख हैं। गणों के अनगिनत वेशों को कौन गिने? बहुत प्रकार के प्रेत, पिशाच और योगिनियों की जमातें हैं। उनका वर्णन करते नहीं बनता।

अब शिवजी की वास्तविक बरात बनी है। इन्हें देखकर सहज रूप से कहा जा सकता है कि इनके बीच रहकर शिवजी सबसे अधिक रूप-गुण-सम्पन्न

दिखाई देंगे। गणों में कोई बहुत दुबला तो कोई बहुत मोटा है; किन्तु शिवजी छरहरे और सन्तुलित देहवाले हैं। गणों का शरीर भयंकर भूषणों और खून से भरा हुआ है; लेकिन शिव के शरीर पर सर्प और विभूति का ही निवास है। गणों के मुख जानवरों जैसे विचित्र हैं; किन्तु शिवजी की मुखाकृति सर्वपूर्ण और सुन्दर है। गणों की इस विचित्र बरात में शिवजी का रूप एकदम निखर गया है। इनके बीच सर्वाधिक सुन्दर दिखाई दे रहे हैं। उनके शृंगार की विचित्रता गणों के शृंगार की तुलना में बहुत सुन्दर और सुखद लग रही है।

जस दूलहु तसि बनी बराता।
कौतुक बिबिध होहिं मग जाता॥

—जैसा दूल्हा है अब वैसी ही बरात बन गयी है। मार्ग में चलते हुए भाँति-भाँति के कौतुक होते जाते हैं।

शिवजी की बरात को देखकर हम समझ सकते हैं कि सौन्दर्य परिस्थिति और दृष्टिसापेक्ष होता है। वही शिव जब देवताओं के साथ चल रहे थे तो देवताओं के चमाचम शृंगार के सामने शिव का शृंगार फीका लग रहा था। अब जब शिव अपने गणों के विद्रूप शृंगार के बीच हैं तो परम सुन्दर दिख रहे हैं। हम अपने नित्य के व्यवहार में भी देखते हैं कि प्राय: लोग गोरे रंग को सौन्दर्य का प्रतीक मानते हैं; लेकिन अफ्रीका में श्याम रंग ही सौन्दर्य का मानक प्रतीक है।

अपने शृंगार के अनुरूप बरात आ जाने के कारण शिवजी अत्यन्त आनन्दित हैं। उनके गण मार्ग में अनेक तरह के तमाशे करते हुए चल रहे हैं। बरात में अत्यन्त उत्साह और आनन्द छाया हुआ है। रूप और परिधान की विचित्रता ने बरात को दर्शनीय बना दिया है।

एकरूपता अनिवार्यत: सौन्दर्य को क्षय करती है; विविधता में सौन्दर्य अपनी पूर्ण गरिमा में निखरता है। शिव के बरात की विविधता उसके सौन्दर्य को बढ़ा रही है। शिव अपने गणों के साथ हैं और देवता अलग-अलग समूहों में अलग-अलग चल रहे हैं।

नगर निकट बरात सुनि आई।
पुर खरभरु सोभा अधिकाई॥

—बरात को नगर के निकट आयी सुनकर नगर में चहल-पहल मच गयी, जिससे उनकी शोभा बढ़ गयी।

बरात के स्वागत के लिए महाराज हिमाचल ने अपने नगर को खूब सजाया था। ऐसे सजे-सँवरे नगर में जब बरात पहुँची तो उसका रंग और निखर गया। सभी नगरवासी वास्तव में बरात की प्रतीक्षा में ही थे। बरातियों को देखकर वे फूले न समाये। सभी लोग बरात का स्वागत करने के लिए चल पड़े।

हियँ हरषे सुर सेन निहारी।
हरिहि देखि अति भए सुखारी॥

—देवताओं के समाज को देखकर सब मन में प्रसन्न हुए और विष्णु भगवान् को देखकर तो बहुत ही सुखी हुए।

बड़े घर के विवाह में घरातियों को यही सुख मिलता है। वे अच्छे-अच्छे लोगों को देख पाते हैं। जिनके दर्शन के बारे में वे सोच भी नहीं सकते, ऐसे लोग सहज में ही उन्हें मिल जाते हैं। पार्वती के विवाह के कारण सभी नगरवासियों ने देवताओं और विष्णु भगवान् को देखने का सौभाग्य प्राप्त कर लिया है। यह उनके लिए गौरव की बात है। वे अपने को धन्य समझ रहे हैं।

सिव समाज जब देखन लागे।
बिडरि चले बाहन सब भागे॥

—जब वे शिवजी के समाज को देखने लगे तो उनके सब वाहन डरकर भाग चले।

वास्तविक परीक्षा में सभी नगरवासी फेल हो गये। जब उन्होंने दूल्हे और उसके समाज को देखा तो उनके छक्के छूट गये। सभी लोग सोचने लगे कि यह बरात है या यमराज की सेना! बरात और दूल्हे की कल्पना जो उनके मन में थी, उसके एकदम विपरीत शिव का समाज दिखाई दे रहा था।

बरु बौराह बसहँ असवारा।
ब्याल कपाल बिभूषन छारा॥

—दूल्हा पागल है और बैल पर सवार है। साँप, कपाल और राख ही उसके गहने हैं।

नगरवासी बहुत व्यावहारिक चिन्तन कर रहे हैं। गरीब-से-गरीब व्यक्ति भी जब अपना विवाह करता है तो वह एक उत्तम सवारी खोजता है। पहले रथ, घोड़े, पालकी आदि पर बैठकर दूल्हा सज-धजकर विवाह के लिए जाता था, आजकल मोटर-कार में सवार होकर जाता है। अच्छी-से-अच्छी कार वह किराये पर लेता है। कम-से-कम यह तो लगे कि विवाह बड़ी शान से हुआ था। लेकिन शिव को

देखकर नगरवासियों को उस शान का तनिक भी भान नहीं हो रहा है। वे तो चकित हैं कि दूल्हा बैल पर बैठा है। यह तो 'न भूतो न भविष्यति' की स्थिति है। मनुष्य के इतिहास में कहीं ऐसा नहीं हुआ है कि कोई बैल पर बैठकर विवाह के लिए जाये। इसीलिए सभी कह रहे हैं कि दूल्हा पागल लग रहा है। जिस बरात में दूल्हे को ही पागल मान लिया जाये उस बरात की स्थिति कितनी विचित्र होगी, इसकी सहज ही कल्पना की जा सकती है।

नगरवासी दूल्हे के शृंगार को भी देखकर छके हुए हैं। स्वर्णाभूषण के स्थान पर साँप लिपटे हुए हैं। स्वर्ण-हार की जगह पर नरमुण्डों की माला है। शरीर में चन्दन लेप की जगह पर राख लिपटी हुई है। यह स्थिति एकदम विचित्र है।

शिव की महिमा का ध्यान करके बड़े-बूढ़े सन्तुष्ट होते हैं और बच्चों को भी समझाते हैं। वास्तव में शिव का समाज बड़ा न्यारा है। वह गुण-दोष और भलाई-बुराई दोनों को अपने भीतर समेटता है। शिव के लिए अशिव कुछ भी नहीं है।

बरात जब जनवासे आ गयी तो महारानी मैना अपनी सखियों सहित आरती करने के लिए आयीं। सखियाँ मंगल गीत गा रही थीं।

कंचन थार सोह बर पानी।
परिछन चली हरहि हरषानी॥

—सुन्दर हाथों में सोने का थाल शोभित है। इस प्रकार मैना हर्ष के साथ शिवजी का परछन करने चलीं।

परछन करना विवाह की एक प्यारी रीति है। जब द्वार पर दूल्हा आ जाता है तो उसका स्वागत आरती से किया जाता है। आरती का दीपक प्रकाश का प्रतीक है। प्रकाश जैसे जीवन को आलोकित करता है उसी तरह विवाह कन्या पक्ष को प्रमुदित करता है। कन्या के लिए सुन्दर-सुयोग्य वर पाकर माता-पिता धन्य हो जाते हैं। अपनी प्रसन्नता प्रकट करने के लिए वे वर की आरती उतारते हैं।

प्रसन्न मन से महारानी मैना सोने के थाल में आरती उतार रही हैं। प्रसन्नता की अभिव्यक्ति सदैव श्रेष्ठता में होती है। गरीब-से-गरीब या कंजूस-से-कंजूस व्यक्ति भी जब प्रसन्न होता है तो अपना सर्वोत्तम प्रदर्शित करना चाहता है। महारानी मैना तो हर दृष्टि से समर्थ और उदार थीं। वह शिवजी की आरती सोने के थाल में कर रही हैं। दामाद को निकट से देखने के कारण वह अत्यन्त प्रसन्न भी हो रही हैं।

बिकट बेष रुद्रहि जब देखा।
अबलन्ह उर भय भयउ बिसेषा॥

—जब महादेव को भयानक वेश में देखा तो स्त्रियों के मन में बड़ा भारी भय उत्पन्न हो गया।

सखियों की मन:स्थिति ने रानी के मन के हर्ष को समाप्त कर दिया। जब उनकी सभी सहेलियाँ शिवजी को देखकर घबड़ा गयीं तो रानी का भी धीरज जाता रहा। विवाह में प्राय: ऐसा होता है, जब सहेलियाँ दूल्हे की बड़ाई करती हैं तो कन्या की माँ का चेहरा खिल उठता है। वह अपनी बेटी के भाग्य पर आनन्दित होती है। किन्तु जब दूल्हे की बुराइयों की चर्चा की जाती है तो माँ का हृदय टूट जाता है। उसे अपनी बेटी के भाग्य पर रोना आता है। महारानी मैना ने जब देखा कि उनकी सहेलियाँ शिव के भयानक रूप से आतंकित हो उठी हैं तो वे भी घबड़ा गयीं।

मैना हृदयँ भयउ दुखु भारी।
लीन्ही बोलि गिरीसकुमारी॥

—मैना के हृदय में बड़ा दु:ख हुआ। उन्होंने पार्वती को अपने पास बुला लिया।

विवाह को लेकर यदि बेटी पर कोई विपत्ति आ जाये तो माँ सबसे अधिक दु:खी होती है। माँ स्वयं पत्नी के रूप में रहकर अनुभव कर चुकी होती है कि अच्छे पति का मिलना कितना महत्त्वपूर्ण होता है। स्त्री होने के नाते उसे इस बात का भी अनुभव होता है कि पति की कोई भी बुराई समाज में पत्नी को कितना अपमानित और लांछित करती है।

शिवजी के रूप-रंग पर उनकी सहेलियों ने जो कटाक्ष किया उसे देखकर मैना विकल हो उठीं। उन्होंने तुरन्त पार्वती को बुलाकर रोना आरम्भ कर दिया। पार्वती के रूप से वह शिव के स्वरूप की तुलना कर रही थीं।

जेहिं बिधि तुम्हहि रूपु अस दीन्हा।
तेहिं जड़ बरु बाउर कस कीन्हा॥

—जिस विधाता ने तुमको ऐसा सुन्दर रूप दिया उस मूर्ख ने तुम्हारे दूल्हे को बावला कैसे बनाया?

विवाह में परस्पर अनुकूल वर-कन्या की अपेक्षा की जाती है। सभी चाहते हैं कि वर के अनुरूप कन्या और कन्या के अनुरूप वर मिले। जरा सा खोट होने पर लोग कहने लगते हैं कि वर तो अच्छा है, लेकिन कन्या ठीक नहीं है; या कन्या

तो ठीक है, लेकिन वर योग्य नहीं है। माता-पिता तो निश्चित रूप से यही चाहते हैं कि वर उनकी कन्या के योग्य हो।

विवाह के पश्चात् वर-कन्या को साथ-साथ जीवन निभाना होता है। यदि उनके बीच में परस्पर अनुकूलता नहीं है तो जीवन का उल्लास और आनन्द समाप्त हो जाता है। फिर तो धर्म के बन्धन के कारण वे साथ-साथ रहते हैं, प्रेम के बन्धन के कारण नहीं। वर और कन्या का एक-दूसरे के लिए सुयोग्य होना विवाह की सफलता को सुनिश्चित करना है।

शिव को देखकर मैना के मन में विवाह की सफलता के प्रति सन्देह पैदा हो गया। वह सोचने लगीं कि मेरी सुन्दरी कन्या बावरे वर के साथ कैसे रहेगी? बात एक-दो दिन की नहीं थी, जीवन भर की थी। इसीलिए मैना और व्याकुल हो उठीं। उन्होंने विधाता को कोसना शुरू कर दिया। कहने लगीं कि विधाता मूर्ख है, जिसने बिना सोचे-विचारे सर्वगुण-रूप-सम्पन्न पार्वती के लिए पागल वर की व्यवस्था कर दी।

मनुष्य जब अपने प्रयत्न में हारता है तो विधाता को ही दोष देता है। वह सोचता है कि जिसने दुनिया बनायी है उसीने सभी के भाग्य को भी बनाया है, उसीके कारण सभी लोग दुःख पा रहे हैं। दुःख में अपने आपको सन्तोष दिलाने के लिए सभी दुखियारे विधाता को उलटा-सीधा कहते हैं। ऐसा करके दुःखी व्यक्ति सोचता है कि जो दुःख आया है, वह उसका कर्मफल नहीं, विधाता की मूर्खता का प्रतिफल है।

माता मैना यह निश्चय करती हैं कि किसी मूल्य पर भी वह पार्वती का विवाह 'पागल वर' से नहीं करेंगी। आवश्यकता पड़ी तो वह पार्वती को लेकर पहाड़ से कूद जायेंगी या आग में जल मरेंगी। संसार में भले ही उनका अपयश फैल जाये, पर वे इस विवाह को नहीं होने देंगी।

नारद कर मैं काह बिगारा।
भवनु मोर जिन्ह बसत उजारा॥

—मैंने नारद का क्या बिगाड़ा था, जिन्होंने मेरा बसता हुआ घर उजाड़ दिया?

महारानी मैना विधाता को भला-बुरा कहने के बाद अब नारद के ऊपर बरस पड़ीं। उन्हें लगा कि पार्वती को उन्होंने ही शिव के प्रति आकर्षित करके बहकाया था। उन्होंने ही तप करने के लिए पार्वती को प्रेरित किया था। वह सोचती हैं कि नारद का अपना कोई घर-परिवार नहीं है, अतः वे पारिवारिक सम्बन्धों की पीड़ा को नहीं समझते हैं। जैसे बाँझ स्त्री प्रसव पीड़ा को नहीं समझती है उसी तरह

नारद भी बाल-बच्चेदार लोगों के दु:ख-दर्द को नहीं जानते हैं।

पार्वती से अपनी माँ का दु:ख देखा नहीं जाता। वह बड़ी सावधानी से बात आरम्भ करती हैं। उनकी वाणी मधुर और विवेकपूर्ण है। वह कहती हैं कि विधाता की रेखा को टाला नहीं जा सकता। अत: सोच करना व्यर्थ है।

करम लिखा जौं बाउर नाहू।
तौ कत दोसु लगाइअ काहू॥

—जो मेरे भाग्य में बावला ही पति लिखा है तो किसीको दोष क्यों लगाया जाय।

पार्वती अपनी माँ के समक्ष शिव की बड़ाई नहीं करती हैं। ऐसा करने से सम्भव था कि पार्वती की माता और बिगड़ जातीं। सोचतीं कि उनकी बेटी 'पागल वर' की अभी तक तरफदारी कर रही है। वह पार्वती को भी पागल समझ सकती थीं। अत: पार्वती माँ की मानसिक पीड़ा को ध्यान में रखकर अपनी बात कहती हैं। वे माँ को सान्त्वना देती हैं कि चिन्ता न करें। यदि भाग्य में 'बावला पति' लिखा है तो उसे भला कौन मिटा पायेगा!

तुम्ह सन मिटहिं कि बिधि के अंका।
मातु ब्यर्थ जनि लेहु कलंका॥

—हे माता! क्या विधाता के अंक तुमसे मिट सकते हैं? वृथा कलंक का टीका मत लो।

पार्वती के उत्तर से हमें पारम्परिक हिन्दू मन का पता चलता है। दु:ख के समय में अपने भार को हलका करने के लिए हिन्दू इसी तरह सोचता है। वह जानता है कि दु:ख को मिटाया नहीं जा सकता, लेकिन उसके बोझ के अहसास को कम किया जा सकता है। पूजा-प्रार्थना और विधाता के लेख के प्रति असमर्थता इसी बोझ को हलका करने के उपाय हैं। यह उपाय पार्वती अपनी माँ को बता रही हैं। वह कहती हैं कि हे माँ! विधाता के लिखे को तुम न मिटा सकती हो और न बदल सकती हो; फिर व्यर्थ में विवाह में बाधा बनकर कलंक क्यों लेना चाहती हो? कलंक मानव जीवन का सबसे बड़ा दोष है। मनुष्य को हरसम्भव प्रयत्न करके यश अर्जित करना चाहिए। इसीलिए अपनी माँ को पार्वती कलंक से दूर रखना चाहती हैं।

जनि लेहु मातु कलंकु करुना परिहरहु अवसर नहीं।
दु:खु सुखु जो लिखा लिलार हमरें जाब जहँ पाउब तहीं॥

—हे माता! कलंक मत लो, रोना छोड़ो, यह अवसर विषाद करने का नहीं है। मेरे भाग्य में जो दुःख-सुख लिखा है, उसे मैं जहाँ जाऊँगी वहीं पाऊँगी।

पार्वती दुःख का सारा भार अपने ऊपर ले लेती हैं। वह कहती हैं कि यदि मेरा भाग्य ही खराब होगा तो शिव के अलावा यदि कोई और वर भी मिल जायेगा तो भी मैं सुखी नहीं रह पाऊँगी। यदि मेरे भाग्य में सुख लिखा होगा तो शिव जैसे 'बावरे वर' के साथ भी मुझे कोई कठिनाई नहीं होगी। मनुष्य कभी भी और कहीं भी अपने भाग्य के प्रभाव से बच नहीं सकता। फिर हे माँ! रोने और दुःख करने से क्या लाभ? हमें चुपचाप नियति का विधान मान लेना चाहिए।

मनुष्य के सामने दो ही मार्ग हैं। वह चुपचाप नियति के विधान को मान ले या उसको बदलने के लिए संघर्ष हेतु प्राणपण से जुट जाये। पहला मार्ग पलायन का लगता है और दूसरा पुरुषार्थ का। लेकिन गहराई से विचार करें तो पहला मार्ग अधिक शान्तिकर है। विधि के विधान को बदलने का हमारा प्रयत्न अँधेरे में टटोलनेवाले मार्ग की तरह है। हम एक खाई से बचकर दूसरी खाई में गिर सकते हैं। भविष्य में झाँकने की हमारी क्षमता न होने के कारण हम निश्चित रूप से विधि के विधान को बदलने का संकल्प नहीं ले सकते। इस प्रयत्न-कर्म में अनावश्यक रूप से समय व्यर्थ होता है और व्यर्थ में ही तनाव बढ़ते हैं।

चुपचाप भाग्य के प्रभाव को स्वीकार कर लेना तनावमुक्त तो करता है, लेकिन यह स्वीकृति व्यक्ति को आलसी भी बनाती है। अपने प्रमाद को तार्किक जामा पहनाने के लिए भी व्यक्ति नियति का उपयोग करता है। यह नियति की स्वीकृति नहीं, दायित्व से पलायन है। अतः व्यक्ति के लिए पुरुषार्थ परम आवश्यक है। यदि पुरुषार्थ फलित नहीं हो रहा हो तो नियति के विधान के प्रति समर्पण दुश्चिन्ताओं से व्यक्ति को मुक्त करता है।

पार्वती के अनुसार स्थिति अब अन्तिम है। विवाह अब होने को है, बरात द्वार पर खड़ी है। उसे लौटाया नहीं जा सकता। अतः नियति के विधान को मानकर आत्मसमर्पण करने के सिवाय और कोई उपाय नहीं है।

सुनि उमा बचन बिनीत कोमल सकल अबला सोचहीं।
बहु भाँति बिधिहि लगाइ दूषन नयन बारि बिमोचहीं॥

—पार्वती के विनय भरे ऐसे कोमल वचन सुनकर सारी स्त्रियाँ सोच करने लगीं और भाँति-भाँति से विधाता को दोष देकर आँखों से आँसू बहाने लगीं।

परिवार की स्त्रियाँ पार्वती की विनीत और कोमल वाणी को सुनकर और रोने

लगीं। उन्हें लगा कि पार्वती केवल उन्हें सान्त्वना देने के लिए ही ऐसी बातें कर रही हैं। हृदय के भीतर पार्वती का दुःख कम नहीं है। सभी एक बार फिर विधाता को दोष देने लगीं, क्योंकि उसीने पार्वती का इतना खराब भाग्य बनाया था।

तेहि अवसर नारद सहित अरु रिषि सप्त समेत।
समाचार सुनि तुहिनगिरि गवने तुरत निकेत॥

—इस समाचार को सुनते ही हिमाचल उसी समय नारद और सप्तर्षियों को साथ लेकर अपने घर गये।

रनिवास में रोने-धोने का समाचार पाकर महाराज हिमाचल निश्चित रूप से व्याकुल हो उठे होंगे। उत्सव के समय में रुदन बहुत असामाजिक और अनपेक्षित था। स्थिति को सँभालने के लिए राजा अपने साथ नारद और सप्तर्षियों को भी ले आये। इन्हीं दोनों के कारण विवाह पक्का हुआ था। अतः इन्हींके समझाने से परिस्थिति सँभल सकती थी। महाराज की विधि काम आयी। नारद ने महारानी को समझाया।

मयना सत्य सुनहु मम बानी।
जगदंबा तव सुता भवानी॥

—हे मैना! तुम मेरी सच्ची बात सुनो, तुम्हारी यह लड़की साक्षात् जगज्जननी भवानी है।

सशंकित व्यक्ति को समझाने के लिए बड़ा जोर लगाना पड़ता है। नारद ऐसा ही जोर लगा रहे हैं। वे कहते हैं कि मैं सच बोल रहा हूँ। अब सवाल उठ सकता है कि क्या नारद जैसा ऋषि झूठ भी बोलता है? नहीं, नारद झूठ नहीं बोलते हैं। लेकिन नारद यहाँ एक सशंकित व्यक्ति को समझाने के लिए आये हैं। अतः बलपूर्वक कहते हैं कि मैं सच बोल रहा हूँ।

अपनी वाणी की सत्यता का विश्वास दिलाने के बाद नारद कहते हैं कि पार्वती जगज्जननी हैं और भवानी हैं। बिना शिव के इनके अस्तित्व की कल्पना ही नहीं की जा सकती।

अजा अनादि सक्ति अबिनासिनि।
सदा संभु अरधंग निवासिनि॥

—ये अजन्मा, अनादि और अविनाशिनी शक्ति हैं। सदा शिवजी के अर्द्धांग में रहती हैं।

पार्वती शक्तिरूपा हैं। शक्ति कभी विनष्ट नहीं होती। उसका आदि और अन्त नहीं है। वह सनातन है। वह मायापाश में बँधकर जन्म-मरण के बन्धन में भी नहीं फँसती। वह तो लीला के लिए अवतार ग्रहण करती हैं। वे सदा शिव के अर्द्धांग में बसती हैं। शक्ति के बिना शिव अधूरे और शिव के बिना शक्ति अधूरी।

जग संभव पालन लय कारिनि।
निज इच्छा लीला बपु धारिनि॥

—ये जगत् की उत्पत्ति, पालन और संहार करनेवाली हैं। अपनी इच्छा से ही लीला-शरीर धारण करती हैं।

आदि शक्ति माँ पार्वती ही जगत् का उत्पादन, पालन और विनाश करती हैं। उनकी शक्ति से समस्त सृष्टि व्यापार गतिमान् है। वह भक्तों के कल्याण के लिए अपनी इच्छा से लीला-शरीर धारण करती हैं। वह न तो कर्म-बन्धन से बँधी हैं और न ही किसी विशेष शरीर के बन्धन से। हिन्दू धर्म कहता है कि बन्ध आत्माएँ कर्म-बन्धन के कारण जन्म लेती हैं और मुक्त आत्माएँ करुणा के कारण अपनी इच्छा से शरीर धारण करती हैं। मुक्त आत्माएँ अपना कर्म भोगने नहीं आती हैं, जो कर्म भोग रही आत्माएँ हैं उनके उद्धार के लिए आती हैं।

पार्वती के शक्ति-स्वरूप को बताने के बाद नारद उनके पिछले जन्म की कथा बताते हुए कहते हैं कि सती के रूप में उन्होंने शिव के मना करने पर भी सीता बनकर राम की परीक्षा लेनी चाही थी। इसीलिए शंकर ने उन्हें त्याग दिया और वे अपने पिता के यज्ञ में जाकर योगाग्नि में जल गयीं। अब आपके यहाँ जन्म लेकर उन्होंने शिव को पाने के लिए घोर तप किया है। सभी संशयों का परित्याग करो। पार्वती तो सदा ही शिव की प्रिया हैं।

सुनि नारद के बचन तब सब कर मिटा बिषाद।
छन महुँ ब्यापेउ सकल पुर घर घर यह संबाद॥

—तब नारद के वचन सुनकर सबका विषाद मिट गया और क्षण भर में यह समाचार सारे नगर में घर-घर फैल गया।

अज्ञान के बादल ने आनन्द के सूर्य को ढक रखा था। जैसे ही नारद ने उसे हटाया, सभी का मन आनन्दालोक से परिपूर्ण हो उठा। कितनी विचित्र बात है—घटनाएँ ज्यों-की-त्यों रहीं, लेकिन देखने की दृष्टि बदल जाने के कारण उनका प्रभाव बदल गया। जब तक अज्ञान था, सभी समझ रहे थे कि सर्वांग सुन्दरी

पार्वती शिव से विवाह करके बुरी फँस रही हैं। अब ज्ञान आ जाने पर सभी कह रहे हैं कि यह जोड़ी तो जन्म-जन्म की है। यह सदा एक साथ रही है और रहेगी।

जीवन के दृष्टिकोण बदल जायें तो घटनाओं का अर्थ बदल जाता है। प्रसिद्ध सन्त पवहारी बाबा को साँप ने काट लिया। कुछ देर बाद जब वे ठीक हुए तो किसीने उनसे पूछा कि उनके हाथ में खून कैसे? तो वे मुसकराकर बोले, ''प्रियतम का दूत हालचाल पूछने आया था। चूमकर गया।'' वे यह नहीं कह पाये कि मुझे साँप काटकर गया है।

भगवान् बुद्ध के पास एक व्यक्ति गाली देता हुआ आया। वह उनकी बड़ी आलोचना कर रहा था। बुद्ध ने उस वृद्ध व्यक्ति से कहा, ''बाबा, आप शान्त हों। मुझे बतायें कि यदि आप किसीके घर उपहार लेकर जायें और वह आपका उपहार न ले तो आप क्या करेंगे?''

बूढ़ा व्यक्ति काफी उत्तेजना में था। उसने कहा, ''भला उपहार लेगा क्यों नहीं! यदि किसी कारणवश नहीं लेगा तो मैं उसे वापस अपने साथ ले आऊँगा।''

बुद्ध ने करुणा भरे स्वर में कहा, ''बाबा! आप उपहार को रास्ते में फेंक तो नहीं देंगे न?''

''फेंक क्यों दूँगा?'' बूढ़े ने ऊँचे स्वर में कहा, ''क्या कोई कीमती उपहार फेंकता है?''

बुद्ध हँसे! ''बाबा, आप मेरे पास गालियों का कीमती उपहार लेकर आये। मुझे खेद है कि मैं आपका यह उपहार नहीं ले सकूँगा। अतः आप अपने वायदे के अनुसार इसे अपने साथ ले जायें।''

दृष्टिकोण बदल जाने से साँप का काटना चुम्बन हो गया और गाली उपहार हो गयी। मनुष्य सुख और दुःख अपने दृष्टिकोण के कारण ही उठाता है। ज्ञान ही सुख है और अज्ञान ही दुःख। जीवन से जैसे अज्ञान की दृष्टि का लोप होता है, दुःख मिटने लगता है और सुख की वृद्धि होने लगती है। महाराज हिमाचल के नगर के जन-जन में ज्ञान आ जाने से दुःख सुख में बदल गया। नारद ने सबकी दृष्टि उलट दी।

तब मयना हिमवंतु अनंदे।
पुनि पुनि पारबती पर बंदे॥

—तब मैना और हिमाचल आनन्द में मग्न हो गये और उन्होंने बार-बार पार्वती के चरणों की वन्दना की।

पार्वती का वास्तविक स्वरूप अब सबके सामने प्रकट हो गया था। अत: लौकिक सम्बन्धों का लोप हो गया। लौकिक रूप से पार्वती भले ही मैना और हिमाचल की पुत्री हों, पर वास्तविक रूप में वह शिव की अर्द्धांगिनी और जगज्जननी हैं। वह सारे जगत् की देखभाल करती हैं। उनकी देखभाल कोई क्या करेगा!

अब सभी संशय दूर हो गये। अत: विवाह की तैयारी आरम्भ हो गयी। सभी बरातियों को छककर भोजन कराया गया। फिर शिवजी को विवाह विधि के लिए आमन्त्रित किया गया। यहाँ एक बात मुझे याद आती है। मेरे बचपन में भारत के उत्तर भाग में बरात को भोजन तब तक नहीं कराया जाता था जब तक विवाह की रीति पूरी न हो जाय। कन्यादान और सिन्दूरदान के बाद ही बरातियों को भोजन मिलता था। ऐसी परम्परा कैसे पड़ी? शिव विवाह में तो बरातियों ने पहले भोजन कर लिया।

गारीं मधुर स्वर देहिं सुंदरि बिंग्य बचन सुनावहीं।
भोजन करहिं सुर अति बिलंबु बिनोदु सुनि सचु पावहीं॥
जेवँत जो बढ़्यो आनंदु सो मुख कोटिहूँ न परै कह्यो।
अचवाँइ दीन्हे पान गवने बास जहँ जाको रह्यो॥

—सब सुन्दरी स्त्रियाँ मीठे स्वर में गाली देने लगीं और व्यंग्य भरे वचन सुनाने लगीं। देवगण विनोद सुनकर बहुत सुख अनुभव करते हैं। इसीलिए भोजन करने में बड़ी देर लगा रहे हैं। भोजन के समय जो आनन्द बढ़ा, वह करोड़ों मुख से भी नहीं कहा जा सकता। भोजन के बाद सबके हाथ-मुख धुलवाकर पान दिये गये। फिर सब लोग जो जहाँ ठहरे थे वहाँ चले गये।

इस वर्णन से स्पष्ट होता है कि बरातियों को विवाह होने तक भूखा नहीं रखा गया। उन्हें अच्छी तरह खिला-पिलाकर प्रसन्न किया गया। बराती तृप्त और प्रसन्न हों तो विवाह का आनन्द और भी बढ़ जाता है। बाद में बरातियों को विवाह के बाद खिलाने की प्रथा कैसे आरम्भ हुई, यह निश्चित रूप में कहना कठिन है। कुछ लोग कहते हैं कि दहेज के कारण प्राय: ऐसा होता था कि दूल्हे की माँग पूरी न होने के कारण बरात सिन्दूरदान के पहले ही लौट आती थी। अत: कन्यापक्ष ने सोचा कि ऐसे लालची लोगों को क्यों खिलाना, जो खा-पीकर बिना विवाह किये ही लौट जायेंगे। बहरहाल, अब स्थिति बदल गयी है। अब विवाह के पहले ही बरात को भोजन दे दिया जाता है।

ब्रह्माजी स्वयं सिंहासन बनाकर लाये थे। उसी पर बैठकर विवाह विधि को संपन्न होना था।

बैठे सिव बिप्रन्ह सिरु नाई।
हृदयँ सुमिरि निज प्रभु रघुराई॥

—ब्राह्मणों को सिर नवाकर और हृदय में अपने स्वामी श्रीराम का स्मरण करके शिवजी उस सिंहासन पर बैठ गये।

शिवजी ने परम्परा का भी पालन किया और अपने मन की बात भी रखी। उन्होंने सबसे पहले ज्ञान और त्याग के प्रतीक ब्राह्मणों का अभिवादन किया। इसके बाद मन-ही-मन में अपने आराध्य श्रीराम को स्मरण किया। हृदय में सुमिरने की बात बड़ी प्यारी है। कुछ लोग अपनी धर्म-भावना का डंका पीटते हुए चलते हैं। माथे पर राम-राम लिख लेते हैं, 'राम' नामी दुपट्टा ओढ़ लेते हैं, राह चलते सभी से राम-राम करते रहते हैं, घर-कार्यालय और वाहन पर 'राम' नाम का स्टीकर लगा लेते हैं। यह सब कार्य आन्तरिक भक्ति को क्षति पहुँचाता है। भक्त बाह्याचार का शिकार हो जाता है। वास्तविक पूजा अन्तर्मन की होती है। अपने आराध्य का स्मरण सदा हृदय में करते रहना चाहिए। बाह्याचारों का भी लाभ है। उससे भक्ति-भावना दूसरों तक आसानी से पहुँचती है। लेकिन उसकी अति अभिव्यक्ति भक्त को आडम्बर से परिपूर्ण और खोखला बनाती है। शिव की भक्ति गहरी और आन्तरिक थी, इसीलिए उन्होंने मन-ही-मन अपने आराध्य श्रीराम को याद किया।

बहुरि मुनीसन्ह उमा बोलाईं।
करि सिंगारु सखीं लै आयीं॥

—फिर मुनीश्वरों ने पार्वती को बुलाया। सखियाँ शृंगार करके उन्हें ले आयीं।

विवाह में वर-वधू का शृंगार परम आवश्यक होता है। विवाह एक ऐसा उत्सव है जहाँ मनुष्य अपने यौवन को प्रदर्शित करता है। जहाँ यौवन का प्रदर्शन हो वहाँ शृंगार अति स्वाभाविक है। इसीलिए योगी शिव भी शृंगार करके चले थे और शक्ति-स्वरूपा पार्वती भी शृंगार करके आयी हैं।

देखत रूपु सकल सुर मोहे।
बरनै छबि अस जग कबि को है॥

—पार्वती के रूप को देखते ही सब देवता मोहित हो गये। संसार में ऐसा कवि कौन है जो उस सुन्दरता का वर्णन कर सके।

स्त्री और पुरुष के सौन्दर्य में यही मौलिक अन्तर है। स्त्री का सौन्दर्य सभी को आकर्षित करता है। उसमें मन को खींचने की शक्ति होती है। पुरुष का सौन्दर्य

अपेक्षाकृत कम उत्तेजक होता है। अपने सहज आकर्षण के कारण पार्वती ने विवाह वेदी पर आते ही सबके मन को अपनी ओर खींच लिया।

जगदंबिका जानि भव भामा।
सुरन्ह मनहिं मन कीन्ह प्रनामा॥

—पार्वती को जगदम्बा और शिव की पत्नी समझकर देवताओं ने मन-ही-मन प्रणाम किया।

यहाँ तुलसी की भक्ति काव्य रस पर आरूढ़ हो गयी है। विवाह के समय कन्या के रूप शृंगार को देखने का मन सबका होता है। ऐसी ललक भरी स्थिति में कन्या को 'माँ' कह देना भक्ति की प्रबलता तो है, पर शृंगार रस के परिपाक की दृष्टि से अनुपयुक्त है। शृंगार को अश्लील बनने से रोकने के लिए मर्यादा तो अवश्य ही चाहिए; लेकिन इस मर्यादा को अति तक खींचना रस-भंग का कारण बनता है।

सुंदरता मरजाद भवानी।
जाइ न कोटिहुँ बदन बखानी॥

—भवानी सुन्दरता की सीमा हैं। करोड़ों मुखों से भी उनकी शोभा नहीं कही जा सकती।

पार्वती के सात्त्विक सौन्दर्य का वर्णन करते समय तुलसी अपनी भक्ति-भावना को तनिक भी नहीं छोड़ते हैं। पार्वती और सीता के विवाह में उनके रूप का वर्णन करते समय इस मर्यादा का उन्होंने निष्ठापूर्वक पालन किया है। वे विस्तार से रूप का वर्णन नहीं करते हैं। जबकि रूप-वर्णन का विवाह ही सबसे उपयुक्त अवसर होता है। वे काव्य रस से अधिक भक्ति को महत्त्व देते हैं।

जसि बिबाह कै बिधि श्रुति गाई।
महामुनिन्ह सो सब करवाई॥

—वेदों में विवाह की जैसी रीति कही गयी है, महामुनियों ने वह सभी रीति करवायी।

विवाह तो स्त्री-पुरुष के मिलन का एक साधारण योग है। सीधी बात है कि स्त्री और पुरुष मिलकर साथ रहने का संकल्प करते हैं, यही विवाह बन जाता है। लेकिन इसे दुर्घटनामुक्त करने के लिए अनेक विधि-अनुष्ठानों से संयुक्त

किया जाता है। यह बन्धन अटूट बना रहे, इसकी व्यवस्था की जाती है। इसीलिए हिन्दुओं ने विवाह को संस्कार कहा। इसके माध्यम से न केवल दो प्राणी मिलते हैं बल्कि उनका जीवन भी शुद्ध एवं संस्कारित होता है। इसीलिए शास्त्रों ने अनेक विधि-विधाओं का सहारा लिया है, जिससे वर-वधू दोनों विवाह की गम्भीरता को समझ सकें।

पानिग्रहन जब कीन्ह महेसा।
हियँ हरषे तब सकल सुरेसा॥

—जब शिवजी ने पार्वती का पाणिग्रहण किया तब सब देवता हृदय से बड़े हर्षित हुए।

शिव-पार्वती का विवाह अनेक कठिनाइयों को पार करके हो रहा था। अत: उसकी परिसमाप्ति पर सभी का आनन्दित हो उठना स्वाभाविक है। जो वस्तु जितनी कठिनता से मिलती है, वह उतना ही आनन्दित करती है। विवाह समाप्त होते ही वातावरण वेद मन्त्रों से गूँज उठा। देवता भगवान् शिवजी की जय-जयकार करने लगे। तरह-तरह के बाजे बजने लगे! आकाश से फूलों की वर्षा होने लगी।

हर गिरिजा कर भयउ बिबाहू।
सकल भुवन भरि रहा उछाहू॥

—शिव-पार्वती का विवाह हो गया। सारे ब्रह्माण्ड में आनन्द भर गया।

अन्तत: पार्वती ने शिव को पति के रूप में प्राप्त कर लिया। सारे संसार में आनन्द की वर्षा होने लगी। आदि शक्ति का शिव से मिलन सृष्टि का कारण रूप है। इस मिलन के बिना सृष्टि-रचना सम्भव ही नहीं हो सकती। अत: इस विवाह से सृष्टि का कण-कण प्रमुदित है।

विवाह के बाद विदाई का समय आया। हिमाचल ने दहेज में बहुत कुछ देकर कहा, "आपको मैं क्या दूँ, आप तो पूर्णकाम हैं।"

शिवजी ने अपने ससुर को समझाकर उन्हें सन्तोष दिलाया। फिर प्रेम से परिपूर्ण महारानी मैना ने अपने दामाद के पैर पकड़ लिये।

नाथ उमा मम प्रान सम गृहकिंकरी करेहु।
छमेहु सकल अपराध अब होइ प्रसन्न बरु देहु॥

—हे नाथ! यह उमा मुझे प्राणों के समान प्यारी है। आप इसे अपने घर की टहलनी बनाइएगा और इसके सब अपराधों को क्षमा करते रहिएगा। अब प्रसन्न होकर मुझे

यह वर दीजिए।

कन्या जब विवाह के बाद अपने पति के घर जाती है तो वह नितान्त अकेली होती है। पति का प्रेम और विश्वास ही उसका एकमात्र सहारा होता है। मैना उसी सहारे को अपनी पुत्री के लिए सुदृढ़ करना चाहती हैं। इसीलिए शिवजी से कहती हैं कि मेरी बेटी के अपराध को क्षमा करते रहिएगा। उसे घर की दासी समझकर स्वामी की तरह सद्‌भाव से रहिएगा।

भगवान् शिव ने अपनी सास को अच्छी तरह से समझाया। इसके बाद वे रनिवास में लौट आयीं। लेकिन यहाँ आकर भी उन्हें चैन नहीं मिला। वे विदा हो रही पुत्री को सीख देने लगीं।

करेहु सदा संकर पद पूजा।
नारिधरमु पति देउ न दूजा॥

—हे पार्वती! तू सदा शिव के चरणों की पूजा करना। नारियों का यही धर्म है। उनके लिए पति ही देवता है, और कोई देवता नहीं।

स्त्री पति के लिए ही अपने माता-पिता के घर को छोड़ती है। अत: उसके साथ समरस सम्बन्ध का बनना अत्यन्त आवश्यक होता है। इसके अभाव में वैवाहिक सम्बन्ध की लम्बी यात्रा सुखपूर्वक पूरी नहीं की जा सकती। इसके लिए आवश्यक है कि पति-पत्नी के बीच व्यक्तिगत अहंकार की टकराहट न्यूनतम हो। लड़कियों को इसके लिए पहले से ही तैयार किया जाता है। उन्हें समझाया जाता है कि पति की आज्ञा का पालन ही उनका सबसे बड़ा धर्म है। ऐसा करके पत्नी अपने अहंकार को पति के अहंकार में समर्पित कर देती है। वह अपने अलग व्यक्तित्व की चिन्ता न करके पति के व्यक्तित्व के साथ एकरूप हो जाती है। इससे पारिवारिक कलह तो दूर होते ही हैं, आध्यात्मिक उन्नति में भी सहायता मिलती है। पति के प्रति एकान्तिक निष्ठा प्रभु के प्रति एकनिष्ठ होने में सहायक बनती है।

बचन कहत भरे लोचन बारी।
बहुरि लाइ उर लीन्हि कुमारी॥

—इस प्रकार की बातें कहते-कहते उनकी आँखों में आँसू भर आये और उन्होंने कन्या को छाती से चिपटा लिया।

पति के प्रति समर्पित हो जाना, अविरोध भाव से उसकी आज्ञाओं का पालन करते रहना—कहने में तो आसान है, लेकिन इसे कर पाना अत्यन्त कठिन है।

इसमें मनुष्य को अपना व्यक्तित्व पूर्णतया विसर्जित करना पड़ता है। हर मनुष्य अपनी वैयक्तिकता को महत्त्व देता है। व्यक्ति का 'मैं' भाव ही उसे गतिशील बनाता है। 'मैं' नष्ट हो जाये तो व्यक्ति अपनी सत्ता खो बैठता है।

जीवन में मनुष्य 'मैं' का अभ्यस्त होता है। उसे अच्छा लगता है, जब वह कहता है कि इसे मैंने किया, इसे मैंने बनाया। 'कर्ता भाव' के प्रति उसका लगाव बहुत गहरा होता है। माँ मैना की चिन्ता इसी बात को लेकर है कि पार्वती जैसी प्रभावी व्यक्तित्ववाली स्त्री को विवाह के बाद अपना व्यक्तित्व पूर्णरूप से खो देना पड़ेगा। घर की सुख-शान्ति के लिए उन्हें अपने स्वत्व का पति के स्वत्व में विसर्जन करना पड़ेगा। इसी बात को सोचकर वह रो पड़ती हैं।

महारानी मैना अपनी प्राणेश्वरी पुत्री को विदा करते समय स्त्री जीवन की पीड़ा को बड़ी गहराई से समझाने का प्रयत्न करती हैं। जब वे स्वयं पत्नी बनी होंगी तो शायद उनको इस सत्य की अनुभूति उतनी नहीं हुई होगी जितनी कि अब माँ बनकर पुत्री की विदाई के रूप में हो रही है। जिस पुत्री के व्यक्तित्व को उन्होंने बनाया-सजाया उसीको सलाह दे रही हैं कि तुम अपने व्यक्तित्व को पूरी तरह से पति के व्यक्तित्व में खो देना। यह कितनी पीड़ा की बात है। स्त्री जीवन की कितनी विवशता है।

कत बिधि सृजीं नारि जग माहीं।
पराधीन सपनेहुँ सुखु नाहीं॥

—विधाता ने जगत् में स्त्री जाति को क्यों पैदा किया? पराधीन को सपने में भी सुख नहीं मिलता।

यह जीवन का बहुत गहरा सत्य है। पराधीनता व्यक्तित्व का हनन करती है। वह मनुष्य के स्वत्व को समाप्त करती है। बुद्धि-विवेक-सम्पन्न व्यक्ति पराधीन होकर एकदम विपन्न हो जाता है। स्त्री की स्थिति तो और भी दारुण है। उसे जन्म से ही पराधीन माना गया है। बचपन में पिता का संरक्षण, जवानी में पति का और बुढ़ापे में सन्तान का संरक्षण—यही उसके जीवन की नियति है। मुक्त होकर विचरण करना उसके भाग्य में जैसे है ही नहीं। सोने जैसी मानव देह पाकर भी वह पराधीनता में रहकर उसे माटी बनाने को विवश है।

पुनि पुनि मिलति परति गहि चरना।
परम प्रेमु कछु जाइ न बरना॥

—मैना बार-बार मिलती हैं और पार्वती के चरणों को पकड़कर गिर पड़ती हैं।

बड़ा ही प्रेम है। कुछ वर्णन किया नहीं जाता।

महारानी मैना के हृदय में पार्वती का लौकिक और पारलौकिक दोनों रूप एक साथ समाया हुआ है। पुत्री पार्वती की जुदाई को सोचकर वह विकल हो रही हैं। उन्हें विश्वास ही नहीं हो रहा है कि उनकी लाड़ली बेटी सुख-वैभव के मुक्त जीवन को छोड़कर शिव के फक्कड़ जीवन के साथ कैसे समरस हो सकेगी। साथ-ही-साथ पार्वती के दैवी स्वरूप को स्मरण कर भी वह व्याकुल हैं; क्योंकि आज उनके घर से जगज्जननी की विदाई हो रही है।

पार्वती वातावरण को शान्त करने का प्रयत्न करती हैं। वह परिवार की सभी स्त्रियों से प्रेम से मिलती हैं और माँ को अपने हृदय से लगा लेती हैं।

> जननिहि बहुरि मिलि चली उचित असीस सब काहूँ दईं।
> फिरि फिरि बिलोकति मातु तन तब सखीं लै सिव पहिं गईं॥
> जाचक सकल संतोषि संकरु उमा सहित भवन चले।
> सब अमर हरषे सुमन बरषि निसान नभ बाजे भले॥

—पार्वती माता से फिर मिलकर चलीं। सबने उन्हें योग्य आशीर्वाद दिये। पार्वती फिर-फिरकर माता की ओर देखती जाती थीं। तब सखियाँ उन्हें शिवजी के पास ले गयीं। शिवजी सभी याचकों को सन्तुष्ट कर पार्वती के साथ अपने घर कैलास को चले। सब देवता प्रसन्न होकर फूलों की वर्षा करने लगे और आकाश से सुन्दर नगाड़े बजाने लगे।

विवाह की विदाई माँ-पुत्री के प्रेम की कठिन परीक्षा होती है। जन्मदायिनी अपने कलेजे के टुकड़े को अपने से अलग करती है। पुत्री भी माँ के सुरक्षापूर्ण आँचल को छोड़कर जाने में छटपटाती है। पर सामाजिक व्यवस्था के सामने किसी की कुछ भी नहीं चलती। सभी को विवश होकर अपने लिए निर्धारित कर्तव्य का पालन करना पड़ता है।

कितना हृदय-विदारक दृश्य है! माता मैना रो रही हैं और पार्वती विदाई की वेला में उन्हें बार-बार देख रही हैं। इस स्थिति को समाप्त करने के लिए सखियाँ पार्वती को लेकर शिव के पास चल देती हैं। शिवजी याचकों को दान के द्वारा प्रसन्न करके कैलास की ओर प्रस्थान करते हैं। देवता इस विवाह की समाप्ति पर परम प्रसन्न होकर आकाश से फूल बरसाते हैं और नगाड़े बजाते हैं। देवताओं का प्रसन्न होना स्वाभाविक है, क्योंकि इसी विवाह से कार्तिकेय का जन्म होना है, जो देवताओं के घोर शत्रु तारकासुर का वध करेंगे।

यह विवाह पार्वती के पुनीत प्रेम का श्रेष्ठ उदाहरण है। जगज्जननी भवानी ने सती के रूप में संशयात्मा बनकर जिस विश्वास रूपी शिव को खोया था, पार्वती के रूप में तप:शीला बनकर उसी शिव को पुन: प्राप्त कर लिया। पार्वती ने अपने जीवन के संयम-नियम से यह सिद्ध किया कि संशय से सर्वनाश को प्राप्त हुआ जीवन श्रद्धा से पुन: उपलब्ध किया जा सकता है। इस श्रद्धा को सहज ही नहीं प्राप्त किया जा सकता। इसका जन्म तप की उर्वरा भूमि में होता है। घोर तप से गहरी श्रद्धा का जन्म होता है।

पार्वती द्वारा शिव को पुनः प्राप्त करना संशय पर श्रद्धा की विजय है। लेकिन यह विजय अभी अधूरी है। सती ने शिव और राम दोनों पर संशय किया था। पार्वती ने शिव को तो प्राप्त कर लिया, पर राम को उपलब्ध करना अभी शेष है। किन्तु यह कठिन नहीं है। कठिन तो शिव का पाना है। राम ने स्वयं कहा है कि जो शिव को प्राप्त कर लेता है, वह मुझे सहज ही पा लेता है। तप:पूत पार्वती ने शिव को प्राप्त कर लिया है। श्रद्धावान् पार्वती अब राम को प्राप्त करेंगी।

जिज्ञासा

हरहु नाथ मम मति भ्रम भारी

पार्वती के विवाह का उद्‌देश्य कार्तिकेय के जन्म के बाद पूरा हुआ; लेकिन उनके जन्म का उद्‌देश्य पूरा होना अभी शेष था। इस उद्‌देश्य की पूर्ति के लिए वे अवसर की प्रतीक्षा कर रही थीं। एक दिन पार्वती ने देखा कि भगवान् शिव शान्त होकर वटवृक्ष की शीतल छाया में बैठे हैं। वे अत्यन्त प्रसन्न दिखाई दे रहे हैं।

पारबती भल अवसरु जानी।
गईं संभु पहिं मातु भवानी॥

—अच्छा मौका पाकर माता भवानी पार्वती शिवजी के पास गयीं।

यह चौपाई पति-पत्नी के सम्बन्धों की मधुरता को व्यक्त करती है। प्राचीनकाल में पत्नियाँ पति की मानसिक स्थिति को देखकर व्यवहार किया करती थीं। वे ऐसे अवसर की तलाश करती थीं, जब पति परम प्रसन्न हो, जिससे वे जो भी माँगें, उसका जवाब उन्हें 'हाँ' में मिले। मनुष्य प्रसन्न होता है तो 'न' नहीं कहना चाहता है। प्रसन्नता कंजूस-से-कंजूस व्यक्ति को भी उदार बनाती है। इसीलिए किसीसे कुछ माँगना हो तो देखना चाहिए कि वह प्रसन्न है या नहीं।

पार्वती ने शिव को प्रसन्न देखा तो उनके पास नहीं गयीं। उनका अनुमान था कि शिव प्रसन्न हैं, क्योंकि वह उस स्थान पर बैठे हैं जहाँ ध्यान किया करते हैं। ध्यान के लिए तत्पर व्यक्ति प्रभु के प्रेम में डूबा होता है। सांसारिक क्षोभ उसे स्पर्श नहीं कर पाते हैं। वह समस्त जगत् के प्रति प्रेमपूर्ण हो जाता है।

जानि प्रिया आदरु अति कीन्हा।
बाम भाग आसनु हर दीन्हा॥

—आपकी प्यारी पत्नी जानकर शिवजी ने उनका बहुत आदर-सत्कार किया और अपनी बायीं ओर बैठने का आसन दिया।

शिवजी का व्यवहार देखकर पार्वती का अनुमान वास्तविकता में बदल गया। शिव ने उन्हें अपने सामने पाकर बहुत आदर दिया। पति-पत्नी के सम्बन्ध का यह उत्तम स्वरूप है। जैसे पत्नी अपने पति को सदा आदर-सम्मान देती है उसी तरह पति को भी अपनी पत्नी को आदर-सम्मान देना चाहिए। जहाँ दोनों तरफ से व्यवहार में सम्मान की भावना व्यक्त होती है वहाँ कभी जीवन में तनाव की उत्पत्ति नहीं होती है। आदर की भावना दो स्थितियों में ही उत्पन्न होती है—प्रेम और भय में। प्रेम से उत्पन्न आदर जीवन को सुख-शान्तिमय बनाता है। भय से उत्पन्न आदर जीवन के क्लेश को और बढ़ाता है। भयभीत व्यक्ति कभी सुखी नहीं रह सकता। अत: परिवार में प्रेम से आदर की उत्पत्ति ही काम्य है, क्योंकि परिवार सुख-शान्ति का केन्द्र होता है। यदि परिवार से सुख-शान्ति चली जाये तो समाज व्यवहार में मनुष्य कभी सुख-शान्ति उत्पन्न नहीं कर पायेगा।

'बाम भाग आसन' देने का एक गहरा अर्थ है। जब पूर्वजन्म में सती के रूप में पार्वती ने सीता का शरीर धारण कर लिया था तो शिव ने उन्हें बाम भाग से हटा दिया था। बाम भाग को हमारे धर्म में पत्नी का स्थान माना गया है। सती ने सीता बनकर इस स्थान को खो दिया था। राम की परीक्षा के बाद जब वह शिव के पास आकर बैठी थीं तो उन्हें शिव ने पार्वती की तरह बाम भाग में आसन नहीं दिया था। वहाँ कहा गया है कि 'सन्मुख संकर आसन दीन्हा'। शिवजी ने उन्हें अपने सामने बैठाया।

यहाँ बाम भाग में बैठाते समय शिव पार्वती को बहुत आदर देते हैं और 'प्रिया' कहते हैं। अत: स्पष्ट है कि उन्होंने सती के अपराध को एकदम भुला दिया है। पार्वती की घोर तपस्या ने पूर्वजन्म के उनके अपराधों को एकदम से धो दिया है। तपस्या सदैव जीवन के दुर्गुणों और दोषों को नष्ट करती है और सद्गुणों को प्रखर बनाती है। तप के बल पर ही पार्वती ने सती के रूप में जिस आसन को खो दिया था, उसे पुन: प्राप्त कर लिया। वे सदैव के लिए शिव की प्रिया और वामांगिनी बन गयीं।

वाम भाग में स्थान पाना प्रेमपूर्ण सम्मान की बड़ी मोहक अभिव्यक्ति है। लोग पूछते हैं कि पत्नियों को बायीं तरफ क्यों बैठाया जाता है? मुझे इसका कारण यही लगता है कि पत्नी रक्षणीया होती है। पति का यह दायित्व है कि वह सदा पत्नी की रक्षा करे। मनुष्य प्राय: दायें हाथ से ही समर्थता से रक्षा का कार्य कर

पाता है, अतः पत्नी को बायें रखा गया जिससे पति का दायाँ हाथ सदा रक्षा के लिए स्वतन्त्र रहे।

बैठीं सिव समीप हरषाई।
पूरुब जन्म कथा चित आई॥

—पार्वतीजी प्रसन्न होकर शिवजी के पास बैठ गयीं। उन्हें पिछले जन्म की कथा स्मरण हो आयी।

भगवान् शिव के प्रेम और आदरभाव को देखकर पार्वती अत्यन्त प्रसन्न हो उठीं। प्रेम सदा प्रमुदित करता है। द्वेष सदा जीवन को दूषित बनाता है। जब हम किसीके प्रति प्रेम प्रकट करते हैं तो उसके भीतर भी प्रेमभाव अंकुरित होता है और जब हम किसीके प्रति द्वेषपूर्ण होते हैं तो वह व्यक्ति भी दूषित भावनाओं से परिपूर्ण हो जाता है। इसीलिए प्रेम को समरस, सन्तुलित और सौहार्दपूर्ण जीवन का आधार माना गया है। शिव ने जब आदर प्रकट किया तो पार्वती प्रसन्नता से परिपूर्ण हो उठीं। उन्हें अपने पूर्वजन्म की सारी कथा याद हो आयी।

हिन्दू धर्म में जीवन की व्याख्या कार्य-कारण सम्बन्ध के रूप में की गयी है। जैसे वृक्ष रूपी कार्य का कारण बीज है, उसी तरह बीज रूपी कार्य का कारण वृक्ष है। कभी कार्य कारण बनता है तो कभी कारण कार्य। इस तरह जीवन की निरन्तरता बनी रहती है। अपने हाथों लगाये वृक्ष के फल को जब हम खाते हैं तो हमें फल के स्वाद को लेते समय कभी-कभी उस दिन की याद आ जाती है जब हमने वृक्ष लगाया था। हमारा जीवन भी ऐसा ही है। कभी-कभी गहरे सुख या दुःख में हम अपने पूर्वजन्म की झलक पा लेते हैं। संचित संस्कारों में हमारे पूर्व जीवन की 'कथा' छिपी रहती है। यदि हम किसी विधि से इस 'छिपी कथा' को खोल सके तो हमें कई जन्मों का अतीत याद हो सकता है। शास्त्र कहते हैं कि मन जितना निर्मल होता है उतना ही वह अतीत को प्रक्षेपित करने में समर्थ होता है। इसीलिए समाधि में जन्म-जन्मान्तर के रहस्य खुल जाते हैं।

मनुष्य जिस तीव्र भाव को लेकर मरता है, उसीके अनुरूप दूसरा जन्म प्राप्त करता है। पुराणों में कथा आती है कि महाराज भरत अपने मृग के प्रति आसक्त हो गये थे। मरते समय उसीको याद करते रहे। इसीलिए दूसरे जन्म में उन्हें मृग का जन्म मिला। वे 'जड भरत' के नाम से प्रसिद्ध हुए। वही स्थिति पार्वती की भी है। जब पूर्वजन्म में वह सती थीं तो मरते समय 'उर धरि चंद्रमौलि वृषकेतू' उन्होंने आत्मदाह किया था। इसीलिए पुनः वह शिव प्रिया बनीं। राम के प्रति संशय करने

के कारण दिन-रात उनके मन में अपराध-बोध बना रहता था, इसीलिए रामकथा के प्रति उनके मन में स्मृति का भाव था। शिव को बरगद के वृक्ष के नीचे ही छोड़कर सती राम की परीक्षा लेने गयी थीं, अत: फिर से शिव को बरगद के पेड़ के नीचे बैठा देखकर पार्वती की राम के प्रति स्मृति जाग्रत् हो उठी। पुरानी चीजों को देखकर जैसे इस जीवन का भी अतीत जाग्रत् हो उठता है, उसी तरह पूर्वजन्म की स्मृतियाँ भी उभरकर सामने आ जाती हैं। इसी कारण पार्वती के पूर्वजन्म की कथा उनके चित्त में आ गयी।

पति हियँ हेतु अधिक अनुमानी।
बिहसि उमा बोलीं प्रिय बानी॥

—स्वामी के हृदय में अधिक प्रेम समझकर पार्वती हँसकर प्रिय वचन बोलीं।

प्रेम की सबसे बड़ी विशेषता यही है कि वह जिसमें अवतरित होता है उसे मृदु-मधुर बनाता है और जिसमें प्रतिफलित होता है उसे परम प्रमुदित करता है। प्रेम के ही कारण भगवान् शिव आदर से पूर्ण हैं और पार्वती प्रसन्नता से आप्लावित। अपनी प्रसन्नता को वह मधुर शब्दों में व्यक्त करती हैं।

कथा जो सकल लोक हितकारी।
सोइ पूछन चह सैलकुमारी॥

—जो कथा सब लोगों का हित करनेवाली है, उसे ही पार्वती पूछना चाहती हैं।

साधारण और श्रेष्ठ मनुष्य में यही अन्तर है। अवसर मिलने पर साधारण मनुष्य अपनी प्रसन्नता और विलासिता के साधन जुटाता है; लेकिन श्रेष्ठ जन अवसर आने पर स्वार्थ का परित्याग कर 'सकल लोक हितकारी' साधन की आराधना करते हैं। पार्वती ने शिव को प्रसन्न देखा तो अपने लिए वस्त्र-आभूषण नहीं माँगा, कहीं सैर-सपाटे पर चलने के लिए भी नहीं कहा। उनके मन में लोक-कल्याण की भावना थी। वह शिव से लोक-कल्याणकारी चीज ही माँगना चाहती हैं।

समझदार व्यक्ति बड़े व्यक्तियों से कभी छोटी चीज नहीं माँगते हैं। परमात्मा आपके पास आये और आप उससे भौतिक सुख के दो-चार साधन माँग लें तो आप निरे मूरख कहे जायेंगे। समझदार व्यक्ति तो स्वयं परमात्मा को ही माँग लेगा। रवीन्द्रनाथ टैगोर ने अपनी एक कविता में कहा है—'हे मन! तू दान के लिए क्यों हाथ फैलाता है? तुझे माँगना ही है तो दान को नहीं, स्वयं दाता को ही माँग ले।'

पार्वती भी सर्वसमर्थ शिव से सर्वश्रेष्ठ दान माँगना चाहती हैं।

बिस्वनाथ मम नाथ पुरारी।
त्रिभुवन महिमा बिदित तुम्हारी॥

—हे संसार के स्वामी! हे मेरे नाथ! हे त्रिपुरासुर का वध करनेवाले! आपकी महिमा तीनों लोकों में विख्यात है।

जीवन में जितनी बड़ी चीज आप पाना चाहते हैं उतना ही बड़ा आयोजन करना पड़ता है। अगर एक पैसा माँगना हो तो झट से कहा जा सकता है, 'बाबा, एक पैसा दे दो।' लेकिन यदि एक लाख माँगना हो तो देनेवाले से अत्यन्त शिष्टाचार के साथ व्यवहार करना होता है। अच्छे-अच्छे विशेषणों से उसके मन को प्रसन्न करना पड़ता है। ऐसा होने पर ही श्रेष्ठ उपहार पाने की सम्भावना बढ़ती है।

पार्वती को सकल लोक हितकारी श्रेष्ठ कथा सुननी थी, अत: उन्होंने उसे भगवान् शिव से झटपट नहीं माँग लिया। शीघ्रता करने में 'न' सुनने की आशंका हो सकती थी। पार्वती हर स्थिति में 'हाँ' चाहती थीं। अत: वह शिव को प्रसन्न करने के लिए उनकी महिमा को गाते हुए अपने प्रश्न तक आती हैं। सबसे पहले वह शिव को 'विश्वनाथ' कहती हैं। जो संसार का स्वामी है वह निश्चित रूप से महान् व्यक्ति होगा। महान् व्यक्ति कभी किसीका अकल्याण नहीं चाहता है, अत: निश्चित रूप से वह सर्वकल्याणकारी कथा को सुनायेगा। फिर पार्वती कहती हैं कि आप मेरे स्वामी हैं। अपना स्वामी कहकर पार्वती सम्बन्धों को गहरी निकटता तक खींचती हैं। संसार का स्वामी कहने से सम्बन्ध तो बनता है, लेकिन वह औपचारिक होता है। जैसे आप अपने किसी प्रिय को अपना भाई कहकर पुकारते हैं, लेकिन अपना स्वामी कहते ही सम्बन्ध एकदम आत्मीय हो जाता है, जैसे सगे भाई को 'भाई' कहकर पुकारा जाय।

सम्बन्धों की गहनता को व्यक्त करने के बाद पार्वती भगवान् शिव की शक्ति का बखान करती हैं। वह कहती हैं कि आप त्रिपुरारि हैं। पौराणिक कथा है कि देवताओं को दु:ख देनेवाले त्रिपुर नामक राक्षस का शिव ने वध किया था। उस सर्वसमर्थ असुर को मारकर शिव ने सबका कल्याण किया था। पार्वती चाहती हैं कि शिव उनके भीतर के अज्ञान के त्रिपुरासुर को मारकर उनका भी कल्याण करें।

पार्वती कहती हैं कि भगवान् शिव की महिमा तीनों लोकों में छायी हुई है। पार्वती का यह कथन बड़ा उद्देश्यपूर्ण है। जो व्यक्ति सारे जगत् में अपने यश के कारण प्रसिद्ध हो, स्वभाववश अच्छी चीज की माँग करने पर कभी 'न' नहीं करता

है वह मन न होने पर भी यश की रक्षा के लिए देना ही चाहता है।

चर अरु अचर नाग नर देवा।
सकल करहिं पद पंकज सेवा॥

—चर, अचर, नाग, मनुष्य और देवता सभी आपके चरण-कमलों की सेवा करते हैं।

यशस्वी मनुष्य सभी के लिए वन्दनीय बनता है। अत्याचारी की वन्दना तभी तक होती है जब तक उसका अत्याचार भयभीत करने की सामर्थ्य रखता है; लेकिन यशस्वी मनुष्य सदैव वन्दनीय होता है, क्योंकि वह भय नहीं, प्रेम उत्पन्न करता है। प्रेम से उत्पन्न होनेवाला सम्बन्ध अटूट और अमर होता है। सर्वशक्तिमान् होते हुए भी भगवान् शिव प्रेमपूर्ण हैं, अत: सभी उनकी सेवा करते हैं। सबके हृदय शिव के प्रति प्रेम से परिपूर्ण हैं। प्रेमपूर्ण हृदय से की जानेवाली सेवा जीवन को अक्षय सुख प्रदान करती है। उस सेवा में सेवक स्वामी से एकरूप होकर अपने जीवन के सभी अभावों को खो देता है।

प्रभु समरथ सर्बग्य सिव सकल कला गुन धाम।
जोग ग्यान बैराग्य निधि प्रनत कलपतरु नाम॥

—हे प्रभो! आप समर्थ, सर्वज्ञ और कल्याण स्वरूप हैं। सब कलाओं और गुणों के निधान हैं। योग, ज्ञान और वैराग्य के भण्डार हैं। आपका नाम शरणागतों के लिए कल्पवृक्ष है।

दाता के व्यक्तित्व में मनुष्य जिन-जिन गुणों की कल्पना कर सकता है, वे सब गुण शिव में विद्यमान हैं। शिव लौकिक एवं पारलौकिक सभी प्रकार के वरदानों को देने में सक्षम हैं। आइए, शिव के गुणों पर दृष्टि डालते चलें। वे सर्वज्ञ हैं। सभी के दु:ख-सुख को अच्छी तरह से समझते हैं। लेकिन सुख-दु:ख को समझने से ही काम नहीं चलता है। जीवन की आपदाओं को दूर करने के लिए शक्ति भी चाहिए। इसीलिए कहा कि वे समर्थ भी हैं। किन्तु समर्थ होने पर भी यदि कोई कल्याण की भावना से प्रेरित न हो तो वह किसीकी सहायता नहीं करेगा। इसीलिए कहा कि वे शिव हैं, परम कल्याणकारी हैं, सबके कल्याण के लिए सदा तत्पर रहते हैं। भौतिक जीवन को सुखमय बनाने के लिए मनुष्य की जो भी चाह है उसे शिव पूर्ण कर सकते हैं, क्योंकि वे सभी गुणों और कलाओं के निधान हैं। इस संसार में मनुष्य गुणों और कलाओं का स्वामी बनकर ही लौकिक ऐश्वर्य को प्राप्त करता है।

शिव असंसारी सुख को भी देनेवाले हैं। वे योग, ज्ञान और वैराग्य के भण्डार हैं। इन्हीं तीनों के द्वारा मनुष्य चरम आध्यात्मिक अनुभूति को प्राप्त करता है। शिव शरणागतों के लिए कल्पवृक्ष हैं। यदि व्यक्ति अपने पुरुषार्थ से लौकिक-पारलौकिक सिद्धि को पाने की सामर्थ्य नहीं रखता तो भी निराशा का कोई कारण नहीं है। शिव की शरण में जाने से सबकुछ उपलब्ध हो सकता है। वे कल्पवृक्ष की तरह हैं। उनके चरणों में बैठकर कोई भी चाह करने से वह तुरन्त पूरी होती है। समर्थ-असमर्थ सभी के लिए शिव परमदाता हैं। इसीलिए पार्वती को उनपर अत्यन्त भरोसा है।

जौं मो पर प्रसन्न सुखरासी।
जानिअ सत्य मोहि निज दासी॥

—हे सुख की राशि! यदि आप मुझपर प्रसन्न हैं और सचमुच मुझे अपनी दासी जानते हैं—

तौ प्रभु हरहु मोर अग्याना।
कहि रघुनाथ कथा बिधि नाना॥

—तो हे प्रभो! आप श्रीराम की नाना प्रकार की कथा कहकर मेरा अज्ञान दूर कीजिए।

लोक-परलोक की सभी सिद्धियों को देनेवाले शिव के गुणों का बखान करके पार्वती कहती हैं कि हे सुख के भण्डार स्वामी! यदि आप मुझपर प्रसन्न हैं तो मुझे दासी समझकर आप मेरा मनचाहा मुझे दीजिए। राम की कथा सुनाकर मेरे जीवन के अज्ञान को दूर कर दीजिए।

पार्वती का यह कथन अत्यन्त अर्थगर्भित है। अपने अज्ञान के कारण ही वह पूर्वजन्म में सती के रूप में राम को खो चुकी हैं। अब इस जीवन में वह राम को पाकर अज्ञान को खोना चाहती हैं। राम और अज्ञान परस्पर विरोधी हैं। जहाँ राम हैं वहाँ अज्ञान नहीं और जहाँ अज्ञान है वहाँ राम नहीं। पार्वती ने इस सत्य को अपने अनुभव से समझ लिया है। इसीलिए वे राम की कथा सुनकर सदा के लिए अज्ञान से मुक्त होना चाहती हैं।

जासु भवनु सुरतरु तर होई।
सहि कि दरिद्र जनित दुखु सोई॥

—जिसका घर कल्पवृक्ष के नीचे हो, वह भला दरिद्रता से उत्पन्न दु:ख को क्यों सहेगा?

कभी-कभी जीवन में ऐसा होता है कि हम कुछ श्रेष्ठ पाना चाहते हैं, लेकिन हमें अवसर ही नहीं मिलता है। सच बोलने की इच्छा है, पर झूठों से घिरे होने के कारण वह सम्भव ही नहीं हो पाता। सत्संग की इच्छा है, पर दुष्टों से बँधे होने के कारण प्रभु नाम के स्मरण का अवसर ही नहीं मिल पाता। वे धन्य होते हैं जिन्हें इच्छा भी होती है और जिन्हें अवसर भी प्राप्त हो जाता है। पार्वती को ऐसी ही धन्यता प्राप्त है। इसीलिए वह कहती हैं कि मैं तो कल्पवृक्ष के नीचे बैठी हूँ। मुझे कैसे इच्छा-पूर्ति से वंचित किया जा सकता है?

ससिभूषनं अस हृदयँ बिचारी।
हरहु नाथ मम मति भ्रम भारी॥

—हे शशिभूषण! हे नाथ! हृदय में ऐसा विचार कर मेरी बृद्धि के भारी भ्रम को दूर कीजिए।

पार्वती अपने सम्बोधन में शिव को 'शशिभूषण' कहती हैं। चन्द्रमा प्रकाश और शीतलता दोनों का प्रतीक है। प्रकाश ज्ञान है और शीतलता भक्ति। ज्ञान और भक्ति पाकर बुद्धि परम शान्त बनती है। पार्वती की बुद्धि ही भ्रमित है। इसीलिए वह ज्ञान और भक्ति चाहती हैं। इसके दाता शिव हैं। अत: शिव के चरणों में निवेदन करते हुए वे उन्हें उनके गुणों का भी स्मरण कराती हैं।

भगवान् शिव से अपने भ्रम के निवारण की प्रार्थना करने के बाद पार्वती अपने प्रश्न पर आती हैं। वह कहती हैं—हे प्रभो! जो परमार्थ तत्त्व के ज्ञाता और वक्ता मुनि हैं, वे श्रीराम को अनादि ब्रह्म कहते हैं और शेष, सरस्वती, वेद और पुराण सभी श्रीराम का गुण गाते हैं और हे कामदेव के शत्रु! आप भी दिन-रात आदरपूर्वक 'राम-राम' जपा करते हैं।

रामु सो अवध नृपति सुत सोई।
की अज अगुन अलखगति कोई॥

—ये राम वही अयोध्या के राजा के पुत्र हैं? या अजन्मा निर्गुण और अगोचर कोई और राम हैं?

पार्वती का प्रश्न यहीं समाप्त नहीं होता। वह आगे और रोचक तर्क प्रस्तुत करती हैं।

जौं नृप तनय त ब्रह्म किमि नारि बिरहँ मति भोरि।
देखि चरित महिमा सुनत भ्रमति बुद्धि अति मोरि॥

—यदि वे राजपुत्र हैं तो ब्रह्म कैसे? यदि ब्रह्म हैं तो स्त्री के विरह में उनकी मति बावली कैसे हो गयी? इधर उनके ऐसे चरित्र देखकर और उधर उनकी महिमा सुनकर मेरी बुद्धि अत्यन्त चकरा रही है।

पार्वती के प्रश्न सती जैसे ही हैं, लेकिन उनके भाव में अन्तर है। पहले वह संशय से भरी थीं, अब जिज्ञासा से परिपूर्ण हैं। वह आँख और कान के भेद के माध्यम से अपने मन के भ्रम को प्रस्तुत कर रही हैं। वह कह रही हैं कि आँख से देखने पर उनका चरित्र पागलों जैसा है। वह साधारण पुरुष की तरह पत्नी-विरह में व्याकुल हैं। सर्वज्ञ ब्रह्म होने का कोई लक्षण उनके भीतर दिखाई नहीं दे रहा है। लेकिन कानों से उनकी महिमा सुनती हूँ तो दृश्य कुछ और ही दिखाई देता है। आप जैसा श्रेष्ठ जन भी उन्हें 'परम ब्रह्म' कहता है। राजपुत्र के रूप में पैदा होकर कोई ब्रह्म कैसे हो सकता है? ब्रह्म तो निराकार और अजन्मा है। इन सारी परस्पर विरोधी बातों को देख-सुनकर मेरी बुद्धि चकरा गयी है।

वास्तव में सारा दृश्य जगत् आँख और कान की लीला का ही प्रतिफल है। साधारणत: मनुष्य अपनी आँखों पर ही विश्वास करता है। कबीर ने इसीलिए पढ़े-लिखे पण्डितों का मजाक उड़ाया—'मैं कहता आँखिन की देखी, तू कहता कागज की लेखी।' पर आँख सदा सच नहीं होती है। जीवन के सूक्ष्म रहस्यों को समझने में आँख एकदम अक्षम है। आँख देखती है कि सूरज चल रहा है और पृथ्वी स्थिर है, पर यह सच नहीं है। आँख देखती है कि फिल्म और टी.वी. में तसवीरें चल रही हैं, लेकिन वस्तुत: तसवीरें तो स्थिर हैं, आँख के भ्रम के कारण वे चलती हुई दिख रही हैं। अत: प्राय: ऐसा होता है कि हमारी पार्थिव आँखें जिसे सत्य समझती हैं वह गहरे में असत्य होता है। भौतिक सत्य को वैज्ञानिक और आध्यात्मिक सत्य को ज्ञानी हमें समझाते हैं। हम सुनकर उनपर विश्वास करते हैं।

मनुष्य के पास परमात्मा का एक अद्भुत वरदान बुद्धि है। उसीके सहारे वह तर्क-वितर्क करके सत्य तक पहुँचना चाहता है। मनुष्य की आन्तरिक इच्छा होती है कि वह जीवन के गूढ़तम रहस्य को समझे। बुद्धि इसमें उसकी सहायक बनती है। लेकिन बुद्धि की दुर्बलता यह है कि वह कभी-कभी अपने ही तर्कजाल में फँस जाती है। इसी कारण उसे सत्य-बोध न होकर भ्रम होता है। भ्रम होने से मनुष्य विश्वास खो बैठता है और विश्वास खोने से वह विक्षिप्त हो जाता है। इससे

विनाश की स्थिति उत्पन्न होती है। अत: समझदार व्यक्ति भ्रम उत्पन्न होते ही ज्ञानी के पास जाकर भ्रम निवारण का प्रयत्न करता है। पार्वती ने सती के रूप में भ्रम का निवारण स्वयं करना चाहा था, इसलिए वे और भ्रमपूर्ण हो उठी थीं। उन्होंने अँधेरे से अँधेरे को मिटाना चाहा था, परिणामत: वे और अन्धकारपूर्ण हो उठी थीं। अब वे अधिक सावधान हैं। भ्रम को ज्ञान से मिटाने के लिए उत्सुक हैं। इसीलिए शिव से पूछ रही हैं।

अग्य जानि रिस उर जनि धरहू।
जेहि बिधि मोह मिटै सोइ करहू॥

—मुझे नादान समझकर मन में क्रोध न लाइए। जिस तरह मेरा मोह दूर हो, वही कीजिए।

सती और पार्वती में बड़ा गुणात्मक अन्तर है। सती मोह होने पर राम की परीक्षा लेने के लिए शिव के मना करने पर भी दौड़ पड़ी थीं, लेकिन पार्वती स्वयं शिव से अपने मोह को दूर करने के लिए प्रार्थना कर रही हैं। सती की बुद्धि संशयी थी, पार्वती की बुद्धि जिज्ञासु है। संशय अहम्मन्य बनाता है, जिज्ञासा समर्पित करती है। पार्वती के वचनों में उनके मन का समर्पण स्पष्ट दिख रहा है। वह कह रही हैं कि हे स्वामी शिव! आप मेरे अज्ञान और मोह को देखकर मुझपर क्रोध मत करिए।

प्राय: ऐसा होता है कि अज्ञानी के प्रश्न को सुनकर हम झुँझला जाते हैं। सोचते हैं कि क्या बच्चों जैसा सवाल पूछ रहा है। इस कारण हम उसे सही जवाब न देकर टाल देते हैं। पार्वती इस स्थिति से बचना चाहती हैं। वह अपने मोह को दूर करने के लिए कृतसंकल्प हैं। अत: वह शिव से क्रोध नहीं, कृपा करने के लिए प्रार्थना कर रही हैं। गुरु की कृपा मिल जाये तो अज्ञान और मोह क्षण मात्र में नष्ट हो जाते हैं। लेकिन इस कृपा को पाने के लिए शिष्य की तैयारी होनी चाहिए। सती के रूप में पार्वती के भीतर यह तैयारी नहीं थी। अब पार्वती के रूप में वह एकदम तैयार दिख रही हैं।

शिव से क्रोध न करने की प्रार्थना करने के पीछे एक और कारण है। सती के रूप में वे शिव की अवहेलना कर चुकी थीं। शिव उन्हें ज्ञान देना चाह रहे थे, लेकिन उन्होंने उसे लेने से इनकार कर दिया था। वे स्वयं राम की परीक्षा लेने के लिए तत्पर हो उठी थीं। पार्वती को अपने पूर्वजन्म की करनी का स्मरण हो रहा है। अत: वह सोच रही हैं कि कहीं शिव क्रोध में आकर यह न कह दें कि तुम्हें पहले भी मैंने यह सब समझाया था, पर तुमने जरा भी ध्यान नहीं दिया। अब क्या गारण्टी

है कि तुम विश्वास कर लोगी? इस आशंका का निवारण करने के लिए पार्वती शिव के चरणों में विनत होकर कहती हैं।

तब कर अस बिमोह अब नाहीं।
रामकथा पर रुचि मन माहीं॥

—मुझे अब पहले जैसा मोह नहीं है। अब तो मेरे मन में रामकथा सुनने की रुचि है।

जहाँ रुचि है वहीं श्रद्धा का जन्म होता है। जहाँ रुचि नहीं है वहीं संशय पनपता है। रुचि की बात कहकर पार्वती अपने आपको सती से अलग करती हैं। वह कहती हैं कि संशयजनित पुराना मोह अब मेरे भीतर नहीं है। रामकथा के प्रति मेरा दृष्टिकोण अब संशयात्मक नहीं है। अब रामकथा में मेरा मन लगा हुआ है।

जब किसी चीज के प्रति हमारे मन में रुचि जाग्रत् हो जाती है तब हम उसके प्रति प्रेमपूर्ण हो उठते हैं। उसके बारे में बार-बार जानने-सुनने का प्रयत्न करते हैं। बतानेवाला 'न' करे तो उससे अनुनय-विनय करते हैं। रुचि मनुष्य को जिज्ञासु बनाती है, उसके भीतर जानने की उत्सुकता पैदा करती है। मनुष्य जब जानने के लिए उत्कण्ठित होता है तब वह महान् हो जाता है। जानने की इच्छा अज्ञान के निवारण के लिए उठाया गया प्रथम प्रयत्न है। विराट् को छूने की मनुष्य में इच्छा जाग्रत् हो जाये तो क्षुद्रता अपने आप तिरोहित होने लगती है।

पार्वती के भीतर रुचि का जाग्रत् होना ज्ञान की ललक है। लोक मंगल-कारिणी रामकथा में मन लगाना जीवन की क्षुद्रताओं से दूर चले जाना है। इसीलिए जीवन को सँवारने के लिए उसे उच्च आदर्श से जोड़ना पड़ता है। एक बार जब जीवन को आदर्श मिल जाये तो उसे पथ भी मिल जाता है।

कहहु पुनीत राम गुन गाथा।
भुजगराज भूषन सुरनाथा॥

—हे शेषनाग को अलंकार रूप में धारण करनेवाले देवताओं के नाथ! आप श्रीराम के गुणों की पवित्र कथा कहिए।

श्रेष्ठ व्यक्ति की रुचि सदा श्रेष्ठ चीजों में ही होती है। पार्वती की रुचि रामकथा में है। इसका कारण बताते हुए वह कहती हैं कि यह कथा पुनीत है, अत्यन्त पवित्र है। जहाँ पवित्रता है वहाँ श्रेष्ठता होगी ही। इसीलिए सत्संगति की महिमा को बखाना गया है। जब कोई पुनीत गुनगाथा को सुनेगा तो उसका मन अपवित्रता की ओर कम जायेगा। मन के नियन्त्रण के लिए ही हिन्दू धर्म में

संस्कारों की रचना की गयी है। संस्कार जीवन यात्रा के पथ को पवित्र बनाते हैं और अबाधित रूप से लक्ष्य तक पहुँचाते हैं।

बंदउँ पद धरि धरनि सिरु बिनय करउँ कर जोरि।
बरनहु रघुबर बिसद जसु श्रुति सिद्धांत निचोरि॥

—मैं पृथ्वी पर सिर टेककर आपके चरणों की वन्दना करती हूँ और हाथ जोड़कर विनती करती हूँ। आप वेदों के सिद्धान्त को निचोड़कर श्रीराम का निर्मल यश वर्णन कीजिए।

जिज्ञासा की पहली शर्त है विनम्रता। अगर किसीसे कुछ ज्ञान पाना है तो विनम्र बनकर झुकना चाहिए। अहंकारी व्यक्ति को कोई कुछ देना नहीं चाहता है। अहंकारी व्यक्ति कुछ ग्रहण करने की मन:स्थिति में भी नहीं होता है। वह सोचता है कि उसका जन्म संसार को देने के लिए हुआ है, संसार से कुछ लेने के लिए नहीं। अत: विनम्रता की भाषा वह कभी बोलता ही नहीं है। इसीलिए अहंकारी व्यक्ति अपने गुणों को कभी दूसरों को दे नहीं पाता है।

जानने और सीखने के लिए विनम्रता परम आवश्यक है। विनम्र व्यक्ति स्वभाव से ही गुणग्राही होता है। विनम्रता का एक फायदा यह भी है कि दाता प्राय: 'न' नहीं कर पाता है।

जितनी कीमती चीज माँगनी हो उतना ही अधिक विनम्र होना पड़ता है। पार्वती राम के पुनीत गुणों की गाथा सुनना चाहती हैं। यह एक परम श्रेष्ठ जिज्ञासा है। इसीलिए वे अपने निवेदन में विनम्रता की सीमा को छूती हुई दिखाई देती हैं। वह पृथ्वी पर अपना सिर टेककर भगवान् शिव के चरणों की वन्दना करती हैं।

विनम्र भाव का प्रदर्शन करने के साथ-ही-साथ पार्वती अपने लक्ष्य का भी संकेत करती हैं। आरम्भ में उन्होंने कहा था कि वे राम की पुनीत गुनगाथा सुनना चाहती हैं, लेकिन अब बता रही हैं कि राम की गाथा किस तरह की होनी चाहिए। आखिर पार्वती ने ऐसा क्यों कहा? क्या उन्हें यह विश्वास नहीं था कि शिवजी राम की पुनीत गाथा को ठीक तरह से सुनायेंगे? नहीं, ऐसी बात नहीं है। जब कोई जिज्ञासु व्यक्ति कुछ जानना चाहता है तो उसके लिए यह आवश्यक है कि वह अपनी जिज्ञासा को विधिवत् रखे। ऐसा करने से उसे समुचित उत्तर मिल सकेगा। यदि प्रश्न अस्पष्ट और असंगत है तो उत्तर में स्पष्टता और संगति का मिल पाना कठिन होगा।

पार्वती शिव के कीमती समय को इधर-उधर की बातों में नष्ट नहीं करना

चाहती हैं। इसीलिए कहती हैं कि मैं राम की जिस पवित्र गुनगाथा को सुनना चाहती हूँ उसे आप 'श्रुति सिद्धांत निचोरि' कर कहिए। हिन्दू धर्म में वेद प्रामाणिकता के अन्तिम साक्ष्य हैं। अगर किसी विचार और व्यवहार की प्रामाणिकता सिद्ध करती है तो उसे वेद से जोड़ना पड़ता है। वेद का साक्ष्य पाकर विचार-व्यवहार को पूर्ण प्रतिष्ठा मिल जाती है। जन-कल्याणकारी रामकथा को पूरे जनमानस में प्रतिष्ठित होना है, इसीलिए पार्वती कहती हैं कि वेदों के सिद्धान्तों को निचोड़कर रामकथा सुनाइए।

अपने निवेदन में पार्वती एक और आनन्ददायी बात कहती हैं। वह राम के विशद यश को सुनने के लिए उत्सुक हैं। उससे पता चलता है कि उनकी जिज्ञासा औपचारिक और सतही नहीं, अपितु आन्तरिक और गहरी है। अगर पार्वती केवल दिखावा करतीं तो कह सकती थीं कि मुझे राम की कथा झटपट संक्षेप में सुना दीजिए। शिव भी उसे दो-चार वाक्यों में सुना देते। पर पार्वती को रामकथा में रुचि है, इसीलिए उनकी जिज्ञासा बहुत गहरी है। जब जिज्ञासा गहरी होती है तो जिज्ञासु गहराई तक जाकर ज्ञान-सागर में डुबकी लगाना चाहता है।

जो ज्ञान-सागर में गहरे उतरना चाहते हैं वे ही सच्चे जिज्ञासु होते हैं। वे ही ज्ञान के अपार भण्डार को पाने में सक्षम और सफल भी होते हैं। ज्ञानदाता ऐसे जिज्ञासु को प्रसन्नतापूर्वक अधिक-से-अधिक बताना चाहता है। कथा की पवित्रता और वक्ता-श्रोता की ग्रहणशीलता से प्रभाव अत्यन्त मंगलकारी बन जाता है।

अति आरति पूछउँ सुरराया।
रघुपति कथा कहहु करि दाया॥

—हे देवताओं के स्वामी! मैं बहुत ही आर्तभाव (दीनता) से पूछती हूँ, आप मुझपर दया करके श्रीराम की कथा कहिए।

पार्वती कहती हैं कि वह आर्तभाव से निवेदन कर रही हैं। इसका एक गहरा अर्थ है। इससे पता चलता है कि पार्वती की जिज्ञासा शास्त्रीय या अकादमिक नहीं है, वह हृदय की गहराइयों से निकली हुई है। कभी-कभी वाद-विवाद या शास्त्रार्थ के लिए प्रश्न पूछे जाते हैं। पार्वती के प्रश्न वैसे नहीं हैं। वे तो अपने मन की शान्ति और जन-कल्याण के लिए प्रश्न कर रही हैं। अत: कहती हैं कि मुझे कृपा करके बताइए।

गुरु की कृपा मिल जाये तो ज्ञान की प्राप्ति के साथ-ही-साथ जीवन का उद्धार भी हो जाता है। कृपा करनेवाला कृपा पानेवाले की पात्रता और योग्यता के

प्रति आग्रही नहीं होता है, वह तो उसकी आर्तता देखकर पिघल जाता है। भक्त इसीलिए कृपा चाहता है। वह प्रभु चरणों में समर्पित होकर अपने कर्तव्य की इतिश्री समझ लेता है। उसे पात्रता-योग्यता बढ़ाने की झंझट नहीं उठानी पड़ती। पार्वती इसीलिए कृपा की बात करती हैं, क्योंकि शिव यदि उनकी योग्यता और पात्रता को महत्त्व देंगे तो सम्भवत: कथा को सुन पाना उनके लिए सम्भव नहीं होगा; क्योंकि वे सही अर्थों में न जिज्ञासु हैं, न ज्ञानी। वे तो आर्त हैं। इसीलिए बिना कृपा के ज्ञान पाना उनके लिए कठिन होगा।

प्रथम सो कारन कहहु बिचारी।
निर्गुन ब्रह्म सगुन बपु धारी॥

—पहले तो यह कारण विचारकर बतलाइए जिससे निर्गुण ब्रह्म सगुण रूप धारण करता है।

अपनी जिज्ञासा के अन्तर्गत पार्वती एक आधारभूत प्रश्न उठाती हैं। वह कहती हैं कि निर्गुण ब्रह्म सगुण शरीर किस कारण धारण करता है? पार्वती भगवान् शिव जैसे अधिकारी व्यक्ति से जानना चाहती हैं कि निर्गुण ब्रह्म सगुण क्यों बनता है? सर्वव्यापी परमात्मा शरीर धारण करके अपने आपको सीमित क्यों करता है? यह एक ऐसा सवाल है जो दर्शन और अध्यात्म के क्षेत्र में बार-बार पूछा जाता है। इसी प्रश्न के कारण सती को शिव से दूर होना पड़ा है। अत: पार्वती इसका साफ और सटीक उत्तर चाहती हैं।

अपने दूसरे सवाल में पार्वती 'पुनि प्रभु कहहु राम अवतारा' की बात करती हैं। वह राम की लीला के बारे में जानना चाहती हैं। शिव से कहती हैं कि जन्म से लेकर प्रजा सहित वैकुण्ठ गमन तक की राम की कथा को आप विस्तार से कहिए। कहीं कुछ छूट न जाये, इसलिए क्या-क्या कथा प्रसंग है, इसे अच्छी तरह से शिवजी को बताती हैं। अब सवाल यह उठता है कि जब पूरी कथा को पार्वती जानती हैं तो उसे शिव से सुनना क्यों चाहती हैं? कारण दो हैं। पहला कारण यह है कि जब वह सती थीं तो शिव ने राम की कथा का महत्त्व उन्हें बताया था, पर वह श्रद्धा के बजाय संशय कर बैठीं। इस पाप का प्रायश्चित्त करने के लिए वह राम की कथा विस्तार से श्रद्धापूर्वक सुनना चाहती हैं। दूसरा कारण यह है कि सच्चा जिज्ञासु अधिकारी पुरुष से बार-बार उस विषय को जानना चाहता है जिसे वह जानता है। भरद्वाज इसी कारण याज्ञवल्क्य से कथा सुन रहे हैं। यहाँ पार्वती भी शिव से इसी कारण कथा सुनना चाहती हैं। शिव रामकथा के परम अधिकारी हैं।

उनके जितना राम के महल को भला और कौन जानता है! सीता का छद्म रूप धारण करने के कारण उन्होंने सती को त्याग दिया था। आराध्य के प्रति इतनी भक्ति हर किसीमें मिल पाना कठिन है। राम के ऐसे श्रेष्ठ भक्त शिवजी पार्वती के पति हैं, अत: पार्वती अवसर नहीं चूकना चाहतीं। वे राम की पावन कथा को विशद रूप में शिव से ही सुनना चाहती हैं।

रामकथा को सुनने के लिए उत्सुक पार्वती केवल घटनाक्रम को ही जानने के लिए उतावली नहीं हैं, वह कथा की गहराई में भी उतरना चाहती हैं।

पुनि प्रभु कहहु सो तत्त्व बखानी।
जेहिं बिग्यान मगन मुनि ग्यानी॥

—हे प्रभु! आप उस तत्त्व को भी समझाकर कहिए, जिसकी अनुभूति में ज्ञानी मुनिगण सदा मग्न रहते हैं।

शुरू में पार्वती ने कहा था—कहहु पुनीत राम गुन गाथा। अब कहती हैं—कहहु सो तत्त्व बखानी। यह बड़ी अर्थपूर्ण बात है। पार्वती यदि भगवान् शिव से राम की मात्र कथा ही सुनतीं तो यह घाटे का सौदा होता। पी-एच.डी. गुरु से क ख ग पढ़ना उचित नहीं कहा जा सकता। राम की कथा तो पार्वती को कोई भी सुना सकता था। वह स्वयं भी कथासूत्र को जानती थीं। बालचरित, धनुषयज्ञ, विवाह, वनवास, सीताहरण, लंकादहन, रावण संहार, अयोध्या गमन और राजसिंहासन प्राप्ति की कथा को कौन नहीं जानता है। इसके लिए शिव के समय को बरबाद करना उपयुक्त नहीं होता। पार्वती इस सत्य को अच्छी तरह समझती हैं। अत: कथा के माध्यम से वह गहरे उतरना चाहती हैं।

यहाँ हम हिन्दू धर्म की एक विशिष्टता को रेखांकित करते चलें तो उपयुक्त होगा। पुराणों में जो कथाओं की भरमार है वह केवल कथा सुनाने के लिए नहीं है। वह तो तत्त्वज्ञान को सहज रूप से समझाने का एक आकर्षक उपाय है। गहरे जीवन रहस्य को कथा के माध्यम से जितनी सफलतापूर्वक समझाने का प्रयत्न हिन्दुओं ने किया है उतना सम्भवत: किसी भी धार्मिक परम्परा में नहीं हुआ है। स्वामी विवेकानन्द जब अमेरिका में इन कथाओं को उद्धृत किया करते थे तो जनसमुदाय चमत्कृत रह जाता था। रामकृष्ण परमहंस अपनी गूढ़ तात्त्विक बातों को कथाओं के द्वारा ही बड़ी सहजता और सरलता से पण्डितों, ज्ञानियों और सामान्यजनों को समान रूप से समझाते थे। भगवान् बुद्ध ने अपने तत्त्वज्ञान को कथाओं के माध्यम से ही जनसाधारण तक पहुँचाया। ईसा मसीह और सूफी सन्तों

ने भी कथाओं का सहारा लिया।

वास्तव में कथा बिजली के तार की तरह होती है, जो तत्त्वज्ञान रूपी बिजली का वाहक बनती है। कथा कितनी भी सुन्दर क्यों न हो, यदि उसमें से तत्त्वज्ञान निकाल दिया जाय तो वह निर्जीव हो जायेगी। जीवन को प्रेरित-प्रकाशित नहीं कर सकेगी। ऐसी कथा उस विद्युत् तार की तरह होगी, जो विद्युत् धारा से वंचित है। किन्तु जैसे कथा के लिए तत्त्वज्ञान आवश्यक है उसी तरह तत्त्वज्ञान के लिए कथा भी परमोपयोगी है। तत्त्वज्ञान कितना भी गहरा और गूढ़ क्यों न हो, यदि वह सरस कथा में गुँथकर नहीं मिलता है तो उसका स्वाद सूखा-सूखा सा लगता है। वह आनन्द से अधिक ऊब पैदा करता है। इसे हम यों भी कह सकते हैं कि बिजली चाहे कितनी भी शक्तिशाली क्यों न हो, तार के अभाव में वह अपनी उपयोगिता खो बैठती है।

पार्वती 'बाल बुद्धि' वाली नहीं हैं। अतः वह केवल कुतूहलवश 'नानी की कहानी' ही भगवान् शिव से नहीं सुनना चाहती हैं। वह कथा के माध्यम से तत्त्वज्ञान की गहराई तक उतरना चाहती हैं। श्रद्धावान् जिज्ञासु तभी तृप्त होता है जब उसे कथा से गूढ़ तत्त्व की उपलब्धि होती है।

अपनी जिज्ञासा को स्पष्टता से रखने के लिए पार्वती कहती हैं कि रामकथा के माध्यम से मुझे राम के चरित्र की उस तात्त्विक महिमा का ज्ञान कराइए जिसकी अनुभूति में ज्ञानी मुनि सदा मग्न रहते हैं। पार्वती का यह कथन बड़ा अद्‌भुत है। प्रायः हम देखते हैं कि कथाओं में जनसाधारण की ही रुचि होती है। आज भी हम देखते हैं कि कथावाचकों को सुनने के लिए जनसाधारण की भीड़ लगी रहती है। अपने को सुशिक्षित और ज्ञानी समझनेवाले लोग इन कथाओं को ढोंग, पाखण्ड और बकवास समझते हैं। इसीलिए यहाँ सावधानी बरती गयी है। पार्वती यह नहीं कहती हैं कि मुझे वह कथा सुनाइए जिसे जनसाधारण बहुत पसन्द करते हैं। वह ठीक उलटी बात कहती हैं। वह ऐसी कथा चाहती हैं, जिसकी अनुभूति में ज्ञानी मुनि सदा मग्न रहते हैं। यह कथन बड़ा अर्थवान् है। उन्होंने यह नहीं कहा कि इसे सुनकर ज्ञानी मुनि कथा सुनते समय उसमें मग्न हो जाते हैं। तब तो कथा का प्रभाव क्षणिक और तात्कालिक होता, जैसेकि जनसाधारण पर होता है। साधारण मनुष्य कथा सुनते समय बहुत भावमय रहता है और कथा समाप्त होते ही वह फिर भाव को त्यागकर संसार में लौट आता है। उसके ऊपर कथा का स्थायी प्रभाव नहीं पड़ता है। पार्वती ऐसे प्रभाव को नहीं चाहती हैं। अतः कहती हैं कि मुझे वह कथा सुनाइए जिसमें ज्ञानी मुनि सदा मग्न रहते हैं। इसमें दो बातें महत्त्वपूर्ण हैं—'ज्ञानी

मुनि' और 'सदा'। ज्ञानी मुनि को यहाँ लाकर वह रामकथा के महत्त्व को बढ़ाती हैं। वह बताना चाहती हैं कि यह कथा केवल जनसाधारण के लिए ही नहीं है, यह ज्ञानियों के लिए भी परम काम्य है। साथ-ही-साथ कहती हैं कि ज्ञानी मुनि 'सदा' इसमें मग्न रहते हैं। इस 'सदा' के प्रयोग से कथा का मूल्य आकाश छूने लगता है। ज्ञानी मनुष्य जिस कथा की सदा अनुभूति करे वह तो निश्चित रूप से कीमती होगी। जिस सामान को बाजार में राजा खरीदना चाहे उसे तो बहुमूल्य होने का प्रमाण-पत्र सहज ही प्राप्त हो जाता है।

पार्वती शिव जैसे महान् गुरु से श्रेष्ठ ज्ञान प्राप्त करना चाहती हैं। सती के रूप में वह इस ज्ञान से वंचित रह गयी थीं। अत: अपनी धर्म-जिज्ञासा को वह बहुत स्पष्ट रूप से रख रही हैं।

भगति ग्यान बिग्यान बिरागा।
पुनि सब बरनहु सहित बिभागा॥

—और फिर भक्ति, ज्ञान, विज्ञान और वैराग्य का विभाग सहित वर्णन कीजिए।

अपनी जिज्ञासा की शान्ति के लिए पार्वती न तो कोई कृपणता अपनी ओर से चाहती हैं और न भगवान् शिव की ओर से ही। वह उत्तम गुरु से सारा उत्तम ज्ञान सीख लेना चाहती हैं। अत: शिवजी से कहती हैं कि भक्ति, ज्ञान, विज्ञान और वैराग्य सभी के बारे में मुझे बताइए। इतना ही नहीं, विभाग सहित उनकी जानकारी देने के लिए आग्रह करती हैं। वह चाहती हैं कि शिवजी सभी तत्त्वों को तोड़-तोड़कर सूक्ष्म रूप में समझायें। वह तत्त्व ज्ञान को सतही रूप में नहीं पाना चाहती हैं। सामान्य मनुष्य कर्मकाण्ड भाव से कथा को सुनता है, गहरे जाकर उसके भाव को समझने की कोई लालसा उसके मन में नहीं होती है। इसीलिए 'सत्यनारायण' की कथा सुननेवाले लोग प्राय: झूठ बोलते हुए देखे जाते हैं। पार्वती इस दोष से बचना चाहती हैं। वह कथा के सूक्ष्मतम विस्तार तक जाना चाहती हैं। अत: कहती हैं कि विभाग सहित समझाइए।

पार्वती कथा में चार बातों का समावेश चाहती हैं—भक्ति, ज्ञान, विज्ञान और वैराग्य। वास्तव में चारों एक-दूसरे से जुड़े हुए हैं। केवल एक को पाकर पूर्णता में धर्मतत्त्व को नहीं पाया जा सकता। आदि शंकराचार्य ने ज्ञान और विज्ञान की व्याख्या करते हुए कहा है कि ज्ञान की प्राप्ति शास्त्रों के पठन-पाठन से होती है और विज्ञान की उपलब्धि स्वयं की अनुभूति से। अत: शास्त्र के अध्ययन से जो मिलता है वह ज्ञान है और आत्मानुभूति से जो प्राप्त होता है वह विज्ञान है। इस

तरह ज्ञान, विज्ञान, भक्ति और वैराग्य चारों के योग से जीवन पूर्णरूप से धर्ममय बनता है।

यह यात्रा कहीं से भी शुरू हो सकती है। परमात्मा के प्रति भक्ति है तो मनुष्य शास्त्रों को श्रद्धापूर्वक पढ़ता है, फिर आत्मानुभूति के लिए प्रयत्न करता है और अन्त में सांसारिक विषय-भोग से वैराग्य प्राप्त कर प्रभुमय हो जाता है। शास्त्र के ज्ञान से प्रेरित होकर मनुष्य आत्मानुभूति के लिए प्रयत्न करता है। आत्मानुभूति हो जाने पर उसकी प्रभु के प्रति भक्ति प्रबल होती है। फलत: संसार से वैराग्य प्राप्त करके वह सदैव प्रभु में लीन हो जाता है। अगर साधक की स्थिति ऊँची है तो वह आत्मानुभूति से शास्त्र वचनों की सत्यता को जाँचता है, फिर सहज रूप से प्रभु के प्रति उसमें भक्ति उपजती है और वह वैराग्यमय होकर प्रभुमय हो जाता है। आध्यात्मिक भाव अगर बहुत विकसित हो तो साधक को आरम्भ में ही संसार से वैराग्य हो जाता है। वह प्रभु को खोजने के लिए शास्त्र ज्ञान का सहारा लेता है। उसके आधार पर आत्मानुभूति से विज्ञान को उपलब्ध होता है और अन्तत: भक्ति के माध्यम से अपने आपको प्रभु के चरणों में समर्पित कर देता है।

इस तरह हम देखते हैं कि साधक चारों में से किसी भी बिंदु से चलकर प्रभु तक पहुँच सकता है। किन्तु इसमें से किसीके भी अभाव से पूर्ण धर्ममयता खण्डित होती है। भक्ति है और ज्ञान, विज्ञान और वैराग्य नहीं हैं तो भक्ति साधक को कट्टर और एकांगी बना देती है। ज्ञान है किन्तु भक्ति, विज्ञान और वैराग्य नहीं हैं तो साधक में बड़बोलापन आता है। वह शास्त्रों को उद्धृत तो बहुत करता है, लेकिन उसके रस की अनुभूति उसे नहीं होती है। विज्ञान हो लेकिन भक्ति, ज्ञान और वैराग्य न हों तो साधक अहंकारी बन जाता है। उसके भीतर परमात्मा की अनुभूति का अहंभाव जाग्रत् हो जाता है। वैराग्य हो लेकिन भक्ति, ज्ञान और विज्ञान न हों तो साधक शुष्क बन जाता है। उसके जीवन की सरसता समाप्त हो जाती है।

पार्वती की जिज्ञासा बड़ी गहरी है। उन्हें अधिक-से-अधिक जानने की आकांक्षा है। इसीलिए वह भक्ति, ज्ञान, विज्ञान और वैराग्य का उल्लेख करके ही रुक नहीं जाती हैं, वह शिव से इससे भी अधिक चाहती हैं।

औरउ राम रहस्य अनेका।
कहहु नाथ अति बिमल बिबेका॥

—श्रीराम के और भी जो अनेक रहस्य हैं, उनको कहिए। हे नाथ! आपका ज्ञान

अत्यन्त निर्मल है।

पूछनेवाला सबकुछ नहीं जानता है। यदि वह जानता तो पूछता ही क्यों। गुरु की इसीलिए आवश्यकता होती है कि अज्ञान को दूर किया जा सके। पार्वती ऐसा ही प्रयत्न करती हैं। वह अपने भीतर सम्पूर्ण ज्ञान को भरकर अज्ञान को मिटाना चाहती हैं। राम और शिव दोनों पर उनकी श्रद्धा अटूट है। उन्हें यह विश्वास है कि राम के चरित्र में ऐसे बहुत से रहस्य हैं जिन्हें वे नहीं जानती हैं। यदि जानती ही होतीं तो सती के रूप में राम पर शक ही क्यों करतीं? अत: वह अपने सम्पूर्ण अज्ञान को मिटाना चाहती हैं। पर अज्ञान हर कोई नहीं मिटा सकता, प्रभु के रहस्य को हर कोई नहीं खोल सकता। संसार में बहुत सारे तथाकथित गुरु हुए हैं, जिन्होंने अज्ञान को मिटाने के बजाय बढ़ाया है, प्रभु के स्वरूप के रहस्य को समझाने के बजाय और उलझाया है। अत: धर्म के रहस्य को समझने का मन हो तो सच्चे गुरु की तलाश करनी चाहिए। विवेकानन्द ने कई बार अपने गुरु रामकृष्ण परमहंस की परीक्षा ली थी।

रामकृष्ण परमहंस के बारे में प्रसिद्ध था कि वे पैसा नहीं छूते हैं। विवेकानन्द इसे ढोंग समझते थे। उन्होंने एक दिन रामकृष्ण परमहंस के आसन के नीचे एक रुपये का सिक्का छिपाकर रख दिया। रामकृष्ण जैसे ही आसन पर आकर बैठे कि उछल पड़े, ''अरे! किसने गड़बड़ किया?''

जब आसन को उठाकर देखा गया तो नीचे एक रुपये का सिक्का था। विवेकानन्द लज्जित हो गये। रामकृष्ण ने स्नेहपूर्वक कहा, ''नरेन्द्र! (विवेकानन्द का पूर्ण नाम) घबड़ाओ नहीं, तुम जीवन भर के लिए गुरु चुन रहे हो, परीक्षा तो करनी ही चाहिए।''

यदि सोच-समझकर गुरु चुना जाय तो ज्ञान की सच्ची उपलब्धि होती है; अन्यथा हम स्वयं के साथ भी ठगी करते हैं और दूसरों के साथ भी। नकली गुरु की एक पुरानी कथा है। एक साधु जंगल में तपस्या कर रहा था। उसकी नाक कटी हुई थी। उसके पास एक जिज्ञासु साधक पहुँचा, ''महाराज! मैं प्रभु के दर्शन करना चाहता हूँ। मुझे कोई उपाय बताइए।''

साधु ने मधुर भाव से कहा, ''मैंने अपनी घोर तपस्या से यह सिद्धि प्राप्त कर ली है कि मैं तुझे क्षण मात्र में दर्शन करा सकता हूँ।''

''कैसे, महाराज?'' साधक ने आश्चर्य से पूछा।

साधु ने गम्भीर स्वर में कहा, ''मेरे पास एक दिव्य चाकू है। मैं उससे तुम्हारी नाक को काट दूँगा। नाक कटते ही तुम्हें परमात्मा के दर्शन हो जायेंगे। मुझे भी इसी

तरह से दर्शन हुआ था।''

भाव-विभोर और श्रद्धा से परिपूर्ण साधक ने तत्काल गुरु से अपनी नाक कटवा ली। पर आश्चर्य! उसे प्रभु के दर्शन नहीं हुए।

उसने गुरु से कहा, ''भगवान् तो दिखाई नहीं देते।''

गुरु ने हँसकर कहा, ''भगवान् दिखाई दें या न दें, अब तो तुम्हारी नाक कट गयी। नाक तो मिलेगी नहीं, फिर चिल्लाने से क्या फायदा? मेरे साथ रहो, हम भगवान् के दर्शन के नाम पर सबकी नाक काटेंगे।''

नाक खो देने के बाद साधक क्या करता? उसने शिष्य बनना स्वीकार कर लिया। इस तरह भगवान् के दर्शन के लिए नाक कटों का सम्प्रदाय बन गया।

संसार में भगवान् के नाम पर ठगी करनेवाले सम्प्रदायों और गुरुओं की कमी नहीं है। पार्वती उस पचड़े में नहीं पड़ना चाहती थीं। वह रामकथा कहनेवाले गुरु शिव की योग्यता के बारे में बताती हैं। वह उन्हें 'बिमल बिबेका' कहती हैं। सच्चा गुरु वही है जिसका ज्ञान निर्मल हो।

विवेक के साथ विमल का प्रयोग बड़ा अर्थवान् है। विवेक तो स्वयं में ही परिपूर्ण है। जहाँ अच्छे और बुरे की पहचान होती है वहीं विवेक होता है। जैसे दूध श्वेत होता है, आग तापयुक्त होती है। उसी तरह विमल होना तो विवेक का स्वभाव है। फिर विवेक के विशेषण के रूप में विमल को क्यों लगाया गया? ऐसा देखा जाता है कि मनुष्य अपने विवेक का प्रयोग कृत्रिम रूप में भी करता है। स्व आचरण में तो वह स्वार्थ-प्रेरित होता है, लेकिन दूसरों को समझाने के लिए वह परम विवेकी हो जाता है। हम अपने जीवन में भी देखते हैं कि यदि हमें कहीं से नाजायज धन मिल रहा हो तो हम विवेक की चेतावनी की उपेक्षा करके स्वार्थपरता को महत्त्व दे देते हैं, किन्तु यदि दूसरा उसी नाजायज धन को ले रहा हो तो हम उसे विवेकवान् बनने की सीख देते हैं। यह विमल विवेक नहीं, यह मलिन विवेक है।

शिवजी विमल विवेक-सम्पन्न हैं। पार्वती को इस बात का पूरा विश्वास है कि शिवजी की वाणी से निकलनेवाली कथा जीवन को धन्य करनेवाली और मन को परम तृप्त करनेवाली होगी। इसीलिए वह अधिक-से-अधिक कथा विस्तारपूर्वक सुनना चाहती हैं।

जो प्रभु मैं पूछा नहिं होई।
सोउ दयाल राखहु जनि गोई॥

—हे प्रभो! जो बात मैंने न भी पूछी हो, हे दयालु! उसे भी आप छिपा न रखिएगा।

सच्चा जिज्ञासु अधिक-से-अधिक जानना चाहता है। वह ज्ञान की गहराई तक उतरना चाहता है। संसार में बहुत लोग ऐसे होते हैं जो ज्ञान-सिन्धु को तट से ही प्रणाम कर लेते हैं। कुछ लोग जरा सा जल छूकर अपने आपको सन्तुष्ट कर लेते हैं। कुछ लोग नौका सन्तरण करके प्रसन्न होते हैं। लेकिन गहरे आनन्द के इच्छुक समुद्र में छलाँग लगाकर उसकी गहराइयों में उतरना चाहते हैं। पार्वती गहराइयों में उतरना चाहती हैं। रामकथा को ऊपरी तौर पर जानने-समझने की उनकी इच्छा नहीं है। शिव जैसे ज्ञान-सागर गुरु से भला सतही कथा कौन समझदार व्यक्ति सुनना चाहेगा!

पार्वती अपनी जिज्ञासा को तनिक भी छिपाती नहीं हैं। वह स्पष्ट शब्दों में शिवजी से कहती हैं कि अगर मैंने कुछ नहीं पूछा हो तो भी आप उसके बारे में बताइए। अज्ञानवश मैं ज्ञान की अथाह गहराइयों में उतर नहीं सकती। आप मुझे अपने साथ ले चलिए। आपके साथ रहने से मैं अबाधित रूप से निर्भयतापूर्वक ज्ञान-सागर के गहन तल तक जा सकूँगी।

माता पार्वती कथा के तन्त्र को तो अच्छी तरह से जानती हैं, लेकिन उसके भीतर छिपे गूढ़ रहस्यों को जानने की उनकी प्रबल आकांक्षा है। सच्चे जिज्ञासु साधक के लिए कथा मात्र आधार ही होती है। कथा से लाभ भी है और हानि भी। कथा की खूबी यह है कि वह सरसता और सरलता से तत्त्व तक पहुँचा देती है। इसीलिए जनसामान्य में वेद-उपनिषद् से अधिक पुराणों की भाषा लोकप्रिय हुई। लेकिन इनकी खराबी यह है कि ये अपनी सरसता और सरलता में व्यक्ति को इतना बाँध लेती हैं कि वह तत्त्व को भूल ही जाता है। इसीलिए हम देखते हैं कि पुराण-प्रिय व्यक्ति तत्त्व से नितान्त अछूता रह जाता है। पार्वतीजी पुराण कथा और तत्त्व कथा दोनों का समन्वय चाहती हैं। उन्हें सहज-सुबोध तत्त्वज्ञान की कामना है।

पार्वती की यह कामना ही रामचरितमानस का आधारभूत लक्ष्य है। तुलसीदासजी जनसाधारण को कथा की कुसुम कोमलता में ही उलझाये नहीं रखना चाहते हैं, वह उन्हें दुलार-पुचकारकर तत्त्वज्ञान की ऊँचाइयों तक ले जाना चाहते हैं। वस्तुतः कोई भी समाज श्रेष्ठ तत्त्वज्ञान के बिना अपनी सांस्कृतिक विरासत को गरिमामण्डित नहीं कर सकता है। स्वयं समाज भी दार्शनिक आधार के बिना जड़ हो जाता है।

रामचरितमानस के शब्द-शब्द में तुलसी के हृदय की यही करुणा दिखाई देती है। वह मानस के तीनों श्रोताओं—भरद्वाज, पार्वती और गरुड़ के माध्यम से राम की पुराण कथा और तत्त्व कथा को हर एक तक पहुँचाना चाहते हैं, क्योंकि

उन्हें समाज का मनोरंजन नहीं, उद्धार काम्य था।

अपने लक्ष्य की व्यापकता को ध्यान में रखकर ही तुलसीदास पार्वतीजी के मुख से कहलाते हैं कि हे प्रभु शिव! जो मैंने पूछा है, उसी तक आप सीमित न रहिएगा। आप जो भी जानते हैं, उसमें से कुछ भी छिपाकर मत रखिएगा। मैं विदुषी नहीं हूँ कि बार-बार सवाल करके आपसे अधिकाधिक जानने का प्रयत्न कर सकूँ। मैं तो भक्ति से परिपूर्ण जिज्ञासु हूँ। सवाल करने की अधिक शक्ति मुझमें नहीं है; पर हाँ, सुनने की अपार शक्ति मुझमें है। अतः बिना कुछ छिपाये आप सबकुछ बतायें।

तुम्ह त्रिभुवन गुर बेद बखाना।
आन जीव पाँवर का जाना॥

—वेदों ने आपको तीनों लोकों का गुरु कहा है। दूसरे पामर जीव इस रहस्य को क्या जानें।

इस चौपाई में एक बहुत महत्त्वपूर्ण बात कही गयी है। आध्यात्मिक रहस्य की कथाएँ हर ऐरे-गैरे से नहीं सुननी चाहिए। यदि श्रेष्ठ गुरु न मिले तो कथाएँ भक्ति से ज्यादा भ्रम पैदा करती हैं। मन शान्त होने के बजाय क्षुब्ध हो जाता है। उलझनें सुलझने के स्थान पर कहीं ज्यादा उलझ जाती हैं। नीम-हकीम गुरु के चक्कर में फँसकर साधक कभी साधना की ऊँचाइयों तक नहीं चढ़ पाता है। वह लोक और परलोक दोनों के सुख को खो बैठता है।

जिस युग में तुलसीदास रामचरितमानस लिख रहे थे उस युग में ऐसी ही स्थिति थी। अनेक तरह के लोग पाखण्डपूर्ण धर्म का प्रचार कर रहे थे। इससे जनमानस अत्यन्त भ्रमित था। ऐसी ही स्थिति आज के युग में भी है। संसार में भगवानों और मसीहाओं की बाढ़ आ गयी है। हर कोई मानव उद्धार का 'हिट' फॉर्मूला लिये घूम रहा है। कठिन तपस्या और साधना से मिलनेवाली उपलब्धियाँ आज 'फास्ट फूड' की तरह बिक रही हैं। जीवन सर्वस्व के समर्पण से उपलब्ध होनेवाला आध्यात्मिक ज्ञान आज डॉलर दान से मिल रहा है। आधुनिक संचार माध्यमों का सहारा लेकर धर्म-व्यवसाय अपरिमित रूप से फल-फूल रहा है।

इस स्थिति को रोकने का एक ही उपाय है—सच्चे गुरु की खोज। पार्वती इसी बात पर बल दे रही हैं। वह कहती हैं कि शिवजी तीनों लोकों के गुरु हैं। यह तथ्य वेद द्वारा प्रतिष्ठित है। हिन्दू धर्म में वेद को परम प्रमाण माना गया है। किसी तथ्य की वास्तविकता को जानने के लिए वेद से उसका प्रमाणित होना आवश्यक

माना गया है। यह ठीक किसी देश के लोकतान्त्रिक संविधान की तरह है। जो नियम इस संविधान के अनुकूल नहीं होगा, उसे मान्यता नहीं मिल सकेगी।

इस तरह पार्वती बताती हैं कि रामकथा की वास्तविकता का वर्णन करने के लिए शिवजी परम अधिकारी पुरुष हैं। वेदों ने उन्हें तीनों लोकों का गुरु कहा है। यहाँ तीन लोक का हवाला देना भी महत्त्वपूर्ण है। कोई मनुष्य यदि दस-बीस का भी गुरु हो जाता है तो अहंकार और अभिमान से भर उठता है। शिवजी तो तीन लोक के गुरु हैं। अतः उनकी ज्ञान गरिमा की तो थाह ले पाना ही कठिन है। ऐसा गहन ज्ञानी कथा को सुनायेगा तो उसकी गहराइयों तक श्रोता को ले जायेगा।

इस सन्दर्भ में पार्वतीजी एक दूसरी बात यह भी कहती हैं कि साधारण सांसारिक मनुष्य आध्यात्मिक रहस्य को नहीं समझा सकता है। ज्ञान प्राप्त करने के लिए श्रोता और वक्ता के शैक्षणिक स्तर में भेद आवश्यक है। यदि श्रोता और वक्ता एक ही स्तर के होंगे तो कथा भी नीरस हो जायेगी और ज्ञान भी प्राप्त नहीं होगा।

यहाँ एक बात और ध्यान देने लायक है। जो लोग सदा संसार में डूबे रहते हैं, आध्यात्मिक ज्ञान उनके लिए वाग्विलास तो हो सकता है, लेकिन अनुभूति का विषय नहीं होता। अनुभूति के बिना आध्यात्मिकता प्रभावकारी नहीं होती है। इसीलिए संसार के सभी धर्मों में शास्त्रीय विवेचन से धर्मतत्त्व को समझने के मुकाबले अनुभूति से उसकी प्राप्ति को अधिक महत्त्व दिया गया है। इसीलिए सन्त-महात्माओं को अकादमिक विद्वानों से अधिक महत्त्व दिया जाता है। अनुभूति जीवन को रूपान्तरित करती है। इसीलिए सन्त-महात्माओं के संसर्ग में रहने और उनके वचनों को सुनने के लिए कहा गया है।

शिवजी की आध्यात्मिक अनुभूति को पार्वतीजी अच्छी तरह समझती हैं। इसीलिए उनसे कथा सुनाने का आग्रह करती हैं। पार्वती यह भी जानती हैं कि आध्यात्मिक अनुभूति-सम्पन्न व्यक्ति ही पारमार्थिक तत्त्व की गहराई को, उसकी रहस्यात्मकता को भीतर तक समझता है। इसीलिए वह किसी संसारी व्यक्ति से कथा न सुनकर परम परमार्थी शिवजी से सुनना चाहती हैं।

प्रस्न उमा कै सहज सुहाई।
छल बिहीन सुनि सिव मन भाई॥

—पार्वती के सहज, सुन्दर और छलरहित (सरल) प्रश्न सुनकर शिवजी के मन को बहुत अच्छे लगे।

सच्चे और नकली साधक में यही अन्तर है। सच्चा साधक सहज, सुन्दर और सरल ढंग से अपनी जिज्ञासा को प्रस्तुत करता है। नकली साधक कुतर्की होता है। वह अपनी बुद्धि और विद्वत्ता को दिखाने के लिए प्रश्न करता है। वह बतानेवाले को हराने में ज्यादा रुचि रखता है। स्वयं जानने की उसकी उतनी मन:स्थिति नहीं होती है।

टेढ़ी बुद्धि का व्यक्ति ज्ञान प्राप्त करने के लिए न तो तैयार होता है और न उसकी क्षमता ही ऐसा करने को होती है। वह अनुभूति और उपलब्धि के क्षणों में भी अपनी अहम्मन्यता का शिकार रहता है। किन्तु सरल बुद्धिवाला निष्कपट व्यक्ति का अहंकार एकदम घुल-मिट गया होता है। अत: ऐसा व्यक्ति नितान्त ग्रहणशील बन जाता है। उसका समूचा अस्तित्व सत्य के प्रवेश के लिए द्वार बन जाता है। पार्वती अपने प्रश्न के माध्यम से इसी तरह का द्वार बन गयी थीं। इसीलिए शिवजी को उनके प्रश्न बहुत अच्छे लगे।

जब प्रश्न अच्छे लगते हैं तो उनका उत्तर देने में रसमयता बढ़ जाती है। वक्ता और श्रोता दोनों कथा के रस में सराबोर हो जाते हैं। कथा के बीच के सारे बाधक तत्त्व नष्ट हो जाते हैं। फलत: कथा का प्रभाव अत्यन्त गहरा हो जाता है।

हर हियँ रामचरित सब आए।
प्रेम पुलक लोचन जल छाए॥

—शिवजी के हृदय में सारे रामचरित्र आ गये। प्रेम के मारे उनका शरीर पुलकित हो गया और नेत्रों में जल भर आया।

पार्वतीजी के सहज, सुन्दर और छलरहित सरल प्रश्न से शिवजी का हृदय राममय हो उठा। अगर यह सवाल दुष्ट बुद्धि से किया गया होता तो निश्चित रूप से शिवजी इतने आनन्दित नहीं होते। जब ऐसा ही प्रश्न सती ने टेढ़ी बुद्धि से किया था तो शिवजी इस तरह से आनन्दित नहीं हुए थे। उससे यही अर्थ निकलता है कि जैसे वक्ता का श्रोता पर असर पड़ता है उसी तरह श्रोता का भी वक्ता पर प्रभाव पड़ता है। इसी कारण पार्वती के प्रश्न की सहजता ने शिवजी को 'रामचरित्र' से परिपूर्ण कर दिया।

राममय हो जाने के बाद शिवजी अपने को सँभाल नहीं पाये। उनका शरीर पुलकित हो उठा और नेत्रों में जल भर आया। भक्त कभी भी भगवान् की अनुभूति के बाद अपने आपको रोक नहीं पाता है। मीराँ कृष्ण के भाव में नाचने लगती थीं। चैतन्य महाप्रभु कृष्ण का कीर्तन करते हुए भाव-समाधि में डूब जाते थे।

रामकृष्ण परमहंस प्रभु का नाम कभी भी भजन-कीर्तन के समय सुनकर भावाविष्ट हो जाते थे।

ज्ञानी चुप रहता है, पर भक्त मुखर हो उठता है। ज्ञानी सोचता है कि सबकुछ प्रभु ही है तो फिर भला किससे क्या बोलना! भक्त सोचता है कि यह जगत् तो प्रभु की कृपा का चमत्कार है। ऐसे कृपावान् प्रभु के गुण को घर-घर पहुँचाना उसका परम कर्तव्य है। ऐसे करुणामय परमात्मा का गुणगान करना जीवन को धन्य बनाना है। इसीलिए ज्ञानी सनकादि ऋषि मौन हो जाते हैं और भक्त नारद एकतारा लेकर अहर्निश सारे संसार में भक्ति की अलख जगाते हैं। सम्भवत: यही कारण है कि ज्ञानियों ने जनसाधारण को बहुत कम लुभाया, जबकि भक्ति ने सबको अपने रसभाव से विभोर कर दिया। ज्ञानियों के 'प्रभु होने' से अधिक लोगों ने भक्तों के 'प्रभु को पाने' को महत्त्व दिया। पार्वती के प्रश्न से भक्त शिव तत्काल भगवान् को पा गये।

श्रीरघुनाथ रूप उर आवा।
परमानंद अमित सुख पावा॥

—श्रीरघुनाथजी का रूप उनके हृदय में आ गया, जिससे परमानन्द स्वरूप शिवजी ने भी अपार सुख पाया।

सांसारिक जीवन में भी हम देखते हैं कि जिसे हम प्रेम करते हैं, यदि उसकी छवि हमारी स्मृति में आ जाये तो हमें बड़ी तृप्ति मिलती है। शिव की अनुभूति तो संसार के परे की है। उनके हृदय में तो साक्षात् परमात्मा का स्वरूप आ बसा है, अत: उनके सुख की कोई सीमा ही नहीं है। शिव परमानन्द के स्वरूप हैं, फिर भी अत्यन्त सुख पा रहे हैं। दुखियारा व्यक्ति सुख को पाकर आनन्दित हो उठे तो इसे तर्कपूर्ण कहा जा सकता है; लेकिन यदि सुख का धाम सुख को पाकर आनन्दित हो उठे तो समझना चाहिए कि यह सुख और सुखों से अलग है। इसमें निश्चित रूप से कोई अनोखापन है।

आराध्य को पाने का सुख सर्वाधिक अनुपम और दुर्लभ होता है। यह प्राप्ति जीवन को लक्ष्यसिद्ध करती है। इसीलिए सच्चे भक्त प्रभु को पाने के लिए ही लालायित रहते हैं। सत्संग की महिमा इसीलिए है, क्योंकि वह प्रभु तक ले जाने का माध्यम बनता है। कितना प्रिय है! पार्वती ने अपने सत्संग की शुरुआत ही की है, किन्तु शिवजी राममय हो गये हैं। उनके हृदय में राम का अवतरण हो गया है। यदि पार्वती ने कोई सांसारिक वस्तु माँगी होती तो निश्चित रूप से शिव के हृदय में

राम नहीं उतरते। अतः निष्कर्ष निकलता है कि जीवन में प्रभु के आगमन को सुलभ बनाने के लिए सत्संग परम आवश्यक है।

मगन ध्यान रस दंड जुग पुनि मन बाहेर कीन्ह।
रघुपति चरित महेस तब हरषित बरनै लीन्ह॥

—शिवजी दो घड़ी तक ध्यान के रस में डूबे रहे। फिर उन्होंने मन को बाहर खींचा और तब वे प्रसन्न होकर श्रीराम का चरित्र वर्णन करने लगे।

हृदय में परमात्मा को पाकर शिवजी संसार में नहीं रह सके। उनका मन प्रभु के चरणों में लिपट गया। भक्ति की यह चरम स्थिति है। भगवान् को पाकर भक्त संसार के आकर्षण को खो बैठता है। यह रसीला संसार उसके लिए नीरस हो जाता है। इसीलिए भक्त मस्तमौला कहे जाते हैं। उन्हें किसी मान-सम्मान की चिन्ता नहीं रहती है। कुम्भनदास ने भक्ति के बल ही अकबर के राजदरबार में जाने से मना कर दिया था। उनका प्रसिद्ध पद है—'मो को काह सीकरीं सो काम'—मुझे सीकरी के राजभवन से क्या लेना-देना! राजा से मिलने के संसार के सर्वोच्च आकर्षण को प्रभु को पाकर भक्त ठुकरा देता है। इसी ध्यान के बल पर शिव योगी बन गये हैं।

समय ऐसा था कि शिव सहज में ही समाधि में चले जाते। लेकिन उन्हें पार्वती के प्रश्न ने बाँध रखा था। उन्होंने हृदय में प्रभु को पा लिया था। कथा का स्मरण करके वह राममय हो गये थे; लेकिन अब उन्हें वाणी से वही कथा सुनानी थी। अतः वे देर तक अपने मन को ध्यान में नहीं टिकाये रख सकते थे। इसी कारण उन्होंने अपने मन को बाहर किया। लेकिन यह यात्रा प्रभु से संसार की ओर नहीं थी, यह तो प्रभु से प्रभु की ओर थी। भीतर बैठे प्रभु की कीर्तिकथा को बाहर लाना था। हृदय जिसे देख रहा था, वाणी को उसका वर्णन करना था।

भक्त जब प्रभु से प्रभु की यात्रा अन्तर्मन से बहिर्मन तक के बीच करता है तो परम प्रसन्न होता है। भक्त के लिए वह स्थिति अत्यन्त काम्य होती है, जब वह संसार को विषय-विकारमय न पाकर प्रभुमय पाता है। इसके विपरीत स्थिति होने पर वह संसार से भागता है। कोई उसे संसार में खींचता है तो वह क्षुब्ध हो उठता है। भगवान् शिव को जब कामदेव ने समाधि से संसार की ओर खींचा था तो वे क्रोधातुर हो उठे थे। किन्तु आज भीतर-बाहर राम को पाकर वे परम प्रसन्न हैं। वह मुदित मन से पार्वती को राम की कथा सुनाने के लिए तैयार हो गये। कथा सुनाने से पहले वह राम की वन्दना करते हैं।

झूठेउ सत्य जाहि बिनु जानें।
जिमि भुजंग बिनु रजु पहिचानें॥

—जिसके बिना जाने झूठ भी सत्य मालूम होता है, जैसे बिना पहचाने रस्सी में साँप का भ्रम हो जाता है।

शिवजी श्रीराम की वन्दना जिस रूप में कर रहे हैं वह अवसरानुकूल है। सती ने राम की नरलीला को सत्य मानकर उन्हें साधारण मनुष्य समझ लिया था। शिवजी नहीं चाहते कि पार्वती को आरम्भ में ही कोई ऐसा भ्रम हो, इसीलिए कहते हैं कि सारे जागतिक भ्रम राम को न जानने के कारण होते हैं। राम का वास्तविक स्वरूप जान लिया जाय तो रस्सी को साँप समझने की तरह जगत् के वास्तविक होने का आभास नष्ट हो जाता है। वस्तुत: यदि राम को समझ लिया जाये तो माया का खेल उसकी यथार्थता में समझ में आ जाता है। फिर जीवन में कोई भ्रम बचता नहीं। जैसे जादूगर लोगों को खेल दिखाकर चमत्कृत करता है, लेकिन उसके घरवाले, जो अच्छी तरह से उसे जानते हैं, उसके जादू से प्रभावित या चकित नहीं होते हैं। अत: राम की माया से बचने के लिए राम को जानना आवश्यक है।

जेहि जानें जग जाइ हेराई।
जागें जथा सपन भ्रम जाई॥

—जिसको जान लेने पर जगत् का उसी तरह से लोप हो जाता है जैसे जागने पर स्वप्न का भ्रम जाता रहता है।

ब्रह्म और जगत् के सम्बन्धों को व्याख्यायित करने के लिए हिन्दू मनीषा का यह बड़ा पुराना तर्क है। स्वप्न का सहारा लेकर कहा जाता है कि जैसे जागने पर स्वप्न में रचा संसार स्वत: समाप्त हो जाता है उसी तरह प्रभु को जान लेने पर जगत् अपनी यथार्थता खोकर सपना मात्र रह जाता है। अत: जीवन के सारे शोक-विषाद स्वयं ही विनष्ट हो जाते हैं। अगर मनुष्य को जगत् के माया-प्रपंच से दूर जाना है तो उसे राम को ही जानना होगा। और कोई मार्ग नहीं है।

बंदउँ बालरूप सोइ रामू।
सब सिधि सुलभ जपत जिसु नामू॥

—मैं उन्हीं श्रीराम के बाल रूप की वन्दना करता हूँ, जिनका नाम जपने से सब सिद्धियाँ सहज ही प्राप्त हो जाती हैं।

भगवान् शिव पार्वतीजी की श्रद्धा को दृढ़ करने के लिए अनेक उपाय कर रहे

हैं। जब तक श्रद्धा हृदय की गहराइयों तक उतरी न हो तब तक कथा का पूर्ण लाभ नहीं होता है। शिवजी इसी तथ्य को ध्यान में रखकर पार्वती के मन में राम के ऊपर ऐकान्तिक रूप से टिकाने का प्रयत्न कर रहे हैं। सबसे पहले वह कहते हैं कि राम को ही जानना आवश्यक है, फिर कहते हैं कि राम को जान लेने से जग-प्रपंच का सारा भ्रम चला जाता है। अब कहते हैं कि राम का नाम जपने से सभी सिद्धियाँ मिल जाती हैं।

इस संसार में जीनेवाला मनुष्य इच्छाओं का प्रबल ज्वार अपने भीतर समेटे रहता है। वास्तव में वह इच्छाओं के सहारे ही जीता है, उन्हींकी पूर्ति के लिए भागता-दौड़ता रहता है। अगर उनकी पूर्ति का कोई मूलमन्त्र मिल जाय तो मनुष्य को अपनी स्वाभाविक शान्ति मिल सकती है। शिवजी राम के नाम को समस्त इच्छाओं की तृप्ति का मूलमन्त्र मानते हैं। ऐसा कहने का सबसे बड़ा लाभ यह है कि जीवन की भाग-दौड़ रुक जाती है। मनुष्य शान्त मन हो जाता है। एकनिष्ठ होकर परमात्मा के प्रति अपने को समर्पित कर पाता है। उसके भीतर यह विश्वास प्रबल हो उठता है कि प्रभु को पाने के बाद और कुछ पाने को बचता ही नहीं है।

यहाँ शिवजी एक और महत्त्वपूर्ण बात कहते हैं। वह राम के बालरूप की वन्दना करते हैं। आखिर ऐसा रेखांकन करने की क्या आवश्यकता थी? प्रभु का वन्दन तो किसी भी रूप में किया जा सकता है। किसी रूप विशेष की आराधना करने से भला प्रार्थना में कोई गुणात्मक अन्तर क्यों आयेगा? भगवान् तो हर रूप में परम सुन्दर, परम काम्य और परम दयालु हैं। मेरी समझ से शिवजी द्वारा 'बालरूप वन्दन' का गहरा अर्थ है। सती और पार्वती दोनों की समस्या यही थी कि परमात्मा निराकार से साकार कैसे होता है? इसे जड़ से उखाड़ने के लिए शिवजी ने राम के बालरूप का वन्दन किया। संकेत से शिवजी ने पार्वती को समझाया कि निराकार ब्रह्म जब साकार होकर शिशु बनता है तब परम प्रिय हो जाता है। यों तो साधारण बालक भी प्रिय होता है, लेकिन यदि साक्षात् ब्रह्म ही शिशु बनकर माँ की गोद में और घर के आँगन में किलकारी भरने लगे तो ऐसे भाग्य का कहना ही क्या! इसीलिए भक्त बाललीला को बहुत महत्त्व देते हैं। इससे उन्हें परमात्मा के साथ हँसने-खेलने का अवसर प्राप्त होता है। भगवान् सयाना हो तो सम्भवतः भक्त उसे देखकर संकुचित और भयभीत हो जाये, पर जब प्रभु शिशु होता है तो भक्त उन्मुक्त और निर्भय होकर उसके साथ खेलता है। शिशु भगवान् की अबोधता, सरलता और निर्दोषता भक्त को बहुत लुभाती है। भक्त के लिए ऐसे प्रभु की छवि अत्यन्त चित्ताकर्षक होती है।

माँ को तो शिशु से ज्यादा ही प्यार होता है। इसीलिए राम को 'कौसल्या हितकारी' और कृष्ण को 'देवकी परमानन्द' कहा गया। राम और कृष्ण दोनों माँ के लिए कल्याणकारी और परमानन्ददायक हैं। पार्वती माँ हैं। अत: बालरूप भगवान् की वन्दना उन्हें ज्यादा भीतर तक छुएगी, ऐसा शिवजी का विश्वास है। प्रभु की प्रीति में नहाकर कथा सुनने से निश्चित रूप से कथा का प्रभाव गहरा होगा।

मंगल भवन अमंगल हारी।
द्रवउ सो दसरथ अजिर बिहारी॥

—मंगल के धाम, अमंगल के हरनेवाले और श्रीदशरथजी के आँगन में खेलनेवाले (बालरूप) श्रीराम मुझपर कृपा करें।

रामचरितमानस की कुछ चौपाइयाँ अपने दैवी प्रभाव के कारण महामन्त्र बन गयी हैं। उनमें से एक चौपाई यह भी है। रामचरितमानस के भक्त इसे सम्पुट के रूप में हर चौपाई के साथ गाने का आनन्द लेते हैं, हर दोहे की समाप्ति पर इसका उच्चार करते हैं। संकट और पीड़ा के समय में, आनन्द और उल्लास के क्षण में इसका जप करते हैं। यह चौपाई भक्तों को बहुत प्रिय है। आइए, इसके प्यारे अर्थ पर भी दृष्टि डालें।

इस चौपाई में भगवान् की कई विशेषताओं का वर्णन किया गया है। सबसे पहले उन्हें 'मंगल भवन' कहा गया है। वे कल्याण के घर हैं। साधारणतया मनुष्य भगवान् को इसीलिए प्यार करता है, क्योंकि वह जानता है कि वे मंगल के भवन हैं। अगर भगवान् में कल्याण करने की शक्ति न रहे तो संसार के सारे मन्दिर सम्भवत: खाली हो जायेंगे। इसीलिए कहा गया कि उनमें कल्याण करने की अपार शक्ति है। उनके घर में सदैव मंगल का खजाना भरा रहता है। दूसरी बात कही गयी कि वे अमंगल को दूर करनेवाले हैं। भगवान् का 'मंगल भवन' गुण तभी सार्थक होगा जब वह अमंगल को दूर करनेवाला हो। मान लीजिए, किसीके पास अपार धन हो, लेकिन यदि वह उस धन से किसी दु:खी व्यक्ति का दु:ख दूर न करे तो ऐसे धन का क्या लाभ? इसी तरह यदि मंगल भवन हो, उसके पास मंगल करने की बड़ी शक्ति हो, लेकिन यदि वह 'अमंगल हारी' न हो, दु:ख को दूर करनेवाला न हो तो उसकी शक्ति व्यर्थ ही मानी जायेगी। किन्तु भगवान् किसी कंजूस धनी की तरह नहीं है। वह कृपालु और उदार दानी है। इसीलिए उसे 'मंगल भवन' और 'अमंगल हारी' कहा गया।

लेकिन भक्त के लिए बात यहीं खत्म नहीं होती। वह सोचता है कि भगवान्

यदि मंगल भवन और अमंगल हारी हो, किन्तु कहीं बहुत दूर रहता हो तो भक्त उस तक आसानी से पहुँचेगा कैसे? कोई दानी व्यक्ति यदि हिमालय पर रहता हो तो हर साधनहीन-दीन व्यक्ति उस तक पहुँचेगा कैसे? इसीलिए भक्तों ने हिमालय से उतारकर शिव को काशी में बैठाया और राम के लिए कहा कि वे वैकुण्ठ या क्षीरसागर में नहीं, दशरथ के आँगन में खेलनेवाले हैं। मजेदार बात यह है कि वे दशरथ के विशाल राजभवन में किसी सुसज्जित कक्ष में आमोद-प्रमोदरत नहीं हैं, वे मस्त होकर आँगन में दौड़-दौड़कर, घूम-फिरकर खेल रहे हैं। साधारण-से-साधारण भक्त भी उनकी छवि निहार सकता है, उनके मनोहारी स्वरूप को देखकर अपने को धन्य कर सकता है। इस तरह भक्तों का भगवान् सर्वप्राप्य है। वह कहीं दूर नहीं रहता है।

अन्त में कहा गया कि दशरथ के आँगन में खेलनेवाले प्रभु राम 'बालरूप' हैं। यह बड़ा मनोवैज्ञानिक है। बालक जब खेलता है तो परम आनन्दित होता है और परम उदार होता है। खिलौना देकर बालक से कुछ भी माँगा जा सकता है। अतः भक्त समझता है कि 'बाल भगवान्' से भक्ति का वरदान पाना, भव-बन्धन से मुक्ति माँगना ज्यादा आसान है।

शिव और पार्वती दोनों वरदान के अभिलाषी हैं। शिव को श्रद्धा और भक्तिपूर्वक रामकथा कहने की और पार्वती को सुनने की शक्ति चाहिए। यह शक्ति भोलेभाले बालक राम आसानी से दे सकेंगे, ऐसा शिवजी को विश्वास है।

धन्य धन्य गिरिराजकुमारी।
तुम्ह समान नहिं कोउ उपकारी॥

—हे गिरिराजकुमारी पार्वती! तुम धन्य हो! धन्य हो!! तुम्हारे समान कोई उपकारी नहीं है।

राम के श्रीचरणों की वन्दना करने के बाद भगवान् शिव अत्यन्त प्रेमपूर्वक पार्वती की प्रशंसा करते हैं। कहते हैं कि तुम्हारे समान कोई उपकारी नहीं है। तुम धन्य हो। आइए, शिव के इस कथन की गहराइयों में चलें। हमारे धर्म में घर-परिवार में ही लगे रहने को स्वार्थपूर्ण जीवन कहा गया है। मनुष्य को घर-परिवार के दायरे से बाहर जाकर परोपकार का भी काम करना चाहिए, जिससे जीवन निस्स्वार्थ और परमार्थ से परिपूर्ण हो सके। पार्वती ने घर-परिवार के झमेले से हटकर राम की कथा जानने की उत्सुकता प्रकट की है। यह शिव को बहुत अच्छा लगा। प्रभु की कथा से सबका उपकार होता है। हम जानते हैं कि

हमारी सभी पूजाओं में सर्वमंगल की कामना की जाती है। स्वार्थी मन से प्रभु की पूजा हो ही नहीं सकती। यदि कोई करेगा भी तो वह पूजा परमात्मा तक पहुँचेगी ही नहीं।

यहाँ एक बात और ध्यान देने योग्य है। कथा सुनानेवाला नहीं, सुननेवाला महत्त्वपूर्ण और आदरणीय होता है। बहुत सम्भव है कि कथा सुनानेवाला स्वार्थी हो। उसे अपना ज्ञान बघारना हो, अपनी वक्तृता का प्रदर्शन करना हो और दान-दक्षिणा प्राप्त करने की लालसा हो। किन्तु सुननेवाला केवल भक्तिभाव से भरा ही होता है। कथा होती है तो मात्र श्रोता ही नहीं सुनता है, शब्द-ब्रह्म सबके कानों तक पहुँचता है। अगर पार्वती प्रश्न नहीं करतीं तो सम्भवतः शिव घर-परिवार की बात करते, या ध्यान-समाधि में डूबे रहते। रामकथा तो निश्चित रूप से नहीं कहते। पार्वती ने शिवजी को राम का गुणगान करने का अवसर दिया। अतएव शिवजी पार्वती के प्रति अत्यन्त आभारी हैं।

तुम्ह रघुबीर चरन अनुरागी।
कीन्हिहु प्रस्न जगत हित लागी॥

—तुम श्रीराम के चरणों में प्रेम करनेवाली हो। तुमने जगत् के कल्याण के लिए ही प्रश्न पूछे हैं।

भगवान् शिव पार्वती के पूर्वजन्म के संशयी मन के संस्कार को एकदम धो-पोंछकर रामकथा को आरम्भ करना चाहते हैं, जिससे उनके श्रद्धावान् मन पर वह अच्छी तरह से अंकित हो उठे। अतः सबसे पहले यह कहते हैं कि समस्त जग को पावन करनेवाली गंगा रूपी रामकथा को पूछकर तुमने बड़ा उपकार किया है। फिर कहते हैं कि तुमने संशयवश नहीं, राम के प्रति अनुराग के कारण यह प्रश्न पूछा है। तुम्हारा राम के चरणों में बड़ा प्रेम है। फिर कहते हैं कि तुमने स्वार्थवश नहीं, जगत् के कल्याण के लिए प्रश्न किया है। शिव के इस कथन से स्पष्ट होता है कि प्रभु के चरणों में अनुराग होने पर व्यक्ति स्वार्थपूर्ण रह ही नहीं पाता है।

इस तरह भगवान् शिव पार्वती के मनोभाव को अत्यन्त सकारात्मक और श्रद्धा से परिपूर्ण बताकर उन्हें कथा-श्रवण के लिए एकाग्रचित्त करते हैं। अपने मनोभावों की पवित्रता का प्रमाण-पत्र शिव से प्राप्त कर पार्वती अवश्य ही आनन्दित हुई होंगी। आनन्द में मनुष्य ज्यादा ग्रहणशील होता है। अतः कथावाचक का यह परम कर्तव्य है कि वह शिवजी की तरह श्रोता को श्रद्धापूर्वक कथा सुनने के लिए तैयार करे।

गिरिजा सुनहु राम कै लीला।
सुर हित दनुज बिमोहनसीला॥

—हे पार्वती! श्रीराम की लीला सुनो, यह देवताओं का कल्याण करनेवाली और दैत्यों को विशेष रूप से मोहित करनेवाली है।

शिवजी आरम्भ में ही पार्वती को सावधान कर देते हैं कि यह कथा नहीं, 'लीला' है। कथा में कथावाचक प्रमुख होता है, वह जैसी चाहे कथा सुनाये। लीला में लीला का सूत्रधार प्रमुख होता है, वह जैसी चाहे पात्रों से भूमिका कराये। अत: शिव स्पष्ट कर देते हैं कि इस कथा में जो कुछ भी होगा वह राम की लीला का फल होगा। उसके सूत्रधार राम ही होंगे। इस कथा की विशेषता यह होगी कि इससे श्रेष्ठ स्वभाव के लोगों का कल्याण होगा और दुष्टों के मन में मोह पैदा होगा। उसका वास्तविक लाभ साधु बुद्धि के लोगों को ही मिलेगा।

रामकथा सुंदर कर तारी।
संसय बिहग उड़ावनिहारी॥

—श्रीराम की कथा हाथ की सुन्दर ताली है, जो सन्देह रूपी पक्षियों को उड़ा देती है।

ताली दो हाथों से बजती है और कथा के लिए भी श्रोता और वक्ता दो का होना आवश्यक है। दोनों हाथों के आघात से उत्पन्न होनेवाली ताली को सुनकर जैसे पक्षी डरकर भाग जाते हैं, उसी तरह वक्ता-श्रोता के बीच चलनेवाली कथा से मन का सन्देह मिट जाता है। यदि सन्देह न मिटे तो समझना चाहिए कि कथा व्यर्थ हुई।

रामकथा कलि बिटप कुठारी।
सादर सुनु गिरिराजकुमारी॥

—रामकथा कलियुग रूपी वृक्ष को काटने की कुल्हाड़ी है। हे गिरिराजकुमारी! तुम इसे आदरपूर्वक सुनो।

जीवन के उद्धार का एक परमप्रिय उपाय शिवजी बताते हैं। वे कहते हैं कि कथा को सादर सुनो। हर श्रोता को ध्यान रखना चाहिए कि बिना आदरपूर्वक सुने कथा का प्रभाव नहीं पड़ता है। अत: आदर परमावश्यक है।

भक्त के लिए कलियुग सबसे बड़ा शत्रु है; क्योंकि इस युग में दूषित और कलुषित इच्छाएँ बहुत प्रबल होती हैं। भक्त इनसे बचने के लिए प्रभु को पुकारता है। अत: शिवजी कहते हैं कि राम की कथा कलियुग में अतीव आवश्यक है। यह

धारदार कुल्हाड़ी की तरह कलियुग के विशाल विषय वृक्ष को काट डालती है।

राम नाम गुन चरित सुहाए।
जनम करम अगनित श्रुति गाए॥

—वेदों ने श्रीराम के सुन्दर नाम, गुण, चरित्र, जन्म और कर्म सभी अनगिनत कहे हैं।

कथा आरम्भ करने से पहले शिवजी अत्यन्त विनम्र हो गये हैं। श्रीराम की महिमा के समक्ष अपने आपको छोटा करके दिखा रहे हैं। वास्तव में जो अपने से बड़ों के सामने छोटा बनता है, वह यथार्थ में अत्यन्त विराट् बन जाता है।

शिवजी कहते हैं कि राम की महिमा तो अपार है। वेदों ने उन्हें अनगिनत माना है। अत: उसमें से क्या कहना और क्या छोड़ना बड़ा कठिन है। वक्ता की यही सबसे बड़ी परीक्षा होती है। कुछ लोग सब बताने के चक्कर में बोर करते हैं और कुछ लोग कम बताने की विनम्रता में श्रोता को अतृप्त छोड़ देते हैं। दोनों स्थितियाँ ठीक नहीं हैं। समझदार वक्ता श्रोता के मन को समझकर कथा को सही सन्दर्भ में प्रस्तुत करता है।

जथा अनंत राम भगवाना।
तथा कथा कीरति गुन नाना॥

—जिस प्रकार भगवान् श्रीराम अनन्त हैं उसी तरह उनकी कथा, कीर्ति और गुण भी अनन्त हैं।

तुलसी के युग में राम की कथा अनेक रूपों में प्रचलित थी। वे किसी भी कथा रूप को अश्रद्धापूर्वक नहीं देखना चाहते थे। सबके प्रति विनत होते हुए भी वह अपने ढंग से ही कथा प्रस्तुत करना चाहते हैं। अत: शिवजी के माध्यम से वह राम के अनन्त गुणों की अनन्त कथा में से कुछ जगमंगलकारी तत्त्व उठा रहे हैं।

तदपि जथा श्रुत जसि मति मोरी।
कहिहउँ देखि प्रीति अति तोरी॥

—तो भी तुम्हारी अत्यन्त प्रीति देखकर जैसा कुछ मैंने सुना है और जैसी मेरी बुद्धि है, उसीके अनुसार मैं कहूँगा।

हिन्दू धर्म में ज्ञान को किसीकी बपौती नहीं माना गया है। मानव मनीषा पीढ़ी-दर-पीढ़ी ज्ञान के भण्डार को भरती है। हर पीढ़ी उसे उत्तराधिकार के रूप में प्राप्त करती है, उसका उपयोग करती है, उसे अपने अनुभव से समृद्ध करती है

और आगे आनेवाली पीढ़ी को हस्तान्तरित कर देती है। इसीलिए शिवजी कहते हैं कि 'जथा श्रुत'—जैसा मैंने सुना है—यह नहीं कहते हैं कि जैसी मैंने खोज की है। ज्ञान को अकेली अपनी खोज कहना निपट अभिमान है।

शिवजी आगे यह भी कहते हैं कि 'जस मति मोरी'—जैसी मेरी बुद्धि है—वैसी ही कथा मैं सुनाऊँगा। ऐसा कहकर शिव अपने ज्ञान के अभिमान का एकदम से परित्याग कर देते हैं। वह कहते हैं कि सुना मैंने चाहे कितना भी हो, पर कहूँगा उतना ही जितना मेरी बुद्धि में समाया है। यह कथन उसी तरह से है जैसे बरसात चाहे कितनी भी क्यों न हो, बरतन में उतना ही पानी समायेगा जितना वह बड़ा होगा। आकार से अधिक पानी बरतन सँभाल ही नहीं सकेगा।

सबसे महत्त्वपूर्ण बात शिवजी यह कहते हैं कि हे पार्वती! तुम्हारी प्रीति देखकर मैं यह कथा कह रहा हूँ। अत: सिद्ध होता है कि कथा की सार्थकता के लिए कथा पर प्रीति होना अनिवार्य है। शिव के इस वचन से हमारे हाथ एक अनमोल सूत्र लगता है। श्रोता प्रीतिवान् हो और वक्ता विनयवान् तो श्रद्धा स्वत: फलित होती है।

राम चरन उपजेउ नव नेहा

जीवन में श्रद्धा-प्राप्ति के दो उपाय सम्भव हैं। पहला यह कि श्रद्धेय पर चुपचाप विश्वास कर लिया जाय और दूसरा यह कि संशय की मरुभूमि से प्रश्नों के पाँव चलकर श्रद्धा की उर्वरा भूमि तक पहुँचा जाय। पहली यात्रा आसान है, लेकिन बड़ी उथली है। दूसरा यात्रा कठिन है, किन्तु गहरी और तलस्पर्शी है। पहली प्रक्रिया से प्राप्त श्रद्धा पर ज्यादा भरोसा नहीं किया जा सकता, जबकि दूसरी प्रक्रिया से प्राप्त श्रद्धा अडिग चट्टान बन जाती है।

पार्वती अडिग श्रद्धा को उपलब्ध करना चाहती हैं। इसीलिए उन्होंने संशय से श्रद्धा का मार्ग चुना है। लेकिन उनके संशय में सती की तरह अनादर भाव नहीं है। उनका संशय बड़ा प्रेमपूर्ण है। इसीलिए उनके प्रश्न जिज्ञासा परिपूर्ण हैं। उनमें किसी को छकाने, फँसाने और हराने की गन्ध नहीं है। बस मात्र जानने की प्रबल उत्कण्ठा है।

अपने प्रश्नों के माध्यम से पार्वती दो बिन्दुओं पर अपनी श्रद्धा को बलवती करने को उत्सुक हैं। सर्वप्रथम वह यह जानना चाहती हैं कि क्या दशरथ-पुत्र राम ही ब्रह्म हैं ? इसके पश्चात् उनकी जिज्ञासा इस बात में है कि आखिर निराकार ब्रह्म साकार बनकर अवतार क्यों लेता है ? उन दोनों बिन्दुओं का खुलासा हो जाये तो पार्वती की जिज्ञासा शान्त हो सकती है।

भगवान् शिव ने पार्वती की दोनों जिज्ञासाओं को प्रेमपूर्वक स्वीकार किया। सती की तरह पार्वती के प्रश्नों ने उन्हें उद्विग्न नहीं किया। शिष्य द्वारा आदरपूर्वक शंका समाधान के लिए पूछे गये सवाल से गुरु कभी विचलित और विक्षुब्ध नहीं होता है। गुरु तो ऐसे प्रश्नों को आमन्त्रित और पूछनेवाले शिष्य को उत्प्रेरित करता है। इसीलिए सारी उपनिषदें प्रश्नोत्तर के गर्भ से पैदा हुई हैं। जीवन का सर्वोत्तम

ज्ञान उत्कण्ठित, चकित-विस्मित मनुष्य के प्रश्न से उत्पन्न होता है। अतएव जिज्ञासु पार्वती के प्रश्न को सुनकर शिव अत्यन्त आनन्दित हैं।

उमा प्रस्न तव सहज सुहाई।
सुखद संत संमत मोहि भाई॥

—हे पार्वती! तुम्हारा प्रश्न स्वाभाविक ही सुन्दर, सुखदायक और सन्त-सम्मत है और मुझे तो बहुत अच्छा लगा है।

ज्ञान के महासागर में ब्रह्म की खोज के लिए उतरनेवाले साधकों में प्रश्न करते समय पार्वती जैसा भाव होना चाहिए। शिवजी उनके प्रश्नों को सच्चे साधक के प्रश्न का गौरव देते हैं। जिज्ञासा के क्षेत्र में उत्तम प्रश्न की एक विशेष कसौटी होती है। प्रश्न स्वाभाविक रूप से सुन्दर होना चाहिए। प्रश्न की शब्दावली, प्रस्तुति और शैली आकर्षक हो। शब्द कटुता बढ़ाने और कष्ट देनेवाले न हों। उनसे सुननेवाले का मन क्षुब्ध न हो।

जब शिष्य के प्रश्न गुरु को रुचिकर लगते हैं तो गुरु अधिक-से-अधिक देने के लिए तत्पर हो उठता है। वाणी का आकर्षण मनुष्य पर सर्वप्रथम पड़ता है। वाणी मधुर और संयत हो जाये तो मनुष्य संसार के हृदय को जीत लेता है। मुझे एक कथा याद आती है। एक महात्माजी रास्ते से जा रहे थे। उन्हें एक बैल ने जोर से सींग मार दिया। महात्माजी घायल हो गये।

किसीने आकर उन्हें उठाया और पूछा, "क्या हो गया, महाराज?"

महात्माजी कराहते हुए बोले, 'बैल महाराज ने जोर से सींग मार दिया, मैं गिर पड़ा।"

आदमी चकित था। उसने पूछा, "महात्माजी! आप बैल को 'महाराज' क्यों कह रहे हैं? वह तो जानवर है।"

महात्माजी बोले, "मैं जो वाणी जानता हूँ, वही बोलता हूँ। मनुष्य या जानवर, शत्रु या मित्र देखकर मैं अपनी वाणी को नहीं बदलता हूँ।"

मधुर-विनम्र वाणी सदैव सुननेवाले को आकर्षित करती है और उदार बनाती है। लेकिन वाणी की यह सुन्दरता स्वाभाविक होनी चाहिए। कुछ लोग अपना काम निकालने के लिए मीठा बोलते हैं। ऐसी क्षणजीवी मृदुता कालान्तर में कटुता उत्पन्न करती है। इसीको ठगी कहते हैं। ठग काम निकालने को ही मृदु रहता है। श्रेष्ठ आचरण के लिए बनावटी मधुरता अत्यन्त वर्जनीय है।

अच्छे प्रश्न की कसौटी है उसका स्वाभाविक सुन्दर होना; लेकिन स्वाभाविक

सुन्दर होने की क्या कसौटी है? इसके लिए शिवजी कहते हैं कि प्रश्न सुखदायक हो। जीवन में हर मनुष्य को सुख की तलाश होती है, अत: जब हम किसीको कुछ देने लायक हों तो सुख ही देना चाहिए। लेकिन ज्यादातर मनुष्य उलटा व्यवहार करता है। वह सुख चाहनेवाले को दु:ख देता है। यह निन्दनीय है। इससे मनुष्य होने की गरिमा नष्ट होती है। सृष्टि जीवन को शान्त-सुखद बनाने के लिए सदा सुखदायक प्रश्न ही करने चाहिए।

अब प्रश्न यह उठता है कि सुखदायक क्या है? बुद्धिमान मनुष्य अपने हर प्रश्न को तर्कपूर्वक सुखदायक घोषित करने का प्रयत्न कर सकता है। इस तरह सुखदायक के नाम पर दु:खदायक प्रश्नों की भीड़ लग जायेगी। अत: सुखदायक प्रश्न की एक कसौटी बनायी गयी। प्रश्न को सन्त-सम्मत होना चाहिए। सन्त संसार के लोभ-मोह से परे होते हैं। अत: सच्चे सुख की पहचान उन्हें ही होती है। सांसारिक मनुष्य तो हर क्षुद्र सुख को सच्चा सुख मानकर दु:ख के भवसागर में डूबता रहता है। अत: सच्चे सुख की पहचान के लिए सन्त की सम्मति चाहिए।

यह संसार कितना अद्‌भुत है। हम आनन्द भवन मानकर इसमें जी रहे हैं। शिकायत करते हुए भी हम इससे रस ले रहे हैं। आँसू बहाते हुए, सी-सी करते हुए भी हम मिर्च को चटखारे लेकर खा रहे हैं। बुद्ध कह रहे हैं कि जीवन दु:खमय है और शंकराचार्य कह रहे हैं कि ब्रह्म के सिवाय सबकुछ नश्वर है, फिर भी हम संसार को ही दृढ़ता से पकड़कर बैठे हैं। बुद्ध के निर्वाण की आवाज और शंकराचार्य के 'भज गोविन्दम्' की सीख न जाने कहाँ काल के खोह में खो गयी है। स्वार्थ के मार्ग पर सरपट दौड़नेवाला हमारे मन का अश्व परमार्थ के मार्ग पर एकदम अड़ियल बन जाता है। इसीलिए भगवान् शिव कहते हैं कि स्वार्थ-प्रेरित व्यक्ति सच्चे सुख की कसौटी नहीं बन सकता। इसके लिए किसी बुद्ध और किसी शंकर की सम्मति चाहिए। परमार्थ-प्रेरित मन ही सच्चे सुखदायी तत्त्व की पहचान कर सकता है।

पार्वती के प्रश्न में तीनों गुण थे। वे स्वाभाविक रूप से सुन्दर, सुखदायी और सन्त-सम्मत थे। ऐसे प्रश्न शिष्य के लिए ही नहीं, गुरु के लिए भी दुर्लभ होते हैं। इसीलिए भगवान् शिव परम प्रसन्न हैं। जब शिष्य का प्रश्न गुरु के लिए लुभावना हो जाये तो समझना चाहिए कि आधी शंका का समाधान तुरन्त हो गया। अच्छे लगनेवाले प्रश्न का उत्तर गुरु मनोयोगपूर्वक देगा। इससे गुरु और शिष्य दोनों आनन्दित होंगे।

शिष्य और गुरु के बीच में मृदु-मधुर सम्बन्ध स्थापित हो जाने के बाद संवाद की ग्रहणशीलता बढ़ जाती है। पार्वती और शिव के बीच भी ऐसा ही

हुआ। परम विश्वास-परिपूर्ण वातावरण में शिवजी पार्वती के पहले संशय का निवारण कर रहे हैं।

तुम्ह जो कहा राम कोउ आना।
जेहि श्रुति गाव धरहिं मुनि ध्याना॥

—तुमने जो यह कहा कि वे राम कोई और हैं, जिन्हें वेद गाते और मुनिजन जिनका ध्यान धरते हैं।

पार्वती का यह प्रश्न हिन्दू धर्म की एक सनातन समस्या है। निराकार ब्रह्म के उपासक परमात्मा के अवतार में रुचि नहीं लेते हैं। साकार की उपासना करनेवाले भक्त प्रभु के अवतार के बिना जी ही नहीं सकते। तुलसी के युग में निराकार और साकार का शास्त्रीय विवाद बड़ी तेजी पर था। निरगुनियाँ सन्त निराकार के मत का प्रचार कर रहे थे। नानक और कबीर इनके अगुआ थे। साकार की साधना करनेवाले भक्त राम और कृष्ण को अवतार मानकर उनकी लीला का गान करके अवतार के सिद्धान्त की प्रतिष्ठा कर रहे थे। इसमें सूर और तुलसी लोकप्रिय थे।

यहाँ बिना किसी का नाम लिये तुलसी निर्गुण मतवाद पर प्रहार कर रहे हैं। इस प्रहार में वे अत्यन्त निर्मम हैं। इतनी कठोर भाषा तुलसी के स्वभाव में नहीं है; लेकिन जहाँ उनकी आस्था पर चोट पहुँचती है, जहाँ कोई उनके आराध्य राम के 'अवतारी स्वरूप' पर अँगुली उठाता है वहाँ तुलसी शान्त नहीं रह पाते हैं। वे कठोरता और निर्ममता से ऐसे विचारों की भर्त्सना करते हैं।

कहहिं सुनहिं अस अधम नर ग्रसे जे मोह पिसाच।
पाषंडी हरि पद बिमुख जानहिं झूठ न साच॥

—जो मोह रूपी पिशाच के द्वारा ग्रस्त है, पाखण्डी है, भगवान् के चरणों से विमुख है और जो झूठ-सच कुछ भी नहीं जानता, ऐसे अधम मनुष्य ही इस तरह कहते-सुनते हैं।

तुलसी दशरथ-पुत्र राम के 'नारायणत्व' पर कोई बहस नहीं करना चाहते। यह विश्वास उनके लिए किसी भी वाद-विवाद से परे है। इसीलिए वह दशरथ-पुत्र राम के ब्रह्मत्व पर अविश्वास करनेवालों को खरी-खोटी सुनाते हैं। कहते हैं कि राम को साधारण मनुष्य कहनेवाला नर अधम है और मोह रूपी पिशाच के द्वारा ग्रस्त है। वह पाखण्डी है और झूठ-सच को नहीं जानता है। तुलसी जितने विशेषण लगाते हैं, वे सभी पतित व्यक्तियों में ही पाये जाते हैं। अतः वह कहना

चाहते हैं कि राम को अवतार न माननेवाले वास्तविक सन्त नहीं हैं।

अपनी बात को सशक्त बनाने के लिए तुलसी कहते हैं कि अधम व्यक्ति ही राम को विष्णु का अवतार नहीं मानेगा। व्यक्ति यदि श्रेष्ठ होगा तो उसे सच-झूठ की पहचान होगी। वह पाखण्डी न होकर सदाचारी होगा और मोह से विरत रहनेवाला विवेकवान् होगा। ऐसा व्यक्ति निश्चित रूप से राम को ही अवतारी ब्रह्म मानेगा। ऐसे श्रेष्ठ व्यक्तियों की बात ही प्रामाणिक होगी, दूसरे किसी की नहीं।

जिन्ह कृत महामोह मद पाना।
तिन्ह कर कहा करिअ नहिं काना॥

—जिन्होंने महामोह रूपी मदिरा पी रखी है, उनके कहने पर कान नहीं देना चाहिए।

भगवान् शिव कहते हैं कि जैसे शराबी पर विश्वास नहीं किया जाता उसी तरह महामोह से ग्रस्त व्यक्ति पर भी विश्वास नहीं किया जा सकता। मोह व्यक्ति के विवेक का हनन करता है और उसे स्वार्थमय बनाता है। अतः ऐसे व्यक्ति के वचन की सत्यता सन्देहग्रस्त हो जाती है। ऐसे व्यक्ति की बात पर कभी ध्यान नहीं देना चाहिए।

अस निज हृदयँ बिचारि तजु संसय भजु राम पद।
सुनु गिरिराज कुमारि भ्रम तम रबि कर बचन मम॥

—अपने हृदय में ऐसा विचार कर सन्देह छोड़ दो और श्रीराम के चरणों को भजो। हे पार्वती! भ्रम रूपी अन्धकार के नाश करने के लिए सूर्य की किरणों के समान मेरे वचनों को सुनो।

राम के अवतारी स्वरूप की प्रतिष्ठा तुलसीदासजी भगवान् शिव के मुख से करवाते हैं। राम के ब्रह्म स्वरूप को स्थापित करने के लिए शिव से श्रेष्ठ अधिकारी पुरुष भला और कहाँ मिलेगा? शिवजी दृढ़ता के साथ सगुण-साकार मत का प्रतिपादन करते हैं। वह दो-टूक भाषा का प्रयोग करते हुए कहते हैं कि जो राम को ब्रह्म नहीं मानता है वह अधम, पाखण्डी और महामोहग्रस्त है। ऐसे व्यक्ति की बात पर ध्यान नहीं देना चाहिए। वह स्पष्ट शब्दों में उदाहरण देते हुए कहते हैं कि हे पार्वती! तुम सारे संशयों को छोड़कर राम के चरणों में समर्पित हो जाओ और भ्रम रूपी अन्धकार को दूर करनेवाले सूर्य किरणों जैसे मेरे वचनों को सुनो।

तुलसी की व्यूह रचना बड़ी प्रभावकारी है। वह भगवान् शिव को अवतारी राम का पक्षधर बना देते हैं। शिव स्वयं कहते हैं कि मेरे वचन तुम्हारे मन के भ्रम

को दूर कर देंगे। मेरे वचन सूर्य की किरण जैसे हैं। गहरे-से-गहरे भ्रम का अन्धकार भी उनके सामने नहीं टिकेगा। शर्त इतनी ही है कि तुम संशय को तजकर श्रद्धा से अवतारी राम की कथा को सुनो। सारे भ्रम स्वत: ही समाप्त हो जायेंगे। जैसे सूरज उगने से अँधेरा अपने आप मिटता है उसी तरह श्रद्धा जगने से संशयजन्य भ्रम अपने आप चला जायेगा।

जिस अधिकार के साथ शिव अपने वचनों की शक्ति को पार्वती के समक्ष रख रहे हैं वैसा उन्होंने सती के साथ नहीं किया था। कारण स्पष्ट है, सती के मन में नारी-विरह में व्याकुल राम के प्रति संशय और तिरस्कार था, जबकि पार्वती के मन में राम के प्रति भक्ति और आदर है। संशय और तिरस्कार से युक्त व्यक्ति से बलपूर्वक कोई बात मनवाना नीतिसंगत नहीं माना जाता है। उसे तो स्वयं अपने संशय और तिरस्कार को दूर करने का अवसर दिया जाना चाहिए। शिव ने सती को यह अवसर दिया था। पार्वती भक्ति और आदर से भरपूर हैं। ऐसे व्यक्ति के हृदय में श्रद्धा का भाव सुदृढ़ करने के लिए गुरु पूरी शक्ति से प्रयत्न करता है। शिव इसीलिए पार्वती से निश्चित शब्दों में कहते हैं कि मेरे वचन मोह, भ्रम और संशय को दूर करनेवाले हैं। संशयी व्यक्ति ऐसे वचनों को अहंकारी मनुष्य का बड़बोलापन मान सकता है। लेकिन भक्ति और आदरयुक्त मनुष्य इसे गुरु की क्षमता की अभिव्यक्ति मानेगा।

पार्वती को पूर्णरूप से विश्वास में लेने के बाद भगवान् शिव निर्गुण-सगुण के प्रश्न का समाधान करते हैं।

सगुनहि अगुनहि नहिं कछु भेदा।
गावहिं मुनि पुरान बुध बेदा॥

—सगुण और निर्गुण में कुछ भी भेद नहीं है—मुनि, पुराण, पण्डित और वेद सभी ऐसा कहते हैं।

परमात्मा के सगुण और निर्गुण स्वरूप का विवाद शास्त्रीय रूप में श्रेष्ठ जनों में ही होता है। जनसाधारण तो उन्हीं बातों को स्वीकार कर लेता है जिसे विद्वान् लोग कहते हैं। इसी तथ्य को ध्यान में रखकर शिवजी कहते हैं कि मुनि, पुराण, पण्डित और वेद—सभी की मान्यता है कि सगुण और निर्गुण में कोई भेद नहीं है। ऐसा कह देने से विवाद ही खत्म हो गया। आखिर मुनि, पुराण, पण्डित और वेद ही तो परमात्मा के स्वरूप की व्याख्या करते हैं। इससे अधिक प्रभु के बारे में और कौन जानेगा?

अगुन अरूप अलख अज जोई।
भगत प्रेम बस सगुन सो होई॥

—जो निर्गुण, अरूप (निराकार), अलख (अव्यक्त) और अजन्मा है, वही भक्तों के प्रेमवश सगुण हो जाता है।

सगुण-निर्गुण के तात्त्विक विवाद को एक पंक्ति में शिवजी ने सुलझा दिया। उन्होंने कहा कि भक्तों के लिए निर्गुण ब्रह्म सगुण अवतार पुरुष बन जाता है। वह करुणानिधान और भक्तवत्सल है। इसीलिए निस्सीम होकर भी वह ससीम बनता है, निराकार होकर भी आकार लेता है, अजन्मा होकर भी जन्म लेता है। भक्ति के वश में होते हैं भगवान्। वास्तव में भक्ति की यही विशेषता है कि उसने प्रभु को साकार बनने के लिए विवश किया। ज्ञानी कहते हैं कि प्रभु को ज्योति रूप में देखो; पर भक्त कहता है कि मैं प्रभु को अपने रूप में देखना चाहता हूँ। मैं उसके साथ हँसना-मुसकराना, खेलना-कूदना चाहता हूँ। ज्ञानी परमात्मा होना चाहता है और भक्त परमात्मा का होना चाहता है।

प्रेम में रूपान्तर की अपार शक्ति है। वह प्रेम करनेवाले और प्रेम पानेवाले दोनों को नया रूप दे देता है। ऐसा सम्भव ही नहीं है कि आप प्रेम करें और परिवर्तित न हों। भक्त परमात्मा के चरणों में बिछकर अपने को निष्पाप बनाता है और ईश्वर भक्त के हृदय में बसकर उसकी हर इच्छा की पूर्ति करता है। भक्त के निवेदन पर प्रभु शरीर धारण करता है। परमात्मा के निर्गुण से सगुण होने में प्रेम का सबसे बड़ा हाथ है।

जो गुन रहित सगुन सोइ कैसें।
जलु हिम उपल बिलग नहिं जैसें॥

—जो निर्गुण है वही सगुण कैसे है? जैसे जल और बर्फ में भेद नहीं।

बहुत लोग प्रश्न करते हैं कि निर्गुण भला सगुण कैसे हो सकता है? जो परमात्मा निराकार है वह आकार कैसे ले लेगा? उसे समझाने के लिए एक साधारण उदाहरण दिया गया है। पानी को अगर हम हाथ में पकड़ना चाहें तो वह पकड़ में नहीं आता है। उसका कोई आकार भी नहीं होता है। वह बरतन के अनुरूप अपने आकार को बदल लेता है। पानी गिलास में गिलास होता है और बालटी में बालटी हो जाता है। इस पानी को अगर आकार में देखना हो तो उसे बर्फ बनाना पड़ेगा। एक बार पानी बर्फ बन जाये, आकार ले ले तो उसे पकड़ा जा सकता है। लेकिन पानी और बर्फ में आकार का ही फर्क है, तत्त्व का नहीं। तात्त्विक दृष्टि से पानी

और बर्फ एक ही हैं। इसी तरह सगुण और निर्गुण भी तात्त्विक रूप में एक ही हैं। जैसे अधिक ठण्डक पानी को बर्फ बना देती है उसी तरह भक्त का प्रेम निर्गुण को सगुण कर देता है। निराकार परमात्मा साकार बनकर भक्तों के साथ रासलीला करता है। अपनी उपस्थिति से भक्तों को आनन्दित करता है। निराकार से साकार होने में परमात्मा तत्त्वतः नहीं बदलता है।

जासु नाम भ्रम तिमिर पतंगा।
तेहि किमि कहिअ बिमोह प्रसंगा॥

—जिसका नाम भ्रम रूपी अन्धकार को मिटाने के लिए सूर्य है, उसके लिए मोह का प्रसंग भी कैसे कहा जा सकता है?

पार्वती की सबसे बड़ी कठिनाई यही थी कि वह यह समझने में असमर्थ हो रही थीं कि ब्रह्म राम कैसे साधारण मनुष्य की तरह सीता को खोज रहे हैं। उन्हें मोह कैसे हुआ है? सर्वज्ञ ब्रह्म यथार्थ को क्यों नहीं समझ रहा है? पार्वती के इस भ्रम को ही दूर करने के लिए शिवजी कहते हैं कि राम का नाम ही मोह को काटने में परम समर्थ है। वह एक मन्त्र की तरह है। उसके समक्ष कोई मोह टिक ही नहीं सकता। मोह तो तब होता है जब जगत् को मात्र इन्द्रियों से जाना जाय। राम तो इन्द्रियातीत हैं। वे सृष्टि को यथार्थ में देखने में समर्थ हैं।

राम सच्चिदानंद दिनेसा।
नहिं तहँ मोह निसा लवलेसा॥

—श्रीराम सच्चिदानन्द स्वरूप सूर्य हैं। वहाँ मोह रूपी रात्रि का लवलेश भी नहीं है।

जब सूर्य अपनी पूरी प्रखरता के साथ चमक रहा हो तो रात्रि के आगमन का प्रश्न ही नहीं उठता। जब ज्ञान का प्रतिरूप परमात्मा साक्षात् उपस्थित हो तो अज्ञान और भ्रम रूपी मोह कैसे दिख सकता है। ज्ञान का होना ही मोह के निवारण का प्रमाण है; जैसे सूर्योदय अन्धकार के पलायन का।

सहज प्रकासरूप भगवाना।
नहिं तहँ पुनि बिग्यान बिहाना॥

—वे स्वभाव से ही प्रकाश रूप और भगवान् हैं। वहाँ तो विज्ञान रूपी प्रातःकाल भी नहीं होता।

परमात्मा स्वयं प्रकाशित है। उसका प्रकाश कभी माया रूपी बादल से मलिन नहीं पड़ता है। अत: उसके यहाँ विज्ञान का सवेरा नहीं होता। शास्त्र कहते हैं कि जब साधक को यह अनुभव हो जाये कि इस सृष्टि में भगवान् ही सर्वत्र है, वही नाना नाम-रूपों में अपने को अभिव्यक्त कर रहा है, तब उसकी साधना में विज्ञान का सवेरा होता है। राम के जीवन में प्रभुता के ऐश्वर्य के कारण कभी अज्ञान का अँधेरा आता ही नहीं है। अत: विज्ञान के प्रभात होने का प्रश्न ही नहीं उठता। श्रीराम सहज प्रकाश रूप हैं, सतत प्रकाश रूप हैं।

हरष बिषाद ग्यान अग्याना।
जीव धर्म अहमिति अभिमाना॥

—हर्ष, शोक, ज्ञान, अज्ञान, अहन्ता और अभिमान—ये सब जीव के धर्म हैं।

भगवान् शिव बड़ी सावधानी और कुशलता के साथ जीवधर्म का निरूपण करके राम के ब्रह्मत्व को स्थापित कर रहे हैं। जीव जब तक हर्ष, शोक, ज्ञान, विज्ञान, अहन्ता और अभिमान से बँधा रहता है तब तक वह अपने सहज, नित्य स्वरूप से विस्मृत होता है। ये सारे अनुभव इन्द्रियजन्य होते हैं। इन्हीं संवेदनाओं के कारण जीव संसार से बँधा होता है। किन्तु जब वह इनसे परे हो जाता है, उसके भीतर विज्ञान का सवेरा हो जाता है, तब वह ब्रह्म बन जाता है। यही वेदान्त का परम सत्य है।

राम ब्रह्म ब्यापक जग जाना।
परमानंद परेस पुराना॥

—श्रीराम व्यापक ब्रह्म परमानन्द स्वरूप, परात्पर प्रभु और पुराणपुरुष हैं। इस बात को सारा जगत् जानता है।

ब्रह्म की सारी विभूतियाँ राम में हैं। वे सर्वव्यापी हैं, सृष्टि के कण-कण में समाये हुए हैं। उनकी उपस्थिति से हीन जगत् में कुछ भी नहीं है। वे नित्य और परम आनन्द के साक्षात् स्वरूप हैं। उनके भीतर दु:ख और विषाद का उद्वेग कभी नहीं होता। वे परात्पर हैं। उनकी सत्ता के परे कुछ भी नहीं है। वे पुराणपुरुष भी हैं। उनसे प्राचीन सृष्टि में कुछ भी नहीं। जगन्नियन्ता ब्रह्म की सभी विशेषताएँ राम में सन्निहित हैं।

पुरुष प्रसिद्ध प्रकास निधि प्रगट परावर नाथ।
रघुकुलमनि मम स्वामि सोइ कहि सिवँ नायउ माथ॥

—जो पुराणपुरुष प्रसिद्ध हैं, प्रकाश के भण्डार हैं, सब रूपों में प्रकट हैं, जीव, माया और जगत् सबके स्वामी हैं, वे ही रघुकुलमनि श्रीराम मेरे स्वामी हैं—ऐसा कहकर शिवजी ने उन्हें मस्तक नवाया।

शिवजी मात्र धर्मग्रन्थों में ब्रह्म के गुणों को व्यक्त करनेवाले शब्दों की बात नहीं कर रहे हैं, वे अपने अनुभूतिजन्य ज्ञान से राम के ब्रह्म स्वरूप की अभिव्यक्ति कर रहे हैं। साधना के क्षेत्र में गुरु की आवश्यकता इसीलिए होती है। गुरु अनुभूतिजन्य ज्ञान देता है। वह शिष्य को पुस्तकीय शब्द रटाता नहीं है। शब्दों के भीतर छिपे भाव के रहस्य को वह शिष्य के अन्तःकरण में अनुभूत कराता है। ऐसा इसीलिए सम्भव होता है, क्योंकि गुरु उस अगम आध्यात्मिक अनुभव का अक्षय भण्डार होता है।

भगवान् शिव श्रीराम के ब्रह्म स्वरूप का वर्णन करते हुए तटस्थ सूचना संवाहक ही नहीं रहते, वे अपनी अभिव्यक्ति की भावधारा में डूब जाते हैं। इसीलिए श्रीराम को मस्तक नवाते हैं। यह इस बात का प्रमाण है कि सच्चा भक्त भगवान् का नाम स्मरण करते ही उसकी भक्तिधारा में बह जाता है। भक्त के लिए यह सम्भव ही नहीं है कि वह प्रभु का नाम ले, लेकिन साथ-ही-साथ संसार के मोहपाश में भी बँधा रहे।

यहाँ एक और बात है। भगवान् शिव अपनी श्रद्धा की चुम्बकीय विद्युत् धारा से पार्वती के मन को छूना चाहते हैं, जिससे उनका मन भी श्रद्धाधारा से झंकृत हो सके। श्रीराम के चरणों में अपने हृदय की सम्पूर्ण श्रद्धा अर्पित करके भगवान् शिव पार्वती के अन्तर्मन की सभी शंकाओं को दूर करना चाहते हैं। जब तक पार्वती के मन में राम ब्रह्म रूप में प्रतिष्ठित नहीं होते तब तक रामकथा नितान्त अप्रभावी होगी, यह शिवजी अच्छी तरह जानते हैं।

शिवजी सती और पार्वती के प्रश्न के अन्दाज में अन्तर को अच्छी तरह से समझते हैं। सती की जिज्ञासा में संशय का भाव था। अतः वह जिज्ञासा सुफलदायिनी नहीं हुई। पार्वती की जिज्ञासा में श्रद्धा है। इसका सुफलवती होना असन्दिग्ध है। संशयपूर्ण जिज्ञासा जीवन में भ्रम और भटकाव लाती है, जबकि श्रद्धापूर्ण जिज्ञासा भक्ति का द्वार खोलती है। पार्वतीजी श्रद्धा से परिपूर्ण थीं, अतः शिवजी भक्ति का राजद्वार खोलने के लिए प्रसन्न मन से तत्पर हो गये।

निज भ्रम नहिं समुझहिं अग्यानी।
प्रभु पर मोह धरहिं जड़ प्रानी॥

—अज्ञानी मनुष्य अपने भ्रम को तो समझते नहीं और वे मूर्ख प्रभु राम पर उसका आरोप करते हैं।

भगवान् शिव कहते हैं कि जो राम के ब्रह्म स्वरूप पर सन्देह करता है, वह मूढ़ है। वह अपनी मूर्खता को उनके ऊपर आरोपित कर रहा है। इसको समझाने के लिए शिवजी अनेक उदाहरण देते हैं। वे कहते हैं कि अगर बाहर के आकाश में आ जाने से कोई कहे कि सूर्य बादलों से ढक गया है, तो इसमें कोई सच्चाई नहीं है। यह तो अज्ञान है। इसमें दोष सूर्य का नहीं, देखनेवाले का है। सूर्य तो सतत प्रकाशपूर्ण है। अज्ञान के बादल तो देखनेवाले की दृष्टि पर हैं। यदि कोई व्यक्ति अपनी आँख में अँगुली लगाकर देखे और उससे उसे दो चन्द्रमा दिखाई दे तो दोष चन्द्रमा का नहीं है, दोष देखनेवाले का है। आकाश में अन्धकार, धूल और धुएँ के होने के कारण आकाश की निर्मलता नहीं समाप्त होती है। आवश्यकता इस बात की है कि मनुष्य अपनी दृष्टि के दोष को समाप्त करे। परमब्रह्म राम को मोह और भ्रम का आवरण ढक नहीं सकता है। वह तो सम्पूर्ण चैतन्य और ज्ञान के आधार हैं।

विषय करन सुर जीव समेता।
सकल एक तें एक सचेता॥
सब कर परम प्रकासक जोई।
राम अनादि अवधपति सोई॥

—विषय, इन्द्रियाँ, इन्द्रियों के देवता और जीवात्मा—ये सब एक की सहायता से एक चेतन होते हैं। इन सबका जो परम प्रकाशक है वही अनादि ब्रह्म अयोध्या नरेश श्रीराम हैं।

दशरथ-पुत्र राम को साधारण मनुष्य माननेवाले को सबसे पहले शिवजी ने यह कहकर निरुत्तर किया कि उनका कथन राम के प्रति उनके ज्ञान का नहीं, भ्रम और मोह का द्योतक है। अज्ञानी लोग राम को समझ नहीं रहे हैं, अपनी अज्ञानपूर्ण समझ का राम पर मिथ्या आरोप कर रहे हैं। राम के ब्रह्म स्वरूप के प्रति होनेवाले सभी भ्रमों का निराकरण करने के बाद अब शिवजी राम की शक्ति की प्रतिष्ठा कर रहे हैं। वे कहते हैं कि इस जगत् में विषयों को चेतना इन्द्रियों से मिलती है, इन्द्रियों को उनके देवता चैतन्य करते हैं और इन्द्रियों के देवताओं को जीवात्मा प्रकाशित करता है। लेकिन इन सबके सर्वोच्च प्रकाशक श्रीराम हैं। वे ही अनादि ब्रह्म हैं।

हिन्दू धर्म में सदैव यह रुचिकर विवाद का विषय रहा है कि क्या परमात्मा है? क्या वह अवतार लेता है? परमात्मा की सत्ता पर विश्वास न करनेवाले कहते

हैं कि प्रकृति स्वयंभू है। वह स्वयं पैदा होती है। उसके जन्मदाता की खोज करना व्यर्थ है। क्योंकि यदि हम तर्क करके यह कहते हैं कि प्रकृति को परमात्मा उत्पन्न करता है तो अगला सवाल यह होगा कि परमात्मा को किसने उत्पन्न किया है? यदि उत्तर यह है कि परमात्मा स्वयंभू है, स्वयं ही पैदा होता है, तो हमारे लिए अधिक अच्छा यह होगा कि हम न दिखनेवाले परमात्मा के चक्कर को छोड़कर दिखनेवाली प्रकृति को ही स्वयंभू मान लें। लेकिन इस बात का प्रतिवाद करनेवाले कहते हैं कि प्रकृति जड़ है। उसमें चेतना परमात्मा डालता है। यह चेतना ही जड़ प्रकृति को जीवन्त और अर्थवान् करती है। समुद्र कितना ही सुन्दर और लुभावना क्यों न हो, लेकिन यदि आँखें नहीं हैं तो उसका रूप जीवन्त और अर्थवान् नहीं बन पाता है। किन्तु इन्द्रियाँ ही सबकुछ नहीं हैं, इन्द्रियों को जीवन्तता उनके देवता देते हैं। देवता इन्द्रियों को छोड़ दें तो इन्द्रियों की गतिशीलता समाप्त हो जायेगी। लेकिन इन्द्रियों के देवता को जीवात्मा जाग्रत् रखता है। आत्मा ही जीवन को जीवन्त रखनेवाला मूल स्रोत है। अब प्रश्न उठता है कि आत्मा को प्रकाश कहाँ से मिलता है? परम प्रकाशक कौन है? तो कहा गया कि ब्रह्म ही परम प्रकाशक है। बिना ब्रह्म की उपस्थिति के चेतना का संवहन हो ही नहीं सकता।

परम प्रकाशक के रूप में ब्रह्म की सत्ता स्वीकार कर लेने के बाद एक दूसरा सवाल यह उठा कि चेतना के रूप में समस्त जगत् में व्याप्त ब्रह्म क्या अवतार ले सकता है? क्या वह ऊर्जा से पदार्थ बना सकता है? क्या वह अमूर्त से मूर्त बन सकता है? ज्ञानियों ने कहा—जगत् का कण-कण परमात्मा है। अवतार लेने की कोई आवश्यकता ही नहीं। भक्तों ने कहा—परम प्रकाशक प्रभु का एक शरीर में विशेष रूप से प्रकाशित होना परम सौभाग्य की बात है। आज के विज्ञान के तर्क के माध्यम से भी हम इसे समझ सकते हैं। पहले विज्ञान कहता था कि ऊर्जा और पदार्थ दो अलग तत्त्व हैं; लेकिन आइंस्टीन ने कहा कि पदार्थ की कोई स्वयं सत्ता नहीं है, वह तो ऊर्जा का ठोस रूप है। इस तर्क से हम कह सकते हैं कि प्रकृति अमूर्त परमात्मा का मूर्त रूप है। उसकी स्वयं अपनी कोई सत्ता नहीं है।

जगत प्रकास्य प्रकासक रामू।
मायाधीस ग्यान गुन धामू॥

—यह जगत् प्रकाश्य है और श्रीराम इसके प्रकाशक हैं। ये माया के स्वामी और ज्ञान तथा गुणों के धाम हैं।

आधुनिक भौतिक विज्ञान का कहना है कि हम किसी पदार्थ को उसके सही

स्वरूप में नहीं देख पाते हैं। उसे देखने के लिए हमें प्रकाश की सहायता लेनी पड़ती है और प्रकाश पदार्थ के स्वरूप को प्रभावित कर देता है। अत: जो पदार्थ हम देखते हैं वह 'मात्र पदार्थ' नहीं, प्रकाश प्रभावित पदार्थ होता है। अत: यह निर्विवाद है कि बिना प्रकाश के जगत् दृश्य नहीं हो सकता और प्रकाश से नितान्त अप्रभावित उसका कोई स्वरूप नहीं हो सकता। अत: ब्रह्म राम से अलग किसी वस्तु की कोई सत्ता नहीं है।

जगत् को शासित करानेवाली माया के स्वामी भी राम ही हैं। माया राम की समानान्तर सत्ता नहीं, राम के अधीन है। वह मनमानी नहीं कर सकती। प्रभु की लीला में वह मात्र सहायिका है। प्रभु के होने से ही माया की सत्ता का भास होता है, जैसे वृक्ष होने की छाया दिखाई देती है। जैसे जाग्रत् अवस्था होने के कारण ही स्वप्नावस्था का महत्त्व है। परम सत्य परमात्मा की सत्ता के कारण ही मिथ्या भासित प्रकृति का अस्तित्व है। जैसे प्रभु को मिथ्या जगत् की माया नहीं सताती, उसी तरह प्रभु की कृपा पानेवाला भक्त या प्रभु रूप हो जानेवाला ज्ञानी माया के चंगुल से छूट जाता है।

जासु कृपाँ अस भ्रम मिटि जाई।
गिरिजा सोइ कृपाल रघुराई॥

—हे पार्वती! जिनकी कृपा से इस प्रकार का भ्रम मिट जाता है, वही कृपालु रघुनाथजी हैं।

शिवजी भगवान् श्रीराम की परम शक्ति का बखान करते हुए कहते हैं कि उनकी कृपा मिल जाये तो सभी भ्रम दूर हो जाते हैं। इस तरह कहकर शिवजी राम को ब्रह्म के रूप में प्रतिष्ठित करते हैं। वह पार्वती से कहते हैं कि ऐसे ब्रह्म राम का सच्चा स्वरूप जान पाना बड़ा कठिन है।

आदि अंत कोउ जासु न पावा।
मति अनुमानि निगम अस गावा॥

—जिनका आदि और अन्त किसी ने नहीं पाया है। वेदों ने अपनी बुद्धि से अनुमान करके इस प्रकार गाया है।

यहाँ शिवजी कहना चाहते हैं कि परम ब्रह्म को उसकी सम्पूर्णता में समझ पाना अत्यन्त कठिन है। यदि परमात्मा को सम्पूर्ण रूप से समझ लिया जाय तब तो परमात्मा सीमित हो जायेगा। परमात्मा का वास्तविक परिचय तो निस्सीमता है।

'पुरुष सूक्त' में इसीलिए कहा गया है कि जगत् में व्याप्त परमात्मा जगत् से थोड़ा अधिक भी है। 'गीता' में श्रीकृष्ण कहते हैं कि सम्पूर्ण जगत् मुझमें है, मैं जगत् में हूँ; किन्तु मैं जगत् से बाहर भी हूँ।

शिवजी परमात्मा की सत्ता को अभिव्यक्त करने के लिए एक सटीक शब्द का इस्तेमाल करते हैं। वह कहते हैं कि वेदों ने ब्रह्म को 'अनुमान' से जाना है। अनुमान प्रत्यक्ष दर्शन नहीं है। हिन्दू धर्म में परमात्मा अज्ञेय नहीं रहा है। उपनिषदों का सारा प्रयत्न मनुष्य को ब्रह्म बनाने की ही कारीगरी है। हिन्दू धर्म में ब्रह्म हो जाना 'अहं ब्रह्मास्मि' ही अन्तिम लक्ष्य है। किन्तु ब्रह्म के स्वरूप का, ब्रह्म होने की अनुभूति का वर्णन कर पाना बड़ा कठिन है। अतः ब्रह्म अज्ञेय नहीं, अकथ्य है। रामकृष्ण परमहंस कहते थे—एक ब्रह्म अनुभूति ही ऐसी है जो जूठी नहीं है, क्योंकि उसे मुख से बोला ही नहीं जा सकता।

बिनु पद चलइ सुनइ बिनु काना।
कर बिनु करम करइ बिधि नाना॥
आनन रहित सकल रस भोगी।
बिनु बानी बकता बड़ जोगी॥
तन बिनु परस नयन बिनु देखा।
ग्रहइ घ्रान बिनु बास असेषा॥

—वह (ब्रह्म) बिना पैर के ही चलता है, बिना कान के ही सुनता है, बिना हाथ के ही नाना प्रकार के काम करता है। बिना मुख के ही सारे रसों का आनन्द लेता है और बिना वाणी के ही बहुत योग्य वक्ता है। वह बिना शरीर (त्वचा) के ही स्पर्श करता है, बिना आँखों के ही देखता है और बिना नाक के ही सब गंधों को ग्रहण करता है।

असाधारण को समझाने के लिए साधारण भाषा व्यर्थ हो जाती है। अलौकिक को व्यक्त करने के लिए लौकिक प्रतीक बौने हो जाते हैं। कितना ही सँभालकर समझाइए, कुछ-न-कुछ कहना शेष रह ही जाता है। इसीलिए वेद और उपनिषदों की भाषा सांकेतिक हो गयी। कबीर की वाणी अबूझ और उलटबाँसी बन गयी। भगवान् शिव ब्रह्म के स्वरूप को समझाने के लिए जिस शैली का सहारा लेते हैं वह उपनिषदों की है। अकथ्य को कथ्य में बाँधने के लिए अधिकतम जो भी प्रयत्न किया जा सकता है वह उपनिषद् के ऋषियों ने किया था। नकारात्मक चित्र खींचकर वह हमारे मस्तिष्क में परम सकारात्मक ब्रह्म का चित्र उकेरना चाहते हैं।

कहते हैं कि बिना इन्द्रियों के वह इन्द्रियों का कर्म करता है। पैर के बिना चलता है, कान के बिना सुनता है, हाथ के बिना काम करता है, मुख के बिना खाता है, जीभ के बिना शानदार ढंग से बोलता है, त्वचा के बिना स्पर्श करता है, आँख के बिना देखता है, नाक के बिना सूँघता है। ये विचित्रताएँ ब्रह्म के परम सामर्थ्य को व्यक्त करती हैं। हमारा कर्म इन्द्रियों के अधीन होता है; पैर हैं तो चलते हैं, कान हैं तो सुनते हैं। किन्तु ब्रह्म इन्द्रियों का मोहताज नहीं है। उसकी यह अलौकिक शक्ति ही उसे साधारण से असाधारण बनाती है। इस अद्‌भुत स्वरूप की अनुभूति करके हम ब्रह्म सत्ता के विराटत्व का अनुमान लगा सकते हैं।

असि सब भाँति अलौकिक करनी।
महिमा जासु जाइ नहिं बरनी॥

—उस ब्रह्म की करनी सभी प्रकार से ऐसी अलौकिक है कि जिसकी महिमा कही नहीं जा सकती।

ज्ञानियों और भक्तों—दोनों ने प्रभु की सत्ता को समझाने के लिए अलौकिकता का ही सहारा लिया है। यदि परमात्मा हमारी तरह हाड़-मांस का बना होता और साधारण लौकिक व्यवहार करता तो उसे पूजने का मन किसका होता? मनुष्य उसी के प्रति नमित होता है जो असाधारण और अलौकिक है। सारे जगत् में महापुरुषों के प्रति मनुष्य का आकर्षण इसीलिए है, क्योंकि वे अपने जीवन में कुछ अलौकिक और असाधारण करते हैं, जो जनसामान्य की क्षमता से परे होता है।

परमात्मा स्वयं ही सक्षम नहीं है। वह अक्षम को भी सक्षम बनाने में परम समर्थ है। उसकी कृपा पाकर मूक भी वाचाल होता है और पंगु पर्वत पर चढ़ जाता है। इसीलिए प्रभु के कर्म को अलौकिक कहा गया है। वह हमारे तर्क की सीमा के परे है। उसके कर्म कार्य-कारण के अनुशासन से भी नहीं बँधे हैं। अतः उसकी महिमा का वर्णन करना अत्यन्त कठिन है।

जेहि इमि गावहिं बेद बुध जाहि धरहिं मुनि ध्यान।
सोइ दसरथ सुत भगत हित कोसलपति भगवान॥

—जिसका वेद और पण्डित इस प्रकार वर्णन करते हैं और मुनि जिसका ध्यान धरते हैं, वही दशरथनन्दन, भक्तों के हितकारी, अयोध्या के स्वामी भगवान् श्रीराम हैं।

ब्रह्म सबकी पहुँच से बाहर है। वेद उसका बखान करते हैं। पण्डित गण उसके स्वरूप को समझने के लिए तर्क-वितर्क करते हैं और मुनि जन उसे पाने के

लिए ध्यान लगाते हैं। लेकिन साधारण मनुष्य उसे कैसे पाये? जो वेद का मन्थन नहीं कर सकता, जो तत्त्व ज्ञान में पारंगत नहीं है, जो ध्यान की गहराइयों में उतरने में अक्षम है, आखिर उसके उद्धार का क्या रास्ता है? शिवजी कहते हैं कि ऐसे निरीह, निर्बल और निराश्रय को अपनाने के लिए भक्तों के परम कल्याणकारी दशरथनन्दन श्रीराम हैं। निराकार ब्रह्म भक्तों के लिए साकार होता है, जिससे भक्त उन्हें पार्थिव आँखों से देख सके, हाथों से छू सके।

सब मिलाकर शिवजी दो बातों पर जोर दे रहे हैं। एक तो यह कि ब्रह्म के स्वरूप और कर्म अलौकिक हैं और दूसरा यह कि ब्रह्म ही दशरथनन्दन राम बनकर भक्तों के हित के लिए अवतरित हुआ है। ऐसा कहकर शिवजी पार्वती के मन को नितान्त असंशयी बनाना चाहते हैं। इस हेतु वह अपने जीवन की सारी आध्यात्मिक उपलब्धि को भी दाँव पर लगाते हैं।

कासीं मरत जंतु अवलोकी।
जासु नाम बल करउँ बिसोकी॥
सोइ प्रभु मोर चराचर स्वामी।
रघुबर सब उर अंतरजामी॥

—हे उमा! जिनके नाम के बल से काशी में मरते हुए प्राणी को देखकर मैं उसे शोकरहित कर देता हूँ, वही मेरे प्रभु रघुकुल श्रेष्ठ श्रीराम जड़-चेतन के स्वामी और सबके हृदय के भीतर की जाननेवाले हैं।

शिवजी श्रीराम को अपना आराध्य घोषित करते हैं। कहते हैं कि उन्हीं के बल से मैं काशी में मुक्ति प्रदान करता हूँ। वह श्रीराम को ब्रह्म की तरह ही सर्वव्यापी, सर्वज्ञ और जगदीश कहते हैं। हमें ध्यान रखना चाहिए कि ये सारी बातें उन्होंने सती से भी कही थीं; लेकिन संशयी सती ने उनपर ध्यान नहीं दिया था। लेकिन श्रद्धावती पार्वती शिव के वचनों को ध्यान से सुन रही हैं।

सुनि सिव के भ्रम भंजन बचना।
मिटि गै सब कुतरक कै रचना॥

—शिव के भ्रमनाशक वचनों को सुनकर पार्वती के सब कुतर्कों की रचना मिट गयी।

भगवान् शिव ने कोई नयी बात नहीं कही थी। उन्होंने उन्हीं तर्कों को दोहराया था जो वे सती से कह चुके थे; लेकिन पार्वती पर उन वचनों का वही प्रभाव नहीं पड़ा जो सती पर पड़ा था। इसका स्पष्ट अर्थ यही है कि श्रोता की ग्रहणशीलता ही

सर्वाधिक महत्त्वपूर्ण है। शिव वही थे, उनका सन्देश भी वही था; लेकिन सती वही नहीं थीं। वह पार्वती हो चुकी थीं। आत्मदाह में तपकर सती का मन संशय से श्रद्धा में रूपान्तरित हो चुका था। कोयला हीरा बन चुका था। शिव के वचनों को सुनकर पार्वती ने संशयी मन द्वारा बाँधी गयी कुतर्कों की गठरी को अपने सिर से उतार फेंका।

भइ रघुपति पद प्रीति प्रतीती।
दारुन असंभावना बीती॥

—श्रीराम के चरणों में उनका प्रेम और विश्वास हो गया और कठिन असम्भावना (जिसका होना सम्भव नहीं, ऐसी मिथ्या कल्पना) जाती रही।

संशय जब श्रद्धा में रूपान्तरित होता है तो जीवन में प्रेम और विश्वास के पुष्प खिलते हैं। पार्वती के साथ भी ऐसा ही हुआ। उन्होंने शिव के परम प्रभावी अमृत वचनों को सुनकर राम को ब्रह्म के रूप में स्वीकार कर लिया। प्रेम और विश्वास की दिव्य दृष्टि मिल जाने पर नर राम ब्रह्म राम हो गये। सचमुच, यह जगत् तो दृष्टि का खेल है। पापी जग को पापमय देखता है और पुण्यात्मा पुण्यमय।

श्रद्धावान् पार्वती राम के ब्रह्मरूप को पहचानकर धन्य तो हुईं, लेकिन तृप्त नहीं। उन्हें अभी राम के अवतारी स्वरूप के बारे में भी जानना था। अलख और अज ब्रह्म क्यों अवतार लेता है—यह प्रश्न उनके मन को अभी भी मथ रहा था। किन्तु प्रश्न करने से पहले भ्रम को दूर करनेवाले शिव के चरणों की वह वन्दना करती हैं।

पुनि पुनि प्रभु पद कमल गहि जोरि पंकरुह पानि।
बोलीं गिरिजा बचन बर मनहुँ प्रेम रस सानि॥

—बार-बार भगवान् शिव के चरण कमलों को पकड़कर और अपने कमल के समान हाथों को जोड़कर पार्वतीजी मानो प्रेमरस में सनकर सुन्दर वचन बोलीं।

ज्ञान देनेवाले के प्रति सदैव कृतज्ञ होना चाहिए। विनम्रता के अतिरिक्त ज्ञान प्राप्ति का और कोई उपाय नहीं है। जैसे निचली जमीन में पानी सब तरफ से आकर एकत्र होता है उसी तरह विनम्र और कृतज्ञ पुरुष के पास ज्ञान चला आता है। पार्वती ज्ञान देनेवाले शिव के प्रति परम विनम्र और कृतज्ञ हैं। उनकी वाणी प्रेम, विनम्रता और कृतज्ञता से भरी हुई है।

तुम्ह कृपाल सबु संसउ हरेऊ।
राम स्वरूप जानि मोहि परेऊ॥

—हे कृपालु! आपने मेरा सब सन्देह हर लिया। अब श्रीराम का यथार्थ स्वरूप मेरी समझ में आ गया।

जीवन में संशय और विषाद के मिटने जैसा सुख और कुछ नहीं होता। वे धन्य होते हैं जिन्हें सच्चे गुरु मिलते हैं। पार्वती को शिव मिले और अर्जुन को कृष्ण। दोनों ने कृपापूर्वक संशय और विषाद के अन्धकार को पार्वती और अर्जुन के मन से हटाया। ध्यान रहे, इन दोनों गुरुओं ने दक्षिणा की कामना से वशीभूत होकर कर्म नहीं किया था। उन्होंने अपनी कृपा के कारण ही भक्तों का उद्धार किया। गुरु कभी अपने भक्त को संशय और विषाद में नहीं देखना चाहता। पार्वती अपने गुरु शिव के इस भाव को अच्छी तरह से समझ रही हैं। इसीलिए उन्हें 'कृपालु' कहती हैं।

नाथ कृपाँ अब गयउ बिषादा।
सुखी भयउँ प्रभु चरन प्रसादा॥

—हे नाथ! आपकी कृपा से अब मेरा विषाद जाता रहा और आपके चरणों के प्रसाद को पाकर मैं सुखी हो गयी।

जब तक जीवन में संशय और विषाद है, सुख की कामना नहीं की जा सकती। संशयी विनष्ट हो जाता है और विषादग्रस्त कर्तव्यच्युत। दोनों अपनी आत्मा की आभा को खो बैठते हैं। हिन्दू धर्म में इसीलिए संशय और विषाद को आत्मघाती माना गया है। पार्वतीजी शिवजी की कृपा से इन दोनों से मुक्त होकर परम सुखी बन गयी हैं। इसीलिए अत्यन्त प्रसन्न हैं। जीवन के इस सौभाग्यशाली क्षण को अविस्मरणीय और अमर बनाने के लिए श्रद्धावान् पार्वती एक और प्रश्न कर बैठती हैं।

राम ब्रह्म चिनमय अबिनासी।
सर्ब रहित सब उर पुर बासी॥
नाथ धरेउ नरतनु केहि हेतू।
मोहि समुझाइ कहहु बृषकेतू॥

—श्रीराम ब्रह्म हैं, चिन्मय हैं, अविनाशी हैं, सबसे रहित और सबके हृदय रूपी

नगरी में निवास करनेवाले हैं। फिर हे नाथ! उन्होंने मनुष्य का शरीर किस कारण से धारण किया। हे धर्म की ध्वजा धारण करनेवाले प्रभो! यह मुझे समझाकर कहिए।

संशय से निकलनेवाले प्रश्न वितण्डावाद को बढ़ाते हैं और श्रद्धा से निकलनेवाले प्रश्न मन को प्रमुदित करते हैं। इसीलिए जब संशयी सती ने राम के अवतारी होने पर प्रश्न किया तो शिव हतप्रभ हो उठे; लेकिन श्रद्धावान् पार्वती के द्वारा उन्हीं प्रश्नों को पूछे जाने पर वे प्रमुदित हो उठे। यहाँ पार्वती भगवान् शिव को 'वृषकेतू' कहती हैं। इसका अर्थ है वृष रूपी धर्म की ध्वजा धारण करनेवाला। हिन्दू प्रतीकों में बैल (वृष) धर्म का प्रतीक है। वह शान्त रहता है। कभी आक्रामक नहीं बनता है। किन्तु हाँ, अत्याचारी द्वारा चोट किए जाने पर प्रतिवाद अवश्य करता है। धर्म की ध्वजा को धारण करनेवाले शिव संहारक होते हुए भी आक्रामक कभी नहीं होते। किन्तु धर्म पर आघात करनेवाले को छोड़ते भी नहीं हैं।

धर्म ही है जिनका प्रतीक, ऐसे शिव धर्म के अधिष्ठाता ब्रह्म के अवतारी स्वरूप को निश्चित रूप से सर्वाधिक जानते होंगे। अत: पार्वती उन्हीं से यह ज्ञान प्राप्त करना चाहती हैं। ज्ञान का दान तभी प्रभावी होता है जब वह अधिकारी पुरुष द्वारा दिया जाता है। वेद-उपनिषद्, रामायण और गीता में ज्ञान का भण्डार भरा है; लेकिन उन्हें पढ़कर लोग ज्ञानी नहीं हो जाते। किन्तु जब कोई तपस्वी महात्मा बोलता है तो लोग क्षण मात्र में ज्ञान की गंगा में डूब जाते हैं।

हियँ हरषे कामारि तब संकर सहज सुजान।
बहु बिधि उमहि प्रसंसि पुनि बोले कृपानिधान॥

—तब कामदेव के शत्रु, स्वाभाविक ही सुजान, कृपानिधान शिव मन में बहुत हर्षित हुए और बहुत प्रकार से पार्वती की बड़ाई करके फिर बोले।

शिव काम के शत्रु हैं। इच्छाओं की उद्दामता उन्हें आकर्षित करने में अक्षम है। फिर भी प्रभु के गुणगान की इच्छा उनमें बनी हुई है। काम को छोड़कर उन्होंने राम को पकड़ लिया है। इसीलिए उन्हें 'सहज सुजान' कहा गया। वे स्वाभाविक रूप से सुजान हैं। अच्छे और बुरे की उन्हें पहचान है। पार्वती की राम गुणगान करने की इच्छा को सुनकर वे परम प्रसन्न होते हैं। इस प्रश्न को पूछने के लिए उनकी सराहना करते हैं। सच्चे गुरु के लिए शिष्य की श्रद्धायुक्त जिज्ञासा सदा रुचिकर होती है। इस भाव से प्रेरित होकर शिवजी पार्वती की जिज्ञासा को शान्त करने के लिए तत्पर हो जाते हैं।

हरि गुन नाम अपार कथा रूप अगनित अमित।
मैं निज मति अनुसार कहउँ उमा सादर सुनहु॥

—श्रीहरि के गुण, नाम, कथा और रूप सभी अपार, अगणित और असीम हैं। फिर भी हे पार्वती! मैं अपनी बुद्धि के अनुसार कहता हूँ, तुम आदरपूर्वक सुनो।

सच्चे गुरु की पहचान यही है कि उसमें अपने ज्ञान के प्रति अहम्मन्यता नहीं होती। शिव ऐसे ही निरहंकारी गुरु हैं। वे अपने ज्ञान के बारे में कोई दावा नहीं करते। परमात्मा के बारे में सम्पूर्ण रूप से जानने का कोई दम्भ भी नहीं दिखाते। वह कहते हैं कि प्रभु के गुण, नाम, कथा एवं रूप तो अनगिनत और अपार हैं। उनकी महिमा का कोई अन्त नहीं है। उन्हें सम्पूर्ण रूप में जानने-समझने का कोई उपाय भी नहीं है। मैं अपनी बुद्धि की क्षमता के अनुसार कहूँगा।

अपनी बुद्धि की सीमा को बताकर शिव ज्ञान के गौरव को बढ़ा रहे हैं। सबकुछ जानने का दावा करना ज्ञान का अपमान है। ऐसा कहना अपनी मूर्खता का प्रदर्शन भी है। शिव अपनी क्षमता की सीमा को बताकर दोनों दोषों से बच जाते हैं।

कथा सुनाने से पहले शिवजी पार्वती से एक आग्रह करते हैं। कहते हैं कि कथा आदरपूर्वक सुनना। यह बड़ी गूढ़ बात है। आदरपूर्वक कथा सुनाने का आग्रह करना आसान है। हाथ जोड़कर विनम्रतापूर्वक ससम्मान यह आग्रह पार्वती ने भगवान् शिव से किया भी था। शिवजी उनके निवेदन को सुनकर प्रसन्न भी हुए थे। लेकिन शिव जानते हैं कि पूछने और सुनने में बड़ा अन्तर है। व्यक्ति भावनावश आदरपूर्वक पूछता तो है, लेकिन जब सुनने की बारी आती है तो वह आदर को टिकाये नहीं रख पाता। थोड़ी ही देर में उसे घर-परिवार के झमेलों की याद आने लगती है। इससे आदर का लोप होता है। कथा आनन्द न बनकर बोझ बन जाती है।

शिवजी का यह आग्रह केवल पार्वती के लिए ही नहीं, अपितु हर श्रोता के लिए, हर देशकाल में आवश्यक है। आदरपूर्वक सुनने से ही कथा का फल मिलता है। मुझे स्वयं भी इस बात का अनुभव है कि लोग मुझे रामायण सत्संग के लिए बहुत-बहुत आदरपूर्वक बुलाते हैं; लेकिन जब सत्संग आरम्भ होता है तो आदरपूर्वक सुन नहीं पाते हैं। कुछ लोग बार-बार घड़ी देखने लगते हैं। फिर मैं समझ जाता हूँ कि वक्ता और श्रोता के बीच प्रवाहित होनेवाली कथागंगा से आदर का जल लुप्त हो गया है। दोनों के बीच मात्र सूखी कथागंगा का बालू ही बचा है। अतः मैं तत्काल कथा बन्द कर देता हूँ। मैं इसे अपना अहोभाग्य समझता हूँ कि श्रोता के हाथ में घड़ी है। भगवान् शिव को यह अहोभाग्य प्राप्त नहीं था। इसीलिए वह

पार्वती को पहले ही बता देते हैं कि कथा सुनते समय आदरभाव को कभी न त्यागना।

आदरपूर्वक सुनने के पीछे एक और भी भाव है। सती के रूप में राम की कथा पार्वती शिव के साथ अगस्त्य ऋषि से सुनकर आयी थीं; किन्तु राम को वन में विरह-व्याकुल देखकर उनका आदरभाव विलुप्त हो गया। वे शिव के बार-बार समझाने पर भी अपने मन के आदरभाव को टिका नहीं पायी थीं। शिव इस दुर्घटना को दोहराना नहीं चाहते थे। अतः उन्होंने पूर्व निवेदन करके पार्वती को पूरी तरह से सावधान कर दिया।

कथा सुनाने का निवेदन पार्वती ने किया था। आदरपूर्वक कथा सुनने का निवेदन शिवजी कर रहे हैं। कथा सुनते समय पार्वती अधीर, चंचल और भ्रमित न हों, इसके लिए शिव सदा सावधान रहते हैं। जब ऐसे प्रसंग आते हैं, जहाँ राम सामान्य मनुष्य की तरह आचरण करते हैं, तो शिवजी पार्वती को संकेत कर देते हैं कि यह तो लीला है। ब्रह्म राम नरलीला कर रहे हैं। पूरी रामकथा में विषम-से-विषम परिस्थिति में भी शिवजी पार्वती को सँभाले रहते हैं। वे किसी भी तरह से श्रद्धावान् पार्वती को संशयपूर्ण और भ्रमित नहीं होने देते।

ब्रह्म राम किन कारणों से अवतार लेते हैं, इसे शिवजी अच्छी तरह से समझाते हुए कहते हैं कि प्रभु तो भक्तों की रक्षा के लिए आते हैं। लेकिन उनके अवतार के लिए कई लोग निमित्त बनते हैं। सनकादि ऋषियों ने जब विष्णु के द्वारपाल जय-विजय को शाप दिया था तो उनके उद्धार के लिए ऋषियों की इच्छा के अनुसार विष्णु ने अवतार लिया। जलन्धर की पत्नी वृन्दा के शाप के कारण भी प्रभु ने अवतार लिया। नारद के शाप के कारण भी श्रीहरि को मानव जन्म लेना पड़ा। मनु-शतरूपा और कश्यप-अदिति को वरदान देने के कारण प्रभु उनके पुत्र बनकर धराधाम पर आये। राजा प्रतापभानु के उद्धार के लिए भी प्रभु को अवतार लेना पड़ा। प्रभु ने शाप, वरदान और प्रेम—तीनों कारणों से अवतार लिया। उन्होंने धरती पर लीला करके दुष्टों का संहार किया।*

राम के रूप में प्रभु शापग्रस्त रावण का उद्धार करने, नारद और वृन्दा के शाप को चरितार्थ करने और मनु-शतरूपा और कश्यप-अदिति के प्रेम की रक्षा के लिए अवतरित हुए थे। इसी लीला को सुनने के लिए पार्वती लालायित थीं। शिवजी ने

* इस प्रसंग की विस्तृत व्याख्या के लिए प्रभात प्रकाशन, दिल्ली द्वारा प्रकाशित लेखक की 'हरि कथा अनन्ता' पुस्तक का अवलोकन करें।

उन्हें विस्तार के साथ पूरी कथा सुनायी।

सुनि सुभ कथा उमा हरषानी।
बोली अति बिनीत मृदु बानी॥

—श्रीराम की मंगलमयी कथा सुनकर पार्वती हर्षित हुईं और अत्यन्त विनम्र तथा कोमल वाणी बोलीं।

राम की कथा को शुभ कहा गया है। जब भी कथा भक्तिभाव से श्रद्धापूर्वक सुनी जाती है, शुभ ही होती है। राम तो समस्त शुभ के आधार हैं। वे समस्त सुख के मूल हैं। उनकी कथा सुनकर मन में हर्ष की तरंग का उठना सहज स्वाभाविक है। सच्चे भक्त की पहचान यही है कि वह प्रभु का नाम सुनकर आनन्दित हो उठता है। पार्वती भी आनन्द से परिपूर्ण हो उठीं। अत्यन्त विनम्र और कोमल वाणी में उन्होंने भगवान् शिव को धन्यवाद दिया।

तुम्हरी कृपाँ कृपायतन अब कृतकृत्य न मोह।
जानेउँ राम प्रताप प्रभु चिदानंद संदोह॥

—हे कृपाधाम! अब आपकी कृपा से मैं कृतकृत्य हो गयी। अब मुझे मोह नहीं रह गया। हे प्रभु! अब मैं सच्चिदानन्दघन श्रीराम के प्रताप को जान गयी।

अगर शिष्य तैयार हो तो गुरु की कृपा तुरन्त फलवती होती है। पार्वती ने श्रद्धाभाव से कथा को सुना और उन्हें तत्काल उसका फल मिल गया। उनके मन का मोह जाता रहा। आध्यात्मिक शब्दावली में मोह एक ऐसा भ्रम है जो सत्य दर्शन में बाधक होता है। मोहग्रस्त व्यक्ति पार्थिक एवं दृश्य जगत् को ही सत्य समझता है। उसमें अन्तर्निहित अदृश्य यथार्थ को वह समझने में असमर्थ होता है। मोह मिटाने के लिए ही साधक को सारे प्रयत्न करने पड़ते हैं। जिज्ञासु मोह विसर्जन करने के लिए ही गुरु की खोज करता है।

सती ने दृश्य को ही सत्य माना था, इसीलिए राम के लीला रूप में ही फँस गयीं। वे उनके गोपन स्वरूप को नहीं देख पायीं। पार्वती ने दृश्य से पार जाने की इच्छा शिव से प्रकट की। यह इच्छा उनकी श्रद्धापूर्ण जिज्ञासा से उत्पन्न हुई थी; अत: शिवजी ने रामकथा सुनाकर दृश्य जगत् से पार जाने की दृष्टि दी। पार्वती की श्रद्धा ने गजब का कमाल दिखाया। कथा सुनते ही उनका मोह जाता रहा। वे राम के सच्चिदानन्द स्वरूप के प्रताप को पहचान गयीं। अपनी इस उपलब्धि को वह शिव की कृपा मानती हैं। इसीलिए वह अन्त:करण की गहराइयों से

शिव के प्रति कृतज्ञ हैं।

इस संसार में आध्यात्मिक प्रगति के लिए गुरु की कृपा का सर्वोपरि महत्त्व है। इसीलिए गुरु को साक्षात् परम ब्रह्म कहा गया है। धरती पर वह परमात्मा का स्वरूप है। उसके चरणों में समर्पित होने से धूलि चन्दन बन जाती है। राख परम वन्दनीय हो जाती है। शिव जैसे परम अनुभूति-सम्पन्न गुरु को सती ने मोहवश खो दिया था; लेकिन पार्वती ने श्रद्धा के बल पर उन्हें अपने हृदय में सँभाले रखा। शिव को खोकर मोहग्रस्त सती ने राम को भी खो दिया था; लेकिन श्रद्धामयी पार्वती ने शिव को सँभालकर राम को प्राप्त कर लिया। श्रद्धा हो तो गुरु और गोविन्द दोनों मिल जाते हैं।

नाथ तवानन ससि स्त्रवत कथा सुधा रघुबीर।
श्रवन पुटन्हि मन पान करि नहिं अघात मतिधीर॥

—हे नाथ! आपका मुख रूपी चन्द्रमा श्रीरघुवीर की कथा रूपी अमृत बरसाता है। हे मतिधीर! मेरा मन कर्णपुटों से उसे पीकर तृप्त नहीं होता है।

पार्वती भगवान् शिव के मुख को चन्द्रमा और श्रीराम की कथा को अमृत कहती हैं। चन्द्रमा शान्त-शीतल होता है और अमृत अमरत्वदायी। जब जीवन में शान्ति और शीतलता आती है, तभी अमरता की उपलब्धि होती है। यहाँ एक बात और समझने लायक है। उद्विग्न और अशान्त मन से यदि कथा सुनायी जाये तो वह अमरता नहीं प्रदान करती, वह तो विनाशकारी होती है। उससे श्रोता का मन भी अशान्त हो जाता है।

भगवान् शिव के मुख से निकलनेवाली कथा परम प्रभावकारी है। पार्वतीजी का मन उसे और सुनना चाहता है। किसी पावन-पवित्र कथा की सर्वोत्तम स्थिति यही है कि श्रोता उसे और सुनना चाहे। इससे पता चलता है कि वक्ता, श्रोता और कथा—तीनों श्रेष्ठ हैं।

पार्वती शिवजी को मतिधीर कहती हैं। प्राय: ऐसा माना जाता है कि भक्ति हृदय में बसती है। भक्त बुद्धि नहीं, हृदय से परिचालित होता है। इसीलिए प्राय: यह आरोप लगाया जाता है कि भक्ति में भाव-विह्वलता ज्यादा होती है। भक्त में बुद्धि की दृढ़ता और तार्किकता का अभाव होता है। ऐसी स्थिति में यह सम्भव था कि लोग कहते कि शिवजी ने रामकथा भावना की धारा में बहकर सुनायी है। उसमें तर्क और तारतम्य का अभाव है। कथा में सम्बद्धता और संगति नहीं है। कथा की महिमा को तर्क और भावना—दोनों पर बराबर तौलने के लिए, उसकी

प्रतिष्ठा को हृदय और बुद्धि दोनों में स्थापित करने के लिए शिवजी को मतिधीर कहा गया है।

हरिचरित्र मानस तुम्ह गावा।
सुनि मैं नाथ अमिति सुख पावा॥

—हे नाथ! आपने श्रीरामचरितमानस का गान किया, उसे सुनकर मैंने अपार सुख पाया।

इस जीवन में हर मनुष्य को सुख की खोज होती है। वह स्वेच्छा से कभी दु:ख उठानेवाला काम नहीं करता है। इस सृष्टि में सुख के दो स्तर हैं। कुछ लोग शारीरिक सुखों में ही रमे रहते हैं। उनके लिए इन्द्रियों को ही रसमय बनाये रखना परम सुख होता है। कुछ लोग शारीरिक सुखों के पार जाकर आत्मानन्द में लीन हो जाते हैं। उन्हें शरीर का सुख अपनी ओर नहीं खींच पाता। तपस्वी तप करता है, कर्मयोगी दैहिक सुखों को त्यागकर कर्म करता है और भक्त प्रभु के नाम-स्मरण में ही सभी इच्छाओं को विसर्जित कर देता है।

सुख के दो रूप भी हैं—निषेधात्मक और विधेयात्मक। कुछ लोग निषेधात्मक सुख में डूबे रहते हैं। गाँजा, भाँग, शराब और मादक द्रव्यों के नशे में धुत होकर सोचते हैं कि वे परमानन्द को प्राप्त कर रहे हैं। लेकिन यह क्षणिक सुख अन्तत: अवसादकारी होता है। इसमें जीवन को सच्चिदानन्द तक ले जाने की क्षमता नहीं होती है। विधेयात्मक सुख जीवन को ऊर्ध्वगामी बनाता है। इसे पाकर मनुष्य अपने स्वरूप को पहचान लेता है। फिर उसे विषय विकारों के दु:ख सता नहीं पाते हैं। वह परम सुख की स्थिति में पहुँच जाता है। पार्वती अब ऐसी ही स्थिति में हैं। रामकथा सुनकर उन्हें अपार सुख मिला है।

पार्वतीजी चाहती हैं कि यह सुख कभी नष्ट न हो। इसीलिए वह अपने मन में कोई सन्देह नहीं रहने देना चाहतीं। सन्देहनाशिनी रामकथा का अन्त करते समय शिवजी ने उनके मन में एक सन्देह डाल दिया था।

उमा कहिउँ सब कथा सुहाई।
जो भुसुंडि खगपतिहि सुनाई॥

—हे उमा! मैंने वह सब सुन्दर कथा कही जो काकभुशुण्डिजी ने गरुड़जी को सुनायी थी।

शिवजी चाहते तो पार्वतीजी से कह सकते थे कि जो कथा याज्ञवल्क्यजी ने

भरद्वाजजी को सुनायी वही मैंने तुम्हें सुनायी है। ऐसा सुनकर पार्वती को बड़ा गौरवपूर्ण सन्तोष होता। वह समझतीं कि जो कथा दो श्रेष्ठ ऋषियों के बीच हुई है, वह मुझे भी शिवजी की कृपा से प्राप्त हो गयी। लेकिन शिवजी ने ऐसा नहीं कहा। इसके पीछे तुलसीदासजी का कुछ विशेष मन्तव्य है। 'रामचरितमानस' का आरम्भ उन्होंने याज्ञवल्क्य और भरद्वाज से ही करवाया था। वह यह बताना चाहते थे कि रामकथा श्रेष्ठजनों को भी प्रिय है। लेकिन यदि श्रेष्ठजन श्रेष्ठ बातें करते हैं तो यह कोई बड़े गौरव की बात नहीं है। श्रेष्ठ वार्त्ता करना तो उनका स्वाभाविक आचरण है। जब निम्न स्तर पर बैठा कोई प्राणी उच्च स्तर का ज्ञान उपलब्ध कर ले तो यह वन्दनीय कर्म होता है। कौए की स्थिति पक्षियों में सबसे नीचे है। वह अगर किसी से उपदेश ले तो आश्चर्य तो होगा कि कौआ गंगा नहाने चला; लेकिन इसे अनहोनी बात नहीं कहा जायेगा। किन्तु यदि कौआ गरुड़ जैसे श्रेष्ठ पक्षी को उपदेश दे तो यह घटना अद्‌भुत और अनहोनी ही कही जायेगी। इसे सुनकर प्रथम दृष्टि में सन्देह होना स्वाभाविक है। इसीलिए पार्वती सन्देह से भर उठती हैं। लेकिन वे अपने सन्देह को छुपाती नहीं हैं। सन्देहनाशिनी रामकथा को सुनानेवाले परम गुरु शिव से वह पूछ बैठती हैं।

तुम्ह जो कही यह कथा सुहाई।
कागभसुंडि गरुड़ प्रति गाई॥

—आपने जो यह कहा कि यह सुन्दर कथा काकभुशुण्डिजी ने गरुड़जी से कही थी।

बिरति ग्यान बिग्यान दृढ़ राम चरन अति नेह।
बायस तन रघुपति भगति मोहि परम संदेह॥

—सो कौए का शरीर पाकर भी काकभुशुण्डि वैराग्य, ज्ञान और विज्ञान में दृढ़ हैं। उनका श्रीराम के चरणों में अत्यन्त प्रेम है और उन्हें श्रीराम की भक्ति भी प्राप्त है, इस बात का मुझे परम सन्देह हो रहा है।

पार्वती का यह सन्देह एकदम से तार्किक है। यह सोचना भी कठिन है कि एक कौआ वैराग्य और ज्ञान से परिपूर्ण होगा और सदा भक्ति में लीन रहता होगा। यह तो कौए के स्वभाव के नितान्त विपरीत है। इसीलिए पार्वती को 'परम सन्देह' होता है। यह सन्देह उतना ही बड़ा है जितना कि राम के ब्रह्म होने और उनके अवतार लेने पर पार्वती को हुआ था। रामकथा को श्रद्धापूर्वक सुनकर जो सुख

उन्हें मिला था वह बिखरता हुआ नजर आया।

पार्वती कहती हैं कि हजारों मनुष्यों में कोई एक धर्म का व्रत धारण करता है और करोड़ों धर्मात्माओं में कोई एक वैराग्य प्राप्त करता है। करोड़ों विरक्तों में कोई एक ज्ञानी जीवन्मुक्त होता है। हजारों जीवन्मुक्तों में कोई एक ब्रह्मलीन विज्ञानी बनता है। इनमें वह तो और दुर्लभ है, जो माया और मद से अलग होकर राम की भक्ति कर रहा है।

सो हरिभगति काग किमि पाई।
बिस्वनाथ मोहि कहहु बुझाई॥

—हे विश्वनाथ! ऐसी दुर्लभ हरिभक्ति को कौआ कैसे पा गया? मुझे समझाकर कहिए।

इस प्रसंग में कई बातें ध्यान देने लायक हैं। पार्वतीजी भक्ति को सर्वोपरि महत्त्व देती हैं। परमात्मा पर अडिग भक्ति करना सरल काम नहीं है। माया और मद से पार गये बिना यह सम्भव ही नहीं है। माया के कारण हम संसार से बँधते हैं और मद के कारण स्वयं अपने आपसे। माया और मद के होने से हम संसार और स्वयं पर ज्यादा विश्वास करते हैं। परमात्मा पर हमारा विश्वास अडिग नहीं होता है। भक्ति प्रभु के चरणों में समर्पण का नाम है। भक्त प्रभु के अतिरिक्त और कोई आश्रय नहीं खोजता है। वह परमात्मा के प्रति एकनिष्ठ होता है।

जब मनुष्य के लिए भक्ति इतनी कठिन है तो उसे कौए ने कैसे प्राप्त कर लिया? इसे पार्वतीजी जानना चाहती हैं। यह जानकारी पाने के लिए वह शिवजी को 'विश्वनाथ' कहती हैं। यह विशेषण यहाँ बहुत उपयुक्त है। जो विश्वनाथ है वह सारे जगत् को निश्चित रूप से जानता होगा। उसकी दृष्टि से कुछ भी छिपा नहीं होगा। अत: वही सत्य को बता सकेगा।

अन्त में पार्वतीजी कहती हैं, 'कहहु बुझाई'। मुझे समझाकर कहिए। ऐसा कहने का अर्थ यह है कि जिज्ञासा बड़ी तीव्र है। वह काकभुशुण्डिजी के बारे में गहराई और विस्तार से जानना चाहती हैं। सच्चा जिज्ञासु वही होता है जो गहराई और विस्तार से जानना चाहे। पार्वती की स्थिति ऐसी ही है। वह समय बिताने के लिए या मनोविनोद के लिए रामकथा नहीं सुन रही हैं। वह अपने मन के सन्देह को दूर करना चाहती हैं। इसीलिए रामकथा उन्होंने विस्तार और गहराई से सुनी। अब काकभुशुण्डिजी को लेकर उनके मन में सन्देह हो गया है। इसे भी वह दूर करना चाहती हैं। अत: विस्तार और गहराई से वह कथा सुनने को उत्सुक हैं। इसी

हेतु शिवजी से प्रार्थना करती हैं, 'कहहु बुझाई'।

राम परायन ग्यान रत गुनागार मति धीर।
नाथ कहहु केहि कारन पायउ काक सरीर॥

—हे नाथ! कहिए, श्रीराम-परायण, ज्ञाननिरत, गुणधाम और धीरबुद्धि भुशुण्डिजी ने कौए का शरीर किस कारण पाया?

हिन्दू धर्म में जीवन ठहरता नहीं है। आत्मा मोक्ष पाने तक शरीर बदलता रहता है। जीव-जन्तु से लेकर मनुष्य तक की काया ऐसे ही निर्बाध रूप से चलती रहती है। इसीलिए पार्वतीजी पूछ रही हैं कि भुशुण्डिजी के धर्मपरायण होने का कारण क्या किसी पूर्वजन्म में छिपा है?

तुम्ह केहि भाँति सुना मदनारी।
कहहु मोहि अति कौतुक भारी॥

—हे कामदेव के शत्रु शिवजी! यह भी बताइए कि आपने इसे किस प्रकार सुना? मुझे बड़ा भारी कौतूहल हो रहा है?

जिज्ञासु पार्वती कथा के मूल स्रोत तक जाना चाहती हैं। इसीलिए उनकी यह भी जानने की इच्छा है कि शिवजी ने किस तरह से काकभुशुण्डिजी के बारे में जाना।

गरुड़ महाग्यानी गुन रासी।
हरि सेवक अति निकट निवासी॥
तेहिं केहि हेतु काग सन जाई।
सुनी कथा मुनि निकर बिहाई॥

—गरुड़जी तो महान् ज्ञानी, सद्गुणों की राशि, श्रीहरि के सेवक और उनके अत्यन्त निकट रहनेवाले हैं। उन्होंने मुनियों के समूह को छोड़कर, कौए से जाकर हरिकथा किस कारण सुनी?

परमात्मा पर श्रद्धा और विश्वास करनेवाले सारे गुण गरुड़जी में हैं; लेकिन वे मोहग्रस्त हो गये। राम को देखकर परम आस्थावान् रहनेवाले गरुड़ राम की लीला देखकर मोहित हो गये। वे विष्णु के वाहन हैं। उन्हें विष्णु की परम निकटता प्राप्त है, लेकिन वे अपनी श्रद्धा कायम नहीं रख सके। सम्भवतः उन्हें अभिमान हो गया कि वे प्रभु के बहुत निकट हैं। इसीलिए प्रभु ने उन्हें अपनी लीला दिखायी।

पार्वती पूछती हैं कि अगर ज्ञानी गरुड़ को कुछ जानना ही था तो वे श्रेष्ठ मुनियों के पास क्यों नहीं गये? उनका तो सबसे निकट का सम्बन्ध था। वह ज्ञान की सीख लेने काक के पास क्यों आये?

पार्वती जो प्रश्न अभी पूछ रही हैं उसे कथा के आरम्भ में भी पूछ सकती थीं; क्योंकि शिवजी ने कथा की शुरुआत में ही गरुड़ और काकभुशुण्डि का संकेत कर दिया था।

सुनु सुभ कथा भवानि रामचरितमानस बिमल।
कहा भुसुंडि बखानि सुना बिहग नायक गरुड़॥

—हे पार्वती! निर्मल रामचरितमानस की वह मंगलमयी कथा सुनो, जिसे काकभुशुण्डि ने विस्तार से कहा और पक्षियों के राजा गरुड़ ने सुना था।

वास्तव में यहीं पार्वतीजी को विस्मय प्रकट करके काकभुशुण्डि और गरुड़ के बारे में पूछ लेना चाहिए था। लेकिन उन्होंने ऐसा नहीं किया। वह राम की विमल कथा सुनने के लिए इतनी उतावली थीं कि उन्हें किसी और प्रसंग पर ध्यान देने का विचार ही नहीं आया। यही भक्ति की एक निष्ठा है। यदि पार्वती शिवजी से विस्मयपूर्वक काकभुशुण्डि और गरुड़ की कथा के बारे में पूछ लेतीं तो रामकथा सुनने की उनकी निष्ठा धूमिल हो जाती। शिवजी भी उनके मन की चंचलता को सम्भवत: पसन्द नहीं करते।

गौरि गिरा सुनि सरल सुहाई।
बोले सिव सादर सुख पाई॥

—पार्वती की सरल, सुन्दर वाणी सुनकर शिवजी सुख पाकर आदर के साथ बोले।

पार्वती की जिज्ञासा सुनकर शिवजी क्रोधित नहीं हुए। उन्होंने पार्वती को फटकारा नहीं कि क्या प्रश्न पर प्रश्न पूछती जा रही हो। मुझे और कोई काम नहीं है क्या? अपितु उलटे शिवजी परम प्रसन्न हुए। वह नहीं चाहते थे कि पार्वती के मन में कोई सन्देह रह जाये। अत: तुरन्त आगे की कथा कहने के लिए तत्पर हो गये।

धर्म के क्षेत्र में कार्य करनेवालों के लिए यह प्रसंग बड़ा प्रेरक है। प्रश्न यदि जिज्ञासु भाव से किया जा रहा हो तो उसे कभी रोकना नहीं चाहिए। ज्ञान देने और लेने से बढ़कर संसार में और कुछ भी नहीं है।

भगवान् बुद्ध जब मृत्यु-शय्या पर थे तो एक व्यक्ति उनसे कुछ पूछने आया। बुद्ध के परम प्रिय शिष्य आनन्द उसे भीतर आने से मना कर रहे थे। बुद्ध ने

वार्त्तालाप सुन लिया। उन्होंने आनन्द से कहा, "आगन्तुक को भीतर आने दो। अब मैं हमेशा के लिए जा रहा हूँ। यदि अब इस व्यक्ति के सन्देह को दूर नहीं कर पाया तो फिर कब करूँगा?"

आगन्तुक भीतर आया और बुद्ध ने बड़ी करुणा से उसे उपदेश दिया।

प्रश्न करनेवाले को कभी डाँटकर चुप नहीं कराना चाहिए। मेरे पास अनेक लोग आते हैं और कहते हैं कि प्रश्न करने पर उन्हें पण्डित लोग डाँटते हैं। कहते हैं कि भगवान् पर शंका करते हो, नरक मिलेगा।

नरक का भय दिखाकर प्रश्न को रोकना नितान्त अनुचित है। वास्तव में प्रश्न से ही धर्म का जन्म होता है और स्वर्ग का द्वार खुलता है। अज्ञान ही सबसे बड़ा अधर्म और नरक है।

प्रश्न करके मनुष्य सन्देह से श्रद्धा की ओर कदम बढ़ाता है। भ्रम से भक्ति की ओर बढ़ता है। इसीलिए शिवजी पार्वती के प्रश्न से बहुत प्रसन्न होते हैं।

सुनहु परम पुनीत इतिहासा।
जो सुनि सकल लोक भ्रम नासा॥

—अब वह परम पवित्र इतिहास सुनो, जिसे सुनने से सारे लोक के भ्रम का नाश होता है।

जैसे सूर्य से दूर होते जाने पर अँधेरा बढ़ता है और उसके निकट होते जाने पर प्रकाश बढ़ता है उसी तरह परमात्मा से दूर जाने पर भ्रम और सन्देह बढ़ते हैं और उसके निकट होने पर भ्रम और सन्देहों का नाश होता है। परमात्मा की कथा, परमात्मा के भक्तों की कथा साधक को प्रभु के निकट लाती है। इससे उसके सभी भ्रम दूर हो जाते हैं। भ्रम दूर हो जाये तो जीवन धन्य हो जाता है। वास्तव में भ्रम ही मनुष्य को भटकाता है। यह संसार तो भ्रम से भरा हुआ है। अत: यहाँ उलझनों की कमी नहीं है। लेकिन यदि जीवन में प्रभु के प्रेम का प्रकाश आ जाये तो हृदय में श्रद्धा की ज्योति जगमगाने लगती है।

ऐसिअ प्रस्न बिहंगपति कीन्हि काग सन जाइ।
सो सब सादर कहिहउँ सुनहु उमा मन लाइ॥

—पक्षिराज गरुड़जी ने भी जाकर काकभुशुण्डिजी से प्राय: ऐसे ही प्रश्न किए थे। हे उमा! मैं वह सब आदरपूर्वक कहूँगा। तुम मन लगाकर सुनो।

रामकथा सुनाते समय शिवजी ने पार्वती से कहा था—उमा सादर सुनहु—हे

उमा! सादर सुनना। मैं यह कथा 'निजमति अनुसार' कहूँगा। यहाँ उन्होंने अपना भाव बदल दिया। वे कहते हैं कि हे पार्वती! मैं सादर कहूँगा, तुम मन लगाकर सुनना। इस भाव-परिवर्तन के पीछे बड़ा गहरा रहस्य है। शिवजी राम की कथा नहीं सुना रहे हैं, वे काक और गरुड़ की कथा कहने जा रहे हैं। कहाँ महादेव और कहाँ ये दो साधारण पक्षी। अत: सम्भव है कि अवचेतन मन में कथा के प्रति अवज्ञा और अवमानना पैदा हो जाये। कभी हो सकता है कि शिव के मन में यह भाव आ जाय कि मैं तो महादेव और महाभक्त हूँ। इन पक्षियों की कथा मैं क्यों सुनाऊँ? अत: मन के अहंकारजन्य प्रमाद से स्वयं को दूर रखने के लिए शिवजी कहते हैं कि मैं आदरपूर्वक कथा को कहूँगा। मन में आदर बना रहेगा तो कथा में अवज्ञा नहीं होगी।

शिवजी पार्वती को भी सावधान करते हुए कहते हैं कि मन लगाकर सुनना। पार्वती ने प्रश्न तो बड़े चाव से किया है, लेकिन कभी उनके मन में भी यह बात आ सकती है कि जब राम की कथा सुन ली तो इन पक्षियों की कथा क्या सुननी? इसीलिए पार्वती की श्रद्धा को जाग्रत् रखने के लिए शिवजी कहते हैं कि ध्यान लगाये रखना। कथा की उपेक्षा न करना।

इस कथा में एक बात बड़ी प्यारी है। धर्म प्रसंग में आदर भावना और मन की एकाग्रता अत्यन्त आवश्यक है। इनके अभाव में धर्म-चिन्तन हो ही नहीं सकता। बिना आदर और एकाग्रता के संसार में कुछ भी महत्त्वपूर्ण सीखा ही नहीं जा सकता।

काकभुशुण्डि और गरुड़ की कथा को शिवजी से कहलाकर और पार्वतीजी से पुछवाकर तुलसीदासजी ने भक्ति की महिमा का उच्च स्वर से मधुर गान किया है। भक्ति में ऊँच-नीच का कोई अर्थ नहीं होता है। मन यदि भक्ति-गंगा में डूबा हो तो अधम पक्षी काक भी श्रेष्ठ पक्षी गरुड़ को उपदेश दे सकता है। अधमाधम जीवन भी यदि प्रभु को समर्पित हो तो महादेव और माता पार्वती भी उसके गुणों का सादर गान करके आनन्दित होते हैं। भक्ति में इतनी शक्ति है कि कौआ हंस का गुरु बन जाता है। जब काकभुशुण्डिजी राम की कथा कहते हैं तो 'सुनहि सकल मति बिमल मराला'—सब निर्मल बुद्धिवाले हंस उसे सुनते हैं। भक्ति को इससे ऊँचा आसन और क्या दिया जा सकता है!

भगवान् शिव से काकभुशुण्डि और गरुड़ की पूरी कथा मन लगाकर सुनकर पार्वती अपनी भक्ति को और सुदृढ़ बनाती हैं।

सुनि सब कथा हृदय अति भाई।
गिरिजा बोली गिरा सुहाई॥

—सब कथा सुनकर पार्वतीजी के हृदय को बहुत प्रिय लगी और वे सुन्दर वाणी बोलीं।

अब पार्वती एकदम विगत सन्देह हो चुकी थीं। राम की कथा ने जहाँ उनके मन में परमात्मा के प्रति भक्तिभाव उत्पन्न किया वहीं काकभुशुण्डि और गरुड़ की कथा ने उन्हें भक्तों के प्रति भक्तिभाव से भर दिया। भक्ति हो तो किसी भी योनि में उत्पन्न होने पर भी जीवन धन्य हो सकता है। भक्ति का यह रहस्य जानकर पार्वती गद्‌गद हो गयीं। शिवजी की कृपा के प्रति उनका मन उमड़ पड़ा।

नाथ कृपाँ मम गत संदेहा।
राम चरन उपजेउ नव नेहा॥

—स्वामी की कृपा से मेरा सन्देह जाता रहा और श्रीराम के चरणों में नवीन प्रेम उत्पन्न हो गया।

राम के प्रति पार्वती के हृदय में प्रेम तो जन्म-जन्मान्तर का था। शिव की कृपा भी उन्हें हर जन्म में प्राप्त थी। अपने पिछले जन्म में जब वे सती थीं तो राम की कथा सुनकर ही अगस्त्य ऋषि के यहाँ से आ रही थीं। शिव ने उन्हें कृपापूर्वक समझाया भी था; पर सन्देह के प्रबल होने के कारण श्रद्धा पनप नहीं पायी। अब जब पार्वती ने भक्ति और प्रेम के जल से फिर उसे सींचा तो हृदय में राम के प्रेम का पौधा अंकुरित हो गया। सचमुच जब तक जीवन में श्रद्धा न हो तब तक परमात्मा और गुरु भी कुछ नहीं कर सकते। संशयात्मा सदैव विनष्ट होता है और श्रद्धावान् सदैव चिरंजीवी रहता है।

मैं कृतकृत्य भइउँ अब तव प्रसाद बिस्वेस।
उपजी राम भगति दृढ़ बीते सकल कलेस॥

—हे विश्वनाथ! आपकी कृपा से अब मैं कृतार्थ हो गयी। मुझमें दृढ़ राम भक्ति उत्पन्न हो गयी और मेरे सारे क्लेश बीत गये (नष्ट हो गये)।

सभी क्लेशों का दूर होना ही रामकथा का सबसे बड़ा प्रसाद है। राम को पाकर कोई दुःख में रह ही नहीं सकता। राम तो ऐसे अवतारी भगवान् हैं जिन्होंने स्वयं तो सर्वाधिक दुःख उठाया, लेकिन अपने भक्तों को कभी दुःख की आँच नहीं लगने दी। राम सदैव भक्त को अपनी शीतल छाया तले रखते हैं। इसीलिए रामकथा जहाँ भी गयी, राम सबके हृदय में बस गये। राम नाम परम सुखदायी है।

पार्वती सत्य कह रही हैं कि राम की कथा सुनने से भक्ति सुदृढ़ हो गयी।

राम की कथा तो ऊपर से भक्ति को हिलानेवाली है। राम के दुःखों को देखकर लगता ही नहीं है कि वे अवतारी ब्रह्म हैं। इस तरह के दुःख तो कर्मों के भार को ढोनेवाले उठाते हैं। फिर ऐसे साधारण व्यक्ति पर क्या भक्ति की जाय! लेकिन गहराई से देखें तो सच्ची भक्ति के लायक राम ही हैं। वे दुःख उठाते हैं, लेकिन दुःख से टूटते नहीं हैं। वे दुःख में हम सबके सहारे बनते हैं। उनकी कृपा मिल जाय तो व्यक्ति में हनुमान् की शक्ति और शबरी की भक्ति आ जाती है।

संसार के अनेक धर्मों में दुःख देनेवाले भगवान् हैं; लेकिन राम दुःख सहनेवाले भगवान् हैं। जो राम का भक्त बन जाता है वह राम की तरह ही दुःख के पार चला जाता है। इसीलिए पार्वती विश्वासपूर्वक कहती हैं कि मैं शिव की कृपा से राम की भक्ति का प्रसाद पाकर कृतार्थ हो गयी। मेरे सारे क्लेश नष्ट हो गये।

पार्वती की यह कथा बताती है कि जीवन में श्रद्धा के आगमन से ही भक्ति सुदृढ़ होती है और सच्ची श्रद्धा का जन्म संशय के गर्भ से होता है। संशय से श्रद्धा, यही परमात्मा तक पहुँचने का राजमार्ग है।

ॐॐॐ